일본어능력시험 완벽 대비

JLPT
N2
단 기 합 격

JLPT N2 단기 합격

지은이 일본어의숲
펴낸이 임상진
펴낸곳 (주)넥서스

초판 1쇄 인쇄 2025년 5월 15일
초판 1쇄 발행 2025년 5월 25일

출판신고 1992년 4월 3일 제311-2002-2호
주소 10880 경기도 파주시 지목로 5
전화 (02)330-5500 팩스 (02)330-5555

ISBN 979-11-6683-990-0 13730

www.nexusbook.com

일본어능력시험 완벽 대비

JLPT
N2
단 기 합 격

넥서스 JAPANESE

이 책을 쓰기까지 참 많은 일이 있었습니다.

바야흐로 2013년, 베트남에서 저희 일본어의숲은 일본어 학원을 메인으로 하여 수많은 학생들에게 사랑을 받았습니다. 당시 일본어 학원과 유튜브 채널을 병행하여 운영한 덕에 많은 인기를 누릴 수 있었고, 어느새 베트남에서 가장 인기 있는 학원이 되어 있었습니다.

등 따숩고 배부른 삶을 영위하며 행복만 남아 있을 줄 알았던 그때, 은행을 자주 다녀 온다던 동업자가 심심할 때마다 회사의 통장에서 돈을 빼 불법 인터넷 도박을 하고 있다는 사실을 알게 되었습니다. 그러나 이 정도로 무너질 일본어의숲이 아니었기에, 다행히도 사건을 잘 정리한 채로 사업을 진행하고 있었습니다.

하지만 이윽고 사장님의 무게를 견뎌 내지 못한 허리 디스크가 터져 버리고 말았고, 엎친 데 덮친 격으로 같이 학원을 운영하던 베트남인 동업자 부부에게 학원의 경영권을 빼앗겨 버리는 대참사가 일어나 버렸습니다. 일본어의숲 유튜브에서 예전 동영상을 보시면 과거에 빼앗긴 일본어 학원을 교장인 무라카미 유카 선생님께서 소개해 주시는 모습을 보실 수 있습니다.

하루아침에 모든 것을 잃어버리게 된 일본어의숲은 어두운 나락으로 떨어지고 있었습니다. 하지만 여기서 이렇게 무너진다면 팀원들은 모두 흩어질 것이고, 모두가 바라는 행복한 미래를 그리지 못하게 되었겠죠. 일본어의숲 팀은 각자의 위치에서 최선을 다하여 책을 만들 수밖에 없었습니다.

그렇게 저희는 일본 현지로 돌아와, 아무에게도 방해받지 않고 우리에게서 뺏을 수 없는 것을 다시 만들기 시작했습니다.

일본어의숲은 이러한 배경을 바탕으로 다시 한번 일어나 이 책을 집필하게 되었습니다. 믿었던 동료들에게 당한 여러 번의 배신과 소중한 것을 몇 번이고 잃어버린 일본어의숲은 드디어 뺏을 수도 뺏길 수도 없는 '지식'이라는 가치를 알게 되었습니다.

지금 이 책을 구매해 주신 여러분께 진심으로 감사의 말씀을 드립니다. 여러분을 지켜줄 수 있는 것은 오로지 지식뿐입니다.

저자 **일본어의숲**

JLPT N2 시험 개요

JLPT N2란?

JLPT는 Japanese-Language Proficiency Test의 약자로, 의미는 '일본어능력시험'입니다. '일본어능력시험'은 일본어를 모국어로 사용하지 않는 사람들의 일본어 능력을 측정하여 인정하는 시험입니다. N2의 N은 'Nihongo(일본어)'를 나타내고 2는 레벨을 나타냅니다. 레벨은 N5부터 N1까지 총 5단계가 있으며, N1이 가장 높은 레벨입니다.

레벨	과목	시간
N2	언어 지식(문자 · 어휘, 문법) · 독해	105분
	청해	50분
	합계	**155분**

필요한 능력

읽기 능력	듣기 능력
일반적인 화제에 대해 쓰인 신문이나 잡지의 기사 또는 논설문의 내용을 이해하고 필자의 의도를 이해하는 능력	일상 회화나 뉴스 등을 듣고 내용과 등장하는 사람들의 관계를 전체적으로 이해하는 능력

참고: 일본어능력시험 공식 웹사이트 『N1~N5: 인정의 기준』

JLPT N2의 득점 구분

레벨	득점 구분	득점 범위
N2	언어 지식(문자·어휘, 문법)	0~60점
	독해	0~60점
	청해	0~60점
	합계	**0~180점**

JLPT N2에 합격하기 위해 필요한 점수

※한 과목이라도 점수가 19점 미만이면 불합격입니다.

레벨	득점 구분	득점 범위
N2	언어 지식(문자·어휘, 문법)	19점 이상
	독해	19점 이상
	청해	19점 이상
	합계	**90점 이상**

JLPT N2에 합격하기 위해 필요한 점수의 예

레벨	득점 구분	득점 범위
N2	언어 지식(문자·어휘, 문법)	40 / 60 (19점 이상)
	독해	20 / 60 (19점 이상)
	청해	40 / 60 (19점 이상)
	합계	**100 / 180 (90점 이상)**

참고: 일본어능력시험 공식 웹사이트 「득점 구분·합격 불합격 판정·결과 통지」

이 책의 내용 및 활용 방법

1 이 책의 내용

> ### 제1장 언어 지식(문자 · 어휘)

'제1장 언어 지식(문자 · 어휘)'에서는 3,500개의 단어를 어휘 리스트로 정리하였습니다. 단어를 외운 뒤 JLPT N2에 나오는 여섯 종류의 문제를 426개의 연습 문제를 통해 풀어 볼 수 있습니다.

> ### 제2장 언어 지식(문법)

'제2장 언어 지식(문법)'에서는 JLPT N2에 나오는 문법 135개의 의미와 접속 방법, 예문을 공부합니다. 여기에서는 의미가 비슷한 문법끼리 테마별로 정리되어 있습니다. 모두 15개 테마로 되어 있으며, 각 테마에서 학습한 문법을 확인해 보는 연습 문제가 수록되어 있습니다.

> ### 제3장 독해

'제3장 독해'에서는 먼저 독해 문제를 푸는 요령을 익힙니다. 그 다음에 직접 문제를 풀어 봅니다. 문제마다 해설이 수록되어 있습니다.

'제4장 청해'에서는 먼저 청해 문제를 푸는 요령을 익힙니다. 그 다음에 직접 문제를 풀어 봅니다. 문제마다 대화 스크립트가 수록되어 있으며, 청해 듣기 음원은 넥서스 홈페이지에서 다운 받거나 스마트폰으로 QR코드를 인식하여 바로 재생할 수 있습니다.

부록 모의 시험 2회분

마지막으로 실제 JLPT N2와 동일한 형식의 모의 시험을 풀어 실력을 점검해 보세요. 총 2회분이 수록되어 있습니다. 맨 마지막 페이지에는 정답을 마킹할 수 있는 답안지가 포함되어 있으므로 절취하여 활용해 보세요.

2 활용 방법

① 시험까지 시간이 충분히 있다면?

책을 처음부터 **순서대로 학습**하세요. 특히 **단어와 문법을 이해하고 확실히 암기**하면서 모든 문제를 풀어 보세요.

② 시험까지 남은 시간이 별로 없다면?

먼저 **모의 시험 2회분**을 풀고 채점한 다음에 **점수가 낮은 파트부터 공부**하세요. 만약 독해와 청해를 연습할 시간이 없는 경우에는 **단어와 문법만이라도 이해하고 암기**하세요.

부가자료 활용 방법

1 앱 단어장

① 앱을 다운로드한 후 최초 접속 화면에서 중앙 하단의 '모리탕(モリタン)' 버튼을 누르면 단어장 화면으로 이동됩니다. N1부터 N3까지의 단어장이 있는데, 'N2 단어장(単語帳)' 버튼을 선택합니다.

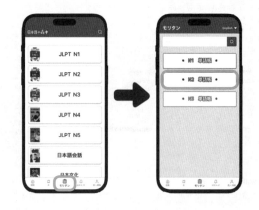

② N2 단어장은 1일차부터 35일차까지 준비되어 있습니다. '전부 보기(全部見る)' 버튼을 누르면 하루에 암기해야 할 단어가 나옵니다. 오른쪽 상단에서 한국어를 포함한 9개 언어 번역본을 선택할 수 있습니다. 번역을 한국어로 설정하여 외운 단어를 체크해 보세요.

③ 한자, 읽는 법, 뜻, 음성 듣기, 예문이 수록되어 있습니다. 읽는 법을 나타내거나 안 보이게 가릴 수 있습니다. 또한 예문을 보고 단어의 사용법도 확인해 보세요. 단어와 예문의 음성도 들을 수 있습니다. 체크 기능을 활용하면 외우지 못한 단어만 따로 복습할 수 있습니다.

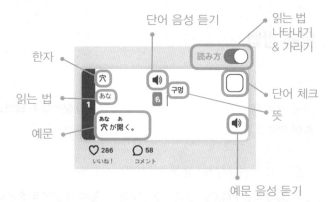

2 청해 MP3

① 넥서스 홈페이지에서 도서명으로 검색하시면 회원가입이나 로그인 없이 MP3 파일을 무료로 다운로드
할 수 있습니다.

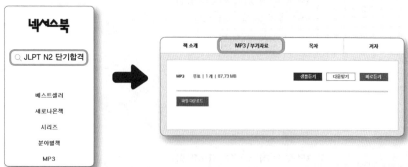

② 스마트폰으로 책 속의 QR코드를 인식하면 MP3를 바로 재생할 수 있습니다.

청해 음원 듣기

3 일본어의숲 유튜브 채널

일본어의숲 유튜브에 방문해 보세요. 무라카미 유카 선생님의 재미있고 다양한 일본어 학습 동영상
콘텐츠를 확인할 수 있습니다.

단기 합격 학습 플랜

일자	단계	내용	페이지	체크
1일	STEP 1	제1장 언어 지식(문자 · 어휘) 어휘 리스트 DAY 01~03	23~37	☐
	STEP 2	제2장 언어 지식(문법) 풀이 방법 설명, 1.「もの」시리즈	274~285	☐
2일	STEP 1	제1장 언어 지식(문자 · 어휘) 어휘 리스트 DAY 04~06	38~52	☐
	STEP 2	제2장 언어 지식(문법) 2.「こと」시리즈	289~295	☐
3일	STEP 1	제1장 언어 지식(문자 · 어휘) 어휘 리스트 DAY 07~09	53~67	☐
	STEP 2	제2장 언어 지식(문법) 3.「限り」시리즈	299~302	☐
4일	STEP 1	제1장 언어 지식(문자 · 어휘) 어휘 리스트 DAY 10~12	68~82	☐
	STEP 2	제2장 언어 지식(문법) 4. 순접 · 역접	306~313	☐
5일	STEP 1	제1장 언어 지식(문자 · 어휘) 어휘 리스트 DAY 13~15	83~97	☐
	STEP 2	제2장 언어 지식(문법) 5. 나쁜 의미	317~320	☐
6일	STEP 1	제1장 언어 지식(문자 · 어휘) 어휘 리스트 DAY 16~18	98~112	☐
	STEP 2	제2장 언어 지식(문법) 6. 강조	326~331	☐
7일	STEP 1	제1장 언어 지식(문자 · 어휘) 어휘 리스트 DAY 19~21	113~127	☐
	STEP 2	제2장 언어 지식(문법) 7. 시간	335~339	☐
8일	STEP 1	제1장 언어 지식(문자 · 어휘) 어휘 리스트 DAY 22~24	128~142	☐
	STEP 2	제2장 언어 지식(문법) 8. 기준 · 관련	343~347	☐
9일	STEP 1	제1장 언어 지식(문자 · 어휘) 어휘 리스트 DAY 25~27	143~157	☐
	STEP 2	제2장 언어 지식(문법) 9. 가정 · 조건	351~355	☐

일자	단계	내용	페이지	체크
10일	STEP 1	**제1장 언어 지식(문자 · 어휘)** 어휘 리스트 DAY 28~30	158~182	☐
	STEP 2	**제2장 언어 지식(문법)** 10. 상황 · 전문	359~364	☐
11일	STEP 1	**제1장 언어 지식(문자 · 어휘)** 어휘 리스트 DAY 31~33	183~197	☐
	STEP 2	**제2장 언어 지식(문법)** 11. 변화 · 결과	370~373	☐
12일	STEP 1	**제1장 언어 지식(문자 · 어휘)** 어휘 리스트 DAY 34~35	198~211	☐
	STEP 2	**제2장 언어 지식(문법)** 12. 강제 · 관계없음 · 추측	377~383	☐
13일	STEP 1	**제1장 언어 지식(문자 · 어휘)** 어휘 리스트 DAY 01~06 복습	23~52	☐
	STEP 2	**제2장 언어 지식(문법)** 13. 열거	387~391	☐
14일	STEP 1	**제1장 언어 지식(문자 · 어휘)** 어휘 리스트 DAY 07~12 복습	53~82	☐
	STEP 2	**제2장 언어 지식(문법)** 14. 어휘 같은 문법	395~398	☐
15일	STEP 1	**제1장 언어 지식(문자 · 어휘)** 어휘 리스트 DAY 13~18 복습	83~112	☐
	STEP 2	**제2장 언어 지식(문법)** 15. 정중한 표현 · 그 외	402~404	☐
16일	STEP 1	**제1장 언어 지식(문자 · 어휘)** 어휘 리스트 DAY 19~24 복습	113~142	☐
	STEP 2	**제2장 언어 지식(문법)** 연습 문제 1~2회	286~288, 296~298	☐
	STEP 3	**제3장 독해** 독해 풀이 요령	412~424	☐
17일	STEP 1	**제1장 언어 지식(문자 · 어휘)** 어휘 리스트 DAY 25~30 복습	143~182	☐
	STEP 2	**제2장 언어 지식(문법)** 연습 문제 3~4회	303~305, 314~316	☐
	STEP 3	**제3장 독해** 10. 내용 이해(단문) 연습 문제	425~434	☐

일자	단계	내용	페이지	체크
18일	STEP 1	**제1장 언어 지식(문자 · 어휘)** 어휘 리스트 DAY 31~35 복습	183~211	☐
	STEP 2	**제2장 언어 지식(문법)** 연습 문제 5~6회	321~325, 332~334	☐
	STEP 3	**제3장 독해** 11. 내용 이해(중문) 연습 문제	436~447	☐
19일	STEP 1	**제1장 언어 지식(문자 · 어휘)** 1. 한자 읽기 연습 문제 1~7회	214~220	☐
	STEP 2	**제2장 언어 지식(문법)** 연습 문제 7~8회	340~342, 348~350	☐
	STEP 3	**제3장 독해** 12. 통합 이해(AB문제) 연습 문제	448~451	☐
20일	STEP 1	**제1장 언어 지식(문자 · 어휘)** 2. 표기 연습 문제 1~7회	222~228	☐
	STEP 2	**제2장 언어 지식(문법)** 연습 문제 9~10회	356~358, 365~369	☐
	STEP 3	**제3장 독해** 13. 주장 이해(장문) 연습 문제	452~455	☐
21일	STEP 1	**제1장 언어 지식(문자 · 어휘)** 3. 단어 형성 연습 문제 1~5회	230~234	☐
	STEP 2	**제2장 언어 지식(문법)** 연습 문제 11~12회	374~376, 384~386	☐
	STEP 3	**제3장 독해** 14. 정보 검색 연습 문제	456~458	☐
22일	STEP 1	**제1장 언어 지식(문자 · 어휘)** 4. 문맥 구성 연습 문제 1~12회	236~247	☐
	STEP 2	**제2장 언어 지식(문법)** 연습 문제 13~15회	392~394, 399~401, 405~409	☐
	STEP 3	**제4장 청해** 1. 과제 이해 풀이 방법 설명과 연습 문제	460~472	☐
23일	STEP 1	**제1장 언어 지식(문자 · 어휘)** 5. 유의 표현 연습 문제 1~7회	249~255	☐
	STEP 2	**제4장 청해** 2. 포인트 이해 풀이 방법 설명과 연습 문제 3. 개요 이해 풀이 방법 설명과 연습 문제	473~494	☐

일자	단계	내용	페이지	체크
24일	STEP 1	제1장 언어 지식(문자 · 어휘) 6. 용법 연습 문제 1~7회	258~271	☐
	STEP 2	제4장 청해 4. 즉시 응답 풀이 방법 설명과 연습 문제 5. 통합 이해 풀이 방법 설명과 연습 문제	495~521	☐
25일	STEP 1	모의 시험 제1회	525~572	☐
26일	STEP 1	모의 시험 제2회	575~622	☐

목차

제1장 언어 지식(문자 · 어휘)

01 어휘 리스트

먼저 이것부터 외우자!

이것만 외우면 합격!

02 **연습 문제**

제2장 언어 지식(문법)

01 풀이 방법 설명

02 N2 문법 135

제3장 독해

01 독해 풀이 요령

제1장

언어
지식
(문자·어휘)

01 어휘 리스트

JLPT N2의 기본은 단어입니다. 단어를 확실하게 외운 다음에 '제2장 문법'으로 넘어갑시다. 이 장에서는 약 3,500개의 단어를 공부하기 위해서, 품사별로 단어를 정리했습니다. 어휘 리스트로 단어를 외우고 나서 JLPT N2에 나오는 여섯 종류의 문제를 426개 문항으로 연습해 볼 수 있습니다.

어휘 리스트 보는 법

1. 일본어 단어를 확인합니다.
2. 이어서 히라가나로 표기된 읽는 법을 확인합니다.
3. 마지막으로 단어의 한국어 뜻을 확인해 주세요.
4. 일본어 단어와 읽는 법, 한국어 뜻을 같이 보면서 단어를 외워 보세요.
5. 추가로 단어장 앱을 이용하여 예문을 읽고 단어의 사용법을 확실히 익혀 보세요.

명사(1글자)·명사(2글자)

	먼저 이것부터 외우자!	

1	穴	あな 구멍
2	油	あぶら 기름
3	胃	い 위; 위장
4	息	いき 숨
5	裏	うら 뒤
6	噂	うわさ 소문
7	餌	えさ 먹이
8	枝	えだ 나뭇가지
9	襟	えり 옷깃

10	奥	おく 안쪽, 속, 깊숙한 곳
11	親	おや 부모
12	課	か 과
13	数	かず 수; 숫자
14	形	かたち 형태
15	壁	かべ 벽
16	雷	かみなり 천둥
17	皮	かわ 껍질, 가죽
18	缶	かん 캔; 깡통
19	曲	きょく 곡; 노래

20	雲	くも / 구름
21	煙	けむり / 연기
22	塩	しお / 소금
23	島	しま / 섬
24	城	しろ / 성
25	隅	すみ / 모퉁이, 구석
26	咳	せき / 기침
27	底	そこ / 바닥; 밑바닥
28	像	ぞう / 상; 조각, 그림
29	旅	たび / 여행
30	妻	つま / 아내
31	毒	どく / 독
32	謎	なぞ / 수수께끼, 불가사의
33	鍋	なべ / 냄비, 냄비 요리
34	波	なみ / 파도, 파동
35	涙	なみだ / 눈물
36	庭	にわ / 정원; 뜰; 마당
37	熱	ねつ / 열
38	箸	はし / 젓가락
39	畑	はたけ / 밭
40	羽	はね / 날개
41	幅	はば / 폭; 너비

42	膝	ひざ 무릎	53	寮	りょう 기숙사
43	袋	ふくろ 봉투	54	量	りょう 양
44	骨	ほね 뼈	55	列	れつ 열, 줄
45	棒	ぼう 봉	56	合図	あいず(する) 신호
46	孫	まご 손자	57	青空	あおぞら 푸른 하늘
47	街	まち 거리	58	以外	いがい 이외
48	湖	みずうみ 호수	59	以後	いご 이후
49	娘	むすめ 딸	60	以降	いこう 이후
50	胸	むね 가슴	61	維持	いじ(する) 유지
51	床	ゆか 마루	62	意識	いしき(する) 의식
52	夢	ゆめ 꿈	63	以前	いぜん 이전

64	位置	いち(する) 위치
65	一流	いちりゅう 일류
66	一般	いっぱん 일반
67	移動	いどう(する) 이동
68	以内	いない 이내
69	田舎	いなか 시골
70	印刷	いんさつ(する) 인쇄
71	印象	いんしょう 인상
72	飲料	いんりょう 음료
73	内側	うちがわ 안쪽
74	宇宙	うちゅう 우주

75	影響	えいきょう(する) 영향
76	営業	えいぎょう(する) 영업
77	栄養	えいよう 영양
78	笑顔	えがお 미소, 웃는 얼굴
79	延期	えんき(する) 연기
80	演奏	えんそう(する) 연주
81	遠慮	えんりょ(する) 사양
82	往復	おうふく(する) 왕복
83	応募	おうぼ(する) 응모
84	応用	おうよう(する) 응용
85	大勢	おおぜい 많은 사람

86	親子	おやこ 부모 자식
87	温泉	おんせん 온천
88	会員	かいいん 회원
89	絵画	かいが 회화; 그림
90	会議	かいぎ(する) 회의
91	会計	かいけい(する) 회계, 계산
92	解決	かいけつ(する) 해결
93	回収	かいしゅう(する) 회수
94	開始	かいし(する) 개시
95	開場	かいじょう(する) 개장
96	回数	かいすう 횟수

97	解説	かいせつ(する) 해설
98	階段	かいだん 계단
99	開店	かいてん(する) 개점
100	価格	かかく 가격

명사(2글자)

1	各地	かくち 각지
2	確認	かくにん(する) 확인
3	過去	かこ 과거
4	火災	かさい 화재
5	花壇	かだん 화단
6	価値	かち 가치
7	課長	かちょう 과장
8	各国	かっこく 각국; 각 나라
9	活動	かつどう(する) 활동
10	家庭	かてい 가정
11	花瓶	かびん 꽃병
12	髪型	かみがた 머리 모양; 헤어스타일
13	観客	かんきゃく 관객
14	環境	かんきょう 환경
15	関係	かんけい(する) 관계
16	歓迎	かんげい(する) 환영
17	感激	かんげき(する) 감격
18	観光	かんこう(する) 관광
19	看護	かんご(する) 간호
20	観察	かんさつ(する) 관찰

21	感謝	かんしゃ(する) 감사	32	学部	がくぶ 학부
22	感心	かんしん(する) 감탄	33	学期	がっき 학기
23	関心	かんしん 관심	34	楽器	がっき 악기
24	完成	かんせい(する) 완성	35	我慢	がまん(する) 인내; 참음
25	乾燥	かんそう(する) 건조	36	気温	きおん 기온
26	感想	かんそう 감상	37	機械	きかい 기계
27	感動	かんどう(する) 감동	38	期間	きかん 기간
28	館内	かんない 관내	39	企業	きぎょう 기업
29	外出	がいしゅつ(する) 외출	40	期限	きげん 기한
30	外食	がいしょく(する) 외식	41	帰国	きこく(する) 귀국
31	画家	がか 화가	42	記事	きじ 기사

43	基礎	きそ 기초
44	規則	きそく 규칙
45	期待	きたい(する) 기대
46	北側	きたがわ 북쪽
47	帰宅	きたく(する) 귀가
48	切符	きっぷ 표, 티켓
49	記念	きねん(する) 기념
50	基本	きほん 기본
51	希望	きぼう(する) 희망
52	競争	きょうそう(する) 경쟁
53	共通	きょうつう(する) 공통

54	協力	きょうりょく(する) 협력
55	距離	きょり 거리
56	記録	きろく(する) 기록
57	近所	きんじょ 근처
58	技術	ぎじゅつ 기술
59	草花	くさばな 화초
60	工夫	くふう(する) 고안; 궁리
61	区別	くべつ(する) 구별
62	苦労	くろう(する) 고생
63	訓練	くんれん(する) 훈련
64	偶然	ぐうぜん 우연

65	経営	けいえい(する) 경영	76	結婚	けっこん(する) 결혼
66	計画	けいかく(する) 계획	77	欠点	けってん 결점, 단점
67	警官	けいかん 경관	78	健康	けんこう 건강
68	経験	けいけん(する) 경험	79	検査	けんさ(する) 검사
69	経済	けいざい 경제	80	建設	けんせつ(する) 건설
70	警察	けいさつ 경찰	81	建築	けんちく(する) 건축
71	携帯	けいたい(する) 휴대, 휴대전화의 준말	82	芸術	げいじゅつ 예술
72	経由	けいゆ(する) 경유	83	原因	げんいん 원인
73	景色	けしき 경치	84	原稿	げんこう 원고
74	結局	けっきょく 결국	85	言語	げんご 언어
75	結構	けっこう 꽤	86	減少	げんしょう(する) 감소

87	講演	こうえん(する) 강연
88	高温	こうおん 고온
89	効果	こうか 효과
90	交換	こうかん(する) 교환
91	後期	こうき 후기
92	講義	こうぎ(する) 강의
93	公共	こうきょう 공공
94	工業	こうぎょう 공업
95	航空	こうくう 항공
96	広告	こうこく(する) 광고
97	工事	こうじ(する) 공사

98	紅茶	こうちゃ 홍차
99	交通	こうつう 교통
100	行動	こうどう(する) 행동

명사(2글자)

1 後半	こうはん 후반	**11** 最初	さいしょ 최초
2 後方	こうほう 후방; 뒤쪽	**12** 財布	さいふ 지갑
3 交流	こうりゅう(する) 교류	**13** 作業	さぎょう(する) 작업
4 国語	こくご 국어	**14** 作者	さくしゃ 작자; 작가
5 国際	こくさい 국제	**15** 作品	さくひん 작품
6 個人	こじん 개인	**16** 昨夜	さくや 어젯밤
7 混雑	こんざつ(する) 혼잡	**17** 作家	さっか 작가
8 合格	ごうかく(する) 합격	**18** 算数	さんすう 산수
9 合計	ごうけい(する) 합계	**19** 賛成	さんせい(する) 찬성
10 最終	さいしゅう 최종	**20** 材料	ざいりょう 재료

21	雑誌	ざっし 잡지		32	始発	しはつ 첫차
22	試験	しけん(する) 시험		33	芝生	しばふ 잔디밭
23	資源	しげん 자원		34	市民	しみん 시민
24	指示	しじ(する) 지시		35	氏名	しめい 성명
25	姿勢	しせい 자세		36	車内	しゃない 차내
26	自然	しぜん 자연		37	習慣	しゅうかん 습관
27	市長	しちょう 시장		38	就職	しゅうしょく(する) 취직
28	失敗	しっぱい(する) 실패, 실수		39	集中	しゅうちゅう(する) 집중
29	指定	してい(する) 지정		40	収入	しゅうにゅう 수입
30	支店	してん 지점		41	終了	しゅうりょう(する) 종료
31	指導	しどう(する) 지도		42	祝日	しゅくじつ 공휴일

43	手術	しゅじゅつ(する) 수술	54	証明	しょうめい(する) 증명
44	手段	しゅだん 수단	55	正面	しょうめん 정면
45	主張	しゅちょう(する) 주장	56	将来	しょうらい 장래, 미래
46	出勤	しゅっきん(する) 출근	57	食欲	しょくよく 식욕
47	出身	しゅっしん 출신	58	食器	しょっき 식기
48	種類	しゅるい 종류	59	書類	しょるい 서류
49	使用	しよう(する) 사용	60	資料	しりょう 자료
50	紹介	しょうかい(する) 소개	61	進学	しんがく(する) 진학
51	招待	しょうたい(する) 초대	62	進行	しんこう(する) 진행
52	消費	しょうひ(する) 소비	63	申請	しんせい(する) 신청
53	商品	しょうひん 상품	64	心臓	しんぞう 심장

65	心配	しんぱい(する) 걱정
66	進歩	しんぽ(する) 진보
67	森林	しんりん 삼림
68	時期	じき 시기
69	時給	じきゅう 시급
70	事件	じけん 사건
71	時刻	じこく 시각
72	持参	じさん(する) 지참
73	事情	じじょう 사정
74	自信	じしん 자신
75	時代	じだい 시대; 시절

76	自宅	じたく 자택
77	実家	じっか 본가; 친정
78	実験	じっけん(する) 실험
79	実行	じっこう(する) 실행
80	実用	じつよう 실용
81	実力	じつりょく 실력
82	自慢	じまん(する) 자랑
83	事務	じむ 사무
84	渋滞	じゅうたい(する) 정체
85	受験	じゅけん(する) 수험; 입시
86	需要	じゅよう 수요

87	順番	じゅんばん 순서; 순번
88	準備	じゅんび(する) 준비
89	上司	じょうし 상사
90	乗車	じょうしゃ(する) 승차
91	状態	じょうたい 상태
92	冗談	じょうだん 농담
93	女性	じょせい 여성
94	神社	じんじゃ 신사
95	人生	じんせい 인생
96	人体	じんたい 인체
97	睡眠	すいみん 수면

98	数学	すうがく 수학
99	数字	すうじ 숫자
100	正解	せいかい(する) 정답, 바르게 풂

1	制限	せいげん(する) 제한	11	前後	ぜんご(する) 전후
2	清掃	せいそう(する) 청소	12	前半	ぜんはん 전반
3	制服	せいふく 제복	13	倉庫	そうこ 창고
4	設備	せつび 설비	14	掃除	そうじ(する) 청소
5	先日	せんじつ 전날, 일전	15	送信	そうしん(する) 송신
6	洗濯	せんたく(する) 세탁; 빨래	16	想像	そうぞう(する) 상상
7	宣伝	せんでん(する) 선전, 홍보	17	早朝	そうちょう 조조; 이른 아침
8	先輩	せんぱい 선배	18	相当	そうとう(する) 상당; 해당, 상응
9	専門	せんもん 전문	19	送料	そうりょう 배송료
10	全員	ぜんいん 전원	20	外側	そとがわ 바깥쪽

21	尊敬	そんけい(する) 존경	32	地下	ちか 지하
22	増加	ぞうか(する) 증가	33	遅刻	ちこく(する) 지각
23	滞在	たいざい(する) 체류; 체재	34	知識	ちしき 지식
24	体操	たいそう(する) 체조	35	中心	ちゅうしん 중심
25	大量	たいりょう 대량	36	中旬	ちゅうじゅん 중순
26	体力	たいりょく 체력	37	注文	ちゅうもん(する) 주문
27	単語	たんご 단어	38	調査	ちょうさ(する) 조사
28	誕生	たんじょう(する) 탄생	39	調子	ちょうし 상태; 컨디션
29	代金	だいきん 대금	40	頂上	ちょうじょう 정상; 꼭대기
30	代表	だいひょう(する) 대표	41	通学	つうがく(する) 통학
31	団体	だんたい 단체	42	通勤	つうきん(する) 통근

43	通訳	つうやく(する) 통역	54	店長	てんちょう 점장
44	通路	つうろ 통로	55	電球	でんきゅう 전구
45	定員	ていいん 정원	56	伝言	でんごん(する) 전언(전하는 말)
46	低下	ていか(する) 저하	57	当日	とうじつ 당일
47	定期	ていき 정기	58	登場	とうじょう(する) 등장
48	停電	ていでん(する) 정전	59	到着	とうちゃく(する) 도착
49	手帳	てちょう 수첩	60	都会	とかい 도시
50	鉄道	てつどう 철도	61	特徴	とくちょう 특징
51	手袋	てぶくろ 장갑	62	登山	とざん(する) 등산
52	転勤	てんきん(する) 전근	63	土地	とち 토지
53	天井	てんじょう 천장	64	途中	とちゅう 도중

65	徒歩	とほ 도보
66	同時	どうじ 동시
67	独立	どくりつ(する) 독립
68	努力	どりょく(する) 노력
69	内容	ないよう 내용
70	仲間	なかま 동료
71	中身	なかみ 내용물
72	納得	なっとく(する) 납득
73	日時	にちじ 일시
74	日常	にちじょう 일상
75	日光	にっこう 햇빛; 일광

76	日程	にってい 일정
77	荷物	にもつ 짐
78	入門	にゅうもん(する) 입문
79	入力	にゅうりょく(する) 입력
80	人気	にんき 인기
81	人間	にんげん 인간
82	人数	にんずう 인원수
83	値段	ねだん 가격
84	寝坊	ねぼう(する) 늦잠
85	年齢	ねんれい 연령
86	農業	のうぎょう 농업

87	配達	はいたつ(する) 배달
88	発音	はつおん(する) 발음
89	発生	はっせい(する) 발생
90	発展	はってん(する) 발전
91	発売	はつばい(する) 발매
92	売店	ばいてん 매점
93	比較	ひかく(する) 비교
94	非常	ひじょう 비상
95	否定	ひてい(する) 부정
96	人々	ひとびと 사람들
97	避難	ひなん(する) 피난

98	秘密	ひみつ 비밀
99	表紙	ひょうし 표지
100	表面	ひょうめん 표면

명사(2글자)·명사(그 외)

1	昼間	ひるま 주간; 낮	11	分類	ぶんるい(する) 분류
2	夫婦	ふうふ 부부	12	変化	へんか(する) 변화
3	複数	ふくすう 복수	13	弁当	べんとう 도시락
4	服装	ふくそう 복장	14	方向	ほうこう 방향
5	腹痛	ふくつう 복통	15	報告	ほうこく(する) 보고
6	不足	ふそく(する) 부족	16	包丁	ほうちょう 식칼
7	古着	ふるぎ 헌옷	17	方法	ほうほう 방법
8	部下	ぶか 부하	18	訪問	ほうもん(する) 방문
9	部品	ぶひん 부품	19	保存	ほぞん(する) 보존
10	部分	ぶぶん 부분	20	歩道	ほどう 보도

21	本日	ほんじつ 오늘; 금일
22	本棚	ほんだな 책장
23	本当	ほんとう 정말
24	貿易	ぼうえき(する) 무역
25	帽子	ぼうし 모자
26	募集	ぼしゅう(する) 모집
27	窓口	まどぐち 창구
28	満員	まんいん 만원
29	満足	まんぞく(する) 만족
30	見方	みかた 보는 법, 견해; 관점
31	見本	みほん 견본

32	虫歯	むしば 충치
33	息子	むすこ 아들
34	無料	むりょう 무료
35	名刺	めいし 명함
36	命令	めいれい(する) 명령
37	免許	めんきょ 면허
38	面接	めんせつ(する) 면접
39	目標	もくひょう 목표
40	文字	もじ 문자; 글자
41	物語	ものがたり 이야기
42	文句	もんく 불평; 불만

43	夜間	やかん 야간	54	容器	ようき 용기
44	野球	やきゅう 야구	55	用紙	ようし 용지
45	役割	やくわり 역할	56	翌日	よくじつ 다음 날; 익일
46	家賃	やちん 집세	57	予想	よそう(する) 예상
47	屋根	やね 지붕	58	来店	らいてん(する) 내점
48	優勝	ゆうしょう(する) 우승	59	流行	りゅうこう(する) 유행
49	友情	ゆうじょう 우정	60	料金	りょうきん 요금
50	友人	ゆうじん 친구	61	旅館	りょかん 여관
51	郵送	ゆうそう(する) 우송	62	留守	るす 부재중
52	有料	ゆうりょう 유료	63	廊下	ろうか 복도
53	輸入	ゆにゅう(する) 수입	64	若者	わかもの 젊은이

65	和食	わしょく 일식	76	お祝い	おいわい 축하
66	割合	わりあい 비율	77	お菓子	おかし 과자
67	割引	わりびき(する) 할인	78	お知らせ	おしらせ 알림; 공지
68	空き家	あきや 빈집	79	落とし物	おとしもの 분실물
69	辺り	あたり 근처; 부근; 주변	80	お年寄り	おとしより 노인
70	当たり前	あたりまえ 당연함	81	お腹	おなか 배
71	暗証番号	あんしょうばんごう 비밀번호	82	お願い	おねがい 부탁
72	生き物	いきもの 생물	83	お見舞い	おみまい 병문안
73	腕時計	うでどけい 손목시계	84	お土産	おみやげ 특산물, 기념품
74	運転手	うんてんしゅ 운전기사	85	思い出	おもいで 추억
75	絵の具	えのぐ 물감	86	お礼	おれい 사례, 감사 인사

87	改札口	かいさつぐち 개찰구
88	かび	 곰팡이
89	環境問題	かんきょうもんだい 환경 문제
90	看護師	かんごし 간호사
91	喫茶店	きっさてん 찻집
92	曇り	くもり 흐림
93	車椅子	くるまいす 휠체어
94	警察官	けいさつかん 경찰관
95	携帯電話	けいたいでんわ 휴대전화
96	結婚式	けっこんしき 결혼식
97	高速道路	こうそくどうろ 고속도로
98	交通安全	こうつうあんぜん 교통안전
99	国際交流	こくさいこうりゅう 국제 교류
100	個人情報	こじんじょうほう 개인 정보

1	言葉遣い	ことばづかい 말투	11	全て	すべて 모두
2	ご趣味	ごしゅみ 취미	12	専門店	せんもんてん 전문점
3	ご自身	ごじしん 자신	13	掃除機	そうじき 청소기
4	ご相談	ごそうだん 상담	14	卒業論文	そつぎょうろんぶん 졸업 논문
5	幸せ	しあわせ 행복	15	祖父母	そふぼ 조부모
6	自分自身	じぶんじしん 자기 자신	16	それぞれ	 각각, 각자
7	市役所	しやくしょ 시청	17	大学院	だいがくいん 대학원
8	商品名	しょうひんめい 상품명	18	食べ放題	たべほうだい 무한 리필 음식점, 뷔페
9	新入社員	しんにゅうしゃいん 신입 사원	19	段ボール箱	だんぼーるばこ 종이 상자
10	新入生	しんにゅうせい 신입생	20	長時間	ちょうじかん 장시간

21	調味料	ちょうみりょう 조미료	32	保育園	ほいくえん 어린이집; 보육원
22	流れ	ながれ 흐름	33	祭り	まつり 축제
23	夏祭り	なつまつり 여름 축제	34	周り	まわり 주변
24	人間関係	にんげんかんけい 인간관계	35	山登り	やまのぼり 등산
25	人数分	にんずうぶん 사람 수만큼, 사람 수대로	36	郵便局	ゆうびんきょく 우체국
26	外れ	はずれ 벗어남, 꽝	37	冷蔵庫	れいぞうこ 냉장고
27	話し声	はなしごえ 말소리	38	愛する	あいする 사랑하다
28	はんこ	도장	39	飽きる	あきる 질리다
29	一人暮らし	ひとりぐらし 자취, 혼자 삶	40	空く	あく / すく 비다
30	美容院	びよういん 미용실	41	空ける	あける 비우다
31	不動産	ふどうさん 부동산	42	憧れる	あこがれる 동경하다

43	預ける	あずける 맡기다
44	与える	あたえる 주다; 수여하다
45	温める	あたためる 데우다
46	扱う	あつかう 다루다; 취급하다
47	浴びる	あびる 뒤집어쓰다, 샤워를 하다
48	溢れる	あふれる 넘치다; 넘쳐흐르다
49	余る	あまる 남다
50	謝る	あやまる 사죄하다; 사과하다
51	表す	あらわす 나타내다
52	現れる	あらわれる 나타나다, 드러내다
53	合わせる	あわせる 맞추다

54	植える	うえる 심다
55	動かす	うごかす 움직이게 하다
56	疑う	うたがう 의심하다
57	移る	うつる 옮기다
58	映る	うつる 비치다
59	生む	うむ 낳다
60	埋める	うめる 묻다, 메우다
61	贈る	おくる 선물하다
62	遅れる	おくれる 늦다
63	怒る	おこる 화내다
64	抑える	おさえる 억누르다

65	押す	おす 누르다	76	重ねる	かさねる 겹치다
66	落とす	おとす 떨어뜨리다	77	稼ぐ	かせぐ (돈을) 벌다
67	驚く	おどろく 놀라다	78	構う	かまう 상관하다
68	折る	おる 접다, 꺾다	79	枯れる	かれる (초목이) 마르다
69	替える	かえる 교체하다	80	感じる	かんじる 느끼다
70	換える	かえる 교환하다	81	聴く	きく 듣다
71	香る	かおる 향기가 나다	82	気付く	きづく 눈치채다
72	輝く	かがやく 빛나다	83	配る	くばる 나눠 주다; 배포하다
73	関わる	かかわる 관련되다	84	組む	くむ 짜다, 끼다
74	描く	かく / えがく 그리다	85	暮らす	くらす 살다
75	隠す	かくす 숨기다	86	比べる	くらべる 비교하다

87	加える	くわえる 더하다
88	超える	こえる (기준을) 넘다; 넘어가다
89	凍る	こおる 얼다
90	断る	ことわる 거절하다
91	困る	こまる 곤란하다
92	転ぶ	ころぶ 구르다, 넘어지다
93	捜す	さがす 찾다
94	探す	さがす 찾다
95	沈む	しずむ 가라앉다
96	従う	したがう 따르다
97	支払う	しはらう 지불하다

98	絞る	しぼる 쥐어짜다
99	締める	しめる 죄다; 매다; 닫다
100	閉める	しめる 닫다

동사(일반)·동사(복합)

1	喋る	しゃべる 말하다; 수다 떨다	
2	過ぎる	すぎる 지나가다	
3	過ごす	すごす 보내다	
4	勧める	すすめる 권하다; 추천하다	
5	進める	すすめる 나아가다; 진행하다	
6	滑る	すべる 미끄러지다	
7	済む	すむ 끝나다; 완료되다	
8	座る	すわる 앉다	
9	育つ	そだつ 자라다	
10	対する	たいする 대하다	

11	倒れる	たおれる 쓰러지다	
12	抱く	だく / いだく 안다	
13	助ける	たすける 도와주다, 구해 주다	
14	尋ねる	たずねる 묻다	
15	戦う	たたかう 싸우다	
16	畳む	たたむ 접다, 개다	
17	楽しむ	たのしむ 즐기다	
18	頼む	たのむ 부탁하다, 의뢰하다	
19	溜まる	たまる 고이다, 쌓이다	
20	頼る	たよる 의지하다	

21	黙る	だまる 입을 다물다	32	慰める	なぐさめる 위로하다
22	捕まえる	つかまえる 붙잡다	33	悩む	なやむ 고민하다
23	つかむ	꼭 쥐다	34	鳴る	なる 울리다; 울려 퍼지다
24	包む	つつむ 싸다, 포장하다	35	慣れる	なれる 익숙해지다; 적응되다
25	務める	つとめる 역할을 다하다	36	似合う	にあう 어울리다
26	勤める	つとめる 근무하다	37	握る	にぎる 쥐다
27	通す	とおす 통과시키다	38	似る	にる 닮다
28	解く	とく (문제를) 풀다	39	抜ける	ぬける 빠지다; 뽑히다
29	届く	とどく 닿다; 도착하다	40	塗る	ぬる 칠하다; 바르다
30	飛ぶ	とぶ 날다	41	眠る	ねむる 자다; 잠들다
31	停める	とめる 멈추다; 세우다	42	寝る	ねる 자다

43	残す	のこす 남기다	
44	残る	のこる 남다	
45	乗せる	のせる 태우다	
46	伸ばす	のばす 늘리다	
47	伸びる	のびる 늘어나다, 증가하다	
48	生える	はえる 자라다	
49	測る	はかる 재다	
50	掃く	はく 쓸다	
51	履く	はく (신발을) 신다, (하의를) 입다	
52	外す	はずす 벗다, 떼다; 빼다	
53	離す	はなす 떼어 내다, 거리를 두다	

54	払う	はらう 지불하다
55	貼る	はる 붙이다
56	広がる	ひろがる 넓어지다; 확장되다
57	増える	ふえる 늘다
58	拭く	ふく 닦다
59	吹く	ふく (바람이) 불다
60	防ぐ	ふせぐ 막다; 방지하다
61	降る	ふる (비가) 내리다
62	ぶつける	부딪치다
63	減らす	へらす 줄이다
64	減る	へる 줄다

65	干す	ほす 말리다
66	褒める	ほめる 칭찬하다
67	間違う	まちがう 틀리다, 잘못되다
68	まとめる	 정리하다
69	学ぶ	まなぶ 배우다
70	迷う	まよう 헤매다
71	磨く	みがく 닦다
72	見つめる	みつめる 응시하다
73	迎える	むかえる 맞이하다
74	向ける	むける 향하게 하다
75	結ぶ	むすぶ 맺다, 잇다, 묶다
76	目覚める	めざめる 눈뜨다; 잠에서 깨다
77	戻す	もどす 되돌리다
78	破る	やぶる 깨부수다, 찢다
79	辞める	やめる 그만두다; 사직하다
80	許す	ゆるす 용서하다
81	揺れる	ゆれる 흔들리다
82	汚す	よごす 더럽히다
83	呼ぶ	よぶ 부르다
84	寄る	よる 접근하다, 들르다
85	喜ぶ	よろこぶ 기뻐하다
86	沸く	わく 끓다

| 87 | 分ける | わける
나누다 |
| 98 | 締め切る | しめきる
마감하다 |

| 88 | 受け取る | うけとる
받다; 수취하다 |
| 99 | 知り合う | しりあう
서로 알게 되다,
알고 지내다 |

| 89 | 追い越す | おいこす
추월하다 |
| 100 | 付き合う | つきあう
사귀다; 교제하다 |

| 90 | 追いつく | おいつく
따라붙다 |

| 91 | 落ち着く | おちつく
안정되다, 침착하다 |

| 92 | 思いつく | おもいつく
생각이 떠오르다 |

| 93 | 買い替える | かいかえる
새로 사다, 사서 바꾸다 |

| 94 | 貸し出す | かしだす
대출하다 |

| 95 | 聞き取る | ききとる
알아듣다, 청취하다 |

| 96 | 切り替える | きりかえる
전환하다, 새로 바꾸다 |

| 97 | 繰り返す | くりかえす
반복하다 |

1	作り直す	つくりなおす 다시 만들다
2	出会う	であう (우연히) 만나다
3	取り替える	とりかえる 교환하다
4	取り消す	とりけす 취소하다
5	話し合う	はなしあう 의논하다; 상의하다
6	話し掛ける	はなしかける 말을 걸다
7	引き受ける	ひきうける 떠맡다
8	引き出す	ひきだす 꺼내다, 인출하다
9	引っ越す	ひっこす 이사하다
10	引っ張る	ひっぱる 당기다
11	振り込む	ふりこむ 이체하다; 납입하다
12	巻き込む	まきこむ 말려들게 하다; 끌어들이다
13	向かい合う	むかいあう 마주 보다
14	申し込む	もうしこむ 신청하다
15	持ち帰る	もちかえる (음식을) 포장해 가다, 가지고 돌아가다
16	呼びかける	よびかける 부르다, 호소하다
17	浅い	あさい 얕다
18	厚い	あつい 두껍다
19	甘い	あまい 달다
20	怪しい	あやしい 수상하다, 괴상하다

21	忙しい	いそがしい 바쁘다	32	苦しい	くるしい 괴롭다, 힘들다
22	痛い	いたい 아프다	33	濃い	こい 진하다
23	薄い	うすい 얇다, 옅다, 싱겁다	34	細かい	こまかい 세세하다, 까다롭다
24	うらやましい	부럽다	35	怖い	こわい 무섭다
25	大人しい	おとなしい 어른스럽다, 얌전하다	36	仕方ない	しかたない 할 수 없다, 어쩔 수 없다
26	賢い	かしこい 현명하다; 영리하다	37	親しい	したしい 친근하다
27	硬い	かたい 딱딱하다, 굳다	38	しつこい	끈질기다
28	かゆい	가렵다	39	酸っぱい	すっぱい 시다
29	可愛らしい	かわいらしい 귀엽다, 사랑스럽다	40	だらしない	칠칠치 못하다, 씀씀이가 헤프다
30	きつい	심하다; 고되다, 꼭 끼다	41	情けない	なさけない 한심하다, 매정하다
31	厳しい	きびしい 엄격하다	42	懐かしい	なつかしい 그립다

43	細長い	ほそながい 가늘고 길다
44	珍しい	めずらしい 드물다; 희귀하다
45	もったいない	 아깝다
46	柔らかい	やわらかい 부드럽다
47	意外な	いがいな 의외인, 의외의
48	意地悪な	いじわるな 심술궂은
49	一般的な	いっぱんてきな 일반적인
50	いろんな	 여러 가지의
51	お洒落な	おしゃれな 세련된, 멋을 낸
52	確実な	かくじつな 확실한
53	可能な	かのうな 가능한

54	かわいそうな	 불쌍한
55	簡単な	かんたんな 간단한
56	危険な	きけんな 위험한
57	基礎的な	きそてきな 기초적인
58	気の毒な	きのどくな 딱한; 가여운
59	基本的な	きほんてきな 기본적인
60	具体的な	ぐたいてきな 구체적인
61	盛んな	さかんな 왕성한, 번창한
62	様々な	さまざまな 다양한, 여러 가지의
63	残念な	ざんねんな 유감스러운; 안타까운
64	主要な	しゅような 주요한

65	正直な	しょうじきな 솔직한	76	短気な	たんきな 성급한
66	新鮮な	しんせんな 신선한	77	単純な	たんじゅんな 단순한
67	地味な	じみな 수수한	78	丁寧な	ていねいな 공손한; 정중한, 주의 깊은
68	自由な	じゆうな 자유로운	79	得意な	とくいな 자신 있는, 특기인; 잘하는
69	重要な	じゅうような 중요한	80	苦手な	にがてな 서투른
70	上品な	じょうひんな 고상한, 고급스러운	81	熱心な	ねっしんな 열심인
71	正常な	せいじょうな 정상적인	82	派手な	はでな 화려한
72	積極的な	せっきょくてきな 적극적인	83	話し上手な	はなしじょうずな 말을 잘하는
73	退屈な	たいくつな 지루한	84	不安な	ふあんな 불안한
74	大事な	だいじな 중요한, 소중한	85	複雑な	ふくざつな 복잡한
75	確かな	たしかな 확실한	86	不思議な	ふしぎな 신기한, 이상한

87	不便な	ふべんな 불편한
88	真面目な	まじめな 성실한, 진지한
89	身近な	みぢかな 가까운, 친근한
90	迷惑な	めいわくな 민폐인
91	面倒な	めんどうな 귀찮은
92	楽な	らくな 편한
93	あちこち	 여기저기
94	今にも	いまにも 금방이라도, 이제 곧
95	主に	おもに 주로
96	逆に	ぎゃくに 반대로
97	決して	けっして 결코

98	早速	さっそく 곧; 즉시; 바로
99	慎重に	しんちょうに 신중히
100	実は	じつは 실은

부사(일반)·부사(의성어·의태어)·가타카나

1	実際に	じっさいに 실제로	11	突然	とつぜん 갑자기; 돌연
2	既に	すでに 이미	12	なかなか	제법, 좀처럼
3	互いに	たがいに 서로	13	普段	ふだん 평소; 보통
4	確かに	たしかに 확실히	14	別々に	べつべつに 따로
5	多少	たしょう 다소	15	まあまあ	여하튼, 그럭저럭
6	つい	문득; 그만	16	全く	まったく 완전히, 전혀
7	次々	つぎつぎ 연달아; 차례로	17	まるで	마치
8	当然	とうぜん 당연히	18	最も	もっとも 가장
9	とうとう	드디어; 마침내	19	やっぱり	역시
10	どうか	어떻게든, 제발	20	やはり	역시

21	ようやく	겨우; 간신히	
22	うっかり	무심코, 깜빡	
23	うろうろ	우왕좌왕	
24	がらがら	목이 쉰, 텅 빈	
25	きらきら	반짝반짝	
26	ぐっすり	푹	
27	しっかり	제대로, 단단히, 똑똑히	
28	すっかり	완전히, 모두	
29	せっかく	모처럼	
30	だぶだぶ	헐렁헐렁, 출렁출렁	
31	ばらばら	뿔뿔이	
32	ぴったり	딱 맞는	
33	ふらふら	흔들흔들, 비틀비틀	
34	ぺこぺこ	배고픈 모양	
35	アイデア・アイディア	아이디어	
36	アクセス(する)	액세스; 접근성, 접속, 찾아오는 길	
37	アジア	아시아	
38	アップ(する)	업, 업로드의 준말	
39	アドバイス(する)	어드바이스; 조언	
40	アナウンサー	아나운서	
41	アナウンス(する)	안내 방송, 공지	
42	アルバイト /バイト(する)	아르바이트	

43	アレルギー	알레르기
44	アンケート	앙케트; 설문 조사
45	イベント	이벤트; 행사
46	イメージ (する)	이미지
47	インク	잉크
48	インタビュー (する)	인터뷰
49	ウイルス	바이러스
50	エネルギー	에너지
51	エプロン	앞치마
52	オープン (する)	오픈
53	オフィス	오피스; 사무실

54	オリンピック	올림픽
55	カップ	컵
56	カフェ	카페
57	カラオケ	노래방
58	カルチャー	컬처; 문화
59	カロリー	칼로리
60	ガソリン スタンド	주유소
61	クイズ	퀴즈
62	クッキー	쿠키
63	クラブ	클럽, 동아리
64	グラウンド	운동장

65	グループ	그룹
66	コマーシャル	광고
67	コンビニ	편의점
68	ゴール (する)	골, 목표
69	サークル	서클, 동아리
70	サイト	사이트
71	サンプル	샘플
72	ジャケット	재킷
73	ジャム	잼
74	スープ	수프
75	ストーリー	스토리
76	セール	세일
77	セット (する)	세트
78	セミナー	세미나
79	センター	센터
80	ゼミ	세미나
81	チェックイン (する)	체크인
82	チラシ	전단지
83	Tシャツ	티셔츠
84	テーマ	테마
85	トレーニング (する)	트레이닝; 훈련
86	ハイキング	하이킹; 등산

87	バスケット	바구니
88	バスケット ボール	농구
89	パーセント	퍼센트
90	ハンバーグ	햄버그
91	ヒント	힌트
92	ビタミン	비타민
93	ピクニック	피크닉; 소풍
94	ファスナー	지퍼
95	ファックス (する)	팩스
96	ファッション	패션
97	ファン	팬

98	ブランコ	그네
99	プラスチック	플라스틱
100	プリンター	프린터

가타카나·명사(1글자)·명사(2글자)

1	プログラム	프로그램
2	プロフェショナル /プロ	프로페셔널; 전문적인, 프로
3	ヘルメット	헬멧
4	ベランダ	베란다
5	ペットボトル	페트병
6	ペンキ	페인트
7	ホームステイ	홈스테이
8	ホームページ	홈페이지
9	ホール	홀
10	ポイント	포인트

11	ポスター	포스터
12	マイク	마이크
13	マナー	매너
14	メッセージ	메시지
15	メンバー	멤버
16	ヨーグルト	요구르트
17	ラーメン	라면
18	ランチ	런치; 점심 식사
19	リスト	리스트; 목록
20	リットル	리터

21	レシピ	레시피
22	レッスン	레슨
23	ロケット	로켓
24	ロッカー	로커; 사물함

이것만 외우면 합격

25	汗	あせ 땀
26	宛	あて ~앞(수신인·수신 장소)
27	板	いた 판; 판자
28	運	うん 운
29	縁	えん 연; 인연
30	沖	おき 바다

31	可	か 가; 허가; 가능
32	革	かわ 가죽
33	勘	かん 감; 직감
34	害	がい 해
35	絹	きぬ 비단
36	客	きゃく 손님
37	毛	け 털
38	件	けん 건
39	券	けん 권, 책
40	劇	げき 극; 연극
41	暦	こよみ 달력

42	頃	ころ 때; 시절; 쯤	53	損	そん 손; 손해
43	鮭	さけ 연어	54	種	たね 씨; 씨앗
44	札	さつ / ふだ 지폐, 표; 팻말	55	玉	たま 구슬
45	舌	した 혀	56	蝶	ちょう 나비
46	質	しつ 질	57	翼	つばさ 날개
47	賞	しょう 상	58	粒	つぶ 낱알
48	芯	しん 심; 심지	59	敵	てき 적
49	情	じょう 정	60	鉄	てつ 철
50	姿	すがた 모습	61	梨	なし 배
51	裾	すそ 옷자락	62	布	ぬの 천
52	説	せつ 설	63	根	ね 뿌리

64	脳	のう 뇌
65	端	はし 끝, 가장자리, 구석
66	恥	はじ 부끄러움, 수치
67	鉢	はち 화분, 주발
68	蜂	はち 벌
69	判	はん 도장, 판단
70	便	びん / べん 편지, 소식, 편
71	幕	まく 막; 천막
72	溝	みぞ 도랑, 홈, 골
73	紫	むらさき 보라
74	元	もと 근원, 전; 본래
75	桃	もも 복숭아
76	役	やく 역; 역할
77	約	やく 약, 대략
78	奴	やつ 녀석
79	欄	らん 란; 칸, 칼럼
80	愛飲	あいいん(する) 애음, 애주
81	相性	あいしょう 궁합, 성격이 잘 맞음
82	愛情	あいじょう 애정
83	愛着	あいちゃく 애착
84	愛用	あいよう(する) 애용
85	赤字	あかじ 적자

86	悪意	あくい 악의	97	移住	いじゅう(する) 이주
87	足腰	あしこし 다리와 허리	98	衣装	いしょう 의상
88	足元	あしもと 발밑, 주변	99	異常	いじょう 이상
89	悪化	あっか(する) 악화	100	市場	いちば / しじょう 시장
90	安定	あんてい(する) 안정			
91	意義	いぎ 의의; 가치			
92	育児	いくじ(する) 육아			
93	移行	いこう(する) 이행			
94	意志	いし 의지			
95	意思	いし 의사(생각)			
96	医師	いし 의사(직업)			

명사(2글자)

1	一部	いちぶ 일부
2	一面	いちめん 일면
3	一両	いちりょう 한 냥, 1량(열차)
4	一例	いちれい 일례; 하나의 예
5	一家	いっか 일가
6	一種	いっしゅ 일종
7	一瞬	いっしゅん 일순; 한순간
8	一生	いっしょう 일생
9	一致	いっち(する) 일치
10	一定	いってい 일정
11	一転	いってん(する) 한 바퀴, 완전히 바뀜
12	一歩	いっぽ 일보; 한 걸음
13	意図	いと(する) 의도
14	違反	いはん(する) 위반
15	以来	いらい 이래; 이후
16	依頼	いらい(する) 의뢰
17	医療	いりょう 의료
18	衣類	いるい 의류
19	印鑑	いんかん 인감
20	引退	いんたい(する) 은퇴

21	植木	うえき 정원수	32	園内	えんない 원내
22	有無	うむ 유무	33	大型	おおがた 대형
23	運営	うんえい(する) 운영	34	大声	おおごえ 큰 목소리; 큰소리
24	映像	えいぞう 영상	35	大手	おおて 큰손, 대기업; 대형
25	演技	えんぎ(する) 연기	36	屋外	おくがい 옥외
26	園芸	えんげい 원예	37	温室	おんしつ 온실
27	演劇	えんげき 연극	38	介護	かいご(する) 간호
28	演説	えんぜつ(する) 연설	39	開催	かいさい(する) 개최
29	沿線	えんせん 연선(선로를 따라서 있는 땅)	40	解釈	かいしゃく(する) 해석
30	遠足	えんそく 소풍	41	解消	かいしょう(する) 해소
31	延長	えんちょう(する) 연장	42	改正	かいせい(する) 개정

43	改善	かいぜん(する) 개선	54	拡大	かくだい(する) 확대
44	回答	かいとう(する) 대답; 회답	55	確信	かくしん(する) 확신
45	開発	かいはつ(する) 개발	56	各自	かくじ 각자
46	回復	かいふく(する) 회복	57	拡張	かくちょう(する) 확장
47	解放	かいほう(する) 해방	58	確定	かくてい(する) 확정
48	開放	かいほう(する) 개방	59	獲得	かくとく(する) 획득
49	解約	かいやく(する) 해약	60	確保	かくほ(する) 확보
50	改良	かいりょう(する) 개량	61	確率	かくりつ 확률
51	係長	かかりちょう 계장	62	家計	かけい 가계; 생계
52	下記	かき 하기; 아래 내용	63	加減	かげん(する) 가감, 조절, (사물의) 상태나 정도
53	覚悟	かくご(する) 각오	64	歌詞	かし 가사

65	家事	かじ 가사; 집안일	76	活用	かつよう(する) 활용
66	果実	かじつ 과실; 열매	77	活力	かつりょく 활력
67	箇所	かしょ 개소; 곳; 부분	78	過程	かてい 과정
68	数々	かずかず 다수, 여러 가지	79	加熱	かねつ(する) 가열
69	加速	かそく(する) 가속	80	壁紙	かべがみ 벽지
70	課題	かだい 과제	81	紙袋	かみぶくろ 봉지; 봉투
71	方々	かたがた 여러분, ~분들	82	鑑賞	かんしょう(する) 감상
72	肩幅	かたはば 어깨 폭; 품	83	感情	かんじょう 감정
73	活気	かっき 활기	84	観戦	かんせん(する) 관전
74	格好	かっこう 모양; 모습	85	観測	かんそく(する) 관측
75	活躍	かつやく(する) 활약	86	監督	かんとく 감독

87	完備	かんび(する) 완비
88	看病	かんびょう(する) 간병
89	完了	かんりょう(する) 완료
90	関連	かんれん(する) 관련
91	外観	がいかん 외관
92	外見	がいけん 외견
93	外部	がいぶ 외부
94	概要	がいよう 개요
95	学業	がくぎょう 학업
96	学者	がくしゃ 학자
97	学習	がくしゅう(する) 학습

98	学年	がくねん 학년
99	学問	がくもん 학문
100	画像	がぞう 화상; 영상

명사(2글자)

1	合唱	がっしょう(する) 합창
2	画面	がめん 화면
3	願望	がんぼう 소원; 소망
4	記憶	きおく(する) 기억
5	飢餓	きが 기아; 굶주림
6	企画	きかく(する) 기획
7	機器	きき 기기
8	器具	きぐ 기구
9	機嫌	きげん 기분, 안부
10	気候	きこう 기후
11	生地	きじ 본바탕, 옷감, 반죽
12	期日	きじつ 기일
13	記者	きしゃ 기자
14	機種	きしゅ 기종
15	基準	きじゅん 기준
16	機内	きない 기내
17	記入	きにゅう(する) 기입
18	機能	きのう(する) 기능
19	寄付	きふ(する) 기부
20	規模	きぼ 규모

21	客席	きゃくせき 객석	32	協会	きょうかい 협회
22	休暇	きゅうか 휴가	33	競技	きょうぎ 경기
23	吸収	きゅうしゅう(する) 흡수	34	供給	きょうきゅう(する) 공급
24	球場	きゅうじょう 구장; 야구장	35	教材	きょうざい 교재
25	求人	きゅうじん 구인	36	強弱	きょうじゃく 강약
26	給水	きゅうすい(する) 급수	37	教授	きょうじゅ 교수
27	急増	きゅうぞう(する) 급증	38	強調	きょうちょう(する) 강조
28	休息	きゅうそく(する) 휴식	39	恐怖	きょうふ 공포
29	休養	きゅうよう(する) 휴양	40	強風	きょうふう 강풍
30	教員	きょういん 교원; 교사	41	共有	きょうゆう(する) 공유
31	強化	きょうか(する) 강화	42	教養	きょうよう 교양

43	許可	きょか(する) 허가
44	金額	きんがく 금액
45	金魚	きんぎょ 금붕어
46	金庫	きんこ 금고
47	近代	きんだい 근대
48	筋肉	きんにく 근육
49	近年	きんねん 근년, 요 몇 해 사이
50	勤務	きんむ(する) 근무
51	金融	きんゆう 금융
52	議員	ぎいん 의원
53	義務	ぎむ 의무

54	疑問	ぎもん 의문
55	行事	ぎょうじ 행사
56	業務	ぎょうむ 업무
57	行列	ぎょうれつ(する) 행렬
58	議論	ぎろん(する) 의논
59	空間	くうかん 공간
60	空席	くうせき 공석
61	空洞	くうどう 동굴, 속이 텅 빔
62	苦情	くじょう 불평; 푸념, 고충
63	苦戦	くせん(する) 고전
64	苦痛	くつう 고통

65	区分	くぶん(する) 구분	76	軽傷	けいしょう 경상, 가벼운 부상
66	暗闇	くらやみ 어둠	77	形成	けいせい(する) 형성
67	愚痴	ぐち 푸념	78	継続	けいぞく(する) 계속
68	契機	けいき 계기	79	系統	けいとう 계통
69	景気	けいき 경기	80	経費	けいひ 경비(비용)
70	傾向	けいこう 경향	81	警備	けいび(する) 경비
71	警告	けいこく(する) 경고	82	契約	けいやく(する) 계약
72	掲載	けいさい(する) 게재	83	決意	けつい(する) 결의
73	軽視	けいし(する) 경시	84	欠陥	けっかん 결함
74	形式	けいしき 형식	85	決勝	けっしょう 결승
75	掲示	けいじ(する) 게시	86	決着	けっちゃく(する) 결착; 결말이 남; 매듭을 지음

87	決定	けってい(する) 결정
88	結論	けつろん 결론
89	気配	けはい 낌새; 분위기
90	検索	けんさく(する) 검색
91	研修	けんしゅう(する) 연수
92	検診	けんしん(する) 검진
93	検討	けんとう(する) 검토
94	県内	けんない 현내(현의 행정 구역 내)
95	憲法	けんぽう 헌법
96	劇場	げきじょう 극장
97	下校	げこう(する) 하교
98	下旬	げじゅん 하순
99	限界	げんかい 한계
100	原作	げんさく 원작

명사(2글자)

1	現実	げんじつ 현실	
2	現象	げんしょう 현상(인간이 지각할 수 있는 사물의 모양과 상태)	
3	現状	げんじょう 현상(현재 상태)	
4	現代	げんだい 현대	
5	現地	げんち 현지	
6	限定	げんてい(する) 한정	
7	減点	げんてん(する) 감점	
8	現場	げんば 현장	
9	行為	こうい 행위	
10	公演	こうえん(する) 공연	
11	硬貨	こうか 금속 화폐; 동전	
12	後悔	こうかい(する) 후회	
13	公開	こうかい(する) 공개	
14	郊外	こうがい 교외	
15	工学	こうがく 공학	
16	好感	こうかん 호감	
17	高級	こうきゅう 고급	
18	貢献	こうけん(する) 공헌	
19	攻撃	こうげき(する) 공격	
20	口座	こうざ 계좌	

21	講座	こうざ 강좌	32	構成	こうせい(する) 구성
22	工作	こうさく(する) 공작	33	構造	こうぞう 구조
23	考察	こうさつ(する) 고찰	34	肯定	こうてい(する) 긍정
24	講師	こうし 강사	35	購入	こうにゅう(する) 구입
25	後者	こうしゃ 후자	36	高熱	こうねつ 고열
26	校舎	こうしゃ 교사(학교 건물)	37	候補	こうほ 후보
27	公衆	こうしゅう 공중	38	項目	こうもく 항목
28	交渉	こうしょう(する) 교섭	39	校門	こうもん 교문
29	向上	こうじょう(する) 향상	40	紅葉	こうよう(する) 단풍
30	更新	こうしん(する) 경신, 갱신	41	公立	こうりつ 공립
31	香水	こうすい 향수	42	考慮	こうりょ(する) 고려

43	高齢	こうれい 고령	54	小麦	こむぎ 밀
44	小型	こがた 소형	55	小物	こもの 소품, 부속품, 하찮은 것
45	呼吸	こきゅう(する) 호흡	56	根気	こんき 끈기
46	故郷	こきょう 고향	57	混乱	こんらん(する) 혼란
47	克服	こくふく(する) 극복	58	合同	ごうどう 합동
48	個々	ここ 개개, 하나하나	59	誤解	ごかい(する) 오해
49	小雨	こさめ 가랑비	60	語学	ごがく 어학
50	個性	こせい 개성	61	娯楽	ごらく 오락
51	骨折	こっせつ(する) 골절	62	再開	さいかい(する) 재개
52	固定	こてい(する) 고정	63	災害	さいがい 재해
53	粉薬	こなぐすり 가루약	64	最強	さいきょう 최강

65	採集	さいしゅう(する) 채집	76	作成	さくせい(する) 작성
66	最新	さいしん 최신	77	撮影	さつえい(する) 촬영
67	再生	さいせい(する) 재생	78	作法	さほう 예절, 작법
68	最善	さいぜん 최선	79	左右	さゆう(する) 좌우
69	最速	さいそく 가장 빠름, 최고 속도의 준말	80	参観	さんかん(する) 참관
70	最長	さいちょう 최장	81	産業	さんぎょう 산업
71	才能	さいのう 재능	82	参考	さんこう(する) 참고
72	栽培	さいばい(する) 재배	83	参照	さんしょう(する) 참조
73	再発	さいはつ(する) 재발	84	産地	さんち 산지
74	採用	さいよう(する) 채용	85	山頂	さんちょう 산꼭대기; 정상
75	再来	さいらい(する) 재래	86	在籍	ざいせき(する) 재적

87	座席	ざせき
		좌석

88	雑草	ざっそう
		잡초

89	支援	しえん(する)
		지원

90	歯科	しか
		치과

91	司会	しかい(する)
		사회(회의나 예식 등을 진행하는 것)

92	視界	しかい
		시계; 시야

93	資格	しかく
		자격

94	四季	しき
		사계; 사계절

95	刺激	しげき(する)
		자극

96	思考	しこう(する)
		사고

97	視察	しさつ(する)
		시찰

98	支持	しじ(する)
		지지

99	支出	ししゅつ(する)
		지출

100	試食	ししょく(する)
		시식

명사(2글자)

1	施設	しせつ 시설	11	使命	しめい 사명
2	湿度	しつど 습도	12	視野	しや 시야
3	失望	しつぼう(する) 실망	13	車窓	しゃそう 차창
4	指摘	してき(する) 지적	14	周囲	しゅうい 주위
5	視点	してん 시점	15	集会	しゅうかい(する) 집회
6	支配	しはい(する) 지배	16	収穫	しゅうかく(する) 수확
7	芝居	しばい(する) 연극	17	収集	しゅうしゅう(する) 수집
8	市販	しはん 시판	18	修正	しゅうせい(する) 수정
9	志望	しぼう(する) 지망	19	集団	しゅうだん 집단
10	脂肪	しぼう 지방	20	習得	しゅうとく(する) 습득

21	収納	しゅうのう(する) 수납	32	首都	しゅと 수도
22	周辺	しゅうへん 주변	33	取得	しゅとく(する) 취득
23	主義	しゅぎ 주의	34	主役	しゅやく 주역
24	宿泊	しゅくはく(する) 숙박	35	瞬間	しゅんかん 순간
25	主催	しゅさい(する) 주최	36	仕様	しよう 사양
26	取材	しゅざい(する) 취재	37	障害	しょうがい 장애; 방해물
27	出演	しゅつえん(する) 출연	38	将棋	しょうぎ 장기
28	出社	しゅっしゃ(する) 출근	39	証拠	しょうこ 증거
29	出場	しゅつじょう(する) 출장	40	詳細	しょうさい 상세
30	出世	しゅっせ(する) 출세	41	承知	しょうち(する) 앎; 인지, 승낙
31	出版	しゅっぱん(する) 출판	42	衝突	しょうとつ(する) 충돌

43	勝敗	しょうはい 승패
44	照明	しょうめい 조명
45	消耗	しょうもう(する) 소모
46	勝利	しょうり(する) 승리
47	省略	しょうりゃく(する) 생략
48	少量	しょうりょう 소량
49	初回	しょかい 초회; 첫 번
50	初期	しょき 초기
51	職員	しょくいん 직원
52	職業	しょくぎょう 직업
53	職人	しょくにん 장인
54	職場	しょくば 직장
55	食品	しょくひん 식품
56	食物	しょくもつ 음식물
57	食料	しょくりょう 식재료
58	所属	しょぞく(する) 소속
59	所長	しょちょう 소장
60	書店	しょてん 서점
61	書道	しょどう 서예
62	初日	しょにち 첫날
63	処理	しょり(する) 처리
64	視力	しりょく 시력

65	素人	しろうと 초보자, 아마추어	76	深夜	しんや 심야
66	新刊	しんかん 신간	77	信頼	しんらい(する) 신뢰
67	神経	しんけい 신경	78	心理	しんり 심리
68	診察	しんさつ(する) 진찰	79	次回	じかい 차회; 다음 번
69	進出	しんしゅつ(する) 진출	80	事業	じぎょう 사업
70	心身	しんしん 심신	81	自己	じこ 자기
71	親戚	しんせき 친척	82	事実	じじつ 사실
72	新設	しんせつ(する) 신설	83	持続	じぞく(する) 지속
73	診断	しんだん(する) 진단	84	自体	じたい 자체
74	新築	しんちく(する) 신축	85	実感	じっかん(する) 실감
75	新品	しんぴん 신품, 새 상품	86	実現	じつげん(する) 실현

87	実施	じっし(する) 실시	98	邪魔	じゃま(する) 방해
88	実質	じっしつ 실질	99	重視	じゅうし(する) 중시
89	実習	じっしゅう(する) 실습			
90	実績	じっせき 실적			
91	実践	じっせん(する) 실전			
92	実態	じったい 실태			
93	辞典	じてん 사전			
94	児童	じどう 아동			
95	事物	じぶつ 사물			
96	地面	じめん 지면			
97	地元	じもと 현지; 그 고장			

명사(2글자)

1	従事	じゅうじ(する) 종사	11	上位	じょうい 상위
2	充実	じゅうじつ(する) 충실	12	状況	じょうきょう 상황
3	住宅	じゅうたく 주택	13	情景	じょうけい 정경
4	充満	じゅうまん(する) 충만	14	条件	じょうけん 조건
5	住民	じゅうみん 주민	15	錠剤	じょうざい 알약; 정제
6	重役	じゅうやく 중역	16	常識	じょうしき 상식
7	受講	じゅこう(する) 수강	17	上昇	じょうしょう(する) 상승
8	受賞	じゅしょう(する) 수상	18	上達	じょうたつ(する) 숙달, 기능이 향상됨
9	受診	じゅしん(する) 진찰을 받음	19	蒸発	じょうはつ(する) 증발
10	順序	じゅんじょ 순서	20	常備	じょうび(する) 상비

21	事例	じれい 사례	32	請求	せいきゅう(する) 청구
22	人材	じんざい 인재	33	生計	せいけい 생계
23	人類	じんるい 인류	34	制作	せいさく(する) 제작
24	水準	すいじゅん 수준	35	製作	せいさく(する) 제작
25	水分	すいぶん 수분	36	生産	せいさん(する) 생산
26	数値	すうち 수치	37	精算	せいさん(する) 정산
27	砂浜	すなはま 모래사장	38	性質	せいしつ 성질
28	隅々	すみずみ 구석구석, 모든 곳	39	青春	せいしゅん 청춘
29	声援	せいえん 성원	40	製造	せいぞう(する) 제조
30	成果	せいか 성과	41	生態	せいたい 생태
31	世紀	せいき 세기	42	成長	せいちょう(する) 성장

43	性能	せいのう 성능	
44	整備	せいび(する) 정비	
45	政府	せいふ 정부	
46	成分	せいぶん 성분	
47	成立	せいりつ(する) 성립	
48	石炭	せきたん 석탄	
49	責任	せきにん 책임	
50	世代	せだい 세대	
51	説教	せっきょう(する) 설교	
52	設計	せっけい(する) 설계	
53	接続	せつぞく(する) 접속	

54	設置	せっち(する) 설치	
55	設定	せってい(する) 설정	
56	節電	せつでん(する) 절전	
57	説得	せっとく(する) 설득	
58	節約	せつやく(する) 절약	
59	台詞	せりふ 대사	
60	選挙	せんきょ(する) 선거	
61	専攻	せんこう(する) 전공	
62	選考	せんこう(する) 전형	
63	選出	せんしゅつ(する) 선출	
64	専属	せんぞく 전속	

65	先端	せんたん 첨단	76	全般	ぜんぱん 전반
66	先着	せんちゃく 선착(순)	77	全力	ぜんりょく 전력; 온 힘
67	専念	せんねん(する) 전념	78	騒音	そうおん 소음
68	選別	せんべつ(する) 선별	79	総額	そうがく 총액
69	先方	せんぽう (교섭, 거래 등의) 상대방, 전방; 앞쪽	80	早期	そうき 조기
70	専用	せんよう 전용	81	送迎	そうげい(する) 송영, 픽업
71	戦略	せんりゃく 전략	82	創作	そうさく(する) 창작
72	洗練	せんれん(する) 세련	83	装置	そうち 장치
73	前回	ぜんかい 전회; 지난번	84	送付	そうふ(する) 송부
74	全身	ぜんしん 전신	85	総務	そうむ 총무
75	前提	ぜんてい 전제	86	創立	そうりつ(する) 창립

87	速達	そくたつ 속달, 속달 우편
88	測定	そくてい(する) 측정
89	速度	そくど 속도
90	側面	そくめん 측면
91	素材	そざい 소재
92	組織	そしき(する) 조직
93	卒論	そつろん 졸업 논문의 준말
94	存在	そんざい(する) 존재
95	尊重	そんちょう(する) 존중
96	続出	ぞくしゅつ(する) 속출
97	続行	ぞっこう(する) 속행

98	体型	たいけい 체형
99	体験	たいけん(する) 체험
100	太鼓	たいこ 북

명사(2글자)

1	対抗	たいこう(する) 대항		11	対面	たいめん(する) 대면
2	対策	たいさく(する) 대책		12	対立	たいりつ(する) 대립
3	退社	たいしゃ(する) 퇴사		13	宅配	たくはい(する) 택배
4	体重	たいじゅう 체중		14	他社	たしゃ 타사; 다른 회사
5	対処	たいしょ(する) 대처		15	他者	たしゃ 타자; 다른 사람
6	対象	たいしょう 대상		16	立場	たちば 입장
7	退職	たいしょく(する) 퇴직		17	達成	たっせい(する) 달성
8	体制	たいせい 체제		18	他人	たにん 타인
9	体調	たいちょう 상태		19	多用	たよう(する) 볼일이 많음, 많이 이용함
10	態度	たいど 태도		20	短所	たんしょ 단점

21	単身	たんしん 단신; 혼자	32	地位	ちい 지위
22	担当	たんとう(する) 담당	33	地域	ちいき 지역
23	大小	だいしょう 대소	34	知恵	ちえ 지혜
24	大臣	だいじん 대신; 장관	35	知人	ちじん 지인
25	台数	だいすう 대수	36	地点	ちてん 지점
26	題名	だいめい 제목	37	地方	ちほう 지방
27	代理	だいり(する) 대리	38	中華	ちゅうか 중화
28	脱出	だっしゅつ(する) 탈출	39	抽選	ちゅうせん(する) 추첨
29	段階	だんかい 단계	40	中断	ちゅうだん(する) 중단
30	団結	だんけつ(する) 단결	41	注目	ちゅうもく(する) 주목
31	段差	だんさ 단차, 높낮이의 차	42	長期	ちょうき 장기

43	彫刻	ちょうこく(する) 조각	54	通知	つうち(する) 통지
44	長所	ちょうしょ 장점	55	通用	つうよう(する) 통용
45	調整	ちょうせい(する) 조정	56	梅雨	つゆ 장마
46	町民	ちょうみん 동네 주민, 마을 사람	57	強火	つよび 센 불
47	調理	ちょうり(する) 조리	58	手足	てあし 손발
48	直前	ちょくぜん 직전	59	提案	ていあん(する) 제안
49	直径	ちょっけい 직경	60	定価	ていか 정가
50	治療	ちりょう(する) 치료	61	抵抗	ていこう(する) 저항
51	追加	ついか(する) 추가	62	提示	ていじ(する) 제시
52	追求	ついきゅう(する) 추구	63	提出	ていしゅつ(する) 제출
53	通常	つうじょう 통상	64	定着	ていちゃく(する) 정착

65	程度	ていど 정도		76	転換	てんかん(する) 전환
66	定年	ていねん 정년		77	点検	てんけん(する) 점검
67	手品	てじな 마술		78	天候	てんこう 날씨
68	哲学	てつがく 철학		79	転校	てんこう(する) 전학
69	徹底	てってい(する) 철저		80	転職	てんしょく(する) 전직; 이직
70	徹夜	てつや(する) 철야; 밤샘		81	添付	てんぷ(する) 첨부
71	手本	てほん 모범, 본보기		82	弟子	でし 제자
72	手間	てま 수고; 품; 손이 감		83	電子	でんし 전자
73	手前	てまえ 바로 앞, 나; 저, 너		84	伝染	でんせん(する) 전염
74	手元	てもと 곁; 주변, 수중		85	伝達	でんたつ(する) 전달
75	展開	てんかい(する) 전개		86	伝統	でんとう 전통

87	伝票	でんぴょう 전표
88	陶器	とうき 도기; 도자기
89	陶芸	とうげい 도예
90	登校	とうこう(する) 등교
91	倒産	とうさん(する) 도산
92	当時	とうじ 당시
93	当社	とうしゃ 당사; 우리 회사
94	当初	とうしょ 당초; 최초
95	到達	とうたつ(する) 도달
96	登録	とうろく(する) 등록
97	討論	とうろん(する) 토론

98	特集	とくしゅう(する) 특집
99	特色	とくしょく 특색
100	特定	とくてい(する) 특정

명사(2글자)

1	都市	とし 도시	11	同僚	どうりょう 동료
2	都心	としん 도심	12	道路	どうろ 도로
3	隣町	となりまち 옆 동네; 이웃 마을	13	読者	どくしゃ 독자
4	動機	どうき 동기	14	読書	どくしょ(する) 독서
5	同士	どうし 끼리	15	土台	どだい 토대
6	同情	どうじょう(する) 동정	16	長靴	ながぐつ 장화
7	道中	どうちゅう 도중, 여행길	17	中庭	なかにわ 안뜰
8	導入	どうにゅう(する) 도입	18	並木	なみき 가로수
9	同封	どうふう(する) 동봉	19	日課	にっか 일과
10	動揺	どうよう(する) 동요	20	日数	にっすう 일수; 날수

21	日中	にっちゅう 주간; 낮	32	農家	のうか 농가
22	入会	にゅうかい(する) 입회; 가입	33	納品	のうひん(する) 납품
23	入居	にゅうきょ(する) 입주	34	農薬	のうやく 농약
24	入金	にゅうきん(する) 입금	35	能率	のうりつ 능률
25	入賞	にゅうしょう(する) 입상	36	能力	のうりょく 능력
26	入場	にゅうじょう(する) 입장	37	廃止	はいし(する) 폐지
27	根元	ねもと 근본, 뿌리	38	配送	はいそう(する) 배송
28	年間	ねんかん 연간	39	俳優	はいゆう 배우
29	年金	ねんきん 연금	40	白衣	はくい 백의, 흰색 가운
30	年度	ねんど 연도	41	拍手	はくしゅ(する) 박수
31	粘土	ねんど 점토; 찰흙	42	蜂蜜	はちみつ 벌꿀; 꿀

43	発揮	はっき(する) 발휘	54	破片	はへん 파편
44	発言	はつげん(する) 발언	55	早口	はやくち 말이 빠름
45	発行	はっこう(する) 발행	56	春先	はるさき 초봄
46	発車	はっしゃ(する) 발차	57	範囲	はんい 범위
47	発想	はっそう(する) 발상	58	反映	はんえい(する) 반영
48	発送	はっそう(する) 발송	59	半額	はんがく 반액; 반값
49	発達	はったつ(する) 발달	60	半減	はんげん(する) 반감
50	花柄	はながら 꽃무늬	61	反抗	はんこう(する) 반항
51	花束	はなたば 꽃다발	62	繁盛	はんじょう(する) 번성
52	花畑	はなばたけ 꽃밭	63	半数	はんすう 반수; 절반
53	花屋	はなや 꽃집	64	反省	はんせい(する) 반성

65	判断	はんだん(する) 판단
66	反応	はんのう(する) 반응
67	販売	はんばい(する) 판매
68	反面	はんめん 반면
69	反論	はんろん(する) 반론
70	場面	ばめん 장면
71	被害	ひがい 피해
72	日陰	ひかげ 응달; 그늘, 음지
73	日頃	ひごろ 평상시; 평소
74	筆者	ひっしゃ 필자
75	必着	ひっちゃく 필착(꼭 도착해야 함)

76	一言	ひとこと 한마디 말
77	人前	ひとまえ 남의 앞; 사람들 앞
78	一目	ひとめ 한눈(에), 잠깐 봄
79	非難	ひなん(する) 비난
80	批判	ひはん(する) 비판
81	日々	ひび 나날
82	批評	ひひょう(する) 비평
83	皮膚	ひふ 피부
84	費用	ひよう 비용
85	評価	ひょうか(する) 평가
86	表現	ひょうげん(する) 표현

87	標準	ひょうじゅん 표준	98	武器	ぶき 무기
88	表情	ひょうじょう 표정	99	無事	ぶじ 무사, 평온함
89	評判	ひょうばん 평판	100	部数	ぶすう 부수
90	広場	ひろば 광장			
91	品質	ひんしつ 품질			
92	風景	ふうけい 풍경			
93	封筒	ふうとう 봉투			
94	普及	ふきゅう(する) 보급			
95	福祉	ふくし 복지			
96	負担	ふたん(する) 부담			
97	不平	ふへい 불평			

1	舞台	ぶたい 무대	11	分別	ぶんべつ(する) 분별
2	物資	ぶっし 물자	12	文面	ぶんめん 서면
3	物質	ぶっしつ 물질	13	分野	ぶんや 분야
4	分解	ぶんかい(する) 분해	14	分量	ぶんりょう 분량
5	分割	ぶんかつ(する) 분할	15	閉店	へいてん(する) 폐점
6	文具	ぶんぐ 문구	16	平面	へいめん 평면
7	文系	ぶんけい 문과 계통	17	返却	へんきゃく(する) 반납; 반환
8	文献	ぶんけん 문헌	18	返金	へんきん(する) 환불
9	分析	ぶんせき(する) 분석	19	変形	へんけい(する) 변형
10	分担	ぶんたん(する) 분담	20	変更	へんこう(する) 변경

21	編集	へんしゅう(する) 편집		32	保護	ほご(する) 보호
22	返信	へんしん(する) 회신		33	補助	ほじょ(する) 보조
23	返答	へんとう(する) 대답; 회답		34	保証	ほしょう(する) 보증
24	返品	へんぴん(する) 반품		35	舗装	ほそう(する) (도로 등) 포장
25	別件	べっけん 별건; 다른 건		36	本業	ほんぎょう 본업
26	別室	べっしつ 별실		37	本校	ほんこう 본교
27	方針	ほうしん 방침		38	本社	ほんしゃ 본사
28	包装	ほうそう(する) 포장		39	本人	ほんにん 본인
29	方面	ほうめん 방면		40	本物	ほんもの 진짜, 실물
30	法律	ほうりつ 법률		41	防災	ぼうさい 방재
31	保険	ほけん 보험		42	防犯	ぼうはん 방범

43	窓際	まどぎわ 창가		54	無限	むげん 무한
44	真似	まね(する) 흉내; 모방		55	無視	むし(する) 무시
45	満点	まんてん 만점		56	無数	むすう 무수
46	密着	みっちゃく(する) 밀착		57	無線	むせん 무선
47	密閉	みっぺい(する) 밀폐		58	明示	めいじ(する) 명시
48	身分	みぶん 신분		59	名所	めいしょ 명소
49	未満	みまん 미만		60	名簿	めいぼ 명부
50	魅力	みりょく 매력		61	名門	めいもん 명문
51	民家	みんか 민가		62	目上	めうえ 윗사람
52	民族	みんぞく 민족		63	目印	めじるし 표시
53	昔話	むかしばなし 옛날이야기		64	目線	めせん 시선; 눈길, 눈높이

65	面会	めんかい(する) 면회
66	面積	めんせき 면적
67	木材	もくざい 목재
68	木造	もくぞう 목조
69	物事	ものごと 사물, 모든 일; 매사
70	焼肉	やきにく 불고기, 고기구이
71	夜勤	やきん 야근
72	薬品	やくひん 약품
73	役目	やくめ 임무; 책임
74	屋台	やたい 포장마차
75	野鳥	やちょう 들새

76	薬局	やっきょく 약국
77	勇気	ゆうき 용기
78	優先	ゆうせん(する) 우선
79	輸送	ゆそう(する) 수송
80	油断	ゆだん(する) 방심
81	油分	ゆぶん 유분; 기름기
82	要求	ようきゅう(する) 요구
83	用件	ようけん 용건
84	容姿	ようし 외모; 용모
85	幼児	ようじ 유아; 어린아이
86	様式	ようしき 양식

87	用心	ようじん(する) 주의; 조심	98	予選	よせん 예선
88	養成	ようせい(する) 양성	99	予測	よそく(する) 예측
89	要素	ようそ 요소	100	欲求	よっきゅう 욕구
90	腰痛	ようつう 요통			
91	要点	ようてん 요점			
92	用途	ようと 용도			
93	容量	ようりょう 용량			
94	予期	よき(する) 예기(미리 기대·각오함)			
95	翌朝	よくあさ 다음 날 아침			
96	翌年	よくとし/よくねん 다음 해; 내년			
97	予算	よさん 예산			

명사(2글자)·명사(그 외)

1	予防	よぼう(する) 예방	
2	余裕	よゆう 여유	
3	来室	らいしつ(する) 방문	
4	来場	らいじょう(する) 입장	
5	来日	らいにち(する) 일본에 옴	
6	利益	りえき 이익	
7	理解	りかい(する) 이해	
8	陸上	りくじょう 육상	
9	理系	りけい 이과 계통	
10	理想	りそう 이상	

11	利点	りてん 이점
12	了解	りょうかい(する) 양해; 이해
13	両者	りょうしゃ 양자; 두 사람
14	了承	りょうしょう(する) 승낙, 양해
15	両端	りょうたん 양 끝
16	緑茶	りょくちゃ 녹차
17	林業	りんぎょう 임업
18	礼儀	れいぎ 예의
19	恋愛	れんあい(する) 연애
20	連続	れんぞく(する) 연속

21	労働	ろうどう(する) 노동
22	論争	ろんそう(する) 논쟁
23	論理	ろんり 논리
24	脇道	わきみち 옆길, 샛길
25	和室	わしつ 일본식 다다미방
26	話題	わだい 화제
27	我々	われわれ 우리들
28	アウトドア用品	あうとどあようひん 아웃도어 용품
29	仰向け	あおむけ 위를 봄, 위를 향해 누움
30	悪天候	あくてんこう 악천후
31	味付け	あじつけ 맛을 냄; 양념

32	味わい	あじわい 맛, 멋; 정취
33	遊び相手	あそびあいて 놀이 상대
34	宛て名	あてな 수신인명
35	後押し	あとおし(する) 뒷받침; 후원
36	いい加減	いいかげん 적당함; 어지간함
37	息抜き	いきぬき(する) 숨을 돌림; 휴식
38	囲碁	いご 바둑
39	急ぎ	いそぎ 급함; 서두름
40	居眠り	いねむり(する) 앉아서 졺
41	居場所	いばしょ 있을 곳, 거처
42	医療機関	いりょうきかん 의료 기관

43	色鉛筆	いろえんぴつ 색연필	54	大型バイク	おおがたばいく 대형 오토바이
44	動き	うごき 움직임, 동향	55	大盛り	おおもり 수북하게 담음, 곱빼기
45	打ち合わせ	うちあわせ(する) 미팅, 협의	56	お気に入り	おきにいり 마음에 듦, 단골, 즐겨찾기
46	売り上げ	うりあげ 매상; 매출	57	贈り物	おくりもの 선물
47	売れ行き	うれゆき 팔리는 상태	58	お札	おさつ 지폐
48	運送会社	うんそうがいしゃ 운송 회사	59	お喋り	おしゃべり(する) 수다, 수다쟁이
49	運動不足	うんどうぶそく 운동 부족	60	お勧め	おすすめ(する) 추천
50	英会話	えいかいわ 영어 회화	61	お歳暮	おせいぼ 신세를 진 사람에게 선물을 보냄, 연말 선물
51	映画監督	えいがかんとく 영화감독	62	お揃い	おそろい 옷 등의 색깔·무늬 등을 맞춤, 세트
52	映画祭	えいがさい 영화제	63	落ち葉	おちば 낙엽
53	栄養分	えいようぶん 영양분	64	お手入れ	おていれ(する) 손질, 관리

65	思い通り	おもいどおり 생각대로, 뜻대로
66	折り紙	おりがみ 종이접기
67	折り畳み傘	おりたたみがさ 접는 우산
68	海外出張	かいがいしゅっちょう 해외 출장
69	解決策	かいけつさく 해결책
70	介護施設	かいごしせつ 요양 시설, 간호 시설
71	海水浴	かいすいよく 해수욕
72	回答者	かいとうしゃ 응답자
73	飼い主	かいぬし 주인; 동물을 기르는 사람
74	係り	かかり 담당, 관계; 관련
75	かかりつけ	주치의, 특정 의사의 진료를 받음

76	書き言葉	かきことば 문어; 문장어
77	学生寮	がくせいりょう 학생 기숙사
78	駆け引き	かけひき(する) 흥정, 밀고 당기기
79	菓子袋	かしぶくろ 과자 봉지
80	風邪薬	かぜぐすり 감기약
81	角部屋	かどべや 복도 끝이나 모서리에 있는 집
82	株式会社	かぶしきがいしゃ 주식회사
83	川遊び	かわあそび 물놀이, 뱃놀이
84	観光産業	かんこうさんぎょう 관광 산업
85	勘違い	かんちがい(する) 착각
86	企画案	きかくあん 기획안

87	気配り	きくばり(する) 배려; 마음을 씀
88	記者会見	きしゃかいけん(する) 기자 회견
89	基礎固め	きそがため 기초 다지기
90	基礎研究	きそけんきゅう 기초 연구
91	記念写真	きねんしゃしん 기념사진
92	気分転換	きぶんてんかん 기분 전환
93	教育機関	きょういくきかん 교육 기관
94	教育現場	きょういくげんば 교육 현장
95	筋トレ	きんとれ 근력 트레이닝의 준말
96	くしゃみ	 재채기
97	果物農園	くだもののうえん 과수원

98	クラブ活動	くらぶかつどう 클럽 활동, 동아리 활동
99	経験豊富	けいけんほうふ 경험이 풍부함
100	蛍光灯	けいこうとう 형광등

명사(그 외)

1	蛍光ペン	けいこうぺん 형광펜	11	交通機関	こうつうきかん 교통 기관
2	計算機	けいさんき 계산기	12	高齢化社会	こうれいかしゃかい 고령화 사회
3	結果発表	けっかはっぴょう 결과 발표	13	コーヒー豆	こーひーまめ 원두; 커피콩
4	健康診断	けんこうしんだん 건강 검진	14	個々人	ここじん 개개인
5	県大会	けんたいかい 현 대회	15	心当たり	こころあたり 짐작 가는 곳; 짚이는 데
6	芸能事務所	げいのうじむしょ 연예 기획사	16	子育て	こそだて 육아
7	現代社会	げんだいしゃかい 현대 사회	17	こつ	 요령
8	現代人	げんだいじん 현대인	18	国会議員	こっかいぎいん 국회의원
9	好感度	こうかんど 호감도	19	こないだ	요전, 지난번에 (この間의 회화체)
10	高校時代	こうこうじだい 고등학생 시절	20	この度	このたび 이번에

21	小麦粉	こむぎこ 밀가루		32	最低限	さいていげん 최저한
22	ご案内	ごあんない(する) 안내		33	魚釣り	さかなつり 낚시
23	ご依頼	ごいらい(する) 의뢰		34	先延ばし	さきのばし 연기; 미룸
24	合格通知	ごうかくつうち 합격 통지		35	昨年度	さくねんど 작년도
25	ご馳走	ごちそう(する) 대접		36	差し入れ	さしいれ(する) 간식, (수고하는 사람에 대한) 격려의 음식
26	ご来場	ごらいじょう 입장		37	差出人	さしだしにん 발신인
27	最終段階	さいしゅうだんかい 최종 단계		38	皿洗い	さらあらい(する) 설거지
28	最小限	さいしょうげん 최소한		39	座席番号	ざせきばんごう 좌석 번호
29	最新機種	さいしんきしゅ 최신 기종		40	支援活動	しえんかつどう 지원 활동
30	最新作	さいしんさく 최신작		41	試験官	しけんかん 시험관
31	最低気温	さいていきおん 최저 기온		42	試行錯誤	しこうさくご(する) 시행착오

43	試作品	しさくひん 시제품; 샘플
44	自然災害	しぜんさいがい 자연재해
45	下書き	したがき(する) 초안; 초고
46	志望動機	しぼうどうき 지원 동기
47	市民講座	しみんこうざ 시민 강좌
48	社会貢献	しゃかいこうけん 사회 공헌
49	就職活動	しゅうしょくかつどう 취업 준비; 구직 활동
50	修理工場	しゅうりこうじょう 수리 공장
51	主人公	しゅじんこう 주인공
52	出版社	しゅっぱんしゃ 출판사
53	商学部	しょうがくぶ 상학부; 경제학부

54	商業施設	しょうぎょうしせつ 상업 시설
55	招待状	しょうたいじょう 초대장
56	小中学生	しょうちゅうがくせい 초중학생
57	小児科	しょうにか 소아과
58	消費活動	しょうひかつどう 소비 활동
59	食品メーカー	しょくひんめーかー 식품 제조업체; 식품 회사
60	初対面	しょたいめん 첫 대면
61	処理場	しょりじょう 처리장
62	しわ	 주름
63	進行役	しんこうやく 진행 역할
64	信頼関係	しんらいかんけい 신뢰 관계

65	時間指定	じかんしてい 시간 지정	76	推薦状	すいせんじょう 추천장
66	時間帯	じかんたい 시간대	77	好き嫌い	すききらい 호불호; 좋고 싫음
67	自己紹介	じこしょうかい(する) 자기소개	78	滑り止め	すべりどめ 미끄럼 방지
68	自己評価	じこひょうか 자기 평가	79	精一杯	せいいっぱい 있는 힘껏
69	慈善事業	じぜんじぎょう 자선 사업	80	生活環境	せいかつかんきょう 생활 환경
70	自治体	じちたい 자치단체	81	生活支援	せいかつしえん 생활 지원
71	実行委員	じっこういいん 실행 위원	82	制限時間	せいげんじかん 제한 시간
72	事務局	じむきょく 사무국	83	生産体制	せいさんたいせい 생산 체제
73	柔軟体操	じゅうなんたいそう 유연 체조; 스트레칭	84	製造過程	せいぞうかてい 제조 과정
74	乗車料金	じょうしゃりょうきん 승차 요금	85	製造工場	せいぞうこうじょう 제조 공장
75	自律神経	じりつしんけい 자율 신경	86	世界一	せかいいち 세계 제일

87	世界各国	せかいかっこく 세계 각국
88	選手時代	せんしゅじだい 선수 시절
89	宣伝効果	せんでんこうか 선전 효과; 홍보 효과
90	扇風機	せんぷうき 선풍기
91	全国大会	ぜんこくたいかい 전국 대회
92	全体像	ぜんたいぞう 전체상; 큰 그림
93	総合文化	そうごうぶんか 종합 문화
94	総務課長	そうむかちょう 총무과장
95	粗大ごみ	そだいごみ 대형 쓰레기
96	卒業式	そつぎょうしき 졸업식
97	退職祝い	たいしょくいわい 퇴직 축하

98	他者評価	たしゃひょうか 타인 평가
99	短期間	たんきかん 단기간
100	単純作業	たんじゅんさぎょう 단순 작업

명사(그 외)

1	担当者	たんとうしゃ 담당자	11	追加料金	ついかりょうきん 추가 요금
2	たんぱく質	たんぱくしつ 단백질	12	定期利用	ていきりよう 정기 이용
3	台無し	だいなし 엉망이 됨; 망가짐	13	手入れ	ていれ(する) 손질, 관리
4	団体旅行	だんたいりょこう 단체 여행	14	手作業	てさぎょう 수작업
5	段取り	だんどり(する) 절차, 준비	15	手すり	てすり 난간
6	地域経済	ちいきけいざい 지역 경제	16	手違い	てちがい 착오, 어긋남
7	地球環境問題	ちきゅうかんきょうもんだい 지구 환경 문제	17	手作り	てづくり(する) 수제; 직접 만듦
8	中古品	ちゅうこひん 중고품	18	手続き	てつづき(する) 수속
9	長期間	ちょうきかん 장기간	19	テレビ局	てれびきょく 방송국
10	彫刻作品	ちょうこくさくひん 조각 작품	20	手渡し	てわたし(する) 직접 전함

21	出来事	できごと 사건	32	長い間	ながいあいだ 오랫동안
22	電気製品	でんきせいひん 전기 제품	33	生クリーム	なまくりーむ 생크림
23	電子辞書	でんしじしょ 전자사전	34	並木道	なみきみち 가로수 길
24	伝統文化	でんとうぶんか 전통문화	35	習い事	ならいごと (학교 교육 외에) 배우는 일, 강습을 들음
25	登場人物	とうじょうじんぶつ 등장인물	36	二階建て	にかいだて 2층 건물
26	遠回り	とおまわり(する) 멀리 돌아서 감; 우회	37	入学式	にゅうがくしき 입학식
27	特別席	とくべつせき 특별석	38	入学予定者	にゅうがくよていしゃ 입학 예정자
28	登山道	とざんどう 등산길; 등산로	39	ぬいぐるみ	 봉제 인형
29	取っ手	とって 손잡이	40	ぬるま湯	ぬるまゆ 미지근한 물; 미온수
30	共働き	ともばたらき(する) 맞벌이	41	ねじ	 나사
31	同年代	どうねんだい 동년배	42	根っこ	ねっこ (나무의) 뿌리

43	値引き	ねびき(する) 할인; 값을 깎아 줌	54	筆記試験	ひっきしけん 필기시험
44	農作物	のうさくぶつ 농작물	55	筆記用具	ひっきようぐ 필기도구
45	上り坂	のぼりざか 오르막, 상승 기세	56	一通り	ひととおり 얼추; 대강
46	墓参り	はかまいり 성묘	57	ひまわり	해바라기
47	吐き気	はきけ 구역질; 구토	58	ひも	끈
48	張り紙	はりがみ 벽보	59	百科事典	ひゃっかじてん 백과사전
49	販売店	はんばいてん 판매점	60	品質管理	ひんしつかんり 품질 관리
50	日当たり	ひあたり 햇볕, 양지	61	ふた	뚜껑
51	日帰り	ひがえり 당일치기	62	美術作品	びじゅつさくひん 미술 작품
52	比較検討	ひかくけんとう(する) 비교 검토	63	ビニール袋	びにーるぶくろ 비닐봉지
53	引き続き	ひきつづき 계속	64	不良品	ふりょうひん 불량품

65	雰囲気	ふんいき 분위기

76	見た目	みため 겉보기, 외모

66	文学作品	ぶんがくさくひん 문학 작품

77	身の回り	みのまわり 신변, 개인의 일상적인 물건 등

67	文化祭	ぶんかさい 문화제, 학교 축제

78	身振り	みぶり 몸짓, 태도

68	法学部	ほうがくぶ 법학부

79	民族音楽	みんぞくおんがく 민족 음악

69	放課後	ほうかご 방과 후

80	向かい	むかい 맞은편; 정면; 건너편

70	ほこり	먼지

81	無理やり	むりやり 억지로

71	本年度	ほんねんど 금년도

82	目当て	めあて 목표, 목적; 노림

72	生中継	なまちゅうけい 생중계

83	名産品	めいさんひん 특산품

73	マラソン大会	まらそんたいかい 마라톤 대회

84	名物料理	めいぶつりょうり 명물 요리

74	回り道	まわりみち 길을 돌아서 감, 우회로

85	申込み用紙	もうしこみようし 신청서; 신청 용지

75	満足度	まんぞくど 만족도

86	目標設定	もくひょうせってい 목표 설정

87	持ち主	もちぬし 소유자, 임자
88	最寄り	もより 가장 가까움, 근처
89	やぎ	 염소
90	野生動物	やせいどうぶつ 야생 동물
91	やりがい	 보람
92	やり取り	やりとり(する) 주고받음
93	やる気	やるき 의욕, 하고자 하는 마음
94	有料道路	ゆうりょうどうろ 유료 도로
95	幼児期	ようじき 유아기
96	世の中	よのなか 세상
97	予想外	よそうがい 예상외

98	料理人	りょうりにん 요리사
99	料理本	りょうりぼん 요리책
100	留守番	るすばん 집 보기, 빈집을 지킴

명사(그 외)·동사(일반)

1 レトルト食品	れとるとしょくひん 레토르트 식품; 즉석식품	**11** 当てる	あてる 맞히다
2 練習不足	れんしゅうぶそく 연습 부족	**12** 暴く	あばく 파헤치다, 폭로하다
3 和菓子	わがし 화과자(일본식 과자)	**13** 操る	あやつる 조종하다, (말을) 잘 구사하다
4 我が社	わがしゃ 우리 회사	**14** 誤る	あやまる 실수하다; 틀리다
5 別れ際	わかれぎわ 헤어질 때	**15** 歩む	あゆむ 걷다
6 挙げる	あげる (손을) 들다	**16** 争う	あらそう 다투다; 경쟁하다
7 揚げる	あげる (기름에) 튀기다	**17** 改まる	あらたまる 고쳐지다, 개선되다
8 味わう	あじわう 맛보다	**18** 改める	あらためる 고치다, 개선하다
9 預かる	あずかる 맡다	**19** 荒れる	あれる 거칠어지다, 황폐해지다
10 焦る	あせる 초조해하다, 조급해하다	**20** 慌てる	あわてる 허둥대다

21	活かす	いかす 살리다, 활용하다	
22	生かす	いかす 살리다	
23	いじる	いじる 만지다; 손대다	
24	傷む	いたむ 상하다, 파손되다	
25	至る	いたる 이르다; 도달하다	
26	嫌がる	いやがる 싫어하다	
27	祝う	いわう 축하하다	
28	浮かぶ	うかぶ 뜨다	
29	浮かべる	うかべる 띄우다	
30	移す	うつす 옮기다; 이동시키다	
31	映す	うつす 비치게 하다	

32	訴える	うったえる 고소하다, 호소하다
33	うつむく	고개를 숙이다
34	うなずく	수긍하다, 고개를 끄덕이다
35	奪う	うばう 빼앗다
36	埋まる	うまる 묻히다, 메워지다; 가득 차다
37	敬う	うやまう 공경하다
38	裏切る	うらぎる 배신하다
39	占う	うらなう 점치다
40	上回る	うわまわる 상회하다, (예상을) 웃돌다
41	得る	える 얻다
42	演じる	えんじる 연기하다, 역할을 맡다

43	追う	おう 쫓다, 따르다
44	応じる	おうじる 응하다
45	終える	おえる 끝내다
46	覆う	おおう 덮다; 씌우다
47	補う	おぎなう 보충하다
48	起こす	おこす 일으키다
49	起こる	おこる 일어나다
50	おごる	한턱내다, 사 주다
51	収まる	おさまる 수습되다
52	納まる	おさまる 납부되다; 수납되다
53	納める	おさめる 납부하다; 수납하다

54	恐れる	おそれる 두려워하다
55	教わる	おそわる 배우다
56	訪れる	おとずれる 방문하다
57	劣る	おとる 뒤떨어지다; 못하다
58	驚かす	おどろかす 놀라게 하다
59	思いやる	おもいやる 배려하다
60	抱える	かかえる 껴안다
61	かがむ	몸을 굽히다; 웅크리다
62	限る	かぎる 제한하다
63	嗅ぐ	かぐ 냄새를 맡다
64	隠れる	かくれる 숨다

65	重なる	かさなる 겹쳐지다
66	かじる	갉아먹다, 베어 먹다
67	課す	かす 부과하다
68	偏る	かたよる 치우치다; 기울다
69	語る	かたる 이야기하다
70	格好つける	かっこうつける 폼을 잡다, 모양을 내다
71	兼ねる	かねる 겸하다
72	絡む	からむ 얽히다, 뒤엉키다
73	刈る	かる 베다, 깎다
74	乾かす	かわかす 건조시키다
75	関する	かんする 관하다; 관계하다

76	効く	きく 잘 듣다, 효과가 있다
77	築く	きずく 쌓다; 쌓아올리다, 이루다
78	競う	きそう 경쟁하다
79	鍛える	きたえる 단련하다
80	区切る	くぎる 구분하다, 단락을 짓다
81	崩す	くずす 무너뜨리다
82	崩れる	くずれる 무너지다
83	くっつく	달라붙다
84	悔やむ	くやむ 후회하다, 애도하다
85	加わる	くわわる 가해지다; 더해지다
86	焦げる	こげる 타다, 그을리다

87	試みる	こころみる 시험하다, 시도해 보다
88	腰かける	こしかける 걸터앉다
89	越す	こす 넘다, 건너다
90	応える	こたえる 응하다; 부응하다
91	こだわる	 고집하다, 연연하다
92	異なる	ことなる 다르다
93	好む	このむ 좋아하다
94	怖がる	こわがる 무서워하다
95	探る	さぐる 더듬어 찾다, 살피다
96	避ける	さける 피하다
97	支える	ささえる 지지하다

98	刺す	さす 찌르다, 꿰다
99	定める	さだめる 정하다
100	さびる	 녹슬다

동사(일반)

1	妨げる	さまたげる 방해하다		11	救う	すくう 구하다
2	仕上げる	しあげる 마무리하다		12	優れる	すぐれる 우수하다; 뛰어나다
3	親しむ	したしむ 친하게 지내다, 가까이하다		13	ずらす	 비켜 놓다, 미루다
4	縛る	しばる 묶다, 매다		14	接する	せっする 접하다
5	絞まる	しまる 단단히 졸라지다		15	迫る	せまる 다가오다
6	しみる	 스며들다		16	責める	せめる 비난하다
7	湿る	しめる 습기 차다; 축축해지다		17	沿う	そう (일정한 선 등을) 따르다
8	占める	しめる 차지하다		18	添う	そう 따르다, 붙다, 더하다
9	生じる	しょうじる 생기다, 일어나다		19	備える	そなえる 준비하다, 갖추다
10	記す	しるす 기록하다		20	染まる	そまる 물들다

21	染める	そめる 물들이다	32	試す	ためす 시험하다
22	揃う	そろう 갖추어지다, 모이다	33	保つ	たもつ 유지하다, 지키다
23	揃える	そろえる 갖추다, 정돈하다	34	近付く	ちかづく 접근하다; 가까이 가다
24	耐える	たえる 견디다; 참다	35	縮める	ちぢめる 줄이다; 축소하다, 단축하다
25	倒す	たおす 쓰러뜨리다	36	散らかす	ちらかす 어지르다, 흩뜨리다
26	高まる	たかまる 높아지다, 고조되다	37	散る	ちる 떨어지다, 흩어지다
27	高める	たかめる 높이다	38	通じる	つうじる 통하다
28	炊く	たく 밥을 짓다	39	尽きる	つきる 다하다, 끝나다
29	助かる	たすかる 구조되다, 도움이 되다	40	就く	つく 오르다, 취임하다
30	達する	たっする 달하다; 도달하다	41	創る	つくる 만들다; 창작하다
31	束ねる	たばねる 묶다	42	伝わる	つたわる 전해지다

43	努める	つとめる 노력하다; 힘쓰다
44	繋がる	つながる 이어지다
45	繋ぐ	つなぐ 잇다
46	潰れる	つぶれる 찌부러지다; 찌그러지다
47	詰まる	つまる 가득 차다, 막히다
48	積む	つむ 쌓다
49	詰める	つめる 가득 채우다, 막다
50	適する	てきする 적당하다, 알맞다
51	問う	とう 묻다
52	溶かす	とかす 녹이다
53	整う	ととのう 정돈되다, 갖추어지다

54	整える	ととのえる 정돈하다
55	飛ばす	とばす 날리다
56	止まる・ 留まる	とまる / とどまる 멈추다, 머무르다
57	止める・ 留める	とめる / とどめる 멈추게 하다, 머무르게 하다
58	伴う	ともなう 따르다
59	捉える	とらえる 붙잡다; 포착하다, 파악하다
60	眺める	ながめる 바라보다; 응시하다
61	撫でる	なでる 쓰다듬다
62	匂う	におう 냄새가 나다
63	憎む	にくむ 미워하다; 증오하다
64	濁る	にごる 탁해지다; 흐려지다

65	にらむ	
		노려보다

76	外れる	はずれる
		벗겨지다, 떨어지다, 빗나가다

66	抜く	ぬく
		뽑다

77	果たす	はたす
		다하다; 완수하다

67	盗む	ぬすむ
		훔치다

78	放す	はなす
		풀어놓다; 놓아 주다

68	練る	ねる
		반죽하다, (계획을) 짜다

79	放つ	はなつ
		풀어놓다, 쏘다

69	除く	のぞく
		없애다; 제거하다

80	離れる	はなれる
		떨어지다

70	のぞく	
		엿보다

81	省く	はぶく
		생략하다, 줄이다

71	望む	のぞむ
		바라다; 원하다

82	はみだす	
		비어져나오다

72	述べる	のべる
		말하다, 서술하다

83	流行る	はやる
		유행하다

73	載る	のる
		실리다; 게재되다

84	張る	はる
		뻗다, (텐트를) 펼치다

74	計る	はかる
		재다

85	惹く	ひく
		(이목을) 끌다

75	挟む	はさむ
		끼우다

86	弾く	ひく / はじく
		연주하다; 치다, 튕기다

87	浸す	ひたす 담그다; 적시다
88	響く	ひびく 울려 퍼지다
89	広げる	ひろげる 넓히다; 확장하다
90	広まる	ひろまる 넓어지다, 널리 퍼지다
91	深まる	ふかまる 깊어지다
92	含む	ふくむ 포함하다
93	含める	ふくめる 포함시키다
94	膨らむ	ふくらむ 부풀다, 불어나다
95	増やす	ふやす 늘리다
96	触れる	ふれる 접촉하다, 닿다, 만지다
97	誇る	ほこる 자랑하다

98	欲する	ほっする 원하다, 갖고 싶다
99	任せる	まかせる 맡기다

동사(일반)·동사(복합)

1	撒く	まく 뿌리다	11	むかつく	화나다
2	混じる	まじる 섞이다	12	命じる	めいじる 명령하다
3	招く	まねく 초대하다	13	恵む	めぐむ (은혜를) 베풀다
4	真似る	まねる 흉내 내다	14	めくる	넘기다
5	満たす	みたす 채우다, 충족시키다	15	目指す	めざす 목표로 하다
6	乱れる	みだれる 흐트러지다	16	目立つ	めだつ 눈에 띄다; 두드러지다
7	導く	みちびく 인도하다; 지도하다; 이끌다	17	面する	めんする 면하다, 인접하다
8	認める	みとめる 인정하다	18	潜る	もぐる 잠수하다, 숨어들다
9	診る	みる 진찰하다	19	用いる	もちいる 이용하다
10	向かう	むかう 향하다	20	基づく	もとづく 기초로 하다, 의거하다

21	求める	もとめる 구하다; 요구하다

22	催す	もよおす 개최하다

23	養う	やしなう 기르다; 양육하다

24	雇う	やとう 고용하다

25	破れる	やぶれる 깨지다, 찢어지다

26	譲る	ゆずる 물려주다, 양보하다

27	寄せる	よせる 밀려오다, 가까이 대다, (한군데로) 모으다

28	弱まる	よわまる 약해지다

29	略す	りゃくす 생략하다

30	湧く	わく 샘솟다, 나다

31	当てはまる	あてはまる 꼭 들어맞다; 적합하다

32	溢れ出す	あふれだす 흘러나오다; 넘쳐흐르다

33	歩み寄る	あゆみよる 다가가다, 서로 양보하다

34	洗い出す	あらいだす 밝혀내다, 캐내다

35	言い切る	いいきる 단언하다

36	言い忘れる	いいわすれる 말하는 것을 잊다

37	行き着く	いきつく 다다르다; 도착하다

38	生き残る	いきのこる 살아남다

39	入れ替わる	いれかわる 교대하다, 교체하다

40	受け入れる	うけいれる 받아들이다

41	受け答える	うけこたえる 대답하다

42	受け付ける	うけつける 접수하다

43	受け渡す	うけわたす 전달하다
44	打ち上げる	うちあげる 쏘아 올리다
45	打ち消す	うちけす 없애다; 지우다
46	打ち直す	うちなおす 다시 치다
47	移し替える	うつしかえる 옮겨 담다
48	映し込む	うつしこむ 비추어 담다
49	生み出す	うみだす 낳다, 만들어 내다
50	埋め込む	うめこむ 메워 넣다; 설치하다, 삽입하다
51	売り上げる	うりあげる 다 팔다; 팔아 치우다
52	売り切れる	うりきれる 다 팔리다; 매진되다
53	売り出す	うりだす 팔기 시작하다

54	選び出す	えらびだす 골라내다, 선출하다
55	追い返す	おいかえす 물리치다, 돌려보내다
56	追い抜く	おいぬく 추월하다
57	追い求める	おいもとめる 추구하다
58	補い合う	おぎないあう 서로 보완하다
59	落ち込む	おちこむ 빠지다, 침울해지다
60	思い切る	おもいきる 단념하다; 포기하다
61	思い込む	おもいこむ 굳게 믿다
62	思い立つ	おもいたつ 마음먹다; 결심하다
63	折り返す	おりかえす 되돌리다, 다시 연락하다
64	折り畳む	おりたたむ 접어서 개다, 개키다

65	書き換える	かきかえる 고쳐 쓰다
66	書き加える	かきくわえる 덧붙여 쓰다
67	書き込む	かきこむ 써넣다
68	書き間違える	かきまちがえる 잘못 쓰다; 틀리게 적다
69	駆け上がる	かけあがる 뛰어 올라가다
70	語りかける	かたりかける 말을 걸다
71	考え出す	かんがえだす 생각해 내다
72	考え直す	かんがえなおす 다시 생각하다
73	切り上げる	きりあげる 마무리하다; 끝마치다
74	切り取る	きりとる 잘라 내다
75	組み合わせる	くみあわせる 조합하다

76	繰り上がる	くりあがる 앞당겨지다
77	繰り上げる	くりあげる 앞당기다
78	探し出す	さがしだす 찾아내다
79	探し求める	さがしもとめる 찾다; 물색하다
80	差し伸べる	さしのべる 내밀다, (손길을) 뻗치다
81	差し引く	さしひく 공제하다
82	染み込む	しみこむ 배어들다; 스며들다
83	信じ込む	しんじこむ 완전히 믿다
84	すれ違う	すれちがう 엇갈리다
85	助け合う	たすけあう 서로 돕다
86	立ち上がる	たちあがる 일어서다

87	立ち止まる	たちどまる 멈춰 서다
88	立て替える	たてかえる 대신 지불하다
89	たどり着く	たどりつく 겨우 다다르다
90	使い分ける	つかいわける 구별하여 사용하다
91	作り出す	つくりだす 만들어 내다
92	付け加える	つけくわえる 덧붙이다; 첨가하다
93	積み重なる	つみかさなる 겹쳐 쌓이다; 겹쳐지다
94	詰め込む	つめこむ 가득 채우다, 밀어 넣다
95	出来上がる	できあがる 완성되다
96	問い合わせる	といあわせる 문의하다
97	届け出る	とどけでる 신고하다

98	飛び上がる	とびあがる 날아오르다
99	飛び降りる	とびおりる 뛰어내리다
100	飛び立つ	とびたつ 날아가다, 뛰어오르다

1	飛び散る	とびちる (사방으로) 튀다	**11**	取り付ける	とりつける 달다; 설치하다, (계약 등을) 성립시키다
2	飛び回る	とびまわる 날아다니다, 뛰어다니다	**12**	取り除く	とりのぞく 없애다; 제거하다
3	捉え直す	とらえなおす 다시 파악하다	**13**	取り寄せる	とりよせる (주문하여) 가져오게 하다
4	取り合う	とりあう 서로 맞잡다, 서로 빼앗다	**14**	流れ去る	ながれさる 흘러가다
5	取り上げる	とりあげる 집어 들다	**15**	名付ける	なづける 이름을 붙이다, 일컫다
6	取り扱う	とりあつかう 다루다; 취급하다	**16**	並べ替える	ならべかえる 다시 배열하다
7	取り入れる	とりいれる 집어넣다, 도입하다; 받아들이다	**17**	成り立つ	なりたつ 성립하다
8	取り掛かる	とりかかる 착수하다, 매달리다	**18**	慣れ親しむ	なれしたしむ 친숙해지다
9	取り組む	とりくむ 매진하다, 맞붙다; 씨름하다	**19**	寝転がる	ねころがる 뒹굴다
10	取り壊す	とりこわす (벽 등을) 허물다	**20**	乗り遅れる	のりおくれる (전철 등을) 놓치다

21	乗り換える	のりかえる 갈아타다; 환승하다
22	乗り越える	のりこえる 극복하다, 능가하다
23	乗り継ぐ	のりつぐ 환승하다; 이어서 타다
24	運び入れる	はこびいれる (밖에서 안으로) 가져오다, 들여오다
25	走り回る	はしりまわる 뛰어다니다
26	払い戻す	はらいもどす 환불하다, 되돌려주다
27	張り切る	はりきる 긴장하다, 팽팽해지다
28	引き返す	ひきかえす 되돌아가다/오다
29	引き締まる	ひきしまる 팽팽해지다, 긴장되다
30	引き止める・ 引き留める	ひきとめる / ひきとどめる 말리다; 만류하다
31	引き取る	ひきとる 물러나다, 떠맡다

32	引き離す	ひきはなす 떼어 놓다; 사이를 벌리다
33	振り返る	ふりかえる 뒤돌아보다, 회고하다
34	振り向く	ふりむく 뒤돌아보다
35	触れ合う	ふれあう 서로 스치다
36	見下ろす	みおろす 내려다보다, 얕보다
37	見積もる	みつもる 견적을 내다, 어림잡다
38	見直す	みなおす 다시 보다, 재검토하다
39	見逃す	みのがす 빠뜨리고 보다, 눈감아 주다
40	見守る	みまもる 지켜보다
41	見分ける	みわける 분간하다
42	見渡す	みわたす 멀리 바라보다, 둘러보다

43	向き合う	むきあう 마주 보다
44	結び付ける	むすびつける 연결시키다; 결부시키다
45	持ち込む	もちこむ 가지고 들어오다/가다
46	持ち運ぶ	もちはこぶ 들어 나르다, 운반하다
47	持ち寄る	もちよる (각자) 가지고 모이다
48	盛り上がる	もりあがる 고조되다, (분위기 등이) 부풀어 오르다
49	役立つ	やくだつ 도움이 되다
50	やり過ごす	やりすごす 그대로 보내다, 지나치게 하다
51	やり直す	やりなおす 다시 하다
52	呼び込む	よびこむ 불러들이다
53	読み返す	よみかえす 다시 읽다

54	読み込む	よみこむ 잘 읽고 이해하다, 읽어 들이다
55	割り込む	わりこむ 끼어들다; 비집고 들어가다
56	厚かましい	あつかましい 뻔뻔하다
57	荒い	あらい 거칠다, (씀씀이가) 헤프다
58	慌ただしい	あわただしい 분주하다, 어수선하다
59	勇ましい	いさましい 용감하다
60	著しい	いちじるしい 현저하다
61	怒りっぽい	おこりっぽい 화를 잘 내다; 다혈질이다
62	幼い	おさない 어리다
63	恐ろしい	おそろしい 두렵다; 무섭다
64	思いがけない	おもいがけない 뜻밖이다; 의외이다

65	欠かせない	かかせない 빠뜨릴 수 없다; 없어서는 안 되다	76	ずるい	교활하다; 치사하다
66	数え切れない	かぞえきれない 셀 수 없다; 헤아릴 수 없다	77	騒々しい	そうぞうしい 떠들썩하다, 왁자지껄하다
67	辛い	からい / つらい 맵다, 괴롭다	78	そそっかしい	경솔하다; 덜렁대다
68	興味深い	きょうみぶかい 매우 흥미롭다	79	たくましい	늠름하다; 건장하다
69	くだらない	하찮다, 시시하다	80	頼もしい	たのもしい 믿음직하다
70	くどい	끈질기다, (맛이) 느끼하다	81	たまらない	참을 수 없다; 견딜 수 없다
71	快い	こころよい 상쾌하다, 호의적이다	82	力強い	ちからづよい 든든하다, 힘차다
72	好ましい	このましい 마음에 들다; 호감이 가다	83	ちっちゃい	조그맣다
73	恐い	こわい 무섭다	84	乏しい	とぼしい 모자라다, 가난하다
74	騒がしい	さわがしい 소란스럽다	85	鈍い	にぶい 둔하다, 무디다
75	渋い	しぶい 떫다, 수수하다	86	望ましい	のぞましい 바람직하다

87	激しい	はげしい 격하다, 심하다	98	新たな	あらたな 새로운
88	等しい	ひとしい 같다; 동일하다	99	ありがちな	있을 법한
89	相応しい	ふさわしい 어울리다; 걸맞다	100	あわれな	불쌍한; 가련한
90	蒸し暑い	むしあつい 찌는 듯이 덥다; 무덥다	101	安易な	あんいな 안이한; 손쉬운
91	物足りない	ものたりない 어딘가 부족하다			
92	やむを得ない	やむをえない 어쩔 수 없다; 부득이하다			
93	弱々しい	よわよわしい 연약하다, 가냘프다			
94	若々しい	わかわかしい 젊다			
95	曖昧な	あいまいな 애매한			
96	鮮やかな	あざやかな 선명한			
97	圧倒的な	あっとうてきな 압도적인			

な형용사

1	**安価な**	あんかな 값싼; 저렴한	
2	**一方的な**	いっぽうてきな 일방적인	
3	**意図的な**	いとてきな 의도적인	
4	**円満な**	えんまんな 원만한	
5	**大げさな**	おおげさな 과장된	
6	**大幅な**	おおはばな 큰 폭의; 대폭적인	
7	**大まかな**	おおまかな 대략적인	
8	**臆病な**	おくびょうな 소심한, 겁이 많은	
9	**穏やかな**	おだやかな 온화한	
10	**お得な**	おとくな 이득인, 싼	

11	**温暖な**	おんだんな 온난한; 따뜻한	
12	**快適な**	かいてきな 쾌적한	
13	**開放的な**	かいほうてきな 개방적인	
14	**格別な**	かくべつな 각별한	
15	**過激な**	かげきな 과격한	
16	**過剰な**	かじょうな 과잉의	
17	**かすかな**	 희미한	
18	**勝手な**	かってな 제멋대로인	
19	**活発な**	かっぱつな 활발한	
20	**過度な**	かどな 과도한	

21	簡潔な	かんけつな 간결한	32	謙虚な	けんきょな 겸허한
22	完璧な	かんぺきな 완벽한	33	好調な	こうちょうな 순조로운
23	頑丈な	がんじょうな 튼튼한	34	肯定的な	こうていてきな 긍정적인
24	奇抜な	きばつな 기발한	35	幸福な	こうふくな 행복한
25	機敏な	きびんな 기민한	36	個性的な	こせいてきな 개성적인
26	客観的な	きゃっかんてきな 객관적인	37	細やかな	こまやかな 세심한, 자세한
27	急激な	きゅうげきな 급격한	38	困難な	こんなんな 곤란한
28	急速な	きゅうそくな 급속한	39	強引な	ごういんな 억지 쓰는; 강제적인
29	強力な	きょうりょくな 강력한	40	豪華な	ごうかな 호화로운
30	巨大な	きょだいな 거대한	41	最悪な	さいあくな 최악인
31	気楽な	きらくな 마음 편한	42	最適な	さいてきな 최적의

43 ささやかな
자그마한, 변변치 않은

44 爽やかな
さわやかな
산뜻한, 명쾌한

45 質的な
しつてきな
질적인

46 集中的な
しゅうちゅうてきな
집중적인

47 主体的な
しゅたいてきな
주체적인

48 消極的な
しょうきょくてきな
소극적인

49 象徴的な
しょうちょうてきな
상징적인

50 深刻な
しんこくな
심각한

51 自己中心的な
じこちゅうしんてきな
자기중심적인

52 時事的な
じじてきな
시사적인

53 柔軟な
じゅうなんな
유연한

54 充分な
じゅうぶんな
충분한

55 垂直な
すいちょくな
수직의

56 素直な
すなおな
솔직한; 순수한

57 正確な
せいかくな
정확한

58 正式な
せいしきな
정식의

59 精神的な
せいしんてきな
정신적인

60 前途多難な
ぜんとたなんな
전도 다난한(앞날에 어려움이 많은)

61 全面的な
ぜんめんてきな
전면적인

62 相対的な
そうたいてきな
상대적인

63 率直な
そっちょくな
솔직한

64 平らな
たいらな
평평한; 평탄한

65	多彩な	たさいな 다채로운		76	適切な	てきせつな 적절한
66	多種多様な	たしゅたような 다종다양한		77	適当な	てきとうな 적당한
67	多様な	たような 다양한		78	手頃な	てごろな 알맞은, 적합한
68	多量な	たりょうな 다량의, 대량의		79	でたらめな	 엉터리인
69	短期的な	たんきてきな 단기적인		80	伝統的な	でんとうてきな 전통적인
70	妥当な	だとうな 타당한		81	透明な	とうめいな 투명한
71	段階的な	だんかいてきな 단계적인		82	特殊な	とくしゅな 특수한
72	着実な	ちゃくじつな 착실한		83	同一な	どういつな 동일한
73	抽象的な	ちゅうしょうてきな 추상적인		84	同等な	どうとうな 동등한
74	手軽な	てがるな 손쉬운; 가벼운		85	同様な	どうような 같은, 마찬가지인
75	的確な	てきかくな 적확한; 딱 들어맞는		86	独特な	どくとくな 독특한

87	鈍感な	どんかんな 둔감한
88	和やかな	なごやかな 부드러운, 화목한
89	なだらかな	 완만한, 순조로운
90	滑らかな	なめらかな 매끄러운
91	濃厚な	のうこうな 농후한
92	卑怯な	ひきょうな 비겁한
93	必死な	ひっしな 필사적인
94	否定的な	ひていてきな 부정적인
95	非凡な	ひぼんな 비범한
96	微妙な	びみょうな 미묘한
97	敏感な	びんかんな 민감한

98	不調な	ふちょうな 상태가 나쁜, 컨디션이 나쁜
99	不満な	ふまんな 불만인
100	物騒な	ぶっそうな 위험한, 흉흉한; 뒤숭숭한

な형용사·부사(일반)

1	平凡な	へいぼんな 평범한		11	魅力的な	みりょくてきな 매력적인
2	法的な	ほうてきな 법적인		12	民主的な	みんしゅてきな 민주적인
3	豊富な	ほうふな 풍부한		13	無縁な	むえんな 연이 없는; 무관한
4	本格的な	ほんかくてきな 본격적인		14	無口な	むくちな 말수가 적은; 과묵한
5	膨大な	ぼうだいな 방대한		15	夢中な	むちゅうな 몰두한, 열중한
6	間近な	まぢかな 매우 가까운		16	無力な	むりょくな 무력한
7	真っ赤な	まっかな 새빨간		17	明確な	めいかくな 명확한
8	真っ白な	まっしろな 새하얀		18	柔らかな	やわらかな 부드러운
9	見事な	みごとな 훌륭한		19	有意義な	ゆういぎな 유의미한
10	妙な	みょうな 묘한		20	有効な	ゆうこうな 유효한

21	優秀な	ゆうしゅうな 우수한		32	利口な	りこうな 영리한
22	有利な	ゆうりな 유리한		33	論理的な	ろんりてきな 논리적인
23	有力な	ゆうりょくな 유력한		34	わがままな	제멋대로인, 버릇없는
24	愉快な	ゆかいな 유쾌한		35	わずかな	얼마 안 되는, 사소한
25	豊かな	ゆたかな 풍부한		36	あいにく	공교롭게
26	緩やかな	ゆるやかな 느슨한, 완만한, 너그러운		37	あえて	굳이, 억지로
27	容易な	よういな 용이한; 수월한		38	明らかに	あきらかに 분명히, 명백히
28	陽気な	ようきな 밝고 쾌활한		39	予め	あらかじめ 미리, 사전에
29	欲張りな	よくばりな 욕심이 많은		40	案外	あんがい 의외로
30	余計な	よけいな 쓸데없는		41	いきなり	갑자기
31	弱気な	よわきな 나약한; 무기력한		42	いずれ	언젠가, 곧

43	いちいち	일일이
54	いわば	말하자면

44	一段と	いちだんと 한층, 더욱
55	永久に	えいきゅうに 영구히

45	一気に	いっきに 한번에, 단숨에
56	おそらく	아마; 필시

46	一斉に	いっせいに 일제히
57	かえって	오히려; 반대로

47	一層	いっそう 더욱더
58	かつて	예전부터; 일찍이

48	一体	いったい 도대체; 대체
59	仮に	かりに 만일; 가령

49	いつの間に	いつのまに 어느새
60	再度	さいど 재차

50	いつまでも	언제까지나
61	さすが	역시나, 과연

51	いまいち	별로인; 그저 그런, 조금 더
62	さらに	더욱, 다시

52	今一つ	いまひとつ 뭔가 (하나) 부족한, 하나 더
63	至急	しきゅう 급히, 서둘러서

53	いよいよ	드디어
64	自然に	しぜんに 자연스럽게

65	しばしば	자주; 여러 번
66	直に	じかに 직접
67	事前に	じぜんに 사전에
68	実に	じつに 실로; 참으로
69	せめて	적어도
70	鮮明に	せんめいに 선명하게
71	即座に	そくざに 즉석에서, 그 자리에서
72	それなりに	그런대로
73	存分に	ぞんぶんに 뜻대로, 마음껏
74	直ちに	ただちに 바로
75	たっぷり	듬뿍

76	たびたび	자주; 여러 번
77	たまたま	가끔, 우연히
78	単に	たんに 단지, 그저
79	大分	だいぶ / だいぶん 꽤, 상당히
80	近々	ちかぢか 머지않아
81	ちなみに	덧붙여, 참고로
82	着々と	ちゃくちゃくと 착착
83	常に	つねに 늘, 평소에
84	当分	とうぶん 당분간
85	とっくに	진작에, 벌써
86	とにかく	어쨌든, 차치하고

87	ともかく	어쨌든, 어떻든 간에, 그렇다 치고
88	とりあえず	일단, 우선
89	なんとか	어떻게든, 그럭저럭
90	のんびり	느긋하게
91	早めに	はやめに 빨리
92	はるかに	아득히, 훨씬
93	比較的に	ひかくてきに 비교적으로
94	広々	ひろびろ 널찍한 모양
95	再び	ふたたび 재차; 다시
96	ふと	문득, 갑자기
97	本来	ほんらい 본래

98	ぼんやり	어렴풋이
99	誠に	まことに 대단히; 참으로
100	まさか	설마

DAY 28 부사(일반)·부사(의성어·의태어)·가타카나

1. **ますます** — 점점, 더욱더
2. **まもなく** — 곧, 머지않아
3. **稀に** — まれに 드물게
4. **自ら** — みずから 스스로
5. **やがて** — 곧, 머지않아
6. **要するに** — ようするに 요컨대
7. **よほど** — 상당히, 꽤, 훨씬
8. **わざと** — 일부러, 고의로
9. **わざわざ** — 일부러, 고의로
10. **割に** — わりに 비교적, 생각한 것치고

158

11	あっさり	깨끗이, 담백한 모양
12	生き生き	いきいき 생기 넘치는 모양
13	うきうき	들뜬 모양
14	うとうと	꾸벅꾸벅
15	きちっと	깔끔히, 정확히
16	きっちり	딱 맞는 모양
17	きっぱり	딱 잘라, 단호히
18	きょろきょろ	두리번두리번
19	ぎざぎざ	들쭉날쭉
20	ぎっしり	가득 찬 모양
21	ぎゅうぎゅう	꽉 죄는 모양, 꾹 눌러 담는 모양

22	ぎりぎり	아슬아슬
23	ぐったり	녹초가 된 모양
24	ぐっと	힘껏, 뭉클
25	ぐんぐん	쭉쭉
26	ごちゃごちゃ	뒤죽박죽, 너저분한 모양
27	さっぱり	깨끗이, 산뜻한 모양
28	ざっと	대충, 휙
29	ざわざわ	웅성웅성
30	しょんぼり	풀이 죽은 모양
31	じたばた	버둥거리는 모양
32	じっくり	차분히, 곰곰이

33	じっと	가만히, 지그시
34	すっきり	상쾌한 모양
35	にこにこ	생글생글, 방긋방긋
36	にっこり	생긋, 방긋
37	にやにや	히죽히죽
38	はらはら	조마조마
39	ばたばた	허둥지둥
40	ばっさり	싹둑, 풀썩
41	ばったり	뜻밖에 마주치는 모양, 갑자기 쓰러지는 모양
42	ばっちり	완벽하게, 확실하게
43	ばりばり	척척

44	ぱったり	뚝 끊기는 모양
45	ぱっと	짝, 홱
46	ひそひそ	소근소근
47	びっしょり	흠뻑
48	ぴかぴか	반짝반짝
49	ほかほか	따끈따끈, 후끈후끈
50	ほっと	긴장이 풀린 모양, 한숨 돌리는 모양
51	ゆったり	낙낙하게, 느긋하게
52	アイロン	다리미
53	アウト	아웃
54	アシスタント	어시스턴트; 조수

55	アピール(する)	어필
56	アプローチ(する)	어프로치; 접근
57	アマチュア	아마추어
58	アルファベット	알파벳
59	アレンジ(する)	어레인지; 변형, 편곡
60	Eメール	이메일
61	イラスト	일러스트
62	インストール(する)	인스톨; 설치
63	インストラクター	인스트럭터; 강사, 지도원
64	インテリア	인테리어
65	インパクト	임팩트

66	ウィンドウショッピング	윈도쇼핑; 아이쇼핑
67	ウェブ	웹
68	エラー	에러; 오류
69	オートバイ	오토바이
70	オーナー	오너; 소유주
71	オーバー(する)	오버; 초과, 과장
72	オフ	오프; 꺼짐, 할인
73	オリエンテーション	오리엔테이션
74	オン	온; 켜짐
75	カウンセラー	카운슬러; 상담원
76	カウンター	카운터; 창구

77	カラフル	컬러풀; 다채로움
78	カルシウム	칼슘
79	キャプテン	캡틴; 주장
80	キャンペーン	캠페인
81	ギャップ	갭; 간격, 차이
82	クリア(する)	클리어
83	グッズ	굿즈; 상품
84	ケア(する)	케어; 보살핌
85	ゲームソフト	게임 소프트
86	ゲスト	게스트; 손님
87	コーチ	코치

88	コーヒーカップ	커피 컵; 커피잔
89	コーラス	코러스
90	コスト	코스트; 비용
91	コメント(する)	코멘트
92	コロッケ	크로켓
93	コンクール	콩쿠르; 경연 대회
94	コンセント	콘센트
95	コンテスト	콘테스트; 경연 대회
96	コントロール(する)	컨트롤; 조절, 통제
97	コンプレックス	콤플렉스
98	サポート(する)	서포트; 지원

99	サラリーマン	샐러리맨; 월급쟁이
100	シーズン	시즌

가타카나

1	シート	시트; 좌석
2	シール	실, 스티커
3	シーン	신; 장면
4	システム	시스템
5	シニア	시니어
6	シュレッダー	문서 파쇄기
7	ショック	쇼크; 충격
8	ショップ	숍; 가게
9	ショルダーバッグ	숄더백
10	シリーズ	시리즈

11	シングルルーム	싱글 룸
12	シンプル	심플
13	シンポジウム	심포지엄; 토론회
14	スーツケース	슈트 케이스, 여행 가방; 캐리어
15	スカーフ	스카프
16	スキル	스킬
17	スクール	스쿨; 학교
18	スケート	스케이트
19	スター	스타
20	スタッフ	스태프
21	ステージ	스테이지; 무대

22	スニーカー	스니커즈, 운동화
23	スペース	스페이스; 공간
24	スポーツカー	스포츠카
25	スポーツジム	헬스장
26	スムーズ	스무스; 매끄러움, 순조로움
27	セルフ	셀프
28	ソフトウェア	소프트웨어
29	ターゲット	타깃; 목표
30	タイプ	타입; 종류
31	タイマー	타이머
32	タイミング	타이밍

33	タイム	타임; 시간
34	タイヤ	타이어
35	ダイナミック	다이내믹
36	ダイヤ	다이아몬드
37	ダウン(する)	다운
38	ダウンロード(する)	다운로드
39	ダメージ	대미지; 손해
40	チームリーダー	팀 리더
41	チャージ(する)	차지; 충전
42	ツアー	투어
43	ツアーガイド	투어 가이드

55	ニーズ	니즈; 필요, 요구
56	ノートパソコン	노트북
57	ハード	하드
58	バーコード	바코드
59	バーベキュー	바비큐
60	バザー	바자회
61	バランス	밸런스; 균형
62	バレーボール	배구
63	パスタ	파스타
64	ビジネス	비즈니스
65	ビジネスマナー	비즈니스 매너

66	ビュッフェ	뷔페
67	ピックアップ(する)	픽업
68	ファイル	파일
69	フェア	페어; 공정; 공평, 전시; 박람회
70	フォルダー	폴더
71	フライ	프라이; 튀김
72	フルーツ	과일
73	フレッシュ	프레시; 신선함
74	フロア	플로어; 층
75	ブーム	붐
76	ブレーキ	브레이크

77	プライド	프라이드; 긍지, 자존심
78	プライバシー	프라이버시; 사생활
79	プラス(する)	플러스
80	プラン	플랜; 계획, 상품; 요금제
81	プレー(する)	플레이
82	プレゼンテーション / プレゼン(する)	프레젠테이션
83	プレッシャー	압력, 정신적 압박
84	プロセス	프로세스; 과정
85	ヘアスタイル	헤어스타일; 머리 모양
86	ベテラン	베테랑
87	ベンチ	벤치

88	ペース		페이스
89	ホームセンター		홈 센터, (목공·원예·자동차 수리 등의) 생필품점, 잡화점
90	ホット		핫; 뜨거움
91	ボウリング		볼링
92	ボトル		보틀; 병
93	ボランティア		자원봉사
94	ボリューム		볼륨
95	ポット		포트; 보온병
96	マーケット		마켓; 시장
97	マイナス(する)		마이너스
98	マニュアル		매뉴얼

| 99 | マネージャー | 매니저 |

| 100 | ミーティング | 미팅; 회의, 모임 |

가타카나·접속사·접두어

1	ミス(する)	실수
2	ミニ	미니
3	ムード	무드; 분위기
4	メーカー	메이커, 제조업체
5	モデル	모델
6	ユニーク	유니크; 독특함
7	ヨーロッパ	유럽
8	ライト	라이트
9	ライバル	라이벌
10	ラスト	라스트; 마지막
11	ラベル	라벨
12	ランチタイム	런치 타임; 점심 시간
13	ランニング(する)	러닝; 달리기
14	リクエスト(する)	리퀘스트; 요구
15	リサイクルショップ	재활용 센터, 중고품 매장
16	リズム	리듬
17	リハーサル	리허설
18	リラックス(する)	릴렉스
19	レクリエーション	레크리에이션
20	レシート	영수증

21	レベル	레벨; 수준
22	レポーター	리포터; 기자
23	レンタル (する)	렌털; 임대
24	ワイパー	와이퍼
25	あるいは	혹은, 또는
26	一方	いっぽう 한편
27	及び	および 및
28	しかも	게다가, 그런데도
29	したがって	따라서
30	すなわち	즉, 곧
31	そこで	그래서, 그러면

32	それでも	그래도
33	ただ	단, 다만
34	ただし	다만, 단지
35	ところが	그런데
36	悪影響	あくえいきょう 악영향
37	悪条件	あくじょうけん 악조건
38	異世界	いせかい 이세계; 다른 세계
39	異文化	いぶんか 이문화; 다른 문화
40	薄暗い	うすぐらい 어둑어둑하다, 침침하다
41	薄化粧	うすげしょう 옅은 화장
42	薄笑い	うすわらい 엷은 웃음

43	各課	かくか 각 과	54	旧制度	きゅうせいど 구제도
44	各家庭	かくかてい 각 가정	55	現時点	げんじてん 현시점
45	各グループ	かくぐるーぷ 각 그룹	56	現住所	げんじゅうしょ 현주소
46	各施設	かくしせつ 각 시설	57	現段階	げんだんかい 현 단계
47	各支店	かくしてん 각 지점	58	好印象	こういんしょう 좋은 인상
48	各条件	かくじょうけん 각 조건	59	好景気	こうけいき 호경기; 호황
49	仮採用	かりさいよう 임시 채용	60	好都合	こうつごう 형편이 좋음, 안성맞춤
50	仮免許	かりめんきょ 임시 면허	61	高水準	こうすいじゅん 고수준
51	仮予約	かりよやく 임시 예약	62	高性能	こうせいのう 고성능
52	旧校舎	きゅうこうしゃ 구교사(학교 건물)	63	高収入	こうしゅうにゅう 고수입
53	旧正月	きゅうしょうがつ 구정	64	再開発	さいかいはつ 재개발

65	再検討	さいけんとう 재검토	76	主成分	しゅせいぶん 주성분
66	再就職	さいしゅうしょく 재취직	77	準グランプリ	じゅんぐらんぷり 준그랑프리
67	再修理	さいしゅうり 재수리	78	準決勝	じゅんけっしょう 준결승
68	再設定	さいせってい 재설정	79	準優勝	じゅんゆうしょう 준우승
69	再調査	さいちょうさ 재조사	80	諸外国	しょがいこく 여러 다른 나라
70	再提出	さいていしゅつ 다시 제출	81	諸事情	しょじじょう 여러 사정, 모든 사정
71	再放送	さいほうそう 재방송	82	諸問題	しょもんだい 제반 문제, 여러 문제
72	最高級	さいこうきゅう 최고급	83	初年度	しょねんど 초년도
73	最年少	さいねんしょう 최연소	84	初上陸	はつじょうりく 첫 상륙
74	最優先	さいゆうせん 최우선	85	初訪問	はつほうもん 첫 방문
75	主原料	しゅげんりょう 주원료	86	新学期	しんがっき 신학기

87	新企画	しんきかく 새로운 기획
88	新時代	しんじだい 새 시대
89	新車	しんしゃ 새 차
90	新商品	しんしょうひん 신상품
91	新製品	しんせいひん 신제품
92	前社長	ぜんしゃちょう 전 사장
93	前大統領	ぜんだいとうりょう 전 대통령
94	前町長	ぜんちょうちょう 전 이장
95	全自動	ぜんじどう 전자동
96	全商品	ぜんしょうひん 전 상품
97	全製品	ぜんせいひん 전 제품

98	総売上	そううりあげ 총매출
99	総人口	そうじんこう 총인구
100	総選挙	そうせんきょ 총선거

접두어·접미어

1	低価格	ていかかく / 저가	11	不可能	ふかのう / 불가능
2	低カロリー	ていかろりー / 저칼로리	12	不具合	ふぐあい / 상태가 좋지 않음, 작동하지 않음
3	低気圧	ていきあつ / 저기압	13	不公平	ふこうへい / 불공평
4	半永久	はんえいきゅう / 반영구	14	不採用	ふさいよう / 채용하지 않음
5	半透明	はんとうめい / 반투명	15	不自然	ふしぜん / 부자연
6	半開き	はんびらき / 반쯤 열림	16	不自由	ふじゆう / 자유롭지 못함
7	非公開	ひこうかい / 비공개	17	不十分	ふじゅうぶん / 불충분
8	非公式	ひこうしき / 비공식	18	不正確	ふせいかく / 부정확
9	非常識	ひじょうしき / 비상식	19	不都合	ふつごう / 형편이 좋지 않음
10	不安定	ふあんてい / 불안정	20	不必要	ふひつよう / 불필요

21	副社長	ふくしゃちょう 부사장	32	無農薬	むのうやく 무농약
22	副大臣	ふくだいじん 부대신; 부장관	33	元医師	もといし 전 의사
23	副リーダー	ふくりーだー 부리더	34	元首相	もとしゅしょう 전 수상
24	真新しい	まあたらしい 아주 새로운	35	元同僚	もとどうりょう 전 동료
25	真後ろ	まうしろ 바로 뒤	36	来学期	らいがっき 다음 학기
26	真夜中	まよなか 한밤중	37	来シーズン	らいしーずん 다음 시즌
27	未回答	みかいとう 미응답	38	来年度	らいねんど 내년도
28	未経験	みけいけん 미경험	39	徹夜明け	てつやあけ 철야 후
29	未使用	みしよう 미사용	40	年明け	としあけ 새해
30	無計画	むけいかく 무계획	41	夏休み明け	なつやすみあけ 여름 방학 후
31	無責任	むせきにん 무책임	42	お祭りムード 一色	おまつりむーどいっしょく 축제 분위기 물씬

43	従業員	じゅうぎょういん 종업원	54	多様化	たようか 다양화
44	乗務員	じょうむいん 승무원	55	作曲家	さっきょくか 작곡가
45	販売員	はんばいいん 판매원	56	写真家	しゃしんか 사진가
46	一日おきに	いちにちおきに 하루 간격으로	57	政治家	せいじか 정치가
47	一週間おきに	いっしゅうかんおきに 일주일 간격으로	58	専門家	せんもんか 전문가
48	4年おきに	よねんおきに 4년 간격으로	59	彫刻家	ちょうこくか 조각가
49	機械化	きかいか 기계화	60	登山家	とざんか 등산가
50	高齢化	こうれいか 고령화	61	評論家	ひょうろんか 평론가
51	国際化	こくさいか 국제화	62	管理下	かんりか 관리하
52	情報化	じょうほうか 정보화	63	支配下	しはいか 지배하
53	西洋化	せいようか 서양화	64	指揮下	しきか 지휘하

65	会計課	かいけいか 회계과	76	食事会	しょくじかい 식사 모임
66	学生課	がくせいか 학생과	77	新年会	しんねんかい 신년회
67	国際交流課	こくさいこうりゅうか 국제 교류과	78	説明会	せつめいかい 설명회
68	総務課	そうむか 총무과	79	抽選会	ちゅうせんかい 추첨회
69	秘書課	ひしょか 비서과	80	勉強会	べんきょうかい 공부 모임
70	演奏会	えんそうかい 연주회	81	医学界	いがくかい 의학계
71	歓迎会	かんげいかい 환영회	82	産業界	さんぎょうかい 산업계
72	研修会	けんしゅうかい 연수회	83	自然界	しぜんかい 자연계
73	講演会	こうえんかい 강연회	84	価値観	かちかん 가치관
74	交流会	こうりゅうかい 교류회	85	結婚観	けっこんかん 결혼관
75	試食会	ししょくかい 시식회	86	世界観	せかいかん 세계관

87	映画館	えいがかん 영화관		98	達成感	たっせいかん 성취감
88	写真館	しゃしんかん 사진관		99	満足感	まんぞくかん 만족감
89	体育館	たいいくかん 체육관		100	温泉街	おんせんがい 온천 거리
90	博物館	はくぶつかん 박물관				
91	美術館	びじゅつかん 미술관				
92	一体感	いったいかん 일체감				
93	開放感	かいほうかん 개방감				
94	緊張感	きんちょうかん 긴장감				
95	高級感	こうきゅうかん 고급스러운 느낌				
96	幸福感	こうふくかん 행복감				
97	充実感	じゅうじつかん 충실감				

접미어

1	住宅街	じゅうたくがい 주택가	11	招待客	しょうたいきゃく 초대 손님
2	商店街	しょうてんがい 상점가	12	花見客	はなみきゃく 꽃놀이 손님; 상춘객
3	経済学	けいざいがく 경제학	13	利用客	りようきゃく 이용객
4	言語学	げんごがく 언어학	14	売り切れ	うりきれ 매진
5	心理学	しんりがく 심리학	15	期限切れ	きげんぎれ 기한 만료
6	血液型	けつえきがた 혈액형	16	時間切れ	じかんぎれ 시간 만료
7	最新型	さいしんがた 최신형	17	奨学金	しょうがくきん 장학금
8	参加型	さんかがた 참가형	18	税金	ぜいきん 세금
9	観光客	かんこうきゃく 관광객	19	入会金	にゅうかいきん 입회금; 가입비
10	見物客	けんぶつきゃく 구경꾼	20	入学金	にゅうがくきん 입학금

21	作業着	さぎょうぎ 작업복

22	普段着	ふだんぎ 평소 옷

23	部屋着	へやぎ 실내복

24	風邪気味	かぜぎみ 감기 기운

25	疲れ気味	つかれぎみ 피곤한 기색

26	太り気味	ふとりぎみ 살찐 기분

27	観光業	かんこうぎょう 관광업

28	水産業	すいさんぎょう 수산업

29	旅行業	りょこうぎょう 여행업

30	乗車券	じょうしゃけん 승차권

31	定期券	ていきけん 정기권

32	割引券	わりびきけん 할인권

33	気温差	きおんさ 기온 차

34	時代差	じだいさ 시대 차; 세대 차

35	地域差	ちいきさ 지역 차

36	宛先	あてさき 수신처

37	行き先	いきさき/ゆきさき 목적지

38	応募先	おうぼさき 응모처

39	勤務先	きんむさき 근무처

40	玄関先	げんかんさき 현관 앞

41	宿泊先	しゅくはくさき 숙박처

42	連絡先	れんらくさき 연락처

43	組み立て式	くみたてしき 조립식	54	海外在住者	かいがいざいじゅうしゃ 해외 거주자
44	選択式	せんたくしき 선택식	55	高齢者	こうれいしゃ 고령자
45	日本式	にほんしき 일본식	56	作成者	さくせいしゃ 작성자
46	応接室	おうせつしつ 응접실	57	出演者	しゅつえんしゃ 출연자
47	管理室	かんりしつ 관리실	58	上級者	じょうきゅうしゃ 상급자
48	研修室	けんしゅうしつ 연수실	59	初心者	しょしんしゃ 초심자
49	自習室	じしゅうしつ 자습실	60	設計者	せっけいしゃ 설계자
50	実験室	じっけんしつ 실험실	61	対象者	たいしょうしゃ 대상자
51	事務室	じむしつ 사무실	62	当事者	とうじしゃ 당사자
52	診察室	しんさつしつ 진찰실	63	登録者	とうろくしゃ 등록자
53	相談室	そうだんしつ 상담실	64	報道関係者	ほうどうかんけいしゃ 보도 관계자

65	労働者	ろうどうしゃ 노동자	76	領収書	りょうしゅうしょ 영수증
66	作品集	さくひんしゅう 작품집	77	履歴書	りれきしょ 이력서
67	資料集	しりょうしゅう 자료집	78	事務所	じむしょ 사무소
68	単語集	たんごしゅう 단어집	79	保育所	ほいくしょ 어린이집; 보육원
69	企画書	きかくしょ 기획서	80	観光案内所	かんこうあんないじょ 관광 안내소
70	計画書	けいかくしょ 계획서	81	研究所	けんきゅうじょ 연구소
71	証明書	しょうめいしょ 증명서	82	停留所	ていりゅうじょ 정류장
72	申請書	しんせいしょ 신청서	83	運転免許証	うんてんめんきょしょう 운전 면허증
73	報告書	ほうこくしょ 보고서	84	会員証	かいいんしょう 회원증
74	見積書	みつもりしょ 견적서	85	学生証	がくせいしょう 학생증
75	申込書	もうしこみしょ 신청서	86	許可証	きょかしょう 허가증

87	登録証	とうろくしょう 등록증	98	教育上	きょういくじょう 교육상
88	保険証	ほけんしょう 보험증	99	事実上	じじつじょう 사실상
89	金賞	きんしょう 금상	100	液体状	えきたいじょう 액체 상태
90	文学賞	ぶんがくしょう 문학상			
91	優秀賞	ゆうしゅうしょう 우수상			
92	国際色	こくさいしょく 국제색			
93	政治色	せいじしょく 정치색			
94	アルファベット 順	あるふぁべっとじゅん 알파벳순			
95	年代順	ねんだいじゅん 연대순			
96	名簿順	めいぼじゅん 명부순			
97	安全上	あんぜんじょう 안전상			

1	クリーム状	くりーむじょう 크림 상태	11	可能性	かのうせい 가능성
2	粒状	つぶじょう 입자 상태	12	危険性	きけんせい 위험성
3	スキー場	すきーじょう 스키장	13	柔軟性	じゅうなんせい 유연성
4	駐輪場	ちゅうりんじょう 자전거 주차장	14	重要性	じゅうようせい 중요성
5	野球場	やきゅうじょう 야구장	15	生産性	せいさんせい 생산성
6	調理場	ちょうりば 조리장	16	多様性	たようせい 다양성
7	会員制	かいいんせい 회원제	17	必要性	ひつようせい 필요성
8	会費制	かいひせい 회비제	18	方向性	ほうこうせい 방향성
9	予約制	よやくせい 예약제	19	音楽全般	おんがくぜんぱん 음악 전반
10	安全性	あんぜんせい 안전성	20	学問全般	がくもんぜんぱん 학문 전반

21	日本人全般	にほんじんぜんぱん 일본인 전반
22	海沿い	うみぞい 바닷가
23	海岸沿い	かいがんぞい 해안가
24	線路沿い	せんろぞい 선로 옆
25	教科書代	きょうかしょだい 교과서비
26	電気代	でんきだい 전기세
27	プレゼント代	ぷれぜんとだい 선물비
28	応援団	おうえんだん 응원단
29	劇団	げきだん 극단
30	選手団	せんしゅだん 선수단
31	空き地	あきち 공터

32	観光地	かんこうち 관광지
33	現在地	げんざいち 현재지
34	候補地	こうほち 후보지
35	住宅地	じゅうたくち 주택지
36	目的地	もくてきち 목적지
37	リゾート地	りぞーとち 휴양지
38	外出中	がいしゅつちゅう 외출 중
39	期間中	きかんちゅう 기간 중
40	休業中	きゅうぎょうちゅう 휴업 중
41	建築中	けんちくちゅう 건축 중
42	今週中	こんしゅうちゅう 이번 주 중

43	在学中	ざいがくちゅう 재학 중	54	聞き手	ききて 청자; 듣는 사람
44	旅行中	りょこうちゅう 여행 중	55	働き手	はたらきて 일꾼, 한 집안의 기둥
45	利用中	りようちゅう 이용 중	56	話し手	はなして 화자; 말하는 사람
46	電車賃	でんしゃちん 전철 요금	57	読み手	よみて 독자
47	英語漬け	えいごづけ 영어에 푹 빠짐, 영어에 몰두함	58	絵画展	かいがてん 회화전
48	勉強漬け	べんきょうづけ 공부에 푹 빠짐, 공부에 몰두함	59	写真展	しゃしんてん 사진전
49	練習漬け	れんしゅうづけ 연습에 푹 빠짐, 연습에 몰두함	60	特別展	とくべつてん 특별전
50	親子連れ	おやこづれ 부모 자식 동행	61	疑問点	ぎもんてん 의문점
51	家族連れ	かぞくづれ 가족 동행	62	出発点	しゅっぱつてん 출발점
52	子ども連れ	こどもづれ 아이 동행	63	注意点	ちゅういてん 주의점
53	書き手	かきて 필자; 글을 쓴 사람	64	変更点	へんこうてん 변경점

65	問題点	もんだいてん 문제점	76	掲示板	けいじばん 게시판
66	想定内	そうていない 상정 내; 예상 범위 내	77	建設費	けんせつひ 건설비
67	データ内	でーたない 데이터 내	78	光熱費	こうねつひ 광열비
68	予算内	よさんない 예산 내	79	材料費	ざいりょうひ 재료비
69	9時発	くじはつ 9시 출발	80	修理費	しゅうりひ 수리비
70	東京駅発	とうきょうえきはつ 도쿄역 출발	81	食費	しょくひ 식비
71	親離れ	おやばなれ (부모로부터) 자립	82	郵送費	ゆうそうひ 배송비
72	現実離れ	げんじつばなれ 현실과 동떨어짐	83	寮費	りょうひ 기숙사비
73	読書離れ	どくょばなれ 독서 기피	84	座席表	ざせきひょう 좌석표
74	案内板	あんないばん 안내판	85	日程表	にっていひょう 일정표
75	ガラス板	がらすばん / がらすいた 유리판	86	予定表	よていひょう 예정표

87	会社員風	かいしゃいんふう
		회사원풍

88	ビジネスマン風	びじねすまんふう
		비즈니스맨풍

89	和風	わふう
		일본풍

90	営業部	えいぎょうぶ
		영업부

91	企画部	きかくぶ
		기획부

92	陸上部	りくじょうぶ
		육상부

93	印刷物	いんさつぶつ
		인쇄물

94	建築物	けんちくぶつ
		건축물

95	人工物	じんこうぶつ
		인공물

96	対象物	たいしょうぶつ
		대상물

97	郵送物	ゆうそうぶつ
		우편물

98	学年別	がくねんべつ
		학년별

99	種類別	しゅるいべつ
		종류별

100	地域別	ちいきべつ
		지역별

접미어·관용 표현

1	健康法	けんこうほう 건강법
2	操作法	そうさほう 조작법
3	対処法	たいしょほう 대처법
4	調理法	ちょうりほう 조리법
5	多め	おおめ 많음
6	小さめ	ちいさめ 작음
7	太め	ふとめ 굵직함
8	引用元	いんようもと 인용처; 출처
9	送信元	そうしんもと 송신처
10	発信元	はっしんもと 발신처

11	就職率	しゅうしょくりつ	취업률
12	進学率	しんがくりつ	진학률
13	成功率	せいこうりつ	성공률
14	投票率	とうひょうりつ	투표율
15	アメリカ流	あめりかりゅう	미국식
16	自分流	じぶんりゅう	자기 방식
17	日本流	にほんりゅう	일본식
18	運動量	うんどうりょう	운동량
19	作業量	さぎょうりょう	작업량
20	消費量	しょうひりょう	소비량
21	生産量	せいさんりょう	생산량

22	受講料	じゅこうりょう 수강료
23	使用料	しようりょう 사용료
24	手数料	てすうりょう 수수료
25	影響力	えいきょうりょく 영향력
26	学力	がくりょく 학력
27	記憶力	きおくりょく 기억력
28	語学力	ごがくりょく 어학 실력
29	集中力	しゅうちゅうりょく 집중력
30	主戦力	しゅせんりょく 주요 전력
31	生命力	せいめいりょく 생명력
32	説得力	せっとくりょく 설득력

| 33 | 読解力 | どっかいりょく |
| | | 독해력 |

| 34 | 表現力 | ひょうげんりょく |
| | | 표현력 |

| 35 | 理解力 | りかいりょく |
| | | 이해력 |

| 36 | 労働力 | ろうどうりょく |
| | | 노동력 |

| 37 | 食器類 | しょっきるい |
| | | 식기류 |

| 38 | プラスチック類 | ぷらすちっくるい |
| | | 플라스틱류 |

| 39 | 割れ物類 | われものるい |
| | | 깨지기 쉬운 물건의 종류, 파손주의 물품 |

| 40 | 明日に回す | あしたにまわす |
| | | 내일로 미루다 |

| 41 | 頭が下がる | あたまがさがる |
| | | 고개가 절로 숙여지다, 존경스럽다 |

| 42 | 頭にくる | あたまにくる |
| | | 열받다, 머리가 아프다 |

| 43 | 頭に入る | あたまにはいる |
| | | 머리에 들어오다 |

44	あらゆる	
		온갖, 모든

45	一石二鳥	いっせきにちょう
		일석이조

46	腕に自信がある	うでにじしんがある
		실력에 자신이 있다

47	お金が絡む	おかねがからむ
		돈이 얽히다

48	お金を下ろす	おかねをおろす
		돈을 뽑다, 돈을 찾다

49	お金を崩す	おかねをくずす
		잔돈으로 바꾸다

50	感じが悪い	かんじがわるい
		느낌이 좋지 않다

51	気が重くなる	きがおもくなる
		우울해지다

52	気が利く	きがきく
		눈치가 빠르다

53	気が済む	きがすむ
		만족하다, 홀가분해지다

54	気がする	きがする
		느낌이 들다

55	気が散る	きがちる
		산만해지다

56	気が向く	きがむく
		기분이 내키다

57	気に入る	きにいる
		마음에 들다

58	気にする	きにする
		신경 쓰다

59	気になる	きになる
		신경 쓰이다; 궁금하다

60	興味を引く	きょうみをひく
		흥미를 끌다

61	気を使う	きをつかう
		배려하다, 마음을 쓰다

62	気を取られる	きをとられる
		마음을 빼앗기다

63	気を悪くする	きをわるくする
		기분을 잡치게 하다

64	声を掛ける	こえをかける
		말을 걸다

65	心を打つ	こころをうつ
		마음을 울리다

66	午後一番	ごごいちばん
		오후 첫 번째로, 오후가 시작되자마자 하는 일

67	差し支えない	さしつかえない
		상관없다, 지장이 없다

68	しんとする	
		조용해지다

69	時間をつぶす	じかんをつぶす
		시간을 때우다

70	時間を取る	じかんをとる
		시간을 내다

71	席を外す	せきをはずす
		자리를 비우다

72	相談に乗る	そうだんにのる
		상담에 응하다

73	大した	たいした
		대단한

74	単なる	たんなる
		단순한, 한낱

75	手一杯	ていっぱい
		힘에 부침

76	手が空く	てがあく
		손이 비다

| 77 | 手に入れる | てにいれる |
| | | 손에 넣다 |

| 78 | 手にする | てにする |
| | | 손에 들다, 손에 넣다 |

| 79 | 手に付く | てにつく |
| | | 손에 잡히다 |

| 80 | 手に取る | てにとる |
| | | 손에 쥐다 |

| 81 | 手に入る | てにはいる |
| | | 손에 들어오다 |

| 82 | 手早い | てばやい |
| | | 재빠르다, 잽싸다 |

| 83 | 手を貸す | てをかす |
| | | 손을 빌려주다, 돕다 |

| 84 | 長い目で見る | ながいめでみる |
| | | 긴 안목으로 보다 |

| 85 | 荷物を見る | にもつをみる |
| | | 짐을 봐 주다 |

| 86 | 肌で感じる | はだでかんじる |
| | | 피부로 느끼다 |

| 87 | 話が合う | はなしがあう |
| | | 이야기가 통하다 |

88	話が進む	はなしがすすむ 이야기가 진전되다
89	話を詰める	はなしをつめる 이야기를 매듭짓다
90	腹が立つ	はらがたつ 화가 나다
91	一段落する	いちだんらくする 일단락되다
92	古くから	ふるくから 옛날부터
93	放っておく	ほうっておく 방치하다, 내버려두다
94	ほんの	그저, 아주
95	間が持つ	まがもつ 시간이 때워지다
96	幕を下ろす	まくをおろす 막을 내리다
97	間に合う	まにあう 제시간에 맞추다
98	身が入る	みがはいる (정성을 쏟아) 열심히 하다

99	見違える	みちがえる
		잘못 보다; 착각하다

100	身に付く	みにつく
		몸에 배다, 익숙해지다

1	身に付ける	みにつける 몸에 익히다, 몸에 지니다
2	耳にする	みみにする 듣다
3	耳に入る	みみにはいる 귀에 들리다
4	耳を傾ける	みみをかたむける 귀를 기울이다
5	目にする	めにする 보다
6	目に付く	めにつく 눈에 띄다, 돋보이다
7	目に触れる	めにふれる 눈에 띄다
8	目の付け所	めのつけどころ 착안점
9	目を付ける	めをつける 눈여겨보다
10	目を通す	めをとおす 대강 훑어보다, 대충 보다

11	油断大敵	ゆだんたいてき
		방심은 금물

12	足を運ぶ	あしをはこぶ
		찾아가 보다

13	いらっしゃる	
		계시다, 오시다, 가시다

14	伺う	うかがう
		찾아뵙다, 듣다, 묻다

15	お預かりする	おあずかりする
		보관해 드리다

16	お構いなく。	おかまいなく。
		신경 쓰지 마세요.

17	お気持ち	おきもち
		기분, 마음, 성의

18	お客様各位	おきゃくさまかくい
		손님 여러분

19	お越しになる	おこしになる
		오시다

20	恐れ入りますが、	おそれいりますが、
		송구스럽습니다만, 죄송합니다만,

21	お返事をいだたく	おへんじをいただく
		답장을 받다

22	お待ちです。	おまちです。 기다리십니다.
23	お見えになる	おみえになる 오시다
24	貴店	きてん 귀점(상대편 가게)
25	恐縮です。	きょうしゅくです。 죄송합니다.
26	ご遠慮いただきます。	ごえんりょいただきます。 삼가 주십시오.
27	ご存じです。	ごぞんじです。 알고 계십니다.
28	ご担当者様	ごたんとうしゃさま 담당자님
29	ご覧になる	ごらんになる 보시다
30	先ほど	さきほど 아까, 조금 전에
31	大変失礼いたしました。	たいへんしつれいいたしました。 대단히 실례했습니다.
32	弊社	へいしゃ 저희 회사

| 33 | 参る | まいる |
| | | 가다, 오다 |

| 34 | 召し上がる | めしあがる |
| | | 드시다 |

| 35 | 申し上げる | もうしあげる |
| | | 말씀드리다 |

02 연습 문제

문제 형식은 모두 여섯 종류입니다. (문제 수는 변동될 가능성이 있습니다.)

문제 1	한자 읽기	5문제
문제 2	표기	5문제
문제 3	단어 형성	3문제
문제 4	문맥 구성	7문제
문제 5	유의 표현	5문제
문제 6	용법	5문제

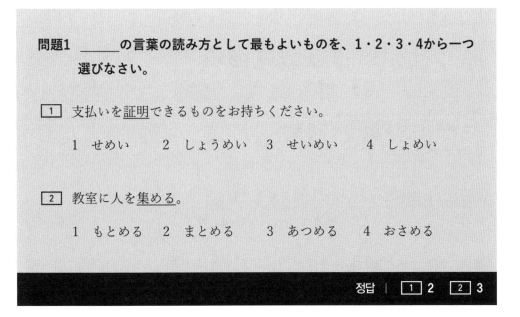

問題1 (例)

<small>もんだい　れい</small>

> 問題1 _____の言葉の読み方として最もよいものを、1・2・3・4から一つ選びなさい。
>
> ① 支払いを<u>証明</u>できるものをお持ちください。
>
> 　1　せめい　　2　しょうめい　　3　せいめい　　4　しょめい
>
> ② 教室に人を<u>集める</u>。
>
> 　1　もとめる　　2　まとめる　　3　あつめる　　4　おさめる
>
> 정답 | ① 2　② 3

문제1에서는 한자의 읽는 법을 고르는 문제가 5개 출제됩니다. 선택지 중에는 헷갈리는 것들이 많이 있을 수 있습니다. 음독과 훈독, 장음(ー), 촉음(っ), 탁음(゛), 반탁음(゜) 등에 주의하면서 읽는 법을 확인해 두세요.

● 틀리기 쉬운 예

> ・証明→しょうめい (O)、しょめい (✕)　・上級→じょうきゅう (O)、しょうきゅう (✕)
>
> ・実際→じっさい (O)、じつさい (✕)　・完璧→かんぺき (O)、かんへき (✕)
>
> ・花束→はなたば (O)、かそく (✕)

問題1 ＿＿＿＿の言葉の読み方として最もよいものを、1・2・3・4から一つ選びなさい。

1　彼の作品は必ず賞を取るだろう。
　　1　じょう　　　　2　しょ　　　　　3　しょう　　　　4　じょ

2　彼はミスをしないように、注意してお札を数えた。
　　1　さつ　　　　　2　ざつ　　　　　3　れい　　　　　4　らい

3　彼女が歩いている姿が窓から見えた。
　　1　すかた　　　　2　すがた　　　　3　すがだ　　　　4　すかだ

4　草は根から抜かないと、すぐに生えてきてしまう。
　　1　は　　　　　　2　みき　　　　　3　ね　　　　　　4　くき

5　週末、彼女と劇を観に行く予定だ。
　　1　げぐ　　　　　2　げく　　　　　3　げぎ　　　　　4　げき

6　木造のアパートは家賃が安い。
　　1　もくそう　　　2　きぞう　　　　3　もくぞう　　　4　きそう

7　自分のかさがどれかわかるように目印をつけた。
　　1　めしるし　　　2　めじるし　　　3　もくいん　　　4　ぼくいん

8　彼女はオリンピック出場選手の候補に選ばれた。
　　1　こうほ　　　　2　こうほう　　　3　こほう　　　　4　こほ

9　ガラスの破片で指を切ってしまった。
　　1　はぺん　　　　2　はべん　　　　3　はへん　　　　4　はっぺん

10　かぜを予防するために、マスクを買った。
　　1　ようほう　　　2　よほう　　　　3　ようぼう　　　4　よぼう

問題1 _____の言葉の読み方として最もよいものを、1・2・3・4から一つ選び
なさい。

1　公共の場ではマナーを守りましょう。
　　1　こきょう　　　　2　こうきょう　　　3　こうきょ　　　4　こきょ

2　昔聴いていた曲を聴くと、そのころの情景が目に浮かぶ。
　　1　じょけ　　　　　2　じょうけ　　　　3　じょうけい　　4　じょけい

3　飛行機には安全を守るための装置がある。
　　1　そうち　　　　　2　そち　　　　　　3　そうぢ　　　　4　そぢ

4　涼しい日が続き、秋の気配が感じられる。
　　1　きはい　　　　　2　けはい　　　　　3　きくばり　　　4　けくばり

5　使われていない民家をレストランとして利用する。
　　1　たみいえ　　　　2　みんけ　　　　　3　みんか　　　　4　たみか

6　上司に仕事の現状を報告した。
　　1　げんしょう　　　2　げんじょう　　　3　げんじょ　　　4　げんしょ

7　すぐ入居できる部屋を探しています。
　　1　にゅうきょ　　　2　にゅうこ　　　　3　にゅきょ　　　4　にゅこ

8　お金が入った封筒を彼に渡した。
　　1　ふとう　　　　　2　ふうとう　　　　3　ほうとう　　　4　ほと

9　この調査は女性を対象に行っています。
　　1　だいしょ　　　　2　たいしょ　　　　3　だいしょう　　4　たいしょう

10　家の近くで火災が起きたようだ。
　　1　かさい　　　　　2　かざい　　　　　3　ひさい　　　　4　ひざい

정답　1 2　2 3　3 1　4 2　5 3　6 2　7 1　8 2　9 4　10 1

問題1 ＿＿＿＿の言葉の読み方として最もよいものを、1・2・3・4から一つ選び
なさい。

1 大学では文学を<u>専攻</u>していました。
1 すんこう　　　2 せんこう　　　3 せんこ　　　　4 すんこ

2 おなかの調子が悪いので、内科を<u>受診</u>した。
1 しゅじん　　　2 じゅんしん　　3 じゅしん　　　4 しゅうじん

3 新しく工場を建てる場所へ<u>視察</u>に行った。
1 しさつ　　　　2 しさい　　　　3 けんさつ　　　4 けんさい

4 昼食は<u>持参</u>してください。
1 じせん　　　　2 たいさん　　　3 じさん　　　　4 たいせん

5 スピードの出しすぎは危険だと<u>警告</u>された。
1 かんこく　　　2 けいこく　　　3 けいごく　　　4 かんごく

6 彼女は小さな部品を<u>製造</u>する工場で働いている。
1 せいぞ　　　　2 せぞ　　　　　3 せぞう　　　　4 せいぞう

7 新しい働き方について<u>講演</u>する。
1 こうえん　　　2 こえん　　　　3 ごうえん　　　4 ごえん

8 国の人口が<u>増加</u>している。
1 じょうか　　　2 ぞか　　　　　3 ぞうか　　　　4 じょか

9 次のページにあるグラフを<u>参照</u>してください。
1 さんじょ　　　2 さんしょ　　　3 さんじょう　　4 さんしょう

10 寒くなってきたので夏服を箱に<u>収納</u>する。
1 しゅうのう　　2 しゅうの　　　3 しゅのう　　　4 しゅの

정답　1 2　2 3　3 1　4 3　5 2　6 4　7 1　8 3　9 4　10 1

問題1　_____の言葉の読み方として最もよいものを、1・2・3・4から一つ選びなさい。

1　二人で協力してテントを張る。
　　1　きる　　　　　　2　はる　　　　　　3　ふる　　　　　　4　おる

2　運動しているときは、十分な水分を補うと良い。
　　1　うしなう　　　　2　まかなう　　　　3　おぎなう　　　　4　やしなう

3　お気に入りの服が破れてしまった。
　　1　こわれて　　　　2　よごれて　　　　3　みだれて　　　　4　やぶれて

4　事故を防ぐための方法を考える。
　　1　ふさぐ　　　　　2　つなぐ　　　　　3　かせぐ　　　　　4　ふせぐ

5　この内容は一部を除いて全て真実です。
　　1　のぞいて　　　　2　はぶいて　　　　3　のいて　　　　　4　ぬいて

6　うっかり服を汚してしまった。
　　1　なくして　　　　2　よごして　　　　3　つぶして　　　　4　はなして

7　小学生に限り、入場料は無料です。
　　1　くぎり　　　　　2　はまり　　　　　3　かぎり　　　　　4　わたり

8　部長の送別会を催す。
　　1　しるす　　　　　2　ためす　　　　　3　もよおす　　　　4　はなす

9　駅前でチラシを配っている。
　　1　くばって　　　　2　やぶって　　　　3　しまって　　　　4　はらって

10　友達に勧められて、ランニングを始めた。
　　1　みとめられて　　2　すすめられて　　3　ほめられて　　　4　もとめられて

정답　1 2　2 3　3 4　4 4　5 1　6 2　7 3　8 3　9 1　10 2

問題1 _____の言葉の読み方として最もよいものを、1・2・3・4から一つ選びなさい。

1 　事実に基づいて記事を書く。
　　1　かんづいて　　　2　ひもづいて　　　3　もとづいて　　　4　きづいて

2 　親の期待に応えるために努力する。
　　1　そえる　　　　　2　たえる　　　　　3　ひかえる　　　　4　こたえる

3 　私と妹は、顔はそっくりだが性格は異なる。
　　1　つらなる　　　　2　かさなる　　　　3　さらなる　　　　4　ことなる

4 　組織のルールを改める。
　　1　あつめる　　　　2　さだめる　　　　3　あらためる　　　4　まとめる

5 　国に税金を納める。
　　1　ためる　　　　　2　おさめる　　　　3　もとめる　　　　4　ふくめる

6 　彼は言葉づかいが荒い。
　　1　つよい　　　　　2　わるい　　　　　3　あらい　　　　　4　きつい

7 　ストレッチをしないと体が硬くなる。
　　1　にぶく　　　　　2　かたく　　　　　3　つらく　　　　　4　おもく

8 　このお茶は渋くて飲めない。
　　1　あまくて　　　　2　くどくて　　　　3　しぶくて　　　　4　まずくて

9 　最近怖い夢ばかり見る。
　　1　わるい　　　　　2　こわい　　　　　3　くらい　　　　　4　ひどい

10 　資料を印刷したが、文字が薄くて読めない。
　　1　あさくて　　　　2　ほそくて　　　　3　よわくて　　　　4　うすくて

問題1　＿＿＿＿の言葉の読み方として最もよいものを、1・2・3・4から一つ選びなさい。

1　頭が<u>激しく</u>痛むので、病院へ行った。
　　1　めずらしく　　　2　あやしく　　　　3　はげしく　　　　4　いそがしく

2　彼女ほどリーダーに<u>相応しい</u>人はいない。
　　1　くわしい　　　　2　ふさわしい　　　3　したしい　　　　4　このましい

3　彼らはこの一年で<u>著しく</u>成長した。
　　1　かわいらしく　　2　うらやましく　　3　いちじるしく　　4　すばらしく

4　今週は<u>厳しい</u>暑さが続くでしょう。
　　1　くるしい　　　　2　きびしい　　　　3　おかしい　　　　4　めずらしい

5　全力で走ったので、息が<u>苦しい</u>。
　　1　まずしい　　　　2　とぼしい　　　　3　あやしい　　　　4　くるしい

6　スタッフが<u>柔軟</u>に対応してくれた。
　　1　じょうねん　　　2　じょうなん　　　3　にゅうなん　　　4　にゅうねん

7　皆様の<u>率直</u>な意見を聞かせてください。
　　1　そっちく　　　　2　そっちょく　　　3　りっちょく　　　4　りっちく

8　そばもラーメンも食べたいなんて、<u>欲張り</u>なことを言うな。
　　1　ようばり　　　　2　よくはり　　　　3　よくばり　　　　4　ようはり

9　このラーメン屋さんは<u>濃厚</u>なスープが有名らしい。
　　1　のうこう　　　　2　のこう　　　　　3　のうごう　　　　4　のごう

10　こんな<u>単純</u>な計算も間違えるなんて恥ずかしい。
　　1　だんじゅん　　　2　たんじゅん　　　3　たんじゅ　　　　4　だんじゅ

정답　　1 3　　2 2　　3 3　　4 2　　5 4　　6 3　　7 2　　8 3　　9 1　　10 2

問題1 _____の言葉の読み方として最もよいものを、1・2・3・4から一つ選びなさい。

1 出発時間が、大幅に変更された。
　　1　だいふく　　　　2　だいはば　　　　3　おおはば　　　　4　おおふく

2 今年は雨が少なく、深刻な水不足となった。
　　1　じんこく　　　　2　しんごく　　　　3　しんこく　　　　4　じんごく

3 海で遊んでいたら、巨大なたこが現れた。
　　1　きょうだい　　　2　きょだい　　　　3　きょうたい　　　4　きょたい

4 この地域は、魚や貝が豊富にとれることで有名だ。
　　1　ほうぶ　　　　　2　ほふ　　　　　　3　ほうふ　　　　　4　ほぶ

5 安価な食材を使って、おいしい料理を作るのが得意だ。
　　1　やすね　　　　　2　やすか　　　　　3　あんね　　　　　4　あんか

6 久しぶりの旅行を存分に楽しみたい。
　　1　そんぶん　　　　2　ぞんぶん　　　　3　ぞんふん　　　　4　そんふん

7 伊藤さんは、食べ物に全く関心がない。
　　1　しばらく　　　　2　ひどく　　　　　3　まったく　　　　4　あいにく

8 今回の調査で、実におもしろい発見があった。
　　1　みつ　　　　　　2　み　　　　　　　3　じつ　　　　　　4　じ

9 では早速、作業を始めましょう。
　　1　さっそく　　　　2　そっそく　　　　3　そっそう　　　　4　さっそう

10 祖母からもらった指輪を常に身に着けている。
　　1　じょう　　　　　2　つね　　　　　　3　じゅう　　　　　4　づね

정답　1 3　2 3　3 2　4 3　5 4　6 2　7 3　8 3　9 1　10 2

^{もんだい} ^{れい}
● 問題2 (例)

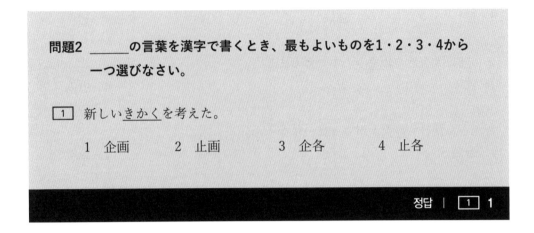

問題2 ＿＿＿の言葉を漢字で書くとき、最もよいものを1・2・3・4から
一つ選びなさい。

1 新しい<u>きかく</u>を考えた。

1 企画 　　2 止画 　　　3 企各 　　　4 止各

정답 ｜ 1 1

문제2에서는 올바르게 쓴 한자를 고르는 문제가 5개 출제됩니다. 선택지 중에는 비슷한 모양의 한자나 읽는 법은 같지만 뜻이 다른 한자가 자주 나옵니다. 한자의 모양과 뜻을 정확히 익혀 두세요.

問題2 _____の言葉を漢字で書くとき、最もよいものを1・2・3・4から一つ選びなさい。

1　自分でやると決めたからには、もう<u>まよい</u>はない。
　　1　避い　　　　　　2　運い　　　　　　3　追い　　　　　　4　迷い

2　この卵は大自然の<u>めぐみ</u>の中で育ちました。
　　1　怠み　　　　　　2　志み　　　　　　3　恵み　　　　　　4　患み

3　たくさん食べて<u>おなか</u>がいっぱいになった。
　　1　お腹　　　　　　2　お復　　　　　　3　お福　　　　　　4　お服

4　食生活の<u>みだれ</u>は、様々な体調不良を引き起こす。
　　1　舐れ　　　　　　2　乱れ　　　　　　3　礼れ　　　　　　4　舌れ

5　<u>あしこし</u>を強くするために、毎日5キロ歩いている。
　　1　足腰　　　　　　2　足脚　　　　　　3　足腕　　　　　　4　足腹

6　かぜをひいたので、<u>しはん</u>の薬を飲んだ。
　　1　市版　　　　　　2　市反　　　　　　3　市阪　　　　　　4　市販

7　家から学校までの<u>きょり</u>はどのくらいですか。
　　1　距里　　　　　　2　拒離　　　　　　3　距離　　　　　　4　拒里

8　有名な<u>きぎょう</u>に就職することになった。
　　1　企行　　　　　　2　企業　　　　　　3　企迎　　　　　　4　企形

9　この<u>ちいき</u>には、めずらしい動物がたくさんいる。
　　1　地域　　　　　　2　池或　　　　　　3　地或　　　　　　4　池域

10　新しくできたケーキ屋さんは<u>ひょうばん</u>が良い。
　　1　評半　　　　　　2　平半　　　　　　3　評判　　　　　　4　平判

| 정답 | 1 4 | 2 3 | 3 1 | 4 2 | 5 1 | 6 4 | 7 3 | 8 2 | 9 1 | 10 3 |

問題2 _____の言葉を漢字で書くとき、最もよいものを1・2・3・4から一つ選びなさい。

1 台風の<u>ひがい</u>はそれほど受けなかった。
   1 被割　　　　　2 費害　　　　　3 費割　　　　　4 被害

2 <u>きんにく</u>をつけるため、ジムに通っている。
   1 肋肉　　　　　2 筋肉　　　　　3 肌肉　　　　　4 節肉

3 勉強に集中できる<u>かんきょう</u>を整える。
   1 観境　　　　　2 環響　　　　　3 環境　　　　　4 観響

4 <u>えいよう</u>をたくさんとって、たくさん寝ましょう。
   1 蛍養　　　　　2 栄養　　　　　3 栄義　　　　　4 蛍義

5 うそをついている人は、<u>たいど</u>でわかる。
   1 態度　　　　　2 熊度　　　　　3 態渡　　　　　4 熊渡

6 ここに名前と<u>ねんれい</u>を書いてください。
   1 年例　　　　　2 年令　　　　　3 年齢　　　　　4 年列

7 クラスメイトの<u>せいえん</u>が聞こえる。
   1 声暖　　　　　2 声援　　　　　3 声授　　　　　4 声緩

8 毎日5キロ走ることが<u>もくひょう</u>だ。
   1 目評　　　　　2 目票　　　　　3 目表　　　　　4 目標

9 何をするにも、<u>けんこう</u>が一番大切だ。
   1 健糠　　　　　2 建康　　　　　3 健康　　　　　4 建糠

10 この学校の<u>でんとう</u>は今も守られている。
   1 伝統　　　　　2 伝承　　　　　3 云統　　　　　4 云承

| 정답 | 1 4 | 2 2 | 3 3 | 4 2 | 5 1 | 6 3 | 7 2 | 8 4 | 9 3 | 10 1 |

問題2 ＿＿＿＿の言葉を漢字で書くとき、最もよいものを1・2・3・4から一つ選びなさい。

1 この島の<u>しゅうい</u>は砂浜で囲まれている。
    1 週井   2 周囲   3 週囲   4 周井

2 研究者のおかげで、<u>いりょう</u>が進歩した。
    1 医僚   2 医寮   3 医療   4 医潦

3 地球上の<u>しげん</u>は限られている。
    1 賢原   2 資原   3 賢源   4 資源

4 歩いていたら、<u>けいさつ</u>に声をかけられた。
    1 警察   2 警擦   3 刑察   4 刑擦

5 昨日、薬を飲んだ<u>きおく</u>がない。
    1 気憶   2 記憶   3 気億   4 記億

6 会社から少し遠いけど、<u>りょうひ</u>は無料です。
    1 寮批   2 僚批   3 僚費   4 寮費

7 家で犬と遊んでいるとき、<u>こうふく</u>を感じる。
    1 幸副   2 幸福   3 辛福   4 辛副

8 会社で<u>そうむ</u>として4年間勤務した。
    1 装努   2 装務   3 総務   4 総努

9 様々な<u>してん</u>から、物事を考えてみる。
    1 視点   2 規点   3 親点   4 観点

10 商品の<u>きんがく</u>を確認する。
    1 金格   2 金額   3 金閣   4 金絡

정답 1 2   2 3   3 4   4 1   5 2   6 4   7 2   8 3   9 1   10 2

問題2 _____の言葉を漢字で書くとき、最もよいものを1・2・3・4から一つ選びなさい。

1 兄と自分の給料を<u>ひかく</u>する。
　　1　批較　　　　　　2　比絞　　　　　　3　比較　　　　　　4　批絞

2 使ったお金を全て<u>せいさん</u>する。
　　1　静算　　　　　　2　精算　　　　　　3　情算　　　　　　4　請算

3 <ruby>大阪<rt>おおさか</rt></ruby>支社で<u>きんむ</u>しています。
　　1　働矛　　　　　　2　働務　　　　　　3　勤矛　　　　　　4　勤務

4 相手の気持ちを<u>そうぞう</u>する。
　　1　相像　　　　　　2　想象　　　　　　3　想像　　　　　　4　相象

5 部長はみんなから<u>しんらい</u>されている。
　　1　信頼　　　　　　2　信瀬　　　　　　3　価頼　　　　　　4　価瀬

6 新しい社員を<u>やとう</u>ことにした。
　　1　顧う　　　　　　2　雇う　　　　　　3　遍う　　　　　　4　偏う

7 先生の言葉が心に<u>ひびいた</u>。
　　1　韻いた　　　　　2　鳴いた　　　　　3　響いた　　　　　4　吹いた

8 良い大学を卒業して良い仕事に<u>つきたい</u>。
　　1　仕きたい　　　　2　職きたい　　　　3　就きたい　　　　4　従きたい

9 困ったらいつでも<u>たよって</u>ください。
　　1　額って　　　　　2　項って　　　　　3　預って　　　　　4　頼って

10 家の前の落ち葉をほうきで<u>はく</u>。
　　1　払く　　　　　　2　掃く　　　　　　3　拭く　　　　　　4　拍く

| 정답 | 1 3 | 2 2 | 3 4 | 4 3 | 5 1 | 6 2 | 7 3 | 8 3 | 9 4 | 10 2 |

問題2 _____の言葉を漢字で書くとき、最もよいものを1・2・3・4から一つ選びなさい。

☐1 いちごはビタミンを多く<u>ふくむ</u>果物だ。
   1 加む   2 込む   3 含む   4 混む

☐2 誕生日パーティーに<u>まねかれた</u>。
   1 昭かれた   2 召かれた   3 紹かれた   4 招かれた

☐3 上司の命令には<u>したがう</u>べきだ。
   1 徒う   2 促う   3 従う   4 縦う

☐4 友達とテストの点数を<u>きそう</u>。
   1 争う   2 競う   3 戦う   4 抗う

☐5 学校帰りにコンビニに<u>よる</u>。
   1 拠る   2 奇る   3 処る   4 寄る

☐6 日本人でも漢字を<u>まちがう</u>ことはよくある。
   1 間違う   2 間偉う   3 問違う   4 問偉う

☐7 時間が<u>すぎる</u>のは早いものですね。
   1 通ぎる   2 込ぎる   3 道ぎる   4 過ぎる

☐8 外国での生活にやっと<u>なれて</u>きた。
   1 慢れて   2 惰れて   3 慣れて   4 情れて

☐9 30年以上、同じ会社に<u>つとめて</u>いる。
   1 労めて   2 勤めて   3 働めて   4 仕めて

☐10 雨の日は服がなかなか<u>かわかない</u>。
   1 干かない   2 幹かない   3 乾かない   4 汗かない

정답 ☐1 3 ☐2 4 ☐3 3 ☐4 2 ☐5 4 ☐6 1 ☐7 4 ☐8 3 ☐9 2 ☐10 3

問題2 ＿＿＿＿のことばを漢字で書くとき、最もよいものを1・2・3・4から一つ
　　　えらびなさい。

1 近くの人に助けを<u>もとめた</u>。
　　1　救めた　　　　2　求めた　　　　3　氷めた　　　　4　泳めた

2 体重を<u>へらす</u>ために運動を始めた。
　　1　誠らす　　　　2　滅らす　　　　3　減らす　　　　4　憾らす

3 大切に育てていた花が<u>かれて</u>しまった。
　　1　杯れて　　　　2　朽れて　　　　3　朴れて　　　　4　枯れて

4 虫歯になって、歯が<u>ぬけて</u>しまった。
　　1　抜けて　　　　2　打けて　　　　3　扱けて　　　　4　技けて

5 この一年で、社員が二倍に<u>ふえた</u>。
　　1　憎えた　　　　2　増えた　　　　3　僧えた　　　　4　贈えた

6 <u>あまい</u>ものを食べすぎて太ってしまった。
　　1　甘い　　　　　2　苦い　　　　　3　渋い　　　　　4　濃い

7 犬は<u>かしこい</u>動物だ。
　　1　貢い　　　　　2　賢い　　　　　3　賀い　　　　　4　貨い

8 <u>おさない</u>ころからずっと歌手になるのが夢だった。
　　1　効い　　　　　2　功い　　　　　3　助い　　　　　4　幼い

9 家の近くで<u>おそろしい</u>事件が起きた。
　　1　怠ろしい　　　2　忌ろしい　　　3　恐ろしい　　　4　惑ろしい

10 彼女は困ったときに助けてくれる<u>たのもしい</u>存在だ。
　　1　預もしい　　　2　頼もしい　　　3　頂もしい　　　4　題もしい

정답　1 2　　2 3　　3 4　　4 1　　5 2　　6 1　　7 2　　8 4　　9 3　　10 2

問題2 _____の言葉を漢字で書くとき、最もよいものを1・2・3・4から一つ選びなさい。

1 この部屋は広くて<u>かいてき</u>だ。
   1 決適   2 決滴   3 快滴   4 快適

2 娘が実家を出ることになり、<u>ふくざつ</u>な気持ちになった。
   1 複雑   2 復雑   3 複酔   4 復酔

3 私は泳ぐのが<u>とくい</u>です。
   1 得億   2 得意   3 特意   4 特億

4 子どもの前で<u>かげき</u>な発言はしないでください。
   1 過劇   2 渦劇   3 過激   4 渦激

5 彼は頭も良くて性格も良い<u>かんぺき</u>な人だ。
   1 完璧   2 完壁   3 完避   4 完癖

6 より<u>いっそう</u>努力して参ります。
   1 一憎   2 一増   3 一層   4 一贈

7 パーティーなので、<u>ふだん</u>は着ない服を着た。
   1 昔投   2 普段   3 普投   4 昔段

8 値段の<u>わり</u>に良い商品だ。
   1 割   2 別   3 利   4 制

9 問題が起きたら、<u>そくざ</u>に対応するべきだ。
   1 印座   2 即座   3 即底   4 印底

10 <u>かり</u>に今回うまくいったとしても、次も成功（せいこう）するとは限らない。
   1 返   2 反   3 仮   4 板

정답   1 4   2 1   3 2   4 3   5 1   6 3   7 2   8 1   9 2   10 3

3 단어 형성

もんだい れい
● 問題3 (例)

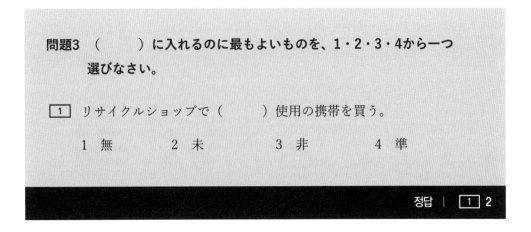

問題3 （　　　）に入れるのに最もよいものを、1・2・3・4から一つ
　　　選びなさい。

[1] リサイクルショップで（　　　　）使用の携帯を買う。

　1　無　　　　2　未　　　　3　非　　　　4　準

정답 | [1] 2

문제3에서는 단어의 일부가 (　　)로 되어 있고, 그 안에 무엇이 들어가는지 묻는 문제입니다. 위
예제에서는 '사용'이라는 단어에 '未(미)'라는 한자가 붙어 '未使用(미사용)=아직 사용하지 않음'
이라는 의미의 단어가 됩니다. 이처럼 단어 앞이나 뒤에 한자 또는 다른 단어가 붙을 때 세트가
되는 것이 정해져 있습니다. 이 세트를 정확히 익혀 두어야 합니다.

問題3 （　　　）に入れるのに最もよいものを、1・2・3・4から一つ選びなさい。

1 職員会議で（　　　）校舎を取り壊すことが決まった。
1　古　　　　　　　2　旧　　　　　　　3　昔　　　　　　　4　去

2 卵の（　　　）成分はタンパク質である。
1　本　　　　　　　2　元　　　　　　　3　主　　　　　　　4　源

3 （　　　）町長は町のみんなから愛されていた。
1　古　　　　　　　2　旧　　　　　　　3　先　　　　　　　4　前

4 レポートを修正して（　　　）提出してください。
1　再　　　　　　　2　来　　　　　　　3　最　　　　　　　4　次

5 彼女は（　　　）新しい服を着て、うれしそうに出かけて行った。
1　本　　　　　　　2　真　　　　　　　3　正　　　　　　　4　生

6 この仕事は、（　　　）経験の方でも簡単にできる仕事です。
1　不　　　　　　　2　未　　　　　　　3　無　　　　　　　4　非

7 彼が遅刻してきたことは、私にとって（　　　）都合だった。
1　合　　　　　　　2　良　　　　　　　3　好　　　　　　　4　上

8 （　　　）決勝で去年の優勝チームと戦うことになっている。
1　前　　　　　　　2　準　　　　　　　3　次　　　　　　　4　副

9 （　　　）学期もオンライン授業が続くそうだ。
1　来　　　　　　　2　次　　　　　　　3　先　　　　　　　4　後

10 彼はこの日本語クラスで（　　　）年少だが成績はトップだ。
1　最　　　　　　　2　先　　　　　　　3　主　　　　　　　4　高

정답　1 2　2 3　3 4　4 1　5 2　6 2　7 3　8 2　9 1　10 1

問題3 （　　　）に入れるのに最もよいものを、1・2・3・4から一つ選びなさい。

1　この村の（　　　）人口は約1000人だ。
1　高　　　　　　　2　総　　　　　　　3　各　　　　　　　4　合

2　この動画は昨日から（　　　）公開になっている。
1　不　　　　　　　2　前　　　　　　　3　非　　　　　　　4　無

3　（　　　）段階ではイベントを中止する予定です。
1　先　　　　　　　2　今　　　　　　　3　最　　　　　　　4　現

4　（　　　）自動の洗濯機を買ってから、家事が楽になった。
1　全　　　　　　　2　総　　　　　　　3　完　　　　　　　4　統

5　寝ているとき、目が（　　　）開きになってしまう。
1　短　　　　　　　2　中　　　　　　　3　半　　　　　　　4　無

6　（　　　）医師の先生が講演会を開いてくださった。
1　前　　　　　　　2　元　　　　　　　3　古　　　　　　　4　旧

7　彼は（　　　）笑いを浮かべてこちらを見ている。
1　小　　　　　　　2　少　　　　　　　3　薄　　　　　　　4　短

8　このカフェは、先月日本に（　　　）上陸した。
1　現　　　　　　　2　初　　　　　　　3　一　　　　　　　4　始

9　健康のために（　　　）カロリーの食品を買うようにしている。
1　短　　　　　　　2　小　　　　　　　3　少　　　　　　　4　低

10　このアニメは、主人公が（　　　）世界に行ってしまうという物語だ。
1　先　　　　　　　2　次　　　　　　　3　異　　　　　　　4　違

정답　1 2　　2 3　　3 4　　4 1　　5 3　　6 2　　7 3　　8 2　　9 4　　10 3

問題3 （　　　）に入れるのに最もよいものを、1・2・3・4から一つ選びなさい。

1 こちらに勤務（　　　）の住所をご記入ください。
　　1　場　　　　　　　2　元　　　　　　　　3　先　　　　　　　　4　部

2 資料には、データの引用（　　　）を必ず書いてください。
　　1　発　　　　　　　2　元　　　　　　　　3　地　　　　　　　　4　原

3 組み立て（　　　）のベッドを買った。
　　1　式　　　　　　　2　性　　　　　　　　3　質　　　　　　　　4　類

4 節約したおかげで、今月の光熱（　　　）を抑えることができた。
　　1　代　　　　　　　2　費　　　　　　　　3　賃　　　　　　　　4　値

5 割れないように、食器（　　　）は包装してこの箱に入れてください。
　　1　式　　　　　　　2　集　　　　　　　　3　種　　　　　　　　4　類

6 このレストランは店の雰囲気も味も和（　　　）だ。
　　1　類　　　　　　　2　感　　　　　　　　3　風　　　　　　　　4　色

7 遊びのルールには、多少の地域（　　　）がある。
　　1　異　　　　　　　2　差　　　　　　　　3　分　　　　　　　　4　違

8 液体（　　　）のものは、飛行機の中に持ち込むことはできない。
　　1　状　　　　　　　2　形　　　　　　　　3　感　　　　　　　　4　質

9 電気（　　　）を払い忘れて、電気を止められてしまった。
　　1　金　　　　　　　2　費　　　　　　　　3　代　　　　　　　　4　賃

10 ここにある本はアルファベット（　　　）に並んでいる。
　　1　版　　　　　　　2　順　　　　　　　　3　制　　　　　　　　4　式

정답　1 3　2 2　3 1　4 2　5 4　6 3　7 2　8 1　9 3　10 2

問題3 ( ) に入れるのに最もよいものを、1・2・3・4から一つ選びなさい。

1 奨学（ ）をもらいながら大学に通っている。
   1 費　　　　　　2 料　　　　　　3 金　　　　　　4 代

2 変更（ ）をいくつかお伝えします。
   1 点　　　　　　2 所　　　　　　3 化　　　　　　4 状

3 部屋（ ）のままコンビニへ行っておにぎりを買った。
   1 服　　　　　　2 着　　　　　　3 被　　　　　　4 付

4 彼の仕事の進め方は、いかにも日本（ ）だ。
   1 観　　　　　　2 順　　　　　　3 流　　　　　　4 法

5 この建物に入るときは、入場許可（ ）を提示してください。
   1 賞　　　　　　2 型　　　　　　3 状　　　　　　4 証

6 一週間以内に見積（ ）をお送りします。
   1 書　　　　　　2 券　　　　　　3 章　　　　　　4 物

7 全国のコンビニの数を地域（ ）にグラフにした。
   1 差　　　　　　2 別　　　　　　3 部　　　　　　4 界

8 聞き（ ）の興味がわくような話をする。
   1 耳　　　　　　2 手　　　　　　3 口　　　　　　4 目

9 参加（ ）のイベントの方が盛り上がる。
   1 型　　　　　　2 流　　　　　　3 状　　　　　　4 類

10 この美容院は予約（ ）となっています。
   1 業　　　　　　2 決　　　　　　3 限　　　　　　4 制

| 정답 | 1 3 | 2 1 | 3 2 | 4 3 | 5 4 | 6 1 | 7 2 | 8 2 | 9 1 | 10 4 |

問題3 （　　　）に入れるのに最もよいものを、1・2・3・4から一つ選びなさい。

1. 彼は病気で活動を休むと発表したが、これは事実（　　　）の引退だろう。
   1 外　　　　　　　2 内　　　　　　　3 下　　　　　　　4 上

2. 生徒は教師の管理（　　　）で、安全に登校しています。
   1 下　　　　　　　2 上　　　　　　　3 中　　　　　　　4 内

3. 京都府は日本で最もコーヒーの消費（　　　）が多いところです。
   1 集　　　　　　　2 点　　　　　　　3 量　　　　　　　4 力

4. 彼と決勝で戦うのは想定（　　　）だ。
   1 元　　　　　　　2 内　　　　　　　3 発　　　　　　　4 状

5. 価値（　　　）が合う人と結婚したい。
   1 感　　　　　　　2 点　　　　　　　3 性　　　　　　　4 観

6. 新しく入ってきたばかりなのに、もう売り（　　　）になってしまった。
   1 切れ　　　　　　2 消え　　　　　　3 去り　　　　　　4 飛び

7. 昨日からかぜ（　　　）で、食欲もない。
   1 がち　　　　　　2 ぎれ　　　　　　3 気味　　　　　　4 一色

8. インターネットの発達による若者の読書（　　　）が問題になっている。
   1 忘れ　　　　　　2 別れ　　　　　　3 逃げ　　　　　　4 離れ

9. 宿題をしなかったので、夏休み（　　　）から先生にしかられてしまった。
   1 明け　　　　　　2 入り　　　　　　3 開け　　　　　　4 出し

10. 海岸（　　　）に新しいレストランができた。
    1 沿い　　　　　　2 並み　　　　　　3 付き　　　　　　4 過ぎ

정답　1 4　2 1　3 3　4 2　5 4　6 1　7 3　8 4　9 1　10 1

問題4 (例)

問題4 （　　　）に入れるのに最もよいものを、1・2・3・4から一つ
選びなさい。

1 強い風で落ちた桜の花が川の上に（　　　）いる。

1　被って　　2　倒れて　　3　溶けて　　4　浮いて

정답 ｜ 1 4

문제4에서는 (　　) 안에 들어갈 알맞은 단어를 고르는 문제가 7개 출제됩니다. 4개의 선택지에
는 뜻이 비슷한 단어가 나오는 경우가 많습니다. 단어 하나하나의 뜻을 정확히 익혀 두세요.

問題4 （　　　）に入れるのに最もよいものを、1・2・3・4から一つ選びなさい。

1 プロのサッカー選手になって（　　　）を立てるのが私の夢だ。
1 家計　　　　　　2 生活　　　　　　3 設計　　　　　　4 生計

2 芸能人には（　　　）のマネージャーがいることが一般的だ。
1 選出　　　　　　2 所属　　　　　　3 専属　　　　　　4 関連

3 健康の（　　　）を作るためには、食事と運動が欠かせない。
1 屋根　　　　　　2 土台　　　　　　3 姿勢　　　　　　4 外見

4 警察に事件の（　　　）について聞いた。
1 設計　　　　　　2 専門　　　　　　3 現象　　　　　　4 詳細

5 社長は体調不良で外出できないため、私が（　　　）で会議に参加した。
1 変化　　　　　　2 移行　　　　　　3 代理　　　　　　4 代用

6 （　　　）を込めて言ったわけではないことはわかっているが、彼の一言で私は落ち込んだ。
1 悪意　　　　　　2 苦情　　　　　　3 機嫌　　　　　　4 欠点

7 （　　　）を身につけることは、いろんな人と関わる上で必要なことだと思う。
1 栄養　　　　　　2 教養　　　　　　3 説教　　　　　　4 教材

8 この会社では、仕事の（　　　）に応じて給料を決めています。
1 効果　　　　　　2 安定　　　　　　3 成果　　　　　　4 成立

9 これまでの（　　　）がなくても、やる気がある人を採用しよう。
1 実績　　　　　　2 相性　　　　　　3 記録　　　　　　4 専門

정답　1 4　　2 3　　3 2　　4 4　　5 3　　6 1　　7 2　　8 3　　9 1

問題4 （　　　）に入れるのに最もよいものを、1・2・3・4から一つ選びなさい。

1 　頭の良さと性格の良さはどちらも大切だが、（　　　）の方が人として大切な要素だと
　 思う。
　 1　以後　　　　　　　2　後方　　　　　　　3　後者　　　　　　　4　以降

2 　新作のスマホは、以前のものと（　　　）が少し変わっている。
　 1　衣装　　　　　　　2　仕様　　　　　　　3　様子　　　　　　　4　物質

3 　あの問題があった会社は、（　　　）がある商品を全て回収し返金すると発表した。
　 1　油断　　　　　　　2　減点　　　　　　　3　反面　　　　　　　4　欠陥

4 　若い人は少ないがこの村の住人はみんな元気で、なんだか街に（　　　）がある。
　 1　活気　　　　　　　2　活用　　　　　　　3　活動　　　　　　　4　活躍

5 　（　　　）でとれた野菜を使った母の料理が一番おいしい。
　 1　地面　　　　　　　2　温暖　　　　　　　3　地元　　　　　　　4　根元

6 　大学でねずみの（　　　）について研究しています。
　 1　現象　　　　　　　2　生態　　　　　　　3　生計　　　　　　　4　人体

7 　問題が起きたときは、チームみんなで話し合って（　　　）の解決方法を探すべきだ。
　 1　改良　　　　　　　2　大型　　　　　　　3　最善　　　　　　　4　上位

8 　天気が悪い日は（　　　）が悪く、事故が起きる可能性が高くなる。
　 1　視界　　　　　　　2　視察　　　　　　　3　視点　　　　　　　4　視野

9 　入社して３か月の彼は、まだ一人で営業に回れる（　　　）ではないと思います。
　 1　免許　　　　　　　2　設備　　　　　　　3　知識　　　　　　　4　段階

정답　1 3　　2 2　　3 4　　4 1　　5 3　　6 2　　7 3　　8 1　　9 4

問題4 （　　　）に入れるのに最もよいものを、1・2・3・4から一つ選びなさい。

1　新しいウイルスが流行しているため、病院での（　　　）をお断りしています。
　　1　入会　　　　　　　2　訪問　　　　　　　3　面会　　　　　　　4　来場

2　今回の試合はなかなか（　　　）したが、なんとか勝つことができた。
　　1　観戦　　　　　　　2　苦戦　　　　　　　3　検討　　　　　　　4　克服

3　歌い足りないので、カラオケの利用時間を一時間（　　　）した。
　　1　延期　　　　　　　2　拡大　　　　　　　3　拡張　　　　　　　4　延長

4　ストレスを（　　　）するために、毎晩軽い運動をしている。
　　1　減点　　　　　　　2　発揮　　　　　　　3　解消　　　　　　　4　消耗

5　彼は今シーズンで、プロ野球選手を（　　　）することを発表した。
　　1　退職　　　　　　　2　引退　　　　　　　3　引用　　　　　　　4　早退

6　外国人のコメントを見て初めて、自分の動画が世界中の人に見られているということ
　　を（　　　）した。
　　1　反応　　　　　　　2　伝達　　　　　　　3　実感　　　　　　　4　明示

7　反対されるのを（　　　）して、恋人を両親に紹介した。
　　1　決着　　　　　　　2　覚悟　　　　　　　3　考察　　　　　　　4　決意

8　けががだいぶ（　　　）し、補助なしでも歩けるようになった。
　　1　回復　　　　　　　2　往復　　　　　　　3　上達　　　　　　　4　展開

9　彼はまじめな人なので、多くの人からリーダーとして（　　　）されている。
　　1　批評　　　　　　　2　支持　　　　　　　3　確認　　　　　　　4　証明

問題4 （　　　）に入れるのに最もよいものを、1・2・3・4から一つ選びなさい。

1 これまでの製品を（　　　）し、新しいモデルとして発売することになった。
　　1　進歩　　　　　　2　向上　　　　　　3　新設　　　　　　4　改良
　　　しんぽ　　　　　　　こうじょう　　　　　　しんせつ　　　　　　かいりょう

2 初めて出場したテニスの試合で、賞金を（　　　）することができた。
　　1　収穫　　　　　　2　取得　　　　　　3　獲得　　　　　　4　募集
　　　しゅうかく　　　　　しゅとく　　　　　　かくとく　　　　　　ぼしゅう

3 この辺りは事件が多いので、夜は特に（　　　）して歩かなければならない。
　　1　用心　　　　　　2　完備　　　　　　3　徹底　　　　　　4　抵抗
　　　ようじん　　　　　　かんび　　　　　　てってい　　　　　　ていこう

4 彼は言っていることとやっていることが（　　　）していないので信用できない。
　　1　一転　　　　　　2　一致　　　　　　3　合唱　　　　　　4　同意
　　　いってん　　　　　　いっち　　　　　　がっしょう　　　　　どうい

5 マラソン大会を（　　　）するために必要なお金を企業から集める。
　　1　建設　　　　　　2　発生　　　　　　3　運営　　　　　　4　支配
　　　けんせつ　　　　　　はっせい　　　　　　うんえい　　　　　　しはい

6 図書館で借りた本は、2週間以内に（　　　）してください。
　　1　出版　　　　　　2　納品　　　　　　3　帰宅　　　　　　4　返却
　　　しゅっぱん　　　　　のうひん　　　　　　きたく　　　　　　へんきゃく

7 古新聞を（　　　）するトラックは、毎週土曜日の午前中に来る。
　ふるしんぶん
　　1　採集　　　　　　2　獲得　　　　　　3　回収　　　　　　4　収穫
　　　さいしゅう　　　　　かくとく　　　　　　かいしゅう　　　　　しゅうかく

8 営業部を（　　　）した理由は、この商品の良さを広めたいと思ったからです。
　　1　追求　　　　　　2　同情　　　　　　3　志望　　　　　　4　感心
　　　ついきゅう　　　　　どうじょう　　　　　しぼう　　　　　　かんしん

9 新しいウイルスが流行したことにより、学生の学習環境のオンライン化が（　　　）
　した。
　　1　接近　　　　　　2　加速　　　　　　3　伝達　　　　　　4　加工
　　　せっきん　　　　　　かそく　　　　　　でんたつ　　　　　　かこう

정답　　①4　　②3　　③1　　④2　　⑤3　　⑥4　　⑦3　　⑧3　　⑨2

問題4 （　　　）に入れるのに最もよいものを、1・2・3・4から一つ選びなさい。

1 髪を染めたり、パーマをかけたりすると、髪が（　　　）。
  1　くさる　　　　　　2　さびる　　　　　　3　いたむ　　　　　　4　おとる

2 レポートの提出期限(ていしゅつきげん)が明日に（　　　）いるので、徹夜で終わらせる。
  1　達して　　　　　　2　せまって　　　　　3　縮まって　　　　　4　つきて

3 薬が（　　　）のか、すっかり熱が下がった。
  1　効いた　　　　　　2　そまった　　　　　3　当たった　　　　　4　わいた

4 母が作ってくれる料理は、見た目は（　　　）が味はおいしい。
  1　遅れる　　　　　　2　おとる　　　　　　3　倒れる　　　　　　4　崩れる

5 彼は英語だけでなく他に3か国語を（　　　）ことができる。
  1　あやつる　　　　　2　えがく　　　　　　3　握る　　　　　　　4　満たす

6 日焼けをしないように、毎日肌にクリームを（　　　）。
  1　放(はな)っている　　2　履(は)いている　　3　塗(ぬ)っている　　4　含(ふく)んでいる

7 集中できないときは、時間を（　　　）勉強してみるとよい。
  1　裏切って　　　　　2　区切って　　　　　3　思い切って　　　　4　張り切って

8 このかばんには、定期券が（　　　）サイズのポケットが付いていて便利だ。
  1　いたる　　　　　　2　関わる　　　　　　3　重なる　　　　　　4　収まる

9 借金を（　　　）しまうなんて、予想もしていなかった。
  1　抱(かか)えて　　　2　握(にぎ)って　　　3　備(そな)えて　　　4　責(せ)めて

問題4 （　　　　）に入れるのに最もよいものを、1・2・3・4から一つえらびなさい。

1 京都の映画村では、まるで違う世界に行ったような気分を（　　　）ことができるそうだ。
　　1　迎える　　　　　　2　用いる　　　　　　3　向ける　　　　　　4　味わう

2 日本の約７割を森林が（　　　　）。
　　1　伸ばしている　　2　測っている　　　　3　占めている　　　　4　命じている

3 次の旅行先の候補をいくつか（　　　　）。
　　1　積む　　　　　　2　挙げる　　　　　　3　放つ　　　　　　　4　はる

4 オープン初日は、予想を（　　　）人数の客が水族館に訪れた。
　　1　走り回る　　　　2　飛び回る　　　　　3　上回る　　　　　　4　見回る

5 周りの人のことを（　　　）ことができる人になりたい。
　　1　思いつく　　　　2　思い立つ　　　　　3　思い込む　　　　　4　思いやる

6 勝つと思っていたチームが一回戦で負け、予想を（　　　）結果となった。
　　1　裏切る　　　　　2　引っ張る　　　　　3　立て替える　　　　4　追い抜く

7 当店のメニューはどれも、店長が素材から（　　　）作りました。
　　1　かじって　　　　2　こだわって　　　　3　めぐって　　　　　4　きずいて

8 学生たちは、先生の話を（　　　）ながら聞いている。
　　1　とらえ　　　　　2　うかがい　　　　　3　うなずき　　　　　4　ことわり

9 不合格の通知を見て、彼はがっかりして（　　　　）。
　　1　きがすんだ　　　2　はみだした　　　　3　きがむいた　　　　4　うつむいた

問題4　（　　　）に入れるのに最もよいものを、1・2・3・4から一つ選びなさい。

1 めがねをかけた少年と、いつも同じ時間に同じ場所で（　　　）。
1　すれ違う　　　　2　流れ去る　　　　3　くり返す　　　　4　見通す

2 不安を（　　　）ために、大きな声でさけんでみた。
1　見逃す　　　　2　打ち消す　　　　3　引き離す　　　　4　流れ去る

3 （　　　）空港まで来たが、どこへ行くのかまだ決めていない。
1　駆け上がって　　2　飛び上がって　　3　思い立って　　4　立ち上がって

4 このゲームでは、（　　　）ために戦わずに相手から逃げることも必要だ。
1　生き残る　　　　2　成り立つ　　　　3　くり上がるる　　4　打ち上げる

5 大きなかばんに一週間分の荷物を（　　　）。
1　持ち帰った　　　2　詰め込んだ　　　3　埋め込んだ　　　4　取り扱った

6 新しく買った容器に洗剤を（　　　）。
1　取り入れる　　　2　買い替える　　　3　移し替える　　　4　受け入れる

7 5か国語を話せる彼は、相手によって言葉を（　　　）ことができる。
1　使い分ける　　　2　身につける　　　3　当てはめる　　　4　言い切る

8 給料から光熱費と家賃を（　　　）と自由に使えるお金はあまり残らない。
1　引っ張る　　　　2　差し引く　　　　3　取り除く　　　　4　切り取る

9 夏休みの宿題に（　　　）のが遅すぎて、登校日までに宿題を終わらせることができなかった。
1　割り込む　　　　2　差し伸べる　　　3　取りかかる　　　4　歩み寄る

問題4 （　　　）に入れるのに最もよいものを、1・2・3・4から一つ選びなさい。

1　たくさん練習したのに、一回戦で負けてしまうなんて（　　　）。
　　1　情けない　　　　　2　相応しい　　　　　3　だらしない　　　　4　おとなしい

2　父は味が（　　　）料理が好みで、何にでもしょうゆをかける。
　　1　太い　　　　　　　2　濃い　　　　　　　3　厚い　　　　　　　4　硬い

3　この紙袋を捨てるのは（　　　）ので、取っておいて後で何かに使おう。
　　1　騒々しい　　　　　2　仕方ない　　　　　3　情けない　　　　　4　もったいない

4　友達に結婚式のスピーチをお願いしたら、（　　　）引き受けてくれた。
　　1　素晴らしく　　　　2　快く　　　　　　　3　易しく　　　　　　4　好ましく

5　今回の事件で、犯人と思われる（　　　）人が３人出てきた。
　　1　興味深い　　　　　2　うらやましい　　　3　あやしい　　　　　4　厚かましい

6　明日の全体会議は、全員参加が（　　　）。
　　1　快い　　　　　　　2　等しい　　　　　　3　著しい　　　　　　4　望ましい

7　彼女はお金に（　　　）人なので、お金を貸さない方が良い。
　　1　しょうがない　　　2　荒い　　　　　　　3　だらしない　　　　4　ぬるい

8　いくつになっても（　　　）いるために、毎日運動している。
　　1　若々しく　　　　　2　弱々しく　　　　　3　そそっかしく　　　4　あわただしく

9　夜遅い時間なのに、子どもたちの（　　　）声が聞こえる。
　　1　著しい　　　　　　2　騒がしい　　　　　3　大幅な　　　　　　4　膨大な

問題4 （　　　）に入れるのに最もよいものを、1・2・3・4から一つ選びなさい。

1　実際にイタリアに行って、（　　　）なイタリア料理を食べてみたい。
　　1　民主的　　　　　　2　客観的　　　　　　3　本格的　　　　　　4　相対的

2　（　　　）な考えで今の会社に入ってしまったことを後悔している。
　　1　安価　　　　　　　2　安易　　　　　　　3　無力　　　　　　　4　無縁

3　両親の結婚記念日に、（　　　）なプレゼントをあげた。
　　1　かすか　　　　　　2　こまやか　　　　　3　なだらか　　　　　4　ささやか

4　両親の（　　　）なサポートがあったからこそ、彼はオリンピック選手に選ばれた。
　　1　象徴的　　　　　　2　全面的　　　　　　3　開放的　　　　　　4　相対的

5　これくらいのミスは（　　　）なことですから、心配しなくていいですよ。
　　1　ありがち　　　　　2　なごやか　　　　　3　おだやか　　　　　4　あわれ

6　この文章は（　　　）だから、何を伝えたいのかはっきりわからない。
　　1　比較的　　　　　　2　抽象的　　　　　　3　積極的　　　　　　4　基礎的

7　ちょっと転んで血が出ただけなのに、病院に行くなんて（　　　）ですよ。
　　1　巨大　　　　　　　2　大まか　　　　　　3　大幅　　　　　　　4　大げさ

8　嫌がる息子を（　　　）に病院に連れて行った。
　　1　強引　　　　　　　2　頑丈　　　　　　　3　有力　　　　　　　4　膨大

9　店長は（　　　）な人なので、忙しいとすぐに怒りだす。
　　1　気楽　　　　　　　2　短気　　　　　　　3　不満　　　　　　　4　陽気

정답　　1 3　　2 2　　3 4　　4 2　　5 1　　6 2　　7 4　　8 1　　9 2

問題4 （　　　）に入れるのに最もよいものを、1・2・3・4から一つ選びなさい。

1　森に入ったとたん、鳥が（　　　）飛び立った。
　　1　一斉_{いっせい}に　　　　　2　存分_{ぞんぶん}に　　　　　3　直_{ただ}ちに　　　　　4　要_{よう}するに

2　母「ゲームをする前に、今日の宿題を終わらせなさい。」
　　子「今日の宿題はもう（　　　）終わらせたよ。」
　　1　まさか　　　　　　2　まるで　　　　　3　とっくに　　　　4　まれに

3　ドラマがおもしろかったので、最終話まで（　　　）観てしまった。
　　1　一気_{いっき}に　　　　　2　一段_{いちだん}と　　　　3　はるかに　　　　4　着々_{ちゃくちゃく}と

4　こんな遅くまで教室にいるなんて、君たちは（　　　）何をしていたんだ。
　　1　一層_{いっそう}　　　　　2　一体_{いったい}　　　　3　今一_{いまひと}つ　　　　4　誠_{まこと}に

5　今は家族と暮らしているが、（　　　）一人暮らしをしようと思っている。
　　1　あらかじめ　　　2　いつの間に　　　3　いずれ　　　　4　よほど

6　集中して作業をしていると、（　　　）時間が経つのを忘れてしまう。
　　1　つい　　　　　　2　いわば　　　　　3　ふと　　　　　4　ただちに

7　今日は天気が良かったらピクニックに行こうと思っていたのに、（　　　）の雨になってしまった。
　　1　おそらく　　　　2　あいにく　　　　3　ともかく　　　　4　まったく

8　便利な世の中だが、たまにキャンプに行って（　　　）不便さを体験するのも良い。
　　1　せめて　　　　　2　さらに　　　　　3　仮に　　　　　4　あえて

9　この街は今は人口が減って何もないが、（　　　）は工業都市としてにぎやかな街だった。
　　1　かつて　　　　　2　いわば　　　　　3　いずれ　　　　4　はるか

問題4 （　　　）に入れるのに最もよいものを、1・2・3・4から一つ選びなさい。

1 　明日は待ちに待った旅行の日なので、（　　　）している。
　　1　ぴかぴか　　　　　2　うきうき　　　　　3　はらはら　　　　　4　ざわざわ

2 　通勤時間の電車の中は人が多くて（　　　）だ。
　　1　ぎゅうぎゅう　　2　ぎりぎり　　　　　3　ばらばら　　　　　4　ばりばり

3 　ずっとふいていなかった窓を（　　　）になるまで磨いた。
　　1　きらきら　　　　　2　いきいき　　　　　3　ぴかぴか　　　　　4　ちかちか

4 　同時にたくさんの仕事を頼まれると、頭の中が（　　　）してしまう。
　　1　じたばた　　　　　2　ごちゃごちゃ　　3　ばたばた　　　　　4　だぶだぶ

5 　校長先生の話が長くて、集会中に（　　　）してしまった。
　　1　うとうと　　　　　2　うきうき　　　　　3　ほかほか　　　　　4　ぼろぼろ

6 　今日は一日中（　　　）していて、お昼ご飯を食べる時間もなかった。
　　1　ぎりぎり　　　　　2　ばたばた　　　　　3　きょろきょろ　　4　ざわざわ

7 　将来の計画について、（　　　）考える時間が必要だ。
　　1　びっしょり　　　　2　ぐっすり　　　　　3　うっかり　　　　　4　じっくり

8 　先週まで山田くんから何度もしつこく連絡が来ていたが、今週に入って（　　　）と
　　連絡が来なくなった。
　　1　ばっさり　　　　　2　ぱったり　　　　　3　きっちり　　　　　4　しょんぼり

9 　何度もくりかえし復習したので、明日のテストは（　　　）できるはずだ。
　　1　ぎっしり　　　　　2　すっかり　　　　　3　ぐったり　　　　　4　ばっちり

問題4　（　　　）に入れるのに最もよいものを、1・2・3・4から一つ選びなさい。

[1]　すみません、電話しているのでテレビの（　　　）を下げてもらえませんか。
　　1　ボリューム　　　　2　エネルギー　　　　3　コーラス　　　　4　バランス

[2]　子どものころ、学校で開催された絵の（　　　）で優勝した。
　　1　リクエスト　　　　2　コンテスト　　　　3　マーケット　　　　4　インパクト

[3]　昨日のおかずを少し（　　　）して、今日の夕食を作る。
　　1　ターゲット　　　　2　アイデア　　　　3　テクニック　　　　4　アレンジ

[4]　若い社員と好きなドラマについて話したときに、世代の（　　　）を感じた。
　　1　ギャップ　　　　2　スペース　　　　3　シーン　　　　4　シニア

[5]　（　　　）を守るため、SNSに住所が特定できる写真はアップしないようにしている。
　　1　セルフ　　　　2　プライバシー　　　　3　プレゼン　　　　4　リスト

[6]　「絶対に失敗するなよ。」と、上司に（　　　）をかけられて、緊張している。
　　1　プレッシャー　　　2　ダメージ　　　　3　フォロー　　　　4　カウンター

[7]　3月末まで、当店ではいちごを使った商品の（　　　）を行っております。
　　1　プレー　　　　2　フェア　　　　3　フロア　　　　4　ブーム

[8]　今日の会議はもっと時間がかかると思っていたが、思ったより（　　　）に進んだ。
　　1　スムーズ　　　　2　ステージ　　　　3　フレッシュ　　　　4　プラン

[9]　消費者の（　　　）に合った商品を開発する。
　　1　プロセス　　　　2　ニーズ　　　　3　ケア　　　　4　シーズン

정답　[1]1　[2]2　[3]4　[4]1　[5]2　[6]1　[7]2　[8]1　[9]2

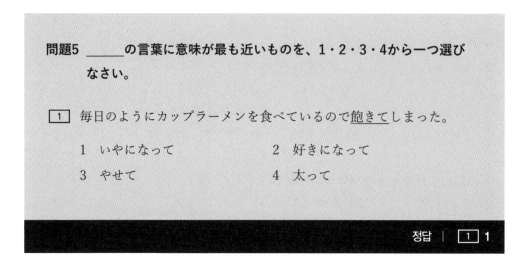

● 問題5 (例)

問題5 _____の言葉に意味が最も近いものを、1・2・3・4から一つ選び
なさい。

1　毎日のようにカップラーメンを食べているので飽きてしまった。

1　いやになって　　　　　2　好きになって
3　やせて　　　　　　　　4　太って

정답 ┃ ☐1 1

문제5에서는 밑줄 친 부분의 표현과 뜻이 가장 가까운 표현을 고르는 문제가 5개 출제됩니다.
즉, 일본어로 표현 및 어휘의 뜻을 설명하는 문제입니다.

問題5　＿＿＿＿の言葉に意味が最も近いものを、1・2・3・4から一つ選びなさい。

[1] 毎日肌のお手入れを欠かさない。
1　オープン　　　2　サポート　　　3　ケア　　　4　セット

[2] 最寄りのスーパーでお菓子を買った。
1　大きな　　　2　近所の　　　3　最近の　　　4　次の

[3] 彼はいつも気配りを忘れない人だ。
1　笑顔　　　2　心配　　　3　感謝　　　4　思いやり

[4] 彼女のことを日本人だと勘違いしていた。
1　聞かされて　　　2　想像して　　　3　知って　　　4　思い込んで

[5] たまには息抜きも必要です。
1　安心すること　　　2　休むこと　　　3　努力すること　　　4　待つこと

[6] 日頃から大きな声であいさつするようにしている。
1　生活　　　2　小さいころ　　　3　昼間　　　4　普段

[7] 彼のすごさは、素人にはわからないだろう。
1　初心者　　　2　上級者　　　3　子ども　　　4　関係ない人

[8] 妹は最近容姿に気を使うようになった。
1　態度　　　2　見た目　　　3　中身　　　4　印象

[9] 学校の規模は地域によって大きく違う。
1　大切さ　　　2　種類　　　3　大きさ　　　4　必要性

[10] 会社の方針を固める。
1　進む方向　　　2　場所　　　3　人材　　　4　売り上げ

정답　[1] 3　[2] 2　[3] 4　[4] 4　[5] 2　[6] 4　[7] 1　[8] 2　[9] 3　[10] 1

問題5 _____の言葉に意味が最も近いものを、1・2・3・4から一つ選びなさい。

1 街中で人に声をかけられ<ruby>動揺<rt>どうよう</rt></ruby>した。
1　嫌な気分になった　　　　　　　　2　落ち着きをなくした
3　落ち込んだ　　　　　　　　　　　4　うれしかった

2 上司をがんばって説得する。
1　支える　　　　2　<ruby>油断<rt>ゆだん</rt></ruby>させる　　　3　<ruby>納得<rt>なっとく</rt></ruby>させる　　　4　理解する

3 部屋の温度を加減する。
1　<ruby>調整<rt>ちょうせい</rt></ruby>する　　　2　測る　　　　　3　上げる　　　　　4　下げる

4 この企画が会議で通ったのは、部長が後押ししてくれたおかげです。
1　任せて　　　　　2　助けて　　　　3　気に入って　　　4　<ruby>頑張<rt>がんば</rt></ruby>って

5 どの会社でも通用する人間になりたい。
1　有名な　　　　2　役に立つ　　　　3　便利な　　　　4　一番の

6 一度、会社に戻って検討する。
1　報告する　　　　2　取り組む　　　　3　意見を聞く　　　4　よく考える

7 つらい過去を<ruby>克服<rt>こくふく</rt></ruby>した。
1　やり直した　　　2　思い出した　　　3　乗りこえた　　　4　かくした

8 彼が社長になって数年後、会社が倒産した。
1　分かれた　　　　2　うまれた　　　　3　買われた　　　　4　つぶれた

9 知り合いに仕事を依頼した。
1　教えた　　　　2　紹介した　　　　3　お願いした　　　4　分けた

10 出世するためなら何でもやります。
1　地位が上がる　　　2　社会に出る　　　3　会社を辞める　　　4　悪いことをする

정답　1 2　　2 3　　3 1　　4 2　　5 2　　6 4　　7 3　　8 4　　9 3　　10 1

問題5 _____の言葉に意味が最も近いものを、1・2・3・4から一つ選びなさい。

1 会議の時間をずらしてもらった。
 1 確認して　　　　2 変更して　　　　3 延長して　　　　4 短縮して

2 髪の毛をたばねる。
 1 きれいに洗う　　2 短く切る　　　　3 まとめる　　　　4 広げる

3 何事もあわてるとうまくいかない。
 1 ゆっくりする　　2 適当にする　　　3 まじめにする　　4 急いでする

4 品質向上につとめています。
 1 努力して　　　　2 向かって　　　　3 苦労して　　　　4 従事して

5 ほこりを部屋の隅に寄せる。
 1 捨てる　　　　　2 集める　　　　　3 ためる　　　　　4 見つける

6 生産数向上のために、新しい機械をもちいる。
 1 増やす　　　　　2 買う　　　　　　3 選ぶ　　　　　　4 使う

7 彼の話を聞くと、やる気がわく。
 1 出る　　　　　　2 減る　　　　　　3 なくなる　　　　4 見える

8 練習してマラソンのタイムを縮める。
 1 競う　　　　　　2 短くする　　　　3 測る　　　　　　4 確かめる

9 新入社員を含めると100名の社員がいます。
 1 入れる　　　　　2 除く　　　　　　3 採用する　　　　4 増やす

10 週末は予定が埋まっている。
 1 なくなった　　　2 全くない　　　　3 いっぱいだ　　　4 少しある

정답　1 2　　2 3　　3 4　　4 1　　5 2　　6 4　　7 1　　8 2　　9 1　　10 3

問題5 _____の言葉に意味が最も近いものを、1・2・3・4から一つ選びなさい。

1　携帯電話の料金について、メールで 問い合わせる。
　　1　教える　　　　　　2　謝る　　　　　　3　送る　　　　　　4　確かめる

2　部長は出張で飛び回っている。
　　1　遠くへでかけている　　　　　　　　　2　いそがしく歩き回っている
　　3　会社の外にいる　　　　　　　　　　　4　いそがしくて疲れている

3　チーム全員で問題点を洗い出す。
　　1　あきらかにする　　2　改善する　　　　3　してきする　　　　4　言い合う

4　文句ばかり言う客を追い返した。
　　1　おいかけた　　　　2　帰らせた　　　　3　うったえた　　　　4　説得した

5　学校へ行く途中で、忘れ物に気付いて引き返した。
　　1　声をかけた　　　　2　引き止めた　　　3　拾ってとどけた　　4　来た道をもどった

6　彼はたくましい体をしている。
　　1　強そうな　　　　　2　健康そうな　　　3　だらしない　　　　4　うらやましい

7　私の上司はくどい話し方をする人だ。
　　1　ひどい　　　　　　2　しつこい　　　　3　すばらしい　　　　4　わかりにくい

8　思いがけない出来事があった。
　　1　心配な　　　　　　2　悲しい　　　　　3　意外な　　　　　　4　苦しい

9　犬よりおとなしい猫の方が好きだ。
　　1　かわいい　　　　　2　上品な　　　　　3　優しい　　　　　　4　しずかな

10　このラーメンは、なんだかものたりない味だ。
　　1　理解できない　　　2　想像できない　　3　満足できない　　　4　説明できない

정답　1 4　　2 2　　3 1　　4 2　　5 4　　6 1　　7 2　　8 3　　9 4　　10 3

問題5　＿＿＿の言葉に意味が最も近いものを、1・2・3・4から一つ選びなさい。

1　彼の言語能力は非凡だ。
　1　まあまあだ　　　2　とても低い　　　3　普通だ　　　　4　すばらしい

2　日本語にはあいまいな表現が多い。
　1　はっきりしない　2　おもしろい　　　3　不思議な　　　4　明確な

3　部長はいつも的確な指示をくれる。
　1　詳細な　　　　　2　明確な　　　　　3　はっきりしない　4　優しい

4　余計なことを言って彼女を怒らせてしまった。
　1　面倒な　　　　　2　適当な　　　　　3　不必要な　　　4　ばかな

5　物騒な世の中になってしまった。
　1　うるさい　　　　2　危険な　　　　　3　忙しい　　　　4　冷たい

6　彼は深刻な表情をして座っている。
　1　厳しい　　　　　2　眠そうな　　　　3　よゆうな　　　4　うれしそうな

7　将来は円満な家庭を築きたい。
　1　大切な　　　　　2　おだやかな　　　3　おもしろい　　4　厳しい

8　観客の前で見事な演技を見せた。
　1　りっぱな　　　　2　あたらしい　　　3　ひどい　　　　4　さんざんな

9　あわれな子犬を拾って家に連れて帰った。
　1　汚い　　　　　　2　かわいい　　　　3　かわいそうな　4　死にそうな

10　彼はわずかな変化も見逃さない。
　1　特別な　　　　　2　単純な　　　　　3　新しい　　　　4　小さい

正答　　1　4　　2　1　　3　2　　4　3　　5　2　　6　1　　7　2　　8　1　　9　3　　10　4

問題5 _____の言葉に意味が最も近いものを、1・2・3・4から一つ選びなさい。

1 仕事を辞めて、<u>のんびりしたい</u>。
　　1　眠りたい　　　　　　2　旅をしたい　　　　3　ゆっくりしたい　4　遊びたい

2 彼女の様子からして、<u>よほど</u>嫌なことがあったのだろう。
　　1　とても　　　　　　　2　ちょっと　　　　　3　たくさん　　　　4　まあまあ

3 イベントの準備は、<u>着々と</u>進んでいる。
　　1　にぎやかに　　　　　2　ゆっくりと　　　　3　止まらずに　　　4　こっそりと

4 この作業は<u>おそらく</u>今日中に終えることができると思う。
　　1　ほぼ　　　　　　　　2　たぶん　　　　　　3　絶対　　　　　　4　ぎりぎり

5 <u>当分</u>、学校を休むことにした。
　　1　しばらく　　　　　　2　ずっと　　　　　　3　今だけ　　　　　4　一応

6 <u>あらゆる</u>方法を使って目的を達成する。
　　1　意外な　　　　　　　2　全ての　　　　　　3　自分なりの　　　4　特別な

7 宿泊先のホテルは、<u>案外</u>良い部屋だった。
　　1　まあまあ　　　　　　2　いつもより　　　　3　思ったより　　　4　他より

8 ショッピングセンターで<u>たまたま</u>先生と会った。
　　1　約束して　　　　　　2　偶然　　　　　　　3　待ち合わせて　　4　たまに

9 <u>要するに</u>、私は必要ないということですね。
　　1　つまり　　　　　　　2　実は　　　　　　　3　当然　　　　　　4　たぶん

10 日本人でも<u>しばしば</u>漢字を忘れてしまう。
　　1　突然　　　　　　　　2　たまに　　　　　　3　何度も　　　　　4　うっかり

問題5　＿＿＿＿の言葉に意味が最も近いものを、1・2・3・4から一つ選びなさい。

[1] 息子の元気な姿を見て<u>ほっとした</u>。
1　安心　　　　　　2　感心　　　　　　3　期待　　　　　　4　納得（なっとく）

[2] スーパーで、高校の同級生と<u>ばったり</u>会った。
1　突然　　　　　　2　偶然（ぐうぜん）　　　3　結構　　　　　　4　早速（さっそく）

[3] いまさら、<u>じたばたしても</u>仕方がない。
1　走っても　　　　2　やめても　　　　3　始めても　　　　4　あわてても

[4] 昨日、車を運転していたときに<u>はらはら</u>する出来事があった。
1　心配（しんぱい）　　　2　苦労　　　　　　3　安心　　　　　　4　感動

[5] 資料に<u>ざっと</u>目を通してください。
1　なるべく　　　　2　だいたい　　　　3　いい加減（かげん）に　　4　きちんと

[6] もっと利益を出すために、業務の<u>プロセス</u>を見直した。
1　要点　　　　　　2　内容　　　　　　3　過程（かてい）　　　4　問題

[7] 結婚記念日に、良い<u>ムード</u>のレストランを予約した。
1　ふんいき　　　　2　環境（かんきょう）　　3　音楽　　　　　　4　場所

[8] 金曜日は家族で<u>ナイター</u>を見に行く予定だ。
1　夜の市場　　　　2　夜の試合　　　　3　夜の風景（ふうけい）　　4　夜の花火

[9] 家の中で運動できる<u>スペース</u>を作った。
1　時間　　　　　　2　家具　　　　　　3　空間　　　　　　4　予定

[10] あそこのスーパーはいつも<u>フレッシュ</u>な食材を置いている。
1　新鮮（しんせん）な　　2　多様な　　　　3　安価（あんか）な　　　4　手軽な

| 정답 | [1] 1 | [2] 2 | [3] 4 | [4] 1 | [5] 2 | [6] 3 | [7] 1 | [8] 2 | [9] 3 | [10] 1 |

JLPT
N2

問題6 （例）

問題6 次の言葉の使い方として最もよいものを、1・2・3・4から一つ選び
なさい。

<u>1</u> 到着

1 毎日トレーニングをして、目標に<u>到着</u>することができた。

2 この飛行機は、後30分ほどで目的地に<u>到着</u>する予定です。

3 長い冬がおわり、やっと春が<u>到着</u>した。

4 テレビで紹介された商品の注文が<u>到着</u>した。

정답 | <u>1</u> 2 （1到達 3到来 4殺到）

문제6에서는 제시된 단어가 올바르게 사용된 문장을 고르는 문제가 5개 출제됩니다. 4개의
선택지는 모두 문제에서 제시한 어휘(예제에서는 '도착'이라는 어휘)를 포함한 문장으로 되어
있습니다.

問題6　次の言葉の使い方として最もよいものを、1・2・3・4から一つ選びなさい。

1　愛着
1　彼にもらったかばんはあまりかわいくないけど、使っているうちに愛着がわいてきた。
2　恋人への愛着が薄れてきたので、別れを切り出そうと思っている。
3　夫に愛着がいることがわかり、離婚することになった。
4　彼女はあまり美人ではないが、愛着があるので会社の人気者だ。

2　大手
1　いつも私の手を握ってくれた、父の大手を思い出す。
2　両親は私が良い大学を卒業して大手の銀行に就職することを願っているようだ。
3　この店の料理はどれも大手で、一人では食べ切ることができない。
4　彼はとても大手なので、どんなに重いものも軽々と持ち上げることができる。

3　生地
1　家を建てるときは、強い生地を作らなければならない。
2　鳥は空を飛ぶこともできるし、生地の上を歩くこともできる。
3　パンを手作りするときは、生地をしっかりとこねることが大切だ。
4　仕事をする時は、まず最初に生地のやり方を学ぶべきだ。

4　現地
1　事故の現地には人がたくさん集まっていて、警察官が取り調べを行っていた。
2　正月は現地に帰って、家族とのんびり過ごしたいと思っている。
3　教科書で学ぶ英語と、現地の人が話す英語は少し違うようだ。
4　祖父が生まれた現地は、この辺りはりんご畑だったそうだ。

5　作法
1　会社の作法を破ることは、社員として許されることではない。
2　彼女は料理教室に通っていただけあって、料理を作る作法がとても良い。
3　子どものころ、食事の作法について祖母から厳しく教えられた。
4　この料理の作法は難しくて、子どもには作れないだろう。

6 先方
1 ボールペンの<u>先方</u>が壊れているようで、文字が書けなくなってしまった。
2 その約束をしたのはずいぶんと<u>先方</u>のことだったので、すっかり忘れてしまって
   いた。
3 会議の日時変更について、<u>先方</u>に連絡を入れて許可をもらった。
4 <u>先方</u>のおかげで試験に合格することができたので、本当に感謝しています。

7 性能
1 <u>性能</u>が良いパソコンを使い始めてから、作業が早く進むようになった。
2 できるだけ<u>性能</u>が高く、性格が良い人を雇いたいと思っている。
3 兄は私と違って生まれたときから<u>性能</u>があるので、何をやってもうまくできる。
4 ライオンとチンパンジーは、<u>性能</u>の高い動物として有名である。

8 手元
1 今日は雨が降っているので、<u>手元</u>に気をつけてお越しください。
2 彼女はどんな作業をやらせてみても、とにかく<u>手元</u>が良い。
3 私は昔から<u>手元</u>が器用で、だいたいのものは自分で作ることができる。
4 給料をもらっても、家賃と借金の返済で<u>手元</u>に残るお金はあまり多くない。

9 人前
1 こんな簡単な仕事もできないようでは、まだまだ<u>人前</u>だな。
2 <u>人前</u>で話すのが苦手で、すぐに緊張して顔が赤くなってしまう。
3 映画館の席に座ったら、<u>人前</u>に背の高い人が座っていたので画面が見えにく
   かった。
4 この居酒屋には、いつもビールを一杯サービスしてくれる<u>人前</u>が良い店長がいる。

정답
1 1（2 愛情　3 愛人　4 愛嬌）
2 2（1 大きな手　3 大盛り　4 力持ち）
3 3（1 土台　2 地面　4 仕事）
4 3（1 現場　2 地元　4 当時）
5 3（1 ルール　2 手際　4 作り方）
6 3（1 先端　2 昔　4 先生方）
7 1（2 能力　3 才能　4 知能）
8 4（1 足元　2 手際　3 手先）
9 2（1 半人前　3 前　4 気前）

問題6　次の言葉の使い方として最もよいものを、1・2・3・4から一つ選びなさい。

1　手間
　　1　赤ちゃんの<u>手間</u>をするためには、時間と体力がたくさん必要だ。
　　2　一時間くらい<u>手間</u>が空いたので、同僚の仕事を少し手伝うことにした。
　　3　最近は仕事も私生活も忙しくて、人の心配をするような<u>手間</u>は全くない。
　　4　仕事が終わって家に帰ってきてから<u>手間</u>のかかる料理を作るのは面倒だ。

2　障害
　　1　大きな教室の真ん中に<u>障害</u>を立てて、部屋を二つに分ける。
　　2　支払いシステムに<u>障害</u>があって、うまくお金を支払うことができなかった。
　　3　化学物質によって汚された水や空気には、<u>障害</u>が入っている。
　　4　商品が正しく動かないという<u>障害</u>がたくさん入ったので、お客様に謝った。

3　不平
　　1　同僚から仕事を押し付けられることに対して、部下が<u>不平</u>を言っている。
　　2　大事な試験が近づいてきて、なんだか心が<u>不平</u>だ。
　　3　この坂道はかなり<u>不平</u>だから、自転車で登るのはすごく大変だ。
　　4　みんなと同じ給料なのに、彼だけ仕事が多いというのは<u>不平</u>だと思う。

4　目上
　　1　彼は私よりも一年<u>目上</u>だから、いくら仲が良くても敬語で話さなければならない。
　　2　社会人にもなって<u>目上</u>の人に敬語を使えないなんてありえない。
　　3　仕事の成績が優秀で、会社の仲間からも信頼されている彼のことを<u>目上</u>に見ている。
　　4　疲れているせいか、<u>目上</u>がぼんやりするので会社を休むことにした。

5　やりがい
　　1　しばらく会社を休んでいて仕事の<u>やりがい</u>を忘れてしまったので、同僚に教えてもらった。
　　2　どれだけ営業で良い成績を残しても、全く<u>やりがい</u>が<u>上</u>がらない。
　　3　仕事で全く評価してもらえないと、<u>やりがい</u>が出なくなってしまう。
　　4　<u>やりがい</u>のある仕事に出会うまで、何度も転職を続けた。

6 日当たり

1 日当たりが強すぎて、肌が真っ黒に焼けてしまった。

2 日当たりの良い部屋に住むと、気持ちが前向きになるらしい。

3 今すぐお金が必要なので、日当たりで給料がもらえる仕事を探している。

4 上司からの日当たりが強いので、仕事を辞めようと思っている。

7 目当て

1 お金目当てでビジネスをしても、うまくいくとは限らない。

2 成績が優秀（ゆうしゅう）な彼を目当てにして、日々の勉強に取り組む。

3 友達が投げたボールが目当てになって、しばらく入院することになった。

4 目当てが全て当たって、ギャンブルでたくさんのお金を手に入れた。

8 手入れ

1 庭が広いので、庭の手入れは専門の人に任せている。

2 両親が仕事で忙しいので、私が弟の手入れをしている。

3 自分の仕事をしながら、後輩の手入れもしている。

4 力のある彼に重い荷物を持つのを手入れしてもらった。

9 段取（だんど）り

1 商品の開発は順調で、来月から次の段取（だんど）りに進む予定です。

2 大学内の全ての段取（だんど）りするために、大きな工事が行われた。

3 イベントがうまく進むように、段取（だんど）りしてください。

4 車いすに乗っている人にとって、段取（だんど）りがある場所はとても不便だ。

問題6 次の言葉の使い方として最もよいものを、1・2・3・4から一つ選びなさい。

1　手渡し
　1　父が入院することになり、母を<u>手渡し</u>する必要があるので、しばらく実家に帰ります。
　2　服を入れてから、洗濯機に洗剤を<u>手渡し</u>してください。
　3　入社してから3か月間は、給料は<u>手渡し</u>されます。
　4　ずっとなぞに包まれていた担任の先生の過去が<u>手渡し</u>され、驚いた。

2　遠回り
　1　初めて行く場所だったので、道を間違えて<u>遠回り</u>してしまった。
　2　沖縄から北海道へ飛行機で行くなら、一度東京で<u>遠回り</u>するルートが多い。
　3　プールで事故が起こらないように、スタッフが常に<u>遠回り</u>している。
　4　仕事帰りに近くのスーパーへ<u>遠回り</u>して、夕飯の材料を買った。

3　差し入れ
　1　会議は予定よりかなり長くなり、12時に<u>差し入れ</u>しても終わらない。
　2　イベント会場まで部長がわざわざお菓子を<u>差し入れ</u>してくれた。
　3　電子マネーを使うようになって、ATMからお金を<u>差し入れ</u>することも少なくなった。
　4　もう少しで妻の誕生日なので、何を<u>差し入れ</u>しようか迷っている。

4　繁盛
　1　かつて京都は長い間、日本の首都として<u>繁盛</u>していた。
　2　ミントは<u>繁盛</u>する力が強いので、放っておいても成長する育てやすい植物だそうだ。
　3　この和菓子屋さんは、朝から夜まで<u>繁盛</u>している有名なお店だそうだ。
　4　おなかが空いていたので、店長にご飯を<u>繁盛</u>してもらった。

5　発生
　1　返却期限に遅れると、追加料金が<u>発生</u>いたします。
　2　4月に初めての孫が<u>発生</u>するので、母はうきうきしている。
　3　校舎を工事するため、一時的に小さな校舎が校庭に<u>発生</u>した。
　4　有名な作曲家の<u>発生</u>100年を記念して、パーティーが開かれた。

廃止

1 けがをしたので、しばらくは活動を廃止します。

2 日本では、水泳の授業を廃止する小学校が増えているそうだ。

3 花火大会のため、明日の10時までこの道路の車の通行を廃止いたします。

4 明日は台風が来る予報なので、遠足は廃止になるだろう。

7 導入

1 会社に最新のパソコンを導入してから、仕事がしやすくなった。

2 母の友人が訪ねてきたので、とりあえず居間に導入した。

3 オーケストラの演奏とともに、代表選手が導入してきた。

4 日本にお越しになった際は、私が皆様をおいしいお店に導入いたします。

8 団結

1 今回優勝できたのは、何よりもチームが団結することができたからだと思います。

2 荷物が落ちないように、車の上にしっかりひもで団結した。

3 入場料金は1人300円で、10人以上の団結ですと1人250円です。

4 友人の結婚式で、高校のとき親しかった仲間が久しぶりに地元に団結した。

9 洗練

1 心も体も強くするため、3か月間山で洗練を重ねた。

2 彼が作る時計は、機能性はもちろんだが、洗練されたデザインが魅力的だ。

3 日本語を洗練するために、日本のアニメやドラマを見ている。

4 今日はたくさん汗をかいたので、髪を洗練した。

정답		
1 3（1手助け 2投入 4明らかに）	5 1（2誕生 3建てられた 4生誕）
2 1（2乗り換え 3見回り 4寄って）	6 2（1休止 3禁止 4中止）
3 2（1差しかかっても 3引き出す 4プレゼント）	7 1（2案内 3入場 4案内）
4 3（1繁栄 2繁殖 4大盛に）	8 1（2固定 3団体 4集結）
	9 2（1修行 3練習 4よく洗った）

問題6　次の言葉の使い方として最もよいものを、1・2・3・4から一つ選びなさい。

1　焦る

1　今まで焦っていたけど、あなたのコップを割ったのは私なんだ。
2　時間がないときに焦って準備をすると、必ず何か忘れ物をしてしまう。
3　考え事をしながら料理をしていたら、ハンバーグが焦ってしまった。
4　社長が会議室にお見えですので、焦って来てください。

2　湿る

1　酔っ払っていたせいで、コップからビールが全部湿ってしまった。
2　恋愛ドラマの最終回で恋人と別れるシーンを見て、湿った気持ちになった。
3　久しぶりに温泉に湿って、疲れが全部取れた。
4　雨の時期はいくら洗濯物を干しても、服が乾かず湿ったままで困る。

3　至る

1　無職だった私が、会社を立ち上げるに至るまでのお話をいたします。
2　日曜日はいつもカフェの窓際の席に座って、朝から夜まで一人で至る。
3　家を出てから会社に至るまで、だいたい一時間くらいかかります。
4　付き合って10年目の記念日に彼からプロポーズをされ、気持ちが至って泣いてしまった。

4　潜る

1　昔から泳ぐのが苦手だった私は、海水浴に行ってすぐに潜ってしまった。
2　南の島のきれいな海に潜って、自分の手で魚をつかまえてみたい。
3　締め切りが近いので、部屋に潜って新しい小説の原稿を書き続けている。
4　食事も睡眠も忘れてしまうほど、日本のアニメに潜ってしまった。

5　暴く

1　おとなしかった馬が突然暴いて、周りにいた人たちがけがを負ってしまった。
2　政治家の不正を暴くために、証拠を集めているところだ。
3　先生でも解けなかった数学の問題を、彼は簡単に暴いてしまった。
4　どんな理由があったとしても、人の顔を強く暴くことは許されることではない。

6 略す

1 電子レンジをうまく使えば、料理の時間を略すことができる。

2 家賃の安い家に引っ越したら、部屋が前よりずいぶん略してしまった。

3 「筋トレ」という言葉は「筋力トレーニング」を略した言い方だ。

4 買ったズボンが少し長くてはきにくいので、母に略してもらった。

7 妨げる

1 弟と妹がけんかしていたので、急いで妨げた。

2 外からの光を妨げるために、部屋に特別なカーテンをつけた。

3 ゲームのやりすぎは、子どもの成長を妨げることにつながる。

4 このストーブには、火事を妨げるための様々な機能が付いている。

8 高まる

1 息子の背がどんどん高まって、ついに私の身長を越した。

2 今月の営業成績がトップだった彼は、来月から課長に高まるらしい。

3 新型ウイルスの流行とともに、各国の対策方法への関心が高まっている。

4 夏は一日中クーラーをつけているので、電気代が高まってしまう。

9 目立つ

1 スタイルが良くて美人の彼女は、教室の中でも特に目立っている。

2 少し遅刻したくらいで、そんなに目立たないでください。

3 夜にコーヒーを二杯も飲んだので、目立ってなかなか眠れなくなってしまった。

4 ゼミの先生は厳しい人なので、目立って私のレポートをチェックしてくれた。

정답

1 2（1だまって　3焦げて　4急いで）

2 4（1こぼれて　2悲しい　3浸かって）

3 1（2居る　3着く　4高まって）

4 2（1おぼれて　3こもって　4夢中になって）

5 2（1暴れて　3解いて　4殴る）

6 3（1短縮する　2狭くなって　4短くして）

7 3（1止めた　2遮る　4防ぐ）

8 3（1高くなって　2昇進する　4高くなって）

9 1（2怒らないで　3目がさえて　4細かく）

問題6 次の言葉の使い方として最もよいものを、1・2・3・4から一つ選びなさい。

1 言い切る

1 トンネルの中に入ると、ラジオの音声が<u>言い切れた</u>。

2 先生の話を<u>言い切って</u>、学生が質問をした。

3 犯人は絶対に彼だと<u>言い切る</u>ことはできませんが、可能性は高いです。

4 ずっと気持ちを言えずにいたが、ついに明日彼女に<u>言い切ろう</u>と思っている。

2 埋め込む

1 この桃^{もも}の木は、私が生まれたときに祖母が<u>埋め込んで</u>くれた大切なものです。

2 通勤時間帯の電車には、人がたくさん<u>埋め込まれて</u>いてとても苦しい。

3 息子はかばんに一週間分の荷物を<u>埋め込んで</u>、家を出て行った。

4 専門の会社に頼んで、スピーカーを壁に<u>埋め込む</u>工事をした。

3 落ち込む

1 ペンがなくなったと思っていたら、ベッドの下に<u>落ち込んで</u>いた。

2 彼はテストの点数が予想より悪かったようで、ひどく<u>落ち込んでいる</u>。

3 仕事続きで疲れているので、温泉に入って肩まで<u>落ち込みたい</u>。

4 お茶を飲みながら音楽を聴いて、気持ちを<u>落ち込ませる</u>。

4 信じ込む

1 彼の言うことを<u>信じ込んで</u>、「命の水」という水を高額で買ってしまった。

2 小学生のときに、何度もノートに書いて漢字を<u>信じ込んだ</u>。

3 後輩から何度も<u>信じ込まれた</u>ので、仕方なくお金を貸してあげることにした。

4 借りたお金は必ず返しますので、<u>信じ込んで</u>ください。

5 取り寄せる

1 荷物を全て部屋の隅に<u>取り寄せれば</u>、みんな座ることができると思います。

2 最近お店が忙しくなってきたので、アルバイトを一人<u>取り寄せる</u>ことにした。

3 雑誌で話題のおいしいチーズケーキを、わざわざ北海道^{ほっかいどう}から<u>取り寄せた</u>。

4 道路に飛び出そうとしていた子どもの腕を、ぐっとつかんで<u>取り寄せた</u>。

6 見積もる

1 彼女はいつもいらいらしていて、誰が見てもストレスが見積もっているようだった。

2 夜の間に雪が降って、朝になると外が真っ白になるくらい雪が見積もっていた。

3 そこにあるダンボールを車に見積もりたいのですが、手伝っていただけませんか。

4 部長に頼まれた仕事が多くて、終わらせるのに少なく見積もってもあと二時間は
   かかる。

7 歩み寄る

1 どんなに言い合いになっても、歩み寄って問題を解決するのが夫婦というものです。

2 そこに立っていると危険ですので、一歩後ろに歩み寄ってください。

3 彼のことはよく知らなかったけれど、話をするうちに彼の性格がだんだん歩み寄って
   きた。

4 仕事が終わったらスーパーに歩み寄って、ビールとおつまみを買うつもりだ。

8 追い抜く

1 高校生になってから急に背が伸びてきて、兄の身長を追い抜いた。

2 数々の厳しい試合を追い抜いて、ついに決勝戦の舞台に立った。

3 こちらの料理は、数ある野菜の中から追い抜いた新鮮なものだけを使っています。

4 怒って家を出て行った彼女を走って追い抜いたが、見つからなかった。

9 呼びかける

1 自分の名前を呼びかけられたら、大きな声で返事をしてください。

2 ネット上で悪口を呼びかけられて、嫌な気持ちになった。

3 イベント会場内で、警備員が必死にマスクの着用を呼びかけている。

4 彼女を誕生日パーティーに呼びかけたが、忙しいという理由で断られてしまった。

정답
1 3（1 途切れた 2 遮って 4 告白しよう）
2 4（1 植えて 2 乗って 3 詰め込んで）
3 2（1 落ちていた 3 浸かりたい
      4 落ち着かせる）
4 1（2 覚え込んだ 3 頼み込まれた 4 信じて）
5 3（1 寄せれば 2 募集する 4 引き寄せた）
6 4（1 たまって 2 積もって 3 積みたい）
7 1（2 下がって 3 わかって 4 寄って）
8 1（2 勝ち抜いて 3 選び抜いた 4 追いかけた）
9 3（1 呼ばれたら 2 言われて 4 呼んだ）

問題6　次の言葉の使い方として最もよいものを、1・2・3・4から一つ選びなさい。

1　ずるい
1　彼女はいつも上司が見ているときだけ仕事をしている、とてもずるい人だ。
2　かぜをひいてしまって声がずるいので、今日は授業を休むことにした。
3　彼はお金に厳しくてずるいので、絶対に割引されたものしか買わない。
4　遅刻して一時間も待たせてしまうなんて、彼女には本当にずるいことをしてしまった。

2　騒々しい
1　就職してからは騒々しい日々を送っているが、仕事も私生活も充実している。
2　知らない人に声をかけられると、少し騒々しい気持ちになる。
3　両親は私のやることにいちいち反対してくるので、本当に騒々しい。
4　なんだか騒々しいので外を見てみると、車が建物にぶつかっていた。

3　厚かましい
1　大学4年間で書いたレポートを一つにまとめると、厚かましい一冊の本になった。
2　厚かましいお願いですが、一度工場を見学させていただけないでしょうか。
3　ラーメンの中でも、特に厚かましい味のみそラーメンが大好きだ。
4　そんなに厚かましい言い方はせずに、言いたいことをはっきり言ってください。

4　欠かせない
1　早朝に散歩するのは、私にとって欠かせない習慣だ。
2　この食器は大切なものなので、運ぶときに欠かせないように気を付けてください。
3　その資料はもう欠かせなくなったので、捨ててください。
4　うちの車はエンジンが壊れて、もう欠かせなくなってしまった。

5　くだらない
1　くだらない話をして仲間と笑い合う時間は、私にとって大切な時間だ。
2　今回のテストは悪い点数だと思っていたが、意外とくだらない結果だった。
3　久しぶりに運動をしたら、腕がくだらなくなってしまった。
4　一流の職人が作ったすしなので、やっぱり味がくだらなくておいしい。

　一方的

1　自分の意見を<u>一方的</u>に押し付けないで、相手の意見を尊重できる人になりたい。

2　この教科書に書かれている単語は<u>一方的</u>に覚えた。

3　この道は午前中だけ<u>一方的</u>になって、車があまり通らなくなる。

4　のどが乾いていたので、カフェでコーヒーを<u>一方的</u>に飲んでしまった。

7　手頃

1　彼は長い間努力してきたので、試験に合格したのは<u>手頃</u>な結果だと言えるだろう。

2　冷蔵庫にあるものだけで<u>手頃</u>に作れる料理をインターネットで探す。

3　このパソコンは性能が良く<u>手頃</u>な価格なので、学生に人気だ。

4　自然災害が多い日本では、非常時に<u>手頃</u>な判断をする能力が政府に求められている。

8　さわやか

1　このレストランは、地元で採れた<u>さわやか</u>な食材を使用している。

2　彼は清潔感があり、笑顔が<u>さわやか</u>なので、皆から好かれている。

3　外はちょっと<u>さわやか</u>なので、上着を着て行った方が良いですよ。

4　電車の中で友達と大声で話していたら、周りの人から<u>さわやか</u>な目で見られてしまった。

9　和やか

1　買ったばかりの<u>和やか</u>なタオルを使うと、気分が良い。

2　社長の誕生日パーティーは、<u>和やか</u>な雰囲気で行われた。

3　西駅と西一丁目駅の間は、<u>和やか</u>な坂が続いている。

4　最近は自宅で仕事をしているので、毎日<u>和やか</u>な服装で過ごしている。

정답	
1　1（2 出にくい　3 けちな　4 悪い）	6　1（2 一通り　3 一方通行　4 一気）
2　4（1 忙しい　2 嫌な　3 うるさい・うっとうしい）	7　3（1 妥当　2 手軽　4 適切）
3　2（1 分厚い　3 濃い　4 わかりにくい）	8　2（1 新鮮　3 肌寒い　4 冷たい）
4　1（2 割れない　3 必要ない　4 動かなく）	9　2（1 柔らかい　3 なだらか　4 楽）
5　1（2 悪くない　3 上がらなく・筋肉痛に　4 だらしない）	

問題6　次の言葉の使い方として最もよいものを、1・2・3・4から一つ選びなさい。

1 いまいち

　1　けがをしないように、いまいちに安全を考えてヘルメットをかぶって作業して
　ください。

　2　地震が起きたときは、あわてずにいまいち机の下に入ってください。

　3　友達にお勧めされた映画を観に行ったが、いまいちだった。

　4　このイチゴケーキは夏の期間限定商品なので、いまいち買った方が良いですよ。

2 なかなか

　1　明日締め切りのレポートがなかなか進まなくていらいらする。

　2　佐藤さんの誕生日は、確か6月のなかなかだったと思う。

　3　このドリンクは、飲む前になかなかふってからお飲みください。

　4　海に行って、何も考えずになかなか海の上に浮かんでいたい。

3 直に

　1　加藤さんは受験に向けて一日も休まず、直に勉強を頑張っている。

　2　肌に直に触れるものだから下着の素材にはこだわっている。

　3　信号を曲がって、直に一キロ進むと私の家があります。

　4　たくさん汗をかいたので、帰宅したら直にシャワーを浴びた。

4 一段と

　1　彼女は高校のときもきれいだったが、10年ぶりに会うと一段ときれいになっていた。

　2　日本語の勉強を毎日一段と頑張って、試験に合格した。

　3　ちょっと小さいので、このくつの一段と大きいサイズをはいてみることにした。

　4　みんなで作業をすれば、面倒な作業も一段と終わるね。

5 たびたび

　1　間違えた問題は、できるようになるまでたびたび解くことが大切です。

　2　駅の前でたびたび高校の同級生に会って、5年ぶりに話をした。

　3　最近すごくやせたので、持っているスーツがたびたびになってしまった。

　4　私が住んでいるアパートは、雷のせいでたびたび停電が起こる。

6 明らか

1 彼は<u>明らか</u>な性格なので、彼がいるとその場の雰囲気_{ふんいき}が良くなる。

2 ずっとなぞに包まれていた犯人の姿が<u>明らか</u>になった。

3 彼は今の仕事に対してどう思っているのか、<u>明らか</u>に話してくれた。

4 パソコンの画面が<u>明らか</u>なので、目が疲れてきた。

7 きっぱり

1 彼は待ち合わせ時間の３時<u>きっぱり</u>に到着した。

2 次の大学受験に落ちたら、<u>きっぱり</u>あきらめて就職することに決めた。

3 佐藤_{さとう}さんの机の上は、<u>きっぱり</u>整理されていてきれいだ。

4 大自然の中でキャンプをして、夜に<u>きっぱり</u>と輝く星空を見てみたい。

8 ぐったり

1 今日は人の多いところに出かけたので、疲れて<u>ぐったり</u>してしまった。

2 一週間ずっと雨が降り続いていて、もう雨には<u>ぐったり</u>だ。

3 連休はどこにも遊びに行かず、実家で<u>ぐったり</u>過ごしました。

4 そんなに<u>ぐったり</u>準備していたら、学校に遅刻するよ。

9 ぐんぐん

1 うちのマンションは、上の階に住んでいる人の足音が<u>ぐんぐん</u>響いてうるさい。

2 今日は朝から頭が<u>ぐんぐん</u>痛かったので、薬を飲んでなんとか乗り切った。

3 一度話せるようになった言語も、使わないと<u>ぐんぐん</u>忘れてしまう。

4 今年に入って、会社の売り上げが<u>ぐんぐん</u>伸びている。

정답

1 3（1第一　2まず・すぐに　4すぐに）

2 1（2中旬・半ば　3よく　4ぷかぷか）

3 2（1真面目に　3まっすぐ　4すぐ）

4 1（2こつこつ　3一回り　4すぐに）

5 4（1繰り返し　2たまたま　3ぷかぷか）

6 2（1明るい　3正直に　4明るい）

7 2（1きっかり　3きちんと　4きらきら）

8 1（2うんざり　3ゆっくり　4のんびり）

9 4（1どんどん　2ずきずき　3どんどん）

제2장

언어
지식
(문법)

문제 형식은 모두 세 종류입니다. (문제 수는 변동될 가능성이 있습니다.)

문제 7	문장의 문법 1 (문법 형식 판단)	12문제
문제 8	문장의 문법 2 (문장 만들기)	5문제
문제 9	글의 문법	5문제

1 문장의 문법 1 (문법 형식 판단)

● 問題7 (例)

問題7　次の文の（　　　）に入れるのに最もよいものを、1・2・3・4から
　　　　一つ選びなさい。

1　たばこはがん（　　　）様々な病気の原因になる。

　　1　に関して　　　2　をはじめ　　　3　を問わず　　　4　にとって

정답 ｜ 1 2

문제7에서는 (　　　) 안에 들어갈 알맞은 문법을 고르는 문제가 12개 출제됩니다.

もんだい　れい
● 問題8 (例)

問題8 次の文の ___★___ に入る最もよいものを、1・2・3・4から一つ選びな
さい。

1　あそこで _____ _____ ___★___ _____ は村本さんです。
むらもと

　　1 ラーメン　　2 食べている　　3 を　　　4 人

문제를 푸는 방법

1. 올바른 선택지의 순서는 이렇습니다.

> あそこで _____ _____ ___★___ _____ は村本さんです。
> むらもと
>
> 1 ラーメン　　3 を　　2 食べている　　4 人

2. ___★___ 에 들어갈 선택지 번호를 답안지에 마킹합니다.

| **1** | ① | ● | ③ | ④ |

정답 ｜ 1 2

문제8에서는 선택지를 순서에 맞게 배열하여 올바른 문장을 만든 후 ★ 위치에 오는 알맞은 답
을 선택지에서 고르는 문제가 5개 출제됩니다. 문법의 의미를 이해하는 것도 물론 중요하지만,
문법이 어떤 품사와 접속하는지를 이해하는 것도 중요합니다.

● 問題9 (例)

問題9 次の文章を読んで、文章全体の内容を考えて、[1]から[2]の中に入る最もよいものを、1・2・3・4から一つ選びなさい。

　言葉には大きな力がある。誰もが一度は、人から受けた言葉に良くも悪くも影響された経験があるのではないだろうか。言葉一つに影響力がある[1]、多くの人々を救うこともできれば、相手を傷つけ命までもうばうことができてしまう。

　近年は、インターネット上での言葉の暴力が目立っている。たった一言[2]、受けた人によってはひどく悩み落ち込んでしまうだろう。たとえ相手の顔が見えなくても、画面の向こう側にいるのが一人の人間だということを忘れてはならないのだ。

[1]　1　ことなく　　　　　　2　からこそ
　　　3　かわりに　　　　　　4　とともに

[2]　1　としたら　　　　　　2　というより
　　　3　と思いきや　　　　　4　とはいえ

정답 | [1] 2　[2] 4

문제9에서는 글 속의 [＿＿＿]에 알맞은 문법이나 단어를 고르는 문제가 5개 출제됩니다. 전체 문장은 600자 정도인데 그 중에서 다섯 군데가 [＿＿＿]로 되어 있습니다.

'제2장 문법'에서는 JLPT N2에서 출제되는 문법 135개의 의미 · 접속 · 예문을 공부합니다.
여기에서는 비슷한 뜻으로 쓰이는 문법들끼리 정리돼 있습니다. 모두 15개의 테마로 되어 있으
며 각 테마에서 학습한 문법의 연습 문제가 있습니다.

● **품사와 활용형의 기호**

기호	품사와 활용형	예
N	명사	学校(がっこう)・にんじん・シャツ
イA	い형용사	かわいい・美(うつく)しい・暑(あつ)い
イAくて	い형용사의 て형	かわいくて・美(うつく)しくて・暑(あつ)くて
ナA	な형용사	元気(げんき)・有名(ゆうめい)
Vる	동사 사전형	食(た)べる・来(く)る・飲(の)む
Vます	동사 ます형	食(た)べます・来(き)ます・飲(の)みます
Vない	동사 ない형	食(た)べない・来(こ)ない・飲(の)まない
Vて	동사 て형	食(た)べて・来(き)て・飲(の)んで
Vた	동사 た형	食(た)べた・来(き)た・飲(の)んだ
Vよう	동사 의지형	食(た)べよう・来(こ)よう・飲(の)もう
Vば	동사 조건형	食(た)べれば・来(く)れば・飲(の)めば
Vれる	동사 가능형	食(た)べられる・来(こ)られる・飲(の)める
Vれない	동사 가능형의 부정	食(た)べられない・来(こ)られない・飲(の)めない
Vたら	동사 가정형	食(た)べたら・来(き)たら・飲(の)んだら
Vている	동사「～ている」형	食(た)べている・来(き)ている・飲(の)んでいる

● 보통형과 정중형

활용형	품사	예
보통형	동사	食(た)べる・食(た)べない・食(た)べた・食(た)べなかった
	い형용사	暑(あつ)い・暑(あつ)くない・暑(あつ)かった・暑(あつ)くなかった
	な형용사	元気(げんき)だ・元気(げんき){では/で/じゃ}ない・元気(げんき)だった 元気(げんき){では/で/じゃ}なかった
	명사	雪(ゆき)だ・雪(ゆき){では/で/じゃ}ない・雪(ゆき)だった 雪(ゆき){では/で/じゃ}なかった
정중형	동사	食(た)べます・食(た)べません・食(た)べました・食(た)べませんでした
	い형용사	暑(あつ)いです・暑(あつ)くないです・暑(あつ)かったです・暑(あつ)くなかったです
	な형용사	元気(げんき)です・元気(げんき){では/じゃ}ありません・元気(げんき)でした 元気(げんき){では/じゃ}ありませんでした
	명사	雪(ゆき)です・雪(ゆき){では/じゃ}ありません・雪(ゆき)でした 雪(ゆき){では/じゃ}ありませんでした

● 접속을 나타내는 방법의 예

표시	예
Vて + ください	来_きて + ください → 来_きてください
Vます + たい	食_たべます + たい → 食_たべたい
Vない + ずにはいられない	見_みない + ずにはいられない → 見_みずにはいられない
보통형 （ナAだ / Nだ） + に決_きまっている	無理_{むり}だ + に決_きまっている → 無理_{むり}に決_きまっている うそだ + に決_きまっている → うそに決_きまっている
보통형 （ナAだ → な） + のなんのって	残念_{ざんねん}だ → な＋のなんのって → 残念_{ざんねん}なのなんのって

★ 표시는 특별한 사용법을 가리킵니다.

1 「もの」 시리즈

01 ～もの ①

의미 ～하는 법이다, 누구나 ～이라고 생각한다

(당연한 일이나 변하지 않는 사실을 말할 때 씀)

접속 Vる / Vない＋もの / もん

> 緊張^{きんちょう}するものだ 긴장되는 법이다 /
>
> うまくいかないものだ 잘되지 않는 법이다 /
>
> やるもんだ 제법이다

1 誰^{だれ}でも最初^{さいしょ}は失敗^{しっぱい}する**もの**だから、そんなに落^おち込^こまないで。

누구나 처음에는 실패하는 법이니까, 그렇게 우울해 하지 마.

2 どんなに長^{なが}い夜^{よる}でも、必^{かなら}ず明^あける**もの**だ。

아무리 긴 밤이라도 반드시 날이 밝기 마련이다.

3 親^{おや}は子^こどもがいくつになっても心配^{しんぱい}する**もん**だ。

부모는 자식이 몇 살이 되더라도 걱정하는 법이다.

02 〜もの ②

의미 〜해야 한다 / 〜해서는 안 된다 (주의나 조언을 할 때 씀)

접속 Vる / Vない＋もの / もん

Vる＋ものではない / もんではない / ものじゃない / もんじゃない

> <ruby>静<rt>しず</rt></ruby>かにするものだ 조용히 해야 한다 / <ruby>敬語<rt>けいご</rt></ruby>を<ruby>使<rt>つか</rt></ruby>うもんだ 존댓말을 써야 한다 /
> <ruby>馬鹿<rt>ばか</rt></ruby>にするものではない 바보 취급해서는 안 된다

1 <ruby>根拠<rt>こんきょ</rt></ruby>のないうわさ<ruby>話<rt>ばなし</rt></ruby>を、<ruby>簡単<rt>かんたん</rt></ruby>に<ruby>信用<rt>しんよう</rt></ruby>する<u>もの</u>ではない。

근거 없는 소문을 쉽게 신용할 일이 아니다.

2 <ruby>電車<rt>でんしゃ</rt></ruby>の<ruby>中<rt>なか</rt></ruby>では、<ruby>他人<rt>たにん</rt></ruby>に<ruby>迷惑<rt>めいわく</rt></ruby>がかかるから<ruby>電話<rt>でんわ</rt></ruby>にでない<u>もの</u>だ。

전철 안에서는 타인에게 민폐가 되기 때문에 전화를 받지 않는 법이다.

3 <ruby>中本<rt>なかもと</rt></ruby>「<ruby>久<rt>ひさ</rt></ruby>しぶりに<ruby>自分<rt>じぶん</rt></ruby>で<ruby>料理<rt>りょうり</rt></ruby>を<ruby>作<rt>つく</rt></ruby>ったら、お<ruby>腹<rt>なか</rt></ruby>を<ruby>壊<rt>こわ</rt></ruby>しちゃったよ。」
<ruby>加藤<rt>かとう</rt></ruby>「<ruby>慣<rt>な</rt></ruby>れないことはする<u>もん</u>じゃないね。」

나카모토　"오랜만에 내가 직접 요리를 했더니 배탈이 났어."
가토　　　"익숙하지 않은 일은 하는 게 아니네."

03 〜もの ③

의미 〜이구나 (마음을 담아 무언가를 말하고 싶을 때 씀)

접속 보통형(ナAだ → な)＋もの / もん

> よく<ruby>遊<rt>あそ</rt></ruby>んだものだ 자주 놀곤 했다 / <ruby>困<rt>こま</rt></ruby>ったものだ 곤란하다 /
> うれしいもんだ 기쁘구나
> ※ N은 쓸 수 없음

1 <ruby>若<rt>わか</rt></ruby>かったころは、<ruby>友達<rt>ともだち</rt></ruby>と<ruby>朝<rt>あさ</rt></ruby>まで お<ruby>酒<rt>さけ</rt></ruby>を<ruby>飲<rt>の</rt></ruby>んで<ruby>語<rt>かた</rt></ruby>り<ruby>合<rt>あ</rt></ruby>った<u>もの</u>だ。

젊었을 때는 친구들과 아침까지 술을 마시고 이야기를 나누곤 했다.

2 <ruby>一人<rt>ひとり</rt></ruby>で<ruby>買<rt>か</rt></ruby>い<ruby>物<rt>もの</rt></ruby>に<ruby>行<rt>い</rt></ruby>けるようになるなんて、<ruby>娘<rt>むすめ</rt></ruby>も<ruby>大<rt>おお</rt></ruby>きくなった<u>もの</u>だな。

혼자서 쇼핑을 갈 수 있게 되다니, 딸도 많이 컸구나.

3 <ruby>人<rt>ひと</rt></ruby>からプレゼントをもらうのはうれしい<u>もの</u>だ。

다른 사람에게 선물을 받는다는 것은 기쁘구나.

04 ～というものだ

| 의미 | ～이라는 것이다, 일반적으로 말해 ～이다 |

| 접속 | N+というものだ / というもんだ |

> **親**というものだ 부모라는 것이다 / **幸せ**というものだ 행복이라는 것이다 /
> **親友**というもんだ 친구라는 것이다

1 つらいときこそ助け合うのが、本当の仲間**というものだ**。

힘들 때일수록 서로 돕는 것이 진정한 동료라는 것이다.

2 良いことも悪いこともあるのが、人生**というものだ**。

좋은 일도 나쁜 일도 있는 것이 인생이라는 것이다.

3 明日までに一万字のレポートを書くのは不可能**というものだ**。

내일까지 10,000자의 리포트를 쓰는 것은 불가능하다.

05 ～というものではない

| 의미 | ～이라는 것은 아니다, 절대로 ～이라고 할 수 없다 |

| 접속 | 보통형+というものではない / というもんではない |
| | 보통형+というものでもない / というもんでもない |

> **うまくいく**というものではない 잘된다는 것은 아니다 /
> **おいしい**というもんではない 맛있다는 것은 아니다 /
> **いい人だ**というものでもない 좋은 사람이라는 것도 아니다

1 努力すれば、必ず試験に合格できる**というものではない**。

노력한다고 반드시 시험에 합격할 수 있는 것은 아니다.

2 日本に住んだからと言って、日本語が話せるようになる**というものではない**。

일본에 산다고 해서 일본어를 말할 수 있게 된다는 것은 아니다.

3 プレゼントは高ければいい**というものではない**。

선물은 비싸다고 좋은 것이 아니다.

06 〜ものがある

| 의미 | 〜하는 것(점/면/부분)이 있다, 〜이라는 느낌이 있다 |

| 접속 | Vる / イA / ナAな＋ものがある |

> 心に響くものがある 마음에 와닿는 것이 있다 /
> 寂しいものがある 쓸쓸한 면이 있다 / 不思議なものがある 신기한 부분이 있다

1 犯行後の彼らの行動には、どこか不自然なものがあります。

범행 후 그들의 행동에는 어딘가 부자연스러운 점이 있습니다.

2 彼の歌声には、人の心を動かすものがある。

그의 노랫소리에는 사람의 마음을 움직이는 면이 있다.

3 この歳で独身に戻るのは、つらいものがある。

이 나이에 독신으로 돌아가는 것은 힘든 부분이 있다.

07 〜ものの

| 의미 | 〜이지만, 〜이긴 하지만 |

| 접속 | 보통형(ナAだ → な・である)＋ものの |
| | 보통형 / N ＋とはいうものの |

> 買ったものの 샀지만 / 有名であるものの 유명하지만 /
> 合格したとはいうものの 합격했다고는 하지만

1 日本語を勉強したものの、話す相手がいないのですっかり忘れてしまった。

일본어를 공부했지만, 말할 상대가 없어서 완전히 잊어버렸다.

2 体に悪いとわかっているものの、夜中にカップラーメンを食べてしまう。

몸에 나쁘다고 알고 있지만, 한밤중에 컵라면을 먹고 만다.

3 夏休みとはいうものの、毎日課題や家の手伝いで忙しい。

여름 방학이라고는 하지만 매일 과제나 집안일로 바쁘다.

08 〜ものなら

의미　(할 수 없을 것 같지만 만약) 〜할 수 있다면

접속　Vれる＋ものなら / もんなら

> **休める<ruby>も<rt>やす</rt></ruby>のなら** 쉴 수 있다면 / **なれるもんなら** 될 수 있다면 /
> ★**できるものなら** 할 수만 있다면

1 <ruby>行<rt>い</rt></ruby>ける**もんなら**、<ruby>今<rt>いま</rt></ruby>すぐ<ruby>恋人<rt>こいびと</rt></ruby>に<ruby>会<rt>あ</rt></ruby>いに<ruby>行<rt>い</rt></ruby>きたい。

갈 수만 있다면 지금 당장 애인을 만나러 가고 싶다.

2 ずっと<ruby>前<rt>まえ</rt></ruby>から、<ruby>身長<rt>しんちょう</rt></ruby>を<ruby>縮<rt>ちぢ</rt></ruby>められる**ものなら**<ruby>縮<rt>ちぢ</rt></ruby>めたいと<ruby>思<rt>おも</rt></ruby>って<ruby>生<rt>い</rt></ruby>きてきた。

오래전부터 키를 줄일 수 있다면 줄이고 싶다고 생각하며 살아 왔다.

3 <ruby>祖母<rt>そぼ</rt></ruby>が<ruby>生<rt>い</rt></ruby>きていたころに<ruby>戻<rt>もど</rt></ruby>れる**ものなら**、<ruby>今<rt>いま</rt></ruby>すぐ<ruby>戻<rt>もど</rt></ruby>って ありがとうと<ruby>伝<rt>つた</rt></ruby>えたい。

할머니가 살아 계셨을 때로 돌아갈 수 있다면 지금 당장 돌아가서 고맙다는 말을 전하고 싶다.

09 〜ものか

의미　〜할까 보냐, 절대로 〜하지 않겠다

접속　Vる / イA / ナAな / Nな＋ものか / もんか

> **<ruby>負<rt>ま</rt></ruby>けるものか** 질까 보냐 /
> **つらいものか** 괴로울까 보냐 /
> **<ruby>諦<rt>あきら</rt></ruby>めるもんか** 포기할까 보냐

1 <ruby>仕事<rt>しごと</rt></ruby>をさぼって<ruby>給料<rt>きゅうりょう</rt></ruby>だけもらうなんてことが、この<ruby>社会<rt>しゃかい</rt></ruby>で<ruby>許<rt>ゆる</rt></ruby>される**ものか**。

일을 게을리하고 월급만 받는 것이 이 사회에서 용납될까 보냐.

2 <ruby>田中<rt>たなか</rt></ruby>「<ruby>加藤<rt>かとう</rt></ruby>さんて、ピーマンが<ruby>好<rt>す</rt></ruby>きだよね？」
<ruby>加藤<rt>かとう</rt></ruby>「<ruby>好<rt>す</rt></ruby>きな**もんか**。<ruby>一番<rt>いちばん</rt></ruby><ruby>嫌<rt>きら</rt></ruby>いな<ruby>食<rt>た</rt></ruby>べ<ruby>物<rt>もの</rt></ruby>だよ。」

다나카　"가토 씨는 피망을 좋아하지?"
가토　"좋아할 리가. 가장 싫어하는 음식이야."

3 <ruby>息子<rt>むすこ</rt></ruby>はおばけが<ruby>大嫌<rt>だいきら</rt></ruby>いなのに、「おばけなんかこわい**ものか**」と<ruby>強<rt>つよ</rt></ruby>がっている。

아들은 귀신을 정말 싫어하는데 '귀신 따위 무섭지 않다'고 센 척한다.

10 ～ものと思^{おも}われる

의미 ~한 것으로 보인다, ~이라고 추측할 수 있다

접속 Vた＋ものと思^{おも}われる

> 買^かったものと思^{おも}われる 산 것으로 보인다 /
> 知^しらなかったものと思^{おも}われる 몰랐던 것으로 보인다 /
> 行^いったものと思^{おも}われる 간 것으로 보인다

1 犯人^{はんにん}はたった一時間^{いちじかん}で犯行^{はんこう}に及^{およ}んだ**ものと思^{おも}われる**。

범인은 단 한 시간 만에 범행을 저지른 것으로 보인다.

2 キツネが侵入^{しんにゅう}した**ものと思^{おも}われる**足跡^{あしあと}が、荒^{あら}された畑^{はたけ}の中^{なか}にあった。

여우가 침입한 것으로 보이는 발자국이 망쳐진 밭 속에 있었다.

3 事件現場^{じけんげんば}にナイフが残^{のこ}されていたので、犯人^{はんにん}はナイフを使用^{しよう}した**ものと思^{おも}われ**

ます。

사건 현장에 칼이 남아 있었기 때문에 범인은 칼을 사용한 것으로 생각됩니다.

問題7 次の文の（　　　）に入れるのに最もよいものを、1・2・3・4から一つ選びなさい。

1 世間(せけん)の目は厳しい。ただひたすら頑張れば、評価されるという（　　　）。
1　ものと思われる　　　　　　　　　　2　ものと思われない
3　ものではない　　　　　　　　　　　4　ものだ

2 どんなに親しくなったとしても、上司には常に敬語で（　　　）ものだ。
1　話す　　　　　　2　話した　　　　　3　話さない　　　　4　話そう

3 何事も最初は失敗する（　　　）だから、うまくいかなくても諦(あきら)めずに続けることが大切だ。
1　うえ　　　　　　2　もの　　　　　　3　あげく　　　　　4　ため

4 事件現場の近くで、犯人が使用した（　　　）自転車が発見された。
1　ものと思うと　　　　　　　　　　　2　ものと思いつつ
3　ものと思ったつもりの　　　　　　　4　ものと思われる

5 誕生日パーティーを開いてもらうなんて少し恥ずかしいけど、みんなにお祝いしてもらうのは（　　　）。
1　うれしいもんか　　　　　　　　　　2　うれしいもんだ
3　うれしいものの　　　　　　　　　　4　うれしいもんでもない

6 休める（　　　）休みたいけど、今日は大事なテストがあるから絶対に学校へ行かなければならない。
1　ものの　　　　　　2　ものか　　　　3　ものでも　　　　4　ものなら

7 思い切って赤色のワンピースを買った（　　　）、恥ずかしくて結局まだ一度も着ていない。
1　ものの　　　　　　2　ものに　　　　3　ものか　　　　4　ものが

8 いくつになっても子どものことを一番に思う、それが親（　　　）。
1 というものだ
2 ということだ
3 というものならだ
4 ということならだ

9 桜の花びらが散っている様子はとてもきれいだけど、どこか（　　　）がありますね。
1 さびしいというもの
2 さびしいものとか
3 さびしいものの
4 さびしいもの

10 一度不合格だったくらいで、合格を（　　　）。
1 あきらめることにする
2 あきらめることか
3 あきらめるものか
4 あきらめるもの

정답 1 3　2 1　3 2　4 4　5 2　6 4　7 1　8 1　9 4　10 3

問題8　次の文の＿＿★＿＿に入る最もよいものを、1・2・3・4から一つ選びなさい。

11　こんな大きい家に ＿＿＿＿ ＿★＿ ＿＿＿＿ ＿＿＿＿。

　　1　みたい　　　　　　　　　　　　2　住んで
　　3　住める　　　　　　　　　　　　4　ものなら

12　揺れる車内で6時間も座りっぱなしで、全然眠れなかった。夜行バス ＿＿★＿ ＿＿＿＿

　　＿＿＿＿ ＿＿＿＿。

　　1　なんて　　　　　　　　　　　　2　乗る
　　3　もんか　　　　　　　　　　　　4　二度と

13　できなくても落ち込まないでください。誰でもはじめた ＿＿＿＿ ＿＿＿＿ ＿★＿

　　＿＿＿＿。

　　1　ものです　　　　　　　　　　　2　うまくいかない
　　3　ばかりの　　　　　　　　　　　4　ころは

14　遊んでもいいが、ちゃんと勉強も ＿＿＿＿ ＿＿＿＿ ＿★＿ ＿＿＿＿。

　　1　大学生　　　　　　　　　　　　2　するのが
　　3　という　　　　　　　　　　　　4　ものだ

15　ドーナツは油が多いと ＿＿＿＿ ＿★＿ ＿＿＿＿ ＿＿＿＿食べるのをやめられない。

　　1　大好き　　　　　　　　　　　　2　わかっている
　　3　だから　　　　　　　　　　　　4　ものの

11 ～ことに

의미 ～하게도, 매우 ～하다 (기분을 강하게 말하고 싶을 때 씀)

접속 Vた / ナAな / イA＋ことに

> 困ったことに 곤란하게도 /
> 幸いなことに 다행히도 / うれしいことに 기쁘게도

1 悲しいことに、新しく買ったばかりの口紅をなくしてしまった。

슬프게도 새로 산 립스틱을 잃어버렸다.

2 驚いたことに、普通は３日かかる仕事を彼は１日で完璧にやり終えてしまった。

놀랍게도 보통은 사흘 걸리는 일을 그는 하루 만에 완벽하게 해내고 말았다.

3 上司「昨日のプレゼンどうだった？」
部下「ありがたいことに、我が社の製品を気に入っていただけたようです。」

상사 　　　"어제 프레젠테이션 어땠어?"
부하 직원 "감사하게도 우리 회사 제품을 좋아하신 것 같아요."

12 ～ことにする

의미　～하기로 하다, 실제는 그렇지 않지만 ～하는 척하다

접속　Vた＋ことにする

> やったことにする　한 것으로 하다 / 行ったことにする　간 것으로 하다 /
> 知らなかったことにする　몰랐던 것으로 하다

1 姉が作ったお弁当を、自分が作った**ことにして**恋人にプレゼントした。

언니가 만든 도시락을 직접 만든 것처럼 해서 애인에게 선물했다.

2 来月転校するって話、まだ内緒にしているから、聞かなかった**ことにして**くれない？

다음 달에 전학 간다는 얘기, 아직 비밀로 하고 있으니까 못 들은 걸로 해 주지 않을래?

3 宿題を終わらせた**ことにして**遊びに行ったら、お母さんに叱られた。

숙제를 끝낸 것처럼 하고 놀러 갔다가 엄마한테 혼났다.

13 ～ことか

의미　～하던지, 정말로 ～하다 (기분을 강하게 말하고 싶을 때 씀)

접속　보통형(ナAだ → な・である / Nだ → である)＋ことか

> どんなに苦しかったことか　얼마나 괴로웠는지 /
> どれだけうれしいことか　얼마나 기쁜지 /
> どれほど幸せなことか　얼마나 행복한지
> ※「どんなに / どれだけ / どれほど～ことか」와 함께 쓰는 경우가 많음

1 どんなときでも明るい笑顔を見せる彼女に、どれほど救われている**ことか**。

언제든 환하게 웃는 그녀에게 얼마나 위로 받고 있는지.

2 今までお腹の中にいた息子の顔を初めてみたとき、どんなにうれしかった**ことか**。

지금까지 뱃속에 있던 아들의 얼굴을 처음 봤을 때 얼마나 기뻤던지.

3 大事な試合前にけがをしてしまって、どれだけつらかった**ことか**。

중요한 시합 전에 부상을 당해서 얼마나 힘들었는지.

14 ～ことから

의미　～하기 때문에

접속　보통형(ナAだ → な・である / Nだ → である)+ことから

> 見つかったことから　발견되었기 때문에 /
> 知っていることから　알고 있기 때문에 /
> 有名であることから　유명하기 때문에

1 この通りにあるお菓子屋さんはどれも有名であることから、ここは「スイーツストリート」と呼ばれている。

이 거리에 있는 과자 가게는 다 유명해서, 이곳은 '스위트 스트리트'라고 불리고 있다.

2 まだ足跡が雪の上にはっきりと残っていることから、熊はまだ近くにいると考えられる。

아직 발자국이 눈 위에 뚜렷이 남아 있기 때문에 곰은 아직 가까이에 있을 것으로 생각된다.

3 栄養のバランスが良いことから、和食がまた注目を集めるようになった。

영양 균형이 좋아서 일식이 다시 주목을 받게 됐다.

15 ～のことだから

의미	～이니까, ～의 성격을 생각하면

접속	N+のことだから

> 彼のことだから　그니까 / 村上さんのことだから　무라카미 씨니까 /
> あいつのことだから　그녀석이니까

1 いつも寝坊する彼女のことだから、今日もデートに遅刻してくるだろう。

항상 늦잠을 자는 그녀니까 오늘도 데이트에 지각할 것이다.

2 母のことだから、私を元気にさせるためにお弁当に大好物の卵焼きをたくさん
入れてくれたのだろう。

엄마는 나를 기운 나게 하려고 도시락에 내가 매우 좋아하는 계란말이를 많이 넣어 주었을 것이다.

3 田中「どうしよう。森くんのペン壊しちゃった。」
山田「優しい彼のことだから、謝れば許してくれるさ。」

다나카 "어떻게 해. 모리 군 펜을 망가트렸어."
야마다 "그는 착하니까 사과하면 용서해 줄 거야."

16 ～ことなく

의미	～하지 않고, ～하는 일 없이

접속	Vる＋ことなく

> 休むことなく　쉬지 않고 / 迷うことなく　헤매지 않고 /
> 満足することなく　만족하지 않고

1 工場では24時間、止まることなく機械が動き続けている。

공장에서는 24시간, 멈추지 않고 기계가 계속 작동하고 있다.

2 私の親友は、毎年忘れることなく誕生日に手紙をくれる。

나의 친구는 매년 잊지 않고 생일에 편지를 준다.

3 彼は祝日も休むことなく働き続けていたので、身体を壊してしまった。

그는 공휴일도 쉬지 않고 계속 일하고 있었기 때문에 몸이 망가져 버렸다.

17 ～ないことには

의미 ～하지 않으면, ～하지 않고서는

접속 Vない / イAくない+ことには
ナA / N+でないことには

> 知(し)らないことには 모르고서는 / やってみないことには 해 보지 않고서는
> / 元気(げんき)でないことには 건강하지 않으면

1 実物(じつぶつ)を見(み)てみ**ないことには**、買(か)うかどうか決(き)めることはできない。

실물을 보지 않고서는 살지 말지 결정할 수 없다.

2 お湯(ゆ)が熱(あつ)く**ないことには**、温泉(おんせん)に入(はい)っても体(からだ)が温(あたた)まらない。

물이 뜨겁지 않으면 온천에 들어가도 몸이 따뜻해지지 않는다.

3 色々(いろいろ)やりたいことがあっても、健康(けんこう)で**ないことには**何(なに)も始(はじ)められない。

여러 가지 하고 싶은 일이 있어도 건강하지 않으면 아무것도 시작할 수 없다.

18 ～ないことはない

의미 ～하지 않는 것은 아니다, ～이라고 확실히 말할 수 없다

접속 Vない / Vれない / イAくない / ナAでない+ことはない / こともない

> 知(し)らないことはない 모르는 것은 아니다 /
> 元気(げんき)でないこともない 건강하지 않은 것도 아니다 /
> かわいくなくもない 귀엽지 않은 것도 아니다
> ※「～なくもない(～하지 않은 것도 아니다, ~하지 않지도 않다)」라는 표현도 있음

1 部長(ぶちょう)の気持(きも)ちはわから**ないことはない**が、あの言(い)い方(かた)は良(よ)くないと思(おも)う。

부장님의 기분은 모르는 건 아니지만, 그 말투는 좋지 않다고 생각한다.

2 お酒(さけ)は飲(の)め**ないこともない**んですが、一人(ひとり)では飲(の)まないです。

술은 못 마시는 건 아니지만 혼자서는 마시지 않습니다.

3 かわいく**なくもない**が、彼女(かのじょ)はこの役(やく)のイメージには合(あ)わない。

귀엽지 않은 건 아니지만 그녀는 이 역할의 이미지에는 맞지 않는다.

19 ～ことは～が

의미	～하기는 ～하지만

접속	보통형(ナＡだ → な / Ｎだ → な)＋ことは＋보통형＋が

> 勉強したことは勉強したが 공부하긴 했지만 /
>
> おいしいことはおいしいが 맛있기는 하지만 /
>
> 元気なことは元気だが 건강하기는 하지만

1 試験に合格した**ことは**合格した**が**、こんな資格があっても何の役にも立たない。

시험에 합격하기는 했지만, 이런 자격이 있어도 아무 쓸모가 없다.

2 村上「昨日のコンサート、どうだった？」

佐藤「楽しかった**ことは**楽しかったんです**が**、隣の人がうるさくて全然ゆっくり
歌を聴けませんでした。」

무라카미 "어제 콘서트 어땠어?"

사토　　"즐겁기는 했는데 옆 사람이 시끄러워서 전혀 여유 있게 노래를 들을 수가 없었어요."

3 日本で働くのは大変な**ことは**大変だ**が**、学びも多いです。

일본에서 일하는 것은 힘들긴 하지만, 배우는 것도 많습니다.

20 ～ことになる / ～ことにはならない

의미　～하게 된다, ～이라고 할 수 있다 / ～하게 되지 않는다, ～이라고 할 수 없다

접속　보통형(ナAだ / Nだ+という)+ことになる / ことにはならない

> 3年かかることになる　3년 걸릴 수 있다 /
>
> きれいだということにはならない　예쁘다고 할 수 없다 /
>
> 勉強したことにはならない　공부했다고 할 수 없다

1 このサービスは一か月利用をするのに980円かかるから、一年使うと11,760円支払う<u>ことになる</u>。

이 서비스는 한 달 이용을 하는 데 980엔이 들기 때문에, 1년 사용하면 11,760엔을 지불하게 된다.

2 ただ日本のドラマを字幕付きで観ただけでは、日本語の勉強をした<u>ことには</u><u>ならない</u>。

단지 일본 드라마를 자막을 넣어 보는 것만으로는 일본어 공부를 했다고는 할 수 없다.

3 犬の散歩ぐらいじゃ、ダイエットした<u>ことにはなりません</u>よ。

강아지 산책 정도로는 다이어트를 했다고 할 수 없어요.

問題7 次の文の（　　　）に入れるのに最もよいものを、1・2・3・4から一つ 選びなさい。

1 うれしい（　　　）に、最後の大会で優勝できた。

1　から　　　　　　2　もの　　　　　　3　こと　　　　　　4　ところ

2 前田「後藤さん、明日予定ある？」
後藤「予定がない（　　　）けど、どうしたの？」

1　ことはない　　　　　　　　　　2　ことだろう

3　ではいられない　　　　　　　　4　わけにはいかない

3 あの二人は付き合い始めたらしいが、知らなかった（　　　）にして普通に生活する ことにした。

1　まで　　　　　　2　こと　　　　　　3　ほど　　　　　　4　わけ

4 昨晩から停電になり、電気は一度も（　　　）朝を迎えた。

1　つかなくして　　　　　　　　　2　つかないことには

3　つくことなく　　　　　　　　　4　つかないかぎり

5 毎日2時間勉強したら、3か月後には約200時間勉強した（　　　）。

1　ことがある　　　2　ことだろう　　　3　ことにする　　　4　ことになる

6 心配性の母の（　　　）、私が海外へ移住すると言ったらきっと反対するだろう。

1　ことから　　　2　ことだから　　　3　ことになり　　　4　ことにして

7 子どものころ、遊園地で迷子になった経験がある（　　　）、遊園地が嫌いになった。

1　ことから　　　2　ものなら　　　3　というと　　　4　ならでは

8 パスポートを（　　　）ことには、いくら計画を立てても海外旅行に行けない。
1　とった　　　　　2　とらない　　　　3　とる　　　　　　4　とっている

9 楽しみにしていた旅行が中止になってしまって、どんなに残念な（　　　）。
1　ものか　　　　　2　ことか　　　　　3　べきか　　　　　4　はずか

10 なくなった自転車は見つかった（　　　）見つかったが、壊れていて使えない状態
だった。
1　ことは　　　　　2　ところ　　　　　3　までは　　　　　4　にしては

問題8　次の文の　★　に入る最もよいものを、1・2・3・4から一つ選びなさい。

11　残念な ＿★＿ ＿＿＿ ＿＿＿ ＿＿＿、旅行に行くことができなかった。

1　ことに　　2　かかって
3　インフルエンザに　　4　しまい

12　時間にだらしない ＿＿＿ ＿＿＿ ＿★＿ ＿＿＿ きっと遅れてくるだろう。

1　こと　　2　本田(ほんだ)さんの
3　今日も　　4　だから

13　グエンさんは結局、日本の ＿＿＿ ＿＿＿ ＿★＿ ＿＿＿ しまった。

1　帰国して　　2　見る
3　ことなく　　4　桜を

14　パソコンが壊れてしまったので、＿＿＿ ＿★＿ ＿＿＿ ＿＿＿ 再開できない。

1　仕事を　　2　買わない
3　ことには　　4　新しいものを

15　初めての娘が生まれた ＿＿＿ ＿★＿ ＿＿＿ ＿＿＿。

1　ことか　　2　どんなに
3　うれしかった　　4　ときは

정답　11 1(1324)　12 4(2143)　13 3(4231)　14 2(4231)　15 2(4231)

3 「限り」 시리즈

21 ～限(かぎ)り ①

의미 ～하는 바, ～의 범위에서 말하자면

접속 Vる / Vた / Vている+限(かぎ)り(では)

> 聞(き)く限(かぎ)り 들은 바 / 見(み)た限(かぎ)り 본 바 / 覚(おぼ)えている限(かぎ)りでは 기억하는 한

1 私(わたし)の知(し)る限(かぎ)り、彼女(かのじょ)はそんな嘘(うそ)をつくような人(ひと)ではありません。

제가 아는 바 그녀는 그런 거짓말을 할 사람이 아니에요.

2 調(しら)べた限(かぎ)り、この辺(へん)にある日本食屋(にほんしょくや)さんはここだけです。

조사한 바로는 이 근처에 있는 일식집은 여기뿐입니다.

3 私(わたし)が聞(き)いている限(かぎ)りでは、彼女(かのじょ)はまだあの会社(かいしゃ)で働(はたら)いています。

제가 듣기로는 그녀는 아직 그 회사에서 일하고 있어요.

22 ～限(かぎ)り ②

의미 ～하는 한, ～인 상태인 동안에는

접속 보통형(ナAだ → な・である / Nだ → である)+限(かぎ)り(は)

> 日本(にほん)に住(す)んでいる限(かぎ)り 일본에 살고 있는 한 /
> 勉強(べんきょう)しない限(かぎ)り 공부하지 않는 한 / 健康(けんこう)である限(かぎ)りは 건강한 한은
> ※ Vたは 쓸 수 없음

1 ここにいる限(かぎ)り、敵(てき)からの攻撃(こうげき)を受(う)けることはないだろう。

여기에 있는 한, 적의 공격을 받는 일은 없을 것이다.

2 日本(にほん)に住(す)んでいる限(かぎ)り、地震(じしん)の被害(ひがい)にあう可能性(かのうせい)があるので準備(じゅんび)しておいた方(ほう)がいい。

일본에 살고 있는 한 지진 피해를 입을 가능성이 있으므로 준비해 두는 것이 좋다.

3 彼(かれ)が社長(しゃちょう)である限(かぎ)り、私(わたし)の給料(きゅうりょう)は上(あ)がらないだろう。

그가 사장으로 있는 한, 내 월급은 오르지 않을 것이다.

23 ～に限り

의미 ～에 한해, ～만

접속 N+に限り / に限る

> 学生に限り 학생만 / 本日に限り 오늘만 /
> お客様に限る 손님에 한하다

1 この地域にお住まいの方に限り、こちらの商品が全品10%オフです。

이 지역에 거주하시는 분에 한해 이쪽 상품이 전부 10% 할인입니다.

2 この階段の使用は緊急の場合に限る。

이 계단의 사용은 긴급한 경우에 한한다.

3 当店では平日に限り、食後のアイスをサービスしています。

저희 매장에서는 평일에 한해 식후에 아이스크림을 서비스로 드리고 있습니다.

24 ～に限る

의미 ～이 가장 좋은 선택이다

접속 Vる / Vない / N+に限る

> 旅行するに限る 여행하는 것이 좋다 /
> 行かないに限る 가지 않는 것이 좋다 /
> ビールに限る 맥주가 최고다

1 夏休みは勉強を忘れて、友達と海水浴に限る。

여름 방학은 공부하는 것을 잊고 친구들과 해수욕하는 것이 최고다.

2 なんだかうまくいかないときは、いったん休むに限る。

왠지 잘되지 않을 때는 일단 쉬는 것이 상책이다.

3 体調が悪いときは、ご飯だけ食べて、後は何もしないに限る。

컨디션이 나쁠 때는 밥만 먹고 나머지는 아무것도 하지 않는 게 좋다.

25 ～に限らず

의미 ～뿐만 아니라, ～에 한하지 않고

접속 N+に限らず

> 国内に限らず 국내뿐만 아니라 /
> この地域に限らず 이 지역뿐만 아니라 /
> 食べ物に限らず 음식뿐만 아니라

1 日本語に限らず、言語はどれも複雑で習得するのが難しいものだ。

일본어뿐만 아니라 언어는 모두 복잡해서 습득하기가 어려운 법이다.

2 特別な日に限らず、彼はなんでもない日でもプレゼントをくれる。

특별한 날뿐만 아니라 그는 아무것도 아닌 날에도 선물을 준다.

3 このレストランは休日に限らず、平日もお客さんでいっぱいだ。

이 레스토랑은 휴일뿐만 아니라 평일에도 손님들로 가득 차 있다.

26 ～に限って

의미 ～에 한해, ～만, ～은 평소와 달리 (특별한 일이 일어난다고 하고 싶을 때 씀)

접속 N+に限って

> 今日に限って 오늘만 /
> 急いでいるときに限って 급할 때만 /
> そういう日に限って 그런 날에만

1 静かにしなければいけないときに限って、お腹が鳴ってしまう。

조용히 해야 할 때만 배에서 소리가 나고 만다.

2 白い服を着ている日に限って、コーヒーをこぼしてしまう。

흰옷을 입은 날에만 커피를 쏟고 만다.

3 私のアルバイト先は忙しい日に限って、誰かが休んで人が足りなくなる。

내가 아르바이트하는 곳은 바쁜 날에만 누군가가 쉬어서 사람이 부족해진다.

27 ～に限って～ない

의미 ～이 그런 일을 하다니 ～할 수 없다

접속 N+に限って～ない

> 彼に限って　그만은 / 先生に限って　선생님만은 /
> うちの子に限って　우리 아이만은

1 まじめな彼女に限って、学校をさぼって友達と遊ぶなんてあり得ない。

성실한 그녀가 학교를 빼먹고 친구들과 논다는 것은 있을 수 없다.

2 私の彼氏に限って、浮気をするなんてあり得ない。

내 남자 친구가 바람을 피운다는 건 말도 안 된다.

3 優しい息子に限って、友達を泣かせるはずがない。

착한 아들이 친구를 울릴 리가 없다.

28 ～とは限らない

의미 확실히 ～이라고는 할 수 없다

접속 보통형+とは限らない

> 合格するとは限らない　합격한다고는 할 수 없다 /
> おいしいとは限らない　맛있다고는 할 수 없다 /
> 真実だとは限らない　진실이라고는 할 수 없다

1 お金をたくさん持っている人が、みんな幸せだとは限らない。

돈을 많이 가진 사람이 모두 행복하다고는 할 수 없다.

2 努力をすれば必ず成功するとは限らないが、努力をしなければ成功しない。

노력하면 반드시 성공한다고는 할 수 없지만, 노력하지 않으면 성공하지 못한다.

3 韓国人と結婚したからといって、韓国語が上手に話せるとは限らない。

한국인과 결혼했다고 해서 한국어를 잘 말할 수 있는 것은 아니다.

問題7 次の文の（　　　）に入れるのに最もよいものを、1・2・3・4から一つ
選びなさい。

1 人の何倍も努力している彼（　　　）、試験に落ちるなんて考えられない。
1　に限らず　　　　2　とは限らず　　　3　に限って　　　4　に限りて

2 人が多い場所は疲れてしまうから、休日に遊園地なんか行かない（　　　）。
1　とは限らない　　　　　　　　2　に限る
3　とは限らず　　　　　　　　　4　に限らないことはない

3 私が（　　　）では、村上さんは独身で恋人もいないらしい。
1　聞いて限り　　　　　　　　　2　聞いた限り
3　聞かない限り　　　　　　　　4　聞かなかった限り

4 失敗を恐れて何も行動しない（　　　）、人生を変えることはできない。
1　ところ　　　　　2　ことに　　　　3　限り　　　　4　以来

5 オープン初日に来てくださった（　　　）、クリームパンをお一つプレゼントいたし
ます。
1　お客様に関して　　　　　　　2　お客様にも関わらず
3　お客様にとって　　　　　　　4　お客様に限り

6 急いでいるとき（　　　）、なかなか電車が来なくていらいらする。
1　に限って　　　　　　　　　　2　と限って
3　を限って　　　　　　　　　　4　も限って

7 （　　　）、その資料を最後に持っていたのは部長だと思います。
1　覚えている限りでは　　　　　2　覚えているに限って
3　覚えているに限らない　　　　4　覚えているに限らず

8 店の前に行列ができているからといって、料理が（　　　　）。
1 おいしいに限る
2 おいしいとは限らない
3 おいしい限りだ
4 おいしいに限っている

9 スポーツ（　　　　）、仕事でも趣味_{しゅみ}でも続けて取り組めば必ず上達する。
1 を限って　　　　2 に限って　　　　3 を限らず　　　　4 に限らず

10 日本語を勉強するなら、授業がわかりやすい日本語の森で（　　　　）。
1 勉強したに限る
2 勉強しないに限る
3 勉強するに限る
4 勉強してに限る

問題8 次の文の ___★___ に入る最もよいものを、1・2・3・4から一つ選びなさい。

11 8時間以上 _____ _____ ___★___ _____ が取れるとは限らない。

1　から　　　　　　　　　　　　　2　疲れ

3　といって　　　　　　　　　　　4　寝た

12 傘を持っていない _____ ___★___ _____ _____雨が降る。

1　天気予報が　　　　　　　　　　2　外れて

3　日に　　　　　　　　　　　　　4　限って

13 緑茶 _____ _____ ___★___ _____やうなぎなどいろいろな名産物がある。

1　には　　　　　　　　　　　　　2　に限らず

3　わさび　　　　　　　　　　　　4　静岡県
　　　　　　　　　　　　　　　　　　しずおかけん

14 このスキー場は _____ ___★___ _____ _____することができます。

1　に限り　　　　　　　　　　　　2　無料

3　19歳の方　　　　　　　　　　　4　で利用

15 私が _____ _____ ___★___ _____ここに大きなビルが建っていました。

1　知っている　　　　　　　　　　2　まで

3　去年　　　　　　　　　　　　　4　限り

29 〜だけあって

의미 〜인 만큼, 〜이니까 (칭찬할 때 자주 씀)

접속 보통형(ナAだ → な / Nだ)+だけあって

> べんきょう
> 勉強しただけあって 공부한 만큼 /
> ゆうめい
> 有名なだけあって 유명한 만큼 /
> に ほん ご せんせい
> 日本語の先生だけあって 일본어 선생님이니까

1 日本に留学しただけあって、彼は日本の文化についてとても詳しい。

일본에 유학한 만큼 그는 일본 문화에 대해 매우 잘 알고 있다.

2 テレビで紹介されるほど有名なだけあって、このラーメン屋さんはいつも行列ができる。

TV에 소개될 정도로 유명한 만큼 이 라면집은 항상 사람들이 줄을 선다.

3 元サッカー選手だけあって、サッカーに関しては誰よりも詳しい。

축구 선수 출신인 만큼 축구에 관해서는 누구보다 잘 안다.

30 ～だけに

의미
① ～인 만큼, ～이니까 당연히 (= ～だけあって)
② ～이니까 더욱이 (자기 기분을 강조해서 말할 때 씀)

접속
보통형(ナAだ → な・である / Nだ → である)+だけに

> 心配<small>しんぱい</small>していただけに 걱정했던 만큼 / 美人<small>びじん</small>であるだけに 미인인 만큼 /
> 安<small>やす</small>いだけに 저렴하니까
>
> ※ Vる는 쓸 수 없음

1 失敗<small>しっぱい</small>が続<small>つづ</small>いていただけに、今回<small>こんかい</small>の実験成功<small>じっけんせいこう</small>は心<small>こころ</small>の底<small>そこ</small>からうれしい。

실패가 계속됐던 만큼, 이번 실험의 성공은 진심으로 기쁘다.

2 最近<small>さいきん</small>は忙<small>いそが</small>しかっただけに、突然暇<small>とつぜんひま</small>になると何<small>なに</small>をすればいいのかわからない。

요즘은 바빴던 만큼 갑자기 한가해지면 무엇을 해야 할지 모르겠다.

3 彼<small>かれ</small>は若者<small>わかもの</small>の間<small>あいだ</small>で有名<small>ゆうめい</small>なだけに、街<small>まち</small>を歩<small>ある</small>くだけで声<small>こえ</small>をかけられて大変<small>たいへん</small>だ。

그는 젊은이들 사이에서 유명한 만큼 거리를 걷기만 해도 말을 걸어 힘들다.

31 ～からには / ～以上<small>いじょう</small>

의미
～이니까 (강한 기분을 나타냄) / ～한 이상

접속
Vる / Vた+からには / 以上<small>いじょう</small>(は)
ナA / N+であるからには / である以上<small>いじょう</small>(は)

> 留学<small>りゅうがく</small>するからには 유학 가는 이상 / お金<small>かね</small>を払<small>はら</small>ったからには 돈을 냈으니까 /
> 先生<small>せんせい</small>である以上<small>いじょう</small> 선생님인 이상

1 最初<small>さいしょ</small>はやりたくなかったが、やるからには本気<small>ほんき</small>で取<small>と</small>り組<small>く</small>みたいと思<small>おも</small>っている。

처음에는 하고 싶지 않았지만, 할 바에야 진심으로 열심히 임하고 싶다.

2 雨<small>あめ</small>が降<small>ふ</small>っているが、ここまで来<small>き</small>たからには観光名所<small>かんこうめいしょ</small>を見<small>み</small>てから帰<small>かえ</small>ろう。

비가 오지만, 여기까지 왔으니까 관광 명소를 보고 돌아가자.

3 上司<small>じょうし</small>である以上<small>いじょう</small>、部下<small>ぶか</small>のミスであっても責任<small>せきにん</small>を取<small>と</small>らなければならない。

상사인 이상 부하 직원의 실수라도 책임을 져야 한다.

32 ～というだけで

| 의미 | ～이라는 이유만으로 |

의미 ～이라는 이유만으로

접속 보통형＋というだけで

ナA / N ＋(である)というだけで

> 英語が話せるというだけで　영어를 할 수 있다는 것만으로 /
> 若いというだけで　젊다는 이유만으로 /
> お金持ちというだけで　부자라는 이유만으로

1 あの店が販売している商品だ**というだけで**、品質が悪いのに高い値段で売られている。

그 가게가 판매하고 있는 상품이라는 이유만으로 품질이 나쁜데도 비싼 가격에 팔리고 있다.

2 芸能人が来た**というだけで**、あのレストランは次の日から行列ができたそうだ。

연예인이 왔다는 것만으로 그 레스토랑은 다음 날부터 줄을 섰다고 한다.

3 彼女はかわいい**というだけで**、色々な会社の面接に合格した。

그녀는 귀엽다는 이유만으로 여러 회사의 면접에 합격했다.

33 ～にもかかわらず

▼ 역접

| 의미 | ～인데, ～임에도 불구하고 |

| 접속 | 보통형(ナAだ → である / Nだ → である)+にもかかわらず
N+にもかかわらず |

> 真冬にもかかわらず 한겨울임에도 불구하고 /
> 上司であるにもかかわらず 상사인데도 불구하고 /
> 努力したにもかかわらず 노력했는데도 불구하고

1 彼はお金持ちであるにもかかわらず、値段の高いものを一切買わない。

그는 부자인데도, 가격이 비싼 물건을 일절 사지 않는다.

2 こんなに暑いにもかかわらず、彼は長袖のトレーナーを着ている。

이렇게 더운데도 그는 긴팔 트레이닝복을 입고 있다.

3 雨にもかかわらず、新発売のゲームを買いに来たお客さんで長い列ができています。

비가 오는데도 불구하고 새로 출시된 게임을 사러 온 손님들로 긴 줄이 늘어서 있습니다.

34 ～にしては

| 의미 | ～으로서는, ～치고는, ～으로 예상한 것과는 달리 |

| 접속 | 보통형(ナAだ → である / Nだ)+にしては |

> 初めて作ったにしては 처음 만든 것치고는 /
> 私にしては 나로서는 / この値段にしては 이 가격치고는

1 彼の作った資料にはいくつかミスがあったが、新入社員にしてはよくできている方だ。

그가 만든 자료에는 몇 가지 실수가 있었지만, 신입 사원치고는 잘 만든 편이다.

2 昨日全然寝ていないにしては、なんだか頭がすっきりしている。

어제 전혀 안 잔 것치고는 왠지 머리가 맑다.

3 私の父は見た目に気を使っているので、50代にしては若く見える。

우리 아버지는 외모에 신경을 쓰셔서 50대치고는 젊어 보인다.

309

35 〜わりに

의미　〜에 비해서, 〜인데도

접속　보통형(ナAだ → な / Nだ → の)+わりに

> 値段が高いわりに　가격이 비싼 것에 비해 / 言っていたわりに　말한 것에 비해 /
> 年齢のわりに　나이에 비해

1 息子は毎日休まず勉強している**わりに**、全く成績が良くならない。

아들은 매일 쉬지 않고 공부하는 것에 비해 전혀 성적이 좋아지지 않는다.

2 このシャンプーは値段の**わりに**、量が少ないし、香りも良くない。

이 샴푸는 가격에 비해 양이 적고 향도 좋지 않다.

3 この仕事は大変な**わりに**給料が低いので、やりたがる人が少ない。

이 일은 힘든 것에 비해 월급이 적기 때문에 하고 싶어 하는 사람이 적다.

36 〜といっても

의미　〜이라고 해도, 〜이지만 실제는

접속　보통형+といっても

ナA / N+といっても

> 勉強したといっても　공부했다고 해도 /
> 安いといっても　싸다고 해도 / 大変といっても　힘들다고 해도

1 中本「すごい！この料理、佐藤さんが作ったの？」

佐藤「はい。作った**といっても**、切って焼いただけの簡単な料理ですよ。」

나카모토　"대박! 이 요리, 사토 씨가 만든 거야?"

사토　"네. 만들었다고 해도, 잘라서 굽기만 하면 되는 간단한 요리예요."

2 旅行に行った**といっても**、日帰りで温泉に行ってきただけですよ。

여행을 갔다고 해도 당일치기로 온천에 갔다 온 것뿐이에요.

3 昨日買った本は、古本**といっても**新品のようなきれいさだった。

어제 산 책은 헌책이라고 해도 새것처럼 깨끗했다.

37 〜こそ〜が

의미 　〜은 〜이지만

접속 　N＋こそ＋보통형＋が

> ひらがなこそ書けないが　히라가나는 못 쓰지만 /
>
> やる気こそあるが　의욕은 있지만 /
>
> 見た目こそ悪いが　겉보기엔 나쁘지만

1　今は力こそ弱いが、これからトレーニングすれば彼は素晴らしい選手になる
だろう。

지금은 힘은 약하지만 앞으로 훈련하면 그는 훌륭한 선수가 될 것이다.

2　あそこのラーメン屋さんはサービスこそ悪いが、行列ができるほどおいしい
そうだ。

저 라면집은 서비스는 나쁘지만 줄을 설 정도로 맛있다고 한다.

3　埼玉県は名産品こそないが、都心にも近くて便利なところである。

사이타마현은 특산품은 없지만 도심과도 가까워 편리한 곳이다.

38 〜からといって

의미	〜이라고 해서, 〜이라는 이유만으로는 판단할 수 없다

접속	보통형+からといって
	ナA / N+であるからといって

> <ruby>勉強<rt>べんきょう</rt></ruby>したからといって 공부했다고 해서 /
> <ruby>有名<rt>ゆうめい</rt></ruby>であるからといって 유명하다고 해서 / <ruby>難<rt>むずか</rt></ruby>しいからといって 어렵다고 해서

1 <ruby>留学<rt>りゅうがく</rt></ruby>したからといって、<ruby>英語<rt>えいご</rt></ruby>が<ruby>話<rt>はな</rt></ruby>せるようになるわけではない。

유학했다고 해서 영어를 말할 수 있게 되는 것은 아니다.

2 <ruby>体<rt>からだ</rt></ruby>に<ruby>良<rt>よ</rt></ruby>いと<ruby>言<rt>い</rt></ruby>われているからといって、この<ruby>野菜<rt>やさい</rt></ruby>を<ruby>食<rt>た</rt></ruby>べるだけで<ruby>健康<rt>けんこう</rt></ruby>になるとは<ruby>言<rt>い</rt></ruby>えない。

몸에 좋다고 해서 이 채소를 먹는 것만으로 건강해진다고는 할 수 없다.

3 <ruby>日本人<rt>にほんじん</rt></ruby>であるからといって、<ruby>漢字<rt>かんじ</rt></ruby>を<ruby>全部<rt>ぜんぶ</rt></ruby><ruby>知<rt>し</rt></ruby>っているとは<ruby>限<rt>かぎ</rt></ruby>らない。

일본인이라고 해서 한자를 다 아는 것은 아니다.

39 〜かというと

의미	〜하냐 하면, 〜이라고 묻는다면 그렇지는 않다

접속	보통형+(の)かというと / かといえば
	※ ナA・N은 쓸 수 없음
	ナA / N+(なの)かというと / かといえば

> <ruby>毎日食<rt>まいにちた</rt></ruby>べるかというと 매일 먹느냐 하면 / <ruby>嫌<rt>きら</rt></ruby>いかというと 싫어하는가 하면 /
> <ruby>天才<rt>てんさい</rt></ruby>なのかといえば 천재냐고 하면

1 <ruby>一生懸命勉強<rt>いっしょうけんめいべんきょう</rt></ruby>すれば<ruby>必<rt>かなら</rt></ruby>ず<ruby>試験<rt>しけん</rt></ruby>に<ruby>合格<rt>ごうかく</rt></ruby>するかというと、そんなことはない。

열심히 공부하면 반드시 시험에 합격하느냐면 그렇지 않다.

2 <ruby>日本人<rt>にほんじん</rt></ruby>は<ruby>全員<rt>ぜんいん</rt></ruby>わさびが<ruby>好<rt>す</rt></ruby>きかといえば、そんなことはない。

일본인은 모두 고추냉이를 좋아하는가 하면 그렇지 않다.

3 <ruby>大学<rt>だいがく</rt></ruby>を<ruby>卒業<rt>そつぎょう</rt></ruby>すれば<ruby>誰<rt>だれ</rt></ruby>でも<ruby>就職<rt>しゅうしょく</rt></ruby>できるかというと、そうではない。

대학을 졸업하면 누구나 취업할 수 있냐면 그렇지 않다.

40 ~一方

의미	① ~하는 한편, ~한 반면 ② ~과는 다른 면도 있다

접속	보통형(ナAだ → な・である / Nだ → の・である)+一方(で)

> 楽しんでいる一方 즐기고 있는 한편 /
> 反対する人がいる一方 반대하는 사람이 있는 한편 /
> 教師である一方 교사인 한편 /
> ★その一方で 한편으로, 반면에

1 外国を飛び回って仕事をする人がいる**一方**で、自分の国から一度も出たことがない人もいる。

외국을 누비며 일을 하는 사람이 있는가 하면 자기 나라에서 한 번도 나간 적이 없는 사람도 있다.

2 一人暮らしは自由である**一方**、病気になった時は少し心配だ。

혼자 사는 것은 자유로운 반면 아플 때는 조금 걱정이다.

3 僕は生まれたときから不自由ない暮らしをしてきた。**その一方で**、ずっと貧しい生活を送っている人もいる。

나는 태어날 때부터 불편함 없이 살아왔다. 반면에 계속 가난한 삶을 사는 사람도 있다.

問題7 次の文の（　　　）に入れるのに最もよいものを、1・2・3・4から一つ選びなさい。

1 背が高い（　　　）、ゴールキーパーに選ばれた。
　　1　といえば　　　　　2　というより　　　　3　というだけで　　　4　としたら

2 今日は雨の日（　　　）、たくさんお客さんが来ている。
　　1　にあたって　　　　2　とすると　　　　　3　のはずで　　　　　4　のわりに

3 雨（　　　）、野球の試合は中止にならなかった。
　　1　をとわず　　　　　　　　　　　　　　　2　というより
　　3　にもかかわらず　　　　　　　　　　　　4　ということに

4 さすが元ダンス部（　　　）、山田さんはダンスを覚えるのが早いね。
　　1　だけあって　　　　2　のみならず　　　　3　というより　　　　4　といえども

5 芸能人と同じ髪型にした（　　　）、その人みたいな顔になれるわけではない。
　　1　にしては　　　　　　　　　　　　　　　2　のだったら
　　3　にもかかわらず　　　　　　　　　　　　4　からといって

6 彼は一年生（　　　）落ち着いていて、しっかりしている。
　　1　とするなら　　　　2　からしか　　　　　3　どころか　　　　　4　にしては

7 今日は暑い中仕事を頑張った（　　　）、家で飲むビールは特別においしかった。
　　1　だけに　　　　　　2　からって　　　　　3　のだったら　　　　4　ものの

8 彼は日本に行ったこと（　　　）、アニメを観て日本語がうまくなったそうだ。
   1　にしては　　　　　2　こそないが　　　3　からには　　　　　4　のみにして

9 ジムに入会した（　　　）、毎日通ってトレーニングをすると決めた。
   1　までは　　　　　　2　からには　　　　3　としては　　　　　4　といえば

10 料理をした（　　　）、卵を焼いただけの簡単な料理ですよ。
   1　だけあって　　　　2　というだけで　　3　といっても　　　　4　のみならず

問題8　次の文の＿＿★＿＿に入る最もよいものを、1・2・3・4から一つ選びなさい。

11　連休＿＿＿＿　＿★＿　＿＿＿＿　＿＿＿＿遠くに出かけることはできない。

　　1　3日間　　　　　　　　　　　2　あまり

　　3　だけなので　　　　　　　　　4　といっても

12　日本人だ＿＿＿＿　＿＿＿＿　＿＿＿＿　＿★＿、実はそんなことはない。

　　1　漢字を全部　　　　　　　　　2　からといって

　　3　書ける　　　　　　　　　　　4　かというと

13　やっぱり＿＿＿＿　＿＿＿＿　＿★＿　＿＿＿＿、ゆか先生は言葉の使い方がとてもきれ
　　いだ。

　　1　あって　　　　　　　　　　　2　だけ

　　3　の先生　　　　　　　　　　　4　日本語

14　好きな仕事を見つけて毎日＿＿＿＿　＿★＿　＿＿＿＿　＿＿＿＿、自分に合う仕事が見
　　つからず転職ばかりする人もいる。

　　1　人がいる　　　　　　　　　　2　過ごす

　　3　一方で　　　　　　　　　　　4　楽しく

15　他の店に＿★＿　＿＿＿＿　＿＿＿＿　＿＿＿＿、味はあまり良くない。

　　1　わりに　　　　　　　　　　　2　高い

　　3　かなり値段が　　　　　　　　4　比べて

| 정답 | 11 1(4132) | 12 4(2134) | 13 2(4321) | 14 2(4213) | 15 4(4321) |

나쁜 의미

41 ～くせに

의미 ～인 주제에, ～인데도, ～이면서도

접속 보통형(ナAだ → な / Nだ → の)+くせに

> 知らないくせに 모르면서 / 嫌いなくせに 싫으면서 /
> 先生のくせに 선생님인데도

1 自分でやったことがない**くせに**、偉そうにアドバイスしないでほしい。

스스로 해 본 적이 없으면서 잘난 척 조언하지 않았으면 좋겠다.

2 本当は元気な**くせに**、弟は熱があると言って学校を休んだ。

사실은 건강한데 동생은 열이 난다며 학교를 쉬었다.

3 私の兄は大学生の**くせに**、簡単な算数の問題も解けない。

나의 형은 대학생이면서도 간단한 산수 문제도 풀지 못한다.

42 ～っこない

의미 절대로 ～할 리가 없다 (회화에서 쓰는 말투)

접속 Vます+っこない

> できっこない 가능할 리가 없다 / なれっこない 될 리가 없다 /
> わかりっこない 알 리가 없다

1 全然勉強してないあいつが試験を受けても、受かり**っこない**よ。

전혀 공부하지 않은 그 녀석이 시험을 봐도 붙을 리가 없어.

2 運転でき**っこない**と言っていたけど、やってみたら意外と簡単だったでしょう？

운전을 못할 거라고 했지만 해 보니 의외로 쉬웠지?

3 歌手になんてなれ**っこない**ってわかっているけど、夢を諦められないんだ。

가수가 될 수 없다는 것은 알고 있지만, 꿈을 포기할 수는 없어.

43 ～ていては

의미 ～하고 있어서는, ～을 계속하고 있으면 좋은 결과가 되지 않는다

접속 Vて +いては

> 食^たべていては 먹고 있어서는 / 休^{やす}んでいては 쉬고 있어서는 /
> 読^よんでいては 읽고 있어서는

1 少^{すこ}し疲^{つか}れたくらいで休憩^{きゅうけい}し**ていては**、少^{すこ}しも作業^{さぎょう}が進^{すす}まない。

조금 피곤한 정도로 쉬고 있으면 조금도 작업이 진척되지 않는다.

2 毎日^{まいにち}の睡眠時間^{すいみんじかん}を削^{けず}っ**ていては**、仕事^{しごと}に集中^{しゅうちゅう}できないし、体調^{たいちょう}を崩^{くず}すよ。

매일 잠자는 시간을 줄이면 일에 집중이 안 되고 몸이 상할 거야.

3 そんな風^{ふう}にむだづかいし**ていては**、お金^{かね}が必要^{ひつよう}になったときに困^{こま}るよ。

그런 식으로 낭비하다가는 돈이 필요할 때 곤란할 거야.

44 ～ようでは

의미 ～해서는, ～인 대로라면 나쁜 결과가 된다

접속 Vる / Vない / Vている+ようでは / ようじゃ

> 諦^{あきら}めるようでは 포기해서는 / わからないようでは 몰라서는 /
> 食^たべているようじゃ 먹고 있어서는

1 そんなことをしている**ようでは**、いつまでたっても立派^{りっぱ}な大人^{おとな}にはなれませんよ。

그런 식으로 행동해서는 언제까지고 훌륭한 어른이 될 수 없어요.

2 コンビニの店員^{てんいん}さんと話^{はな}すのも恥^はずかしがっている**ようじゃ**、人前^{ひとまえ}でプレゼンするのは難^{むずか}しいね。

편의점 점원과 이야기하는 것도 부끄러워하는 것 같으니 사람들 앞에서 프레젠테이션을 하기는 어렵겠네.

3 こんな簡単^{かんたん}な言葉^{ことば}も覚^{おぼ}えられない**ようでは**、日本^{にほん}に行^いっても生活^{せいかつ}できないよ。

이렇게 간단한 말도 외우지 못하면 일본에 가서도 생활할 수 없어.

45 ～そうもない

의미	～할 것 같지 않다, ～할 가능성이 낮다
접속	Vます / Vれる＋そう(に)もない / そうにない

休めそうもない 쉴 수 있을 것 같지 않다 /
食べられそうにない 먹을 수 있을 것 같지 않다 /
できそうにもない 할 수 있을 것 같지 않다

1 今日は娘の誕生日だから残業せずに家に帰りたいが、やることが多くて定時に帰れ**そうにない**。

오늘은 딸 생일이라 야근하지 않고 집에 가고 싶지만 할 일이 많아서 정시에 퇴근할 수 없을 것 같다.

2 9月になってもまだ暑くて、まだまだ涼しくなり**そうもない**。

9월이 되어도 여전히 덥고, 아직 시원해질 것 같지 않다.

3 思っていたより宿題の量が多くて、明日までに終わり**そうにない**。

생각보다 숙제의 양이 많아서 내일까지 못 끝낼 것 같아.

46 ～あげく

의미	～한 끝에, ～한 결과 (나쁜 결과가 될 때 씀)
접속	Vた＋あげく

悩んだあげく 고민한 끝에 / **迷ったあげく** 망설인 끝에 /
困ったあげく 난처한 나머지

1 厳しい上司の命令で長時間働いた**あげく**、体調を崩して倒れてしまった。

엄격한 상사의 명령으로 장시간 일한 끝에 상태가 나빠져 쓰러지고 말았다.

2 4時間も待たされた**あげく**、彼女から「今日は行けない」と電話が来た。

4시간이나 기다린 끝에 그녀에게서 '오늘은 못 가겠다'고 전화가 왔다.

3 彼女は何を買うかさんざん悩んだ**あげく**、何も買わなかった。

그녀는 무엇을 살지 실컷 고민한 끝에 아무것도 사지 않았다.

47 ～ばかりに

의미	～인 탓에, ～하는 바람에, ～이라서 (나쁜 결과가 될 때 씀)
접속	보통형(ナAだ → な・である / Nだ → である)+ばかりに

> 寝坊^{ねぼう}したばかりに 늦잠 잔 탓에 /
> 頭^{あたま}が悪^{わる}いばかりに 머리가 나쁜 탓에 /
> 有名人^{ゆうめいじん}であるばかりに 유명인이라서

1 上司^{じょうし}に反抗^{はんこう}した**ばかりに**、プロジェクトのメンバーから外^{はず}されてしまった。

상사에게 반항한 탓에 프로젝트 멤버에서 제외돼 버렸다.

2 家^{いえ}が貧乏^{びんぼう}である**ばかりに**、彼^{かれ}は成績^{せいせき}が良^よいのに大学^{だいがく}に進学^{しんがく}することができなかった。

집안이 가난해서 그는 성적이 좋은데도 대학에 진학할 수 없었다.

3 外国^{がいこく}で慣^なれない料理^{りょうり}を食^たべた**ばかりに**、お腹^{なか}を壊^{こわ}してしまった。

외국에서 익숙하지 않은 요리를 먹는 바람에 배탈이 나 버렸다.

48 ～たら、かえって

의미	～했더니 오히려, ～했더니 반대 결과가 됐다 (나쁜 결과가 될 때 씀)
접속	Vたら+かえって

> 休^{やす}んだらかえって 쉬었더니 오히려 /
> 手術^{しゅじゅつ}をしたらかえって 수술을 했더니 오히려 /
> 調^{しら}べたらかえって 알아봤더니 오히려

1 故障^{こしょう}したパソコンを自分^{じぶん}で修理^{しゅうり}しようとし**たら、かえって**ひどくなってしまった。

고장 난 컴퓨터를 직접 수리하려고 했더니 오히려 심각해져 버렸다.

2 叱^{しか}られて落^おち込^こむ人^{ひと}もいるが、私^{わたし}は怒^{おこ}られ**たらかえって**やる気^きが出^でてくる。

야단을 맞고 풀이 죽는 사람도 있지만, 나는 혼나면 오히려 의욕이 생긴다.

3 窓^{まど}をきれいにしようと思^{おも}って拭^ふい**たら、かえって**汚^{きたな}くなってしまった。

창문을 깨끗하게 하려고 생각해서 닦았더니 오히려 더러워지고 말았다.

問題7　次の文の（　　　）に入れるのに最もよいものを、1・2・3・4から一つ選びなさい。

1　今日は忙しすぎて、昼ごはんを食べるために10分休むことすら（　　　）。
1　できるそうだ　　　　　　　　　　2　できつつある
3　できそうもない　　　　　　　　　4　できるまでもない

2　彼は（　　　）、休日遊びに行っても声をかけられたり写真を撮られたりして大変だ。
1　有名であるとともに　　　　　　　2　有名であるようでは
3　有名であるどころか　　　　　　　4　有名であるばかりに

3　お金がなくて貧乏だった私は、困った（　　　）あやしい人からお金を借りてしまった。
1　あげく　　　　　2　ようで　　　　　3　一方　　　　　4　とおり

4　健康になりたいと思っていても、体に悪いものばかり（　　　）病気になってしまう。
1　食べたくせに　　　　　　　　　　2　食べていては
3　食べたとして　　　　　　　　　　4　食べたことから

5　アルファベットを覚えただけでは、英語の試験に（　　　）よ。
1　合格するっこない　　　　　　　　2　合格してっこない
3　合格したっこない　　　　　　　　4　合格できっこない

6　一度負けただけで泣いている（　　　）、強い選手になることはできない。
1　ようでは　　　　2　ようには　　　　3　ようものなら　　　4　ようで

7　スーパーでさんざんチーズの味見を（　　　）、結局何も買わなかった。
1　するあげく　　　2　したあげく　　　3　しないあげく　　　4　すればあげく

8 そんなに一生懸命練習したって、プロの野球選手に（　　　）。
1　なれるようではないよ　　　　　　　2　なれっこないよ
3　なれなくちゃいけないよ　　　　　　4　なれたところではないよ

9 彼はいつも遅刻する（　　　）、友達が待ち合わせの時間に遅れたときはすごく怒る。
1　まま　　　　　　　2　ばかりに　　　3　くせに　　　　　4　以上

10 恋人と別れて悲しそうな彼女を元気づけたら、（　　　）落ち込んでしまった。
1　一方で　　　　　　2　先立って　　　3　比べて　　　　　4　かえって

問題8 次の文の　★　に入る最もよいものを、1・2・3・4から一つ選びなさい。

11 今朝、うっかり ＿＿＿＿ ★ ＿＿＿＿ ＿＿＿＿ に怒られてしまった。

    1　遅刻して   2　寝坊した

    3　先生   4　ばかりに

12 なんだか疲れていたので ★ ＿＿＿＿ ＿＿＿＿ ＿＿＿＿ 体調が悪化した。

    1　夜まで   2　寝たら

    3　朝から   4　かえって

13 一度試験に＿＿＿＿ ＿＿＿＿ ＿＿＿＿ ★ 、いつまでたっても合格できないよ。

    1　いては   2　あきらめて

    3　といって   4　落ちたから

14 こんな ★ ＿＿＿＿ ＿＿＿＿ ＿＿＿＿ にバカにされるのも当然だ。

    1　簡単な   2　ようじゃ

    3　こともわからない   4　子どもたち

15 彼は私が今まで ＿＿＿＿ ★ ＿＿＿＿ ＿＿＿＿ 、ひどいことばかり言ってくる。

    1　くせに   2　努力してきたか

    3　どれだけ   4　知らない

정답　11 4(2413)　12 3(3124)　13 1(4321)　14 1(1324)　15 2(3241)

問題9 次の文章を読んで、文章全体の内容を考えて、16 から 20 の中に入る最もよいものを、1・2・3・4から一つ選びなさい。

絵文字

　文字コミュニケーションに、革命を起こした絵文字。文字のように文中に絵を 16 「絵文字」という名前がついた。メールを送る際に絵文字を使用することで、相手に自分の気持ちを正確に伝え、誤解を生みにくくするというメリットがある。あたりまえのように使われているこの絵文字が生まれたのが、日本だということをご存知だろうか。現在は無料で何文字でもメールを送信することができるが、昔はメールを一通送るたびに料金が発生し、送信できる文字数も限られていた。このような制限はあったが、時間や場所を選ばずコミュニケーションが取れる点が便利だと、多くの日本人が電話よりメールを好むようになった。17 、対面せずにコミュニケーションが取れるという点も、恥ずかしがり屋の日本人に好まれた理由の一つだろう。しかし、文字でのコミュニケーションはしばしば送り手と受け手の間に誤解を生じさせた。18 ために開発されたのが、絵文字であった。

　その後インターネット技術が進化し、世界中の誰とでも簡単にメールを交換できるようになった。また、スマートフォンが普及したことにより、絵文字は日本だけでなく、全世界で 19 。言葉が通じない外国人とのコミュニケーションでも、正確に内容や気持ちが伝えられると、海外でも絵文字の効果が認められている。絵文字がなかったら、これほどまでインターネット上のコミュニケーションは 20 。日本人の思いやりが形になった一つの例である。

16

　1　入れられることなく　　　　　　　2　入れられることから

　3　入れられるものの　　　　　　　　4　入れられることなら

17

　1　しかし　　　　　2　したがって　　　3　つまり　　　　　4　また

18

　1　このような問題を解決する　　　　2　文字数を増やす

　3　料金を抑える　　　　　　　　　　4　あんな人の

19

　1　注目するためにある　　　　　　　2　注目させられるそうだ

　3　注目させてくれた　　　　　　　　4　注目されるようになった

20

　1　発展したようだ　　　　　　　　　2　発展していたのでしょう

　3　発展していなかっただろう　　　　4　発展しているようだ

6 강조

49 ～あまり

의미	너무 ~해서, 너무 ~한 나머지
접속	Vる / ナAな / Nの＋あまり

> 心配(しんぱい)するあまり 너무 걱정해서 /
>
> うれしさのあまり 너무 기쁜 나머지 / 痛(いた)みのあまり 너무 아파서
>
> ※「～さ / ～み」로 자주 쓰임

1 大好(だいす)きな人(ひと)に見(み)つめられて、恥(は)ずかしさの**あまり**両手(りょうて)で顔(かお)を隠(かく)してしまった。

좋아하는 사람이 쳐다봐서 부끄러운 나머지 두 손으로 얼굴을 가리고 말았다.

2 新(あたら)しい家(いえ)が快適(かいてき)な**あまり**、友達(ともだち)と遊(あそ)びに出(で)かけることすら面倒(めんどう)になってしまった。

새집이 쾌적한 나머지 친구들과 놀러 나가는 것조차 귀찮아져 버렸다.

3 母親(ははおや)は帰(かえ)って来(こ)ない娘(むすめ)を心配(しんぱい)する**あまり**、外(そと)へ探(さが)しに行(い)った。

어머니는 돌아오지 않는 딸을 걱정한 나머지 밖으로 찾으러 나갔다.

50 ～のなんのって

| 의미 | 매우 ～하다 (말로 잘 표현할 수 없을 정도로 강한 기분을 나타낼 때 씀) |
| 접속 | 보통형(ナAだ → な) + のなんのって |

驚いたのなんのって 매우 놀랐다 /
寂しいのなんのって 너무 외롭다 / 悔しいのなんのって 너무 분하다

※ N은 쓸 수 없음

1 いすに足の小指をぶつけてしまって、痛い**のなんのって**しばらく動けなかった。

의자에 새끼발가락을 부딪쳐 버려서 너무 아파서 한동안 움직일 수가 없었다.

2 毎日気温が37度もあって、もう暑い**のなんのって**。

매일 기온이 37도나 돼서 더워 죽겠어.

3 最近の携帯電話は画面が小さくて使いにくい**のなんのって**、使うたびにいら
いらして嫌になるよ。

요즘 휴대전화는 화면이 작아서 사용하기 불편해서 사용할 때마다 짜증 나고 싫어져.

51 ～てならない

| 의미 | 너무 ～하다, ～해서 견딜 수 없다 |
| 접속 | イAくて / ナAで / Vて + ならない |

悲しくてならない 너무 외롭다 / 迷惑でならない 너무 민폐다 /
感じられてならない 느껴져서 견딜 수가 없다

1 一点足りなかったせいで試験に合格できなかったことが、悔しく**てならない**。

1점 부족한 탓에 시험에 합격하지 못한 것이 분하기 짝이 없다.

2 運動をするようになってから、毎日お腹が空い**てならない**。

운동을 하면서부터 매일 너무 배가 고프다.

3 素晴らしい才能を持つ彼が20歳という若さで亡くなってしまい、残念**でなら
ない**。

대단한 재능을 가진 그가 스무 살이라는 젊은 나이에 세상을 떠나게 되어 너무나 안타깝다.

52 〜てたまらない

의미 (참을 수 없을 정도로) 너무 〜하다

접속 イAくて / ナAで / Vたくて＋たまらない

> かわいくてたまらない 너무 귀엽다 / 不思議でたまらない 너무 이상하다 /
> 会いたくて会いたくてたまらない 너무나 만나고 싶어 견딜 수가 없다
>
> ※「〜て〜てたまらない(~하고 ~해서 견딜 수가 없다)」라는 표현도 있음
>
> ※「〜たい(~하고 싶다)」로 자주 쓰임

1 ここ一か月は痩せるために野菜ばかり食べていたので、お菓子が食べたくてたまらない。

최근 한 달은 살을 빼려고 채소만 먹었더니 과자가 먹고 싶어 견딜 수 없다.

2 今日の試験が不安で不安でたまらなくて、全然眠れなかったよ。

오늘 시험이 너무나 불안하고 불안해서 전혀 잠을 잘 수가 없었어.

3 エアコンが壊れてしまい、部屋の中が暑くてたまらない。

에어컨이 고장 나 버려서 방 안이 너무 덥다.

53 〜にほかならない

의미 바로 〜이다, 〜이외에는 없다 ('바로 이것이다'라고 강조해서 말하고 싶을 때 씀)

접속 N＋にほかならない

> 運命にほかならない 바로 운명이다 /
> 努力の結果にほかならない 바로 노력의 결과다 /
> 君がいないからにほかならない 네가 없어서다
>
> ※「〜からにほかならない(~때문임에 틀림없다)」라고 이유를 강조하는 표현도 있음

1 何も言わずに突然会社を辞めるなんて、彼のやったことは無責任にほかならない。

말도 없이 갑자기 회사를 그만두다니 그가 한 일은 무책임한 짓이 아닐 수 없다.

2 人の本当の気持ちが出るのは、言葉ではなく態度にほかならない。

사람의 진정한 마음이 나오는 것은 말이 아니라 바로 태도다.

3 僕が資格試験に合格したのは、母の支えがあったからにほかならない。

내가 자격 시험에 합격한 것은 다름 아닌 어머니의 지지가 있었기 때문이다.

54 ～こそ

| 의미 | ～이야말로, ～은 (～을 강조할 때 씀) |

| 접속 | N＋こそ |

> 彼こそ 그야말로 / 今度こそ 이번이야말로 / 勉強したからこそ 공부했기 때문에
>
> ※「～からこそ(~하기 때문에)」라고 이유를 강조하는 표현도 있음

1 彼はみんなに「今年こそ試験に合格する」と言っていたが、また不合格だったらしい。

그는 모두에게 '올해야말로 시험에 합격한다'고 말했지만, 또 불합격한 것 같다.

2 たくさんのつらい経験をしたからこそ、彼女は人に優しいのだろう。

많은 힘든 경험을 했기 때문에 그녀는 사람들에게 상냥한 것일 것이다.

3 今日こそ彼女に気持ちを伝えようと思ったが、また今日も言えなかった。

오늘이야말로 그녀에게 마음을 전하려고 했지만, 또 오늘도 말하지 못했다.

55 ～まい

| 의미 | ① ～하지 않을 것이다 ② 절대 ～하지 않겠다 (강한 기분을 나타냄) |

접속	Vる / Vます＋まい
	※します → しまい / すまい
	来ます → 来まい

> 行くまい 가지 않을 것이다 / あるまい 없을 것이다 / 食べまい 먹지 않겠다

1 料理の味も店員の態度も悪いこんな店には、もう二度と来るまい。

음식의 맛도 점원의 태도도 나쁜 이런 가게에는 이제 두 번 다시 오지 않을 것이다.

2 いつも嘘ばかりついている彼の言うことなんか、誰も信じまい。

항상 거짓말만 하는 그의 말 따위는 아무도 믿지 않을 것이다.

3 頭の良い彼女には、試験に落ちた私の気持ちなんてわかるまい。

머리가 좋은 그녀에게는 시험에 떨어진 내 기분 따위는 알 수 없을 것이다.

56 ～てでも

| 의미 | ～해서라도 (보통은 하지 않는 방법을 쓴다고 말하고 싶을 때 씀) |

| 접속 | Vて＋でも |

休んででも 쉬더라도 / 待ってでも 기다려서라도 /
どんな手を使ってでも 무슨 수를 써서라도

1 このお店のラーメンは最高においしいので、一時間待ってでも食べたい。

이 집 라면은 최고로 맛있어서 1시간 기다려서라도 먹고 싶다.

2 僕は彼女と別れてでも、この夢をかなえたかった。

나는 그녀와 헤어져서라도 이 꿈을 이루고 싶었다.

3 今の安定した生活を捨ててでもやりたいことがあると言って、彼はアフリカへ行った。

지금의 안정적인 생활을 버리고서라도 하고 싶은 일이 있다며 그는 아프리카로 갔다.

57 ～というより

| 의미 | ～이라기보다, ～이 아니라 (더 딱 맞는 표현이 있다고 말하고 싶을 때 씀) |

| 접속 | 보통형＋というより |
| | ナA / N ＋(である)というより |

賑やかというよりうるさい 활기차다기보다는 시끄럽다 /
学ぶというより遊ぶ 배운다기보다는 논다 /
兄弟というより親友 형제라기보다는 친구

1 彼とは性格も趣味も似ていて、恋人というより友達のような関係だ。

그와는 성격도 취미도 비슷해 연인이라기보다는 친구 같은 관계다.

2 日本語を勉強しているときは、努力しているというより遊んでいるような気持ちになる。

일본어를 공부하고 있을 때는 노력하고 있다기보다는 놀고 있는 듯한 기분이 든다.

3 彼の話し方は、おもしろいというより下品だ。

그의 말투는 재미있다기보다는 상스럽다.

58 ～に決^きまっている

의미 반드시 ～하다, ～으로 정해져 있다, ～임에 틀림없다

접속 보통형(ナAだ / Nだ)+に決まっている
　　　　　ナA / N +であるに決まっている

> 合格^{ごうかく}するに決^きまっている　반드시 합격할 것이다 /
> おいしいに決^きまっている　맛있을 게 틀림없다 /
> あいつに決^きまっている　그녀석임에 틀림없다

1　あんなに休^{やす}まず働^{はたら}き続^{つづ}けていたら、そのうち倒^{たお}れるに決^きまっている。

그렇게 쉬지 않고 계속 일하다 보면 머지않아 쓰러질 게 뻔하다.

2　毎日^{まいにち}コンビニでランチを買^かっていたら、食費^{しょくひ}が高^{たか}くつくに決^きまっているよ。

매일 편의점에서 점심을 사 먹으면 식비가 많이 들기 마련이야.

3　佐藤^{さとう}さんが主役^{しゅやく}の映画^{えいが}だって。こんなのおもしろいに決^きまっている。

사토 씨가 주연인 영화래. 이런 건 당연히 재미있을 거야.

問題7 次の文の（　　　）に入れるのに最もよいものを、1・2・3・4から一つ選びなさい。

1　遊園地のような人の多いところへは（　　　）と思っていたが、彼女ができてからよく行くようになった。

　　1　行かまい　　　　　2　行きまい　　　　　3　行くまい　　　　　4　行こまい

2　集中して勉強したいのに、隣でずっと話をされて（　　　）。

　　1　迷惑なわけがない　　　　　　　　　2　迷惑のなんのない
　　3　迷惑しようがない　　　　　　　　　4　迷惑でならない

3　最近ようやく言葉を話すようになった息子が、（　　　）。

　　1　かわいいたまらない　　　　　　　　2　かわいくてたまらない
　　3　かわいくたまらない　　　　　　　　4　かわいいでたまらない

4　私と兄は一歳しか年齢が離れていないので、兄弟（　　　）親友のような関係だ。

　　1　というより　　　　2　にほかならず　　　3　にとって　　　　4　によって

5　ここのラーメンは他の店にはない特別なおいしさがあるので、二時間（　　　）食べる価値がある。

　　1　待ってから　　　　2　待ってでも　　　　3　待っていて　　　　4　待って以来

6　息子が試験に合格したと聞いて、うれしさの（　　　）大声でさけんでしまった。

　　1　くせに　　　　　2　つもりで　　　　3　なんのって　　　　4　あまり

7　一人暮らしを始めてさびしい（　　　）、毎日一人で泣いてばかりいる。

　　1　ものの　　　　　2　というより　　　　3　のなんのって　　　4　によって

8 　父は「今度（　　　）当てる！」と言いながら、走って宝くじを買いに行った。
　　1　ほど　　　　　　　2　には　　　　　　3　おきに　　　　　4　こそ

9 　作品が認められて金賞をとることができたのは、彼自身の努力の結果（　　　）。
　　1　でならない　　　　　　　　　　2　というものがある
　　3　にほかならない　　　　　　　　4　にかかわらずだ

10 　あんなに一生懸命勉強しているんだから、彼は合格する（　　　）。
　　1　に決まっている　　　　　　　　2　にほかならない
　　3　に先立っている　　　　　　　　4　に対している

정답　1 3　2 4　3 2　4 1　5 2　6 4　7 3　8 4　9 3　10 1

問題8　次の文の＿＿★＿＿に入る最もよいものを、1・2・3・4から一つ選びなさい。

11　毎週月曜日に放送されるドラマの ＿＿＿＿　＿＿★＿＿　＿＿＿＿　＿＿＿＿。
　　1　観たくて
　　3　たまらない
　　2　早く
　　4　続きを

12　途中まで勝っていたのに、最後に逆転されて負けて ＿＿＿＿　＿＿★＿＿　＿＿＿＿
　　＿＿＿＿。
　　1　<ruby>悔<rt>くや</rt></ruby>しくて
　　3　ならない
　　2　しまった
　　4　ことが

13　今年は準優勝だったが、＿＿＿＿　＿＿＿＿　＿＿★＿＿　＿＿＿＿ 心に決めた。
　　1　と
　　3　優勝するぞ
　　2　こそ
　　4　来年

14　突然 ＿＿＿＿　＿＿★＿＿　＿＿＿＿　＿＿＿＿ 持っていたアイスクリームを床に落としてし
　　まった。
　　1　<ruby>驚<rt>おどろ</rt></ruby>きの
　　3　あまり
　　2　<ruby>雷<rt>かみなり</rt></ruby>が
　　4　鳴って

15　こんなに短期間で、完ぺきに歌と踊りを覚えられるのは ＿＿＿＿　＿＿＿＿　＿＿★＿＿
　　＿＿＿＿。
　　1　ほか
　　3　ならない
　　2　才能に
　　4　彼女たちの

---

59 ～最中

| 의미 | ～하고 있는 참에, 한창 ～하는 중에 |

| 접속 | Vている＋最中(に) |
| | N＋の最中(に) |

> 食事の最中 한창 식사 중에 /
> 勉強している最中 공부하고 있는 참에 /
> 話している最中 이야기하고 있는 중에

1 会社でプレゼンをしている最中に、突然頭が痛くなり倒れてしまった。

회사에서 프레젠테이션을 하던 중 갑자기 머리가 아파져서 쓰러지고 말았다.

2 シャワーの最中に、誰かが訪ねてきて困った。

샤워 중에 누군가가 찾아와 곤란했다.

3 試験を受けている最中、突然停電した。

시험을 보던 중에 갑자기 정전이 됐다.

60 〜かと思うと

의미 〜한 다음에 바로, 〜했나 싶더니 곧, 〜하자마자

접속 Vた+かと思うと / かと思ったら

治ったかと思うと 나았나 했더니 / 音がしたかと思うと 소리가 났나 싶더니 /
終わったかと思ったら 끝났나 싶더니

1 彼はテーブルにある料理を全部食べ終わった<u>かと思うと</u>、さらに料理を注文し始めた。

그는 테이블에 있는 요리를 다 먹었는가 싶더니 요리를 더 주문하기 시작했다.

2 友人はアメリカに留学した<u>かと思ったら</u>、今度はフィリピンに住むらしい。

친구는 미국에 유학하자마자 이번에는 필리핀에 사는 것 같다.

3 ベトナムの天気は不安定で、大雨が降った<u>かと思ったら</u>すぐに晴れることがよくある。

베트남의 날씨는 불안정해서 큰비가 내리는가 하면 곧 맑아지는 경우가 자주 있다.

61 〜か〜ないかのうちに

의미 〜하자마자, 〜하다 끝나지 않을 정도로 바로

접속 Vる / Vた+か+Vない+かのうちに

食べるか食べないかのうちに 먹자마자 /
着くか着かないかのうちに 도착하자마자 /
見たか見ないかのうちに 보자마자

1 コップの中のビールを飲む<u>か</u>飲ま<u>ないかのうちに</u>、酔っ払って顔が真っ赤になってしまった。

컵 안의 맥주를 다 마시자마자 술에 취해 얼굴이 새빨개지고 말았다.

2 信号が青になる<u>か</u>なら<u>ないかのうちに</u>、彼は道路を渡り出した。

신호등이 초록색으로 바뀌자마자 그는 도로를 건너기 시작했다.

3 家に着いた<u>か</u>着か<u>ないかのうちに</u>、急いでトイレへ入っていった。

집에 도착하자마자 바로 서둘러 화장실로 들어갔다.

62 ～たとたん

의미	～하자마자, ～한 후에 바로
접속	Vた＋とたん(に)

言ったとたん 말하자마자 /
食べたとたん 먹자마자 /
聞いたとたんに 듣자마자

1 よほど疲れていたのか、布団に入って目を閉じたとたんに眠ってしまった。

어지간히 피곤했는지 이불 속에 들어가서 눈을 감자마자 잠들어 버렸다.

2 彼は立ち上がったとたん、気分が悪くなって倒れてしまった。

그는 일어나자마자 속이 안 좋아 쓰러지고 말았다.

3 会社を出たとたん、大雨が降ってきた。

회사를 나오자마자 폭우가 쏟아졌다.

63 ～上で

의미	① ～을 할 때, ～하는 데 있어서
	② ～을 한 후에
접속	① Vる＋上(で)
	② Vた / Nの＋上(で)

勉強する上で 공부할 때 / 確認した上で 확인한 후에 / 覚悟の上 각오한 후에

1 社内で何度も話し合いをした上で、この商品を発売することが決定しました。

사내에서 몇 번이나 논의를 한 후에 이 상품을 발매하기로 결정했습니다.

2 家族と相談の上、一人暮らしをすることに決めました。

가족들과 상의 후 혼자 살기로 결정했어요.

3 仕事をする上で大切なことは、責任感を持つことだ。

일을 하는 데 있어서 중요한 것은 책임감을 갖는 것이다.

64 ～ついでに

의미   ～하는 김에, ～을 할 때 다른 것도 한다

접속   Vる / Vた＋ついでに

　　　　N＋(の)ついでに

> <ruby>出<rt>で</rt></ruby>かけるついでに 외출하는 김에 / <ruby>行<rt>い</rt></ruby>ったついでに 간 김에 /
> <ruby>買<rt>か</rt></ruby>い<ruby>物<rt>もの</rt></ruby>のついでに 장 보는 김에

1　<ruby>掃除<rt>そうじ</rt></ruby>の**ついでに**、<ruby>生活<rt>せいかつ</rt></ruby>に<ruby>必要<rt>ひつよう</rt></ruby>のないむだな<ruby>物<rt>もの</rt></ruby>を<ruby>全<rt>すべ</rt></ruby>て<ruby>捨<rt>す</rt></ruby>てた。

　　청소하는 김에 생활하는 데 필요 없는 쓸데없는 물건을 모두 버렸다.

2　コンビニに<ruby>行<rt>い</rt></ruby>く**ついでに**、<ruby>電池<rt>でんち</rt></ruby>も<ruby>買<rt>か</rt></ruby>ってきてくれない？

　　편의점 가는 김에 건전지도 사다 주지 않을래?

3　<ruby>京都<rt>きょうと</rt></ruby>へ<ruby>出張<rt>しゅっちょう</rt></ruby>した**ついでに**、<ruby>学生時代<rt>がくせいじだい</rt></ruby>の<ruby>友達<rt>ともだち</rt></ruby>に<ruby>会<rt>あ</rt></ruby>ってきた。

　　교토에 출장을 간 김에 학창 시절 친구를 만나고 왔다.

65 ～をかねて

의미   ～을 겸해서, ～도 동시에 하며

접속   N＋をかねて

> <ruby>休憩<rt>きゅうけい</rt></ruby>をかねて 휴식을 겸해서 / あいさつをかねて 인사를 겸해서 /
> <ruby>勉強<rt>べんきょう</rt></ruby>をかねて 공부를 겸해서

1　リスニングと<ruby>会話<rt>かいわ</rt></ruby>の<ruby>練習<rt>れんしゅう</rt></ruby>**をかねて**、<ruby>日本<rt>にほん</rt></ruby>のアニメをたくさん<ruby>観<rt>み</rt></ruby>ている。

　　듣기와 회화 연습을 겸해서 일본 애니메이션을 많이 보고 있다.

2　ストレス<ruby>発散<rt>はっさん</rt></ruby>**をかねて**、ジムに<ruby>通<rt>かよ</rt></ruby>っている。

　　스트레스를 풀 겸 헬스장에 다니고 있다.

3　<ruby>節約<rt>せつやく</rt></ruby>とダイエット**をかねて**、<ruby>毎朝駅<rt>まいあさえき</rt></ruby>まで<ruby>歩<rt>ある</rt></ruby>いている。

　　절약과 다이어트를 겸해 매일 아침 역까지 걷고 있다.

66 ～につけ

의미	～할 때마다

접속	Vる+につけ(て)

> 見^みるにつけ 볼 때마다 /
> 聞^きくにつけ 들을 때마다 /
> 考^{かんが}えるにつけ 생각할 때마다 /
> ★何^{なに}かにつけ 무슨 일이 있을 때마다

1 片思^{かたおも}い中^{ちゅう}の彼女^{かのじょ}のことを考^{かんが}える**につけ**、胸^{むね}が締^しめ付^つけられるような切^{せつ}ない気持^{きも}ちになる。

짝사랑 중인 그녀를 생각할 때면 가슴이 뭉클해지는 듯한 애틋한 기분이 든다.

2 道^{みち}で犬^{いぬ}を見^みかける**につけ**、昔^{むかし}飼^かっていた愛犬^{あいけん}のことを思^{おも}い出^だす。

길에서 개를 볼 때마다 옛날에 키우던 반려견을 떠올린다.

3 彼^{かれ}は**何^{なに}かにつけ**文句^{もんく}を言^いってくるので、皆^{みんな}から嫌^{きら}われている。

그는 무슨 일이든 불평을 늘어놓기 때문에 모두에게 미움을 받고 있다.

67 ～ぶり

의미	～만에, ～이라는 긴 시간을 거쳐

접속	N+ぶり(に)

> 一週間^{いっしゅうかん}ぶり 일주일 만에 / 一年^{いちねん}ぶり 1년 만에 / 半年^{はんとし}ぶりに 반년 만에 /
> ★久^{ひさ}しぶりに 오랜만에

1 同窓会^{どうそうかい}で10年^{ねん}**ぶり**に親友^{しんゆう}と再会^{さいかい}し、学生時代^{がくせいじだい}のように楽^{たの}しく話^{はなし}をした。

동창회에서 10년 만에 친구와 재회해 학창 시절처럼 즐겁게 이야기를 나눴다.

2 けがの治療^{ちりょう}が終^おわり退院^{たいいん}し、一^{いっ}か月^{げつ}**ぶり**に同僚^{どうりょう}に会^あうことができた。

부상 치료가 끝나고 퇴원해서 한 달 만에 동료를 만날 수 있었다.

3 久^{ひさ}しぶりに家^{いえ}へ帰^{かえ}ったら、飼^かっていたペットが大^{おお}きく成長^{せいちょう}していて驚^{おどろ}いた。

오랜만에 집에 돌아오니 키우던 반려동물이 많이 커서 놀랐다.

**問題7　次の文の（　　　）に入れるのに最もよいものを、1・2・3・4から一つ
　　　選びなさい。**

1　彼女は（　　　）私のまねばかりしてくるので、嫌な気分になる。
　　1　何の通りに　　　　　　　　　　　2　何に対して
　　3　何かにつけて　　　　　　　　　　4　何はともあれ

2　勉強している（　　　）、妹が私の部屋に何度も来るので集中できない。
　　1　上で　　　　　　　2　次第　　　　　　　3　一方　　　　　　　4　最中

3　外で大きな音が（　　　）、「助けて」という子どもの声が聞こえた。
　　1　したかと思うと　　　　　　　　　2　したと思って
　　3　したと思わず　　　　　　　　　　4　したかと思うに

4　勉強する（　　　）最も大切なことは、目標を立てて毎日少しずつ取り組むことだ。
　　1　上が　　　　　　2　上に　　　　　　3　上で　　　　　　4　上は

5　賞味期限が切れているおにぎりを（　　　）、お腹が痛くなり始めた。
　　1　食べたはずで　　　　　　　　　　2　食べたついでに
　　3　食べたとたん　　　　　　　　　　4　食べた次第に

6　インフルエンザでしばらく学校を休んでいたので、一週間（　　　）に友達に会えた。
　　1　たち　　　　　　　2　きり　　　　　　3　うえ　　　　　　4　ぶり

7　日曜日は美容院へ行く（　　　）、マッサージを受けてエステにも行く予定だ。
　　1　とたんに　　　　　2　ついでに　　　　3　最中に　　　　　4　以上に

8 映画が終わる（　　　）終わらない（　　　）のうちに、お客さんはみんな立ち上がって帰り始めた。

1　の / の　　　　　2　に / に　　　　　3　と / と　　　　　4　か / か

9 大学合格の知らせを（　　　）、母は大喜びして泣き始めた。

1　聞きとたん　　　2　聞くとたん　　　3　聞いてとたん　　　4　聞いたとたん

10 勉強（　　　）、英語の曲をたくさん聞くようにしている。

1　にとって　　　　2　をかねて　　　　3　のあまり　　　　4　にしても

정답　1 3　2 4　3 1　4 3　5 3　6 4　7 2　8 4　9 4　10 2

問題8　次の文の＿★＿に入る最もよいものを、1・2・3・4から一つ選びなさい。

11 　桜は ＿＿＿＿ ＿＿＿＿ ＿＿＿＿ ＿★＿ かと考えているうちに桜の季節が終わってしまった。

1　散ってしまうので 　　　　　　　　2　かと思うと

3　咲いた 　　　　　　　　　　　　　4　いつ見に行こう

12 　＿★＿ ＿＿＿＿ ＿＿＿＿ ＿＿＿＿ ので、今朝は早起きしないですんだ。

1　ついでに 　　　　　　　　　　　　2　作っておいた

3　お弁当のおかずも 　　　　　　　　4　夕食を作る

13 　日本に留学して3年経つが、国にいる家族のことを ＿＿＿＿ ＿★＿ ＿＿＿＿ ＿＿＿＿ と思う。

1　つらいことがあっても 　　　　　　2　考える

3　につけ 　　　　　　　　　　　　　4　頑張ろう

14 　彼と ＿＿＿＿ ＿＿＿＿ ＿★＿ ＿＿＿＿ 誰かすぐには思い出せなかった。

1　見た目が 　　　　　　　　　　　　2　会うのは

3　変わっていて 　　　　　　　　　　4　10年ぶりなので

15 　シャワーを浴びている ＿★＿ ＿＿＿＿ ＿＿＿＿ ＿＿＿＿ あわてて出た。

1　体もふかずに 　　　　　　　　　　2　最中に

3　上司から 　　　　　　　　　　　　4　電話がかかってきて

68 ～に反して

▼ 기준

의미 ～과는 반대로, ～에 반해서

접속 N+に反して / N1+に反する+N2

> 期待に反して 기대와는 반대로 / 規則に反して 규칙에 반해 /
> 予想に反する結果 예상에 반하는 결과

1 この会社では、上司の命令に反する行動をとることは絶対に許されない。

이 회사에서는 상사의 명령에 반하는 행동을 하는 것은 절대로 허용되지 않는다.

2 親の期待に反して、彼はピアニストにならずに歌手になった。

부모의 기대와는 반대로 그는 피아니스트가 되지 않고 가수가 되었다.

3 専門家の予想に反して、感染症は一年経った今でも拡大し続けている。

전문가들의 예상에 반해 감염병은 1년이 지난 지금까지도 계속 확대되고 있다.

69 ～に応じて

의미 ～에 맞추어, ～에 따라

접속 N+に応じて / N1+に応じた+N2

> 希望に応じて 희망에 따라 / 経験に応じて 경험에 맞추어 /
> 状況に応じた対応 상황에 따른 대응

1 部下には、一人ひとりの能力に応じた仕事を任せることが大切だ。

부하 직원에게는 각자의 능력에 맞는 일을 맡기는 것이 중요하다.

2 荷物の大きさに応じて、配達の料金が異なります。

짐의 크기에 따라 배달 요금이 다릅니다.

3 お客様の要望に応じて、営業時間を一時間延ばすことに決めた。

고객의 요청에 따라 영업 시간을 1시간 연장하기로 정했다.

70 ～に加えて

의미   ～뿐만 아니라, ～에 더하여

접속   N+に加えて

> 日本語に加えて 일본어뿐만 아니라 / 読書に加えて 독서뿐만 아니라 /
> 練習に加えて 연습과 더불어

1 外国語を習得するためには、単語の暗記に加えて会話の練習をすることがとても大切だ。

외국어를 습득하기 위해서는 단어 암기와 더불어 회화 연습을 하는 것이 매우 중요하다.

2 本日、入会金に加えて、今月分の料金もお支払いいただきます。

오늘 입회금과 더불어 이번 달 분의 요금도 지불해 주십시오.

3 症状をおさえるために、薬を飲むことに加えて軽い運動もするようにしてください。

증상을 억제하기 위해 약을 복용하는 것뿐만 아니라 가벼운 운동도 하도록 해 주세요.

71 ～に沿って

의미   ～을 따라, ～에 따라서

접속   N+に沿って
　　　　　N1+に沿った+N2

> 道路に沿って 도로를 따라서 / 期待に沿って 기대에 따라 /
> 希望に沿った提案 희망에 따른 제안

1 春になると川に沿って並んでいる桜の木が満開になって、とても美しい。

봄이 되면 강을 따라 줄지어 있는 벚꽃 나무가 만개하여 매우 아름답다.

2 大通りに沿ってまっすぐ進むと、黄色い看板がありますのでそこを右に曲がってください。

큰길을 따라 똑바로 가면 노란 간판이 있으므로 거기에서 오른쪽으로 돌아 주세요.

3 お客様のご希望に沿った快適なお部屋をご用意いたしました。

고객님의 요청에 따라 쾌적한 방으로 준비했습니다.

72 ～に伴って

의미 ～과 함께, ～에 따라서 (동시에 다른 것이 일어난다고 말하고 싶을 때 씀)

접속 N+に伴って
N1+に伴う+N2

> 気温の上昇に伴って 기온 상승에 따라 / 大雨に伴って 폭우와 함께 /
> 引っ越しに伴う費用 이사에 따른 비용

1 就職に伴って、田舎の街へ引っ越しすることになった。

취직과 함께 시골 동네로 이사하게 되었다.

2 台風の接近に伴って、雨と風が強くなってきた。

태풍이 접근함에 따라 비와 바람이 강해졌다.

3 本日の授業では、地球温暖化に伴う問題についてお話します。

오늘 수업에서는 지구 온난화에 따른 문제에 대해 이야기하겠습니다.

73 ～において   ▼ 관련

의미 ～에서, ～에 있어서

접속 N+において

> 勉強において 공부에서 / 日本において 일본에서 /
> 会議室において 회의실에서

1 人生において最も大切なことは、失敗を恐れずチャレンジし続けることだ。

인생에서 가장 중요한 것은 실패를 두려워하지 않고 계속 도전하는 것이다.

2 インターネットのない時代において、家族に連絡する方法は電話か手紙しか
なかった。

인터넷이 없던 시절에 가족에게 연락할 방법은 전화나 편지밖에 없었다.

3 明日東京大学において、村上教授の講演会が行われます。

내일 도쿄 대학에서 무라카미 교수님의 강연회가 열립니다.

74 ～にかけては

의미 ～에 있어서는 (그것에 관해서는 잘할 수 있다고 말하고 싶을 때 씀)

접속 N+にかけては

> 料理にかけては　요리에 있어서는 /
>
> サービスにかけては　서비스에 있어서는 /
>
> 日本語にかけては　일본어에 있어서는

1 日本の漫画とアニメにかけては、彼より詳しい人にこれまで出会ったことがない。

일본 만화와 애니메이션에 관해서는 그보다 잘 아는 사람을 지금까지 만난 적이 없다.

2 選抜チームの中でも、足の速さにかけては彼に勝てる人はいないだろう。

선발팀 중에서도 발 빠르기에 있어서는 그를 이길 사람이 없을 것이다.

3 彼は勉強はできないけれど、音楽の知識にかけてはクラスで一番だ。

그는 공부는 못하지만, 음악 지식에 있어서는 반에서 제일이다.

75 ～をめぐって

의미 ～을 둘러싸고, ～을 놓고 (문제나 다툼이 일어날 때 씀)

접속 N+をめぐって / をめぐり

N1+をめぐる+N2

> 財産をめぐって　재산을 놓고 / 騒音をめぐり　소음을 둘러싸고 /
>
> 権利をめぐる争い　권리를 둘러싼 분쟁

1 親の遺産をめぐって、親戚同士の激しい争いが始まった。

부모의 유산을 둘러싸고 친척 간의 치열한 다툼이 시작됐다.

2 大会の中止をめぐって、たくさんの意見が寄せられた。

대회 중단을 놓고 많은 의견이 쏟아졌다.

3 住民の間でビルの建設をめぐる対立が起こっている。

주민들 사이에서 빌딩 건설을 둘러싼 대립이 일어나고 있다.

76 ～というと

의미	～에 대해 말하자면
접속	N+というと / といえば

> 勉強というと　공부에 대해 말하자면 / 留学といえば　유학에 대해 말하자면 /
> 日本食といえば　일식이라고 하면

1 漢字の勉強というと嫌がる人が多いのですが、実はとてもおもしろいものです。

한자 공부라고 하면 싫어하는 사람이 많지만, 실은 매우 재미있는 것입니다.

2 北海道といえば、じゃがいもやとうもろこしなどのおいしい食べ物を思い浮かべる。

홋카이도라고 하면 감자와 옥수수 같은 맛있는 음식이 떠오른다.

3 東京出身の人は遠足というと、京都や奈良へ行くらしい。

도쿄 출신 사람들은 소풍이라고 하면 교토나 나라로 가는 것 같다.

77 ～とは

의미	～은, ～이란 (딱딱한 말투)
접속	N+とは

> 日本語とは　일본어란 / 勉強とは　공부란 / 社会とは　사회란

1 仕事とは、人の役に立つ代わりにお金をもらうという行為である。

일이란 다른 사람에게 도움이 되는 대신 돈을 받는 행위다.

2 梅雨とは5月から7月の間にある、雨の多い時期のことです。

장마는 5월부터 7월 사이에 있는 비가 많이 내리는 시기를 말합니다.

3 ゴールデンウィークとは、毎年5月にある長い連休のことです。

골든 위크란 매년 5월에 있는 긴 연휴를 말합니다.

問題7 次の文の（　　　）に入れるのに最もよいものを、1・2・3・4から一つ 選びなさい。

1　グローバル化する現代（　　　）最も必要とされる能力は、コミュニケーション能力 である。

　　1　にはって　　　　　2　によって　　　　　3　にのって　　　　　4　において

2　（　　　）、すしや天ぷらを思い出す人が多いと思います。

　　1　日本食というと　　　　　　　　　　2　日本食をめぐって

　　3　日本食にかけては　　　　　　　　　4　日本食とは

3　夏になると、気温の上昇（　　　）熱中症になる人の数が増加する。

　　1　に備えて　　　　　2　に基づいて　　　　3　に伴って　　　　4　に沿って

4　健康のために毎朝のウォーキング（　　　）、仕事終わりにジムへ通って筋トレをし ている。

　　1　に沿って　　　　　2　に加えて　　　　　3　において　　　　4　にかけて

5　大通り（　　　）、同じ色の家がたくさん並んでいる。

　　1　において　　　　　2　によって　　　　　3　に反して　　　　4　に沿って

6　優勝候補のチームが次々と負け、大会は予想（　　　）結果となった。

　　1　に対した　　　　　2　に応じる　　　　　3　に基づく　　　　4　に反する

7　この会社では、能力と仕事の結果（　　　）社員の給料を決定しています。

　　1　に加えて　　　　　2　に反して　　　　　3　に応じて　　　　4　に比べて

8 ナポリタン（　　　）、ケチャップを使った日本風のスパゲティのことである。

　　1　とは　　　　　　　2　では　　　　　　3　さえ　　　　　　4　ただ

9 一人の（　　　）、二人の男性が激しく言い争いをしている。

　　1　女性にあたって　　　　　　　　2　女性に基づいて
　　3　女性に沿って　　　　　　　　　4　女性をめぐって

10 料理の味とお客様へのサービス（　　　　　）、この店が日本で一番だ。

　　1　にとっては　　　2　にかけては　　　3　をめぐっては　　4　をかねては

問題8 次の文の___★___に入る最もよいものを、1・2・3・4から一つ選びなさい。

11 うちの本屋は古い本から新しい本まで取りそろえているので、_____ _____ _____★_____ _____に負けることはないだろう。

1 他の店
2 豊富さ
3 本の種類の
4 にかけては

12 _____★_____ _____ _____ _____、そこには食品や日用品がたくさん売っている。

1 言葉で
2 短くした
3 スーパーとは
4 スーパーマーケットを

13 現在の日本社会では、高齢化_____ _____ _____ _____★_____が問題になっている。

1 若くて力のある
2 に伴う
3 働き手
4 の不足

14 今年こそは_____ _____★_____ _____ _____は初戦で負けてしまった。

1 国民の期待
2 優勝するだろうという
3 日本チーム
4 に反して

15 先日、祖父が急に亡くなった。明日、祖父の遺産の相続_____★_____ _____ _____ _____話し合うことになっている。

1 皆で集まって
2 をめぐる
3 について
4 問題

가정·조건

78 ~にしても

| 의미 | ~이라고 해도, ~이라고 생각해도 |

| 접속 | 보통형(ナAだ → である / Nだ → である)+にしても |

> いっしょうけんめい
> 一生懸命やったにしても 열심히 했다고 해도 /
> べんきょう つづ
> 勉強し続けるにしても 계속 공부한다고 해도 /
> びじん
> 美人であるにしても 미인이라고 해도 /
>
> ★それにしても 그렇다 치더라도

1 いくら素材が良いにしても、Tシャツ一枚で3万円は高すぎると思う。

아무리 소재가 좋다 하더라도 티셔츠 한 장에 3만 엔은 너무 비싼 것 같다.

2 いくら慣れているにしても、山では何があるかわかりませんから、必ず二人以上で行動しましょう。

아무리 익숙하더라도 산에서는 무엇이 있는지 모르기 때문에 반드시 두 사람 이상이 함께 행동합시다.

3 未経験者であるにしても、基礎知識くらいは勉強してきてほしかった。

경험이 없는 사람이라고 해도 기초 지식 정도는 공부해 왔으면 했다.

79 ～としても

의미 ～이라고 해도, ～이라고 생각해도

접속 보통형+としても

> 行くとしても 간다고 해도 /
> 知っていたとしても 알고 있었다고 해도 /
> やらないとしても 하지 않는다고 해도

1 たとえ冗談だったとしても、見た目のことをからかわれてとても傷ついた。
비록 농담이었다고 해도 외모를 가지고 놀림을 받아 몹시 상처 받았다.

2 たとえ大雪だとしても、仕事を休むことはできないだろう。
설령 폭설이 내린다고 해도 일을 쉴 수는 없을 것이다.

3 どんなに生活が苦しいとしても、犯罪はしないと決めている。
아무리 생활이 어렵더라도 범죄는 저지르지 않기로 했다.

80 ～とも

의미 ～해도, ～이더라도

접속 Vよう / イAくて+とも
ナA / N+であろうとも

> 負けようとも 지더라도 / 悲しくとも 슬퍼도 /
> 台風であろうとも 태풍이더라도

1 この先何があろうとも、僕たちはずっと親友だ。
앞으로 무슨 일이 있어도 우리는 계속 친한 친구다.

2 どんなに孫がかわいくとも、甘やかしすぎるのは良くない。
아무리 손자가 예뻐도 너무 응석을 받아 주는 것은 좋지 않다.

3 出張先が海外であろうとも、会社の命令だから必ず行かなければならない。
출장지가 해외이더라도 회사의 명령이기 때문에 반드시 가야 한다.

81 ～ばよかった

의미	～해야 했다, ～할 걸 그랬다 (후회하는 마음을 나타냄)

접속　Vば＋よかった

　　　　Vない＋なければよかった

> 行けばよかった 갈 걸 그랬다 / 食べればよかった 먹을 걸 그랬다 /
> 出会わなければよかった 만나지 말았어야 했다

1 彼女を怒らせてしまった。あんなこと言わなければよかった。

그녀를 화나게 해 버렸다. 그런 말을 하지 말 걸 그랬다.

2 こんなに時間がかかるなんて、昨日のうちに準備しておけばよかった。

이렇게 시간이 걸릴 거라면, 어제 준비해 둘 걸 그랬다.

3 もっと計画的に夏休みの宿題をやればよかった。

좀 더 계획적으로 여름 방학 숙제를 할 걸 그랬다.

82 ～さえ～ば

의미	～만 ～하면, ～만이 중요한 것이다

접속　N＋さえ＋ (Vば / イAい＋ければ)
　　　　　　　　　　 (ナA＋なら / N＋なら)

　　　　Vます＋さえすれば / さえしなければ

　　　　ナA / N＋でさえあれば / でさえなければ

> 悪口さえ言わなければ 욕만 하지 않으면 / 行きさえすれば 가기만 하면 /
> 金持ちでさえあれば 부자이기만 하면

1 身長さえ高ければ、もっと試合で活躍できるのになあ。

키만 크면 시합에서 더 활약할 수 있을 텐데.

2 英語さえできれば、海外で働けるというものではない。

영어만 할 수 있다고 해외에서 일할 수 있는 것은 아니다.

3 結婚相手は高収入でさえあれば誰でもいいというわけではない。

결혼 상대는 높은 수입만 있다고 해서 누구든 되는 것은 아니다.

83 ～を抜きにして

의미 ～ 없이, ～을 빼고

접속
N+を抜きにして(は)
N+は抜きにして
N+抜きに / 抜きで

> 彼を抜きにして　그 없이 /
> 冗談は抜きにして　농담은 빼고 /
> わさび抜きで　고추냉이 빼고

1 お祝いのための食事会だから、仕事の話は抜きにして楽しみましょう！

축하를 위한 식사 모임이니까 일 이야기는 빼고 즐깁시다!

2 昨日、私の家族は私抜きで焼き肉を食べに行ったらしい。

어제 우리 가족은 나 빼고 불고기를 먹으러 간 모양이다.

3 この仕事は部長を抜きにしては進められません。

이 일은 부장님 없이는 진행할 수 없습니다.

84 ～を除いて

의미 ～을 제외하고, ～이외에

접속 N+を除いて(は)

> 彼を除いて　그를 제외하고 / 日曜日を除いて　일요일을 제외하고 /
> 見た目が悪いことを除いては　보기 안 좋은 것을 빼고는

1 この中で試験に合格したのは、私を除いて5人だけです。

이 중에서 시험에 합격한 사람은 저를 제외하고 5명뿐입니다.

2 当店は年末年始を除いて、休まず営業しています。

우리 매장은 연말연시를 제외하고 쉬지 않고 영업하고 있습니다.

3 この家は新しいし家賃も安いし、交通が不便なところを除いては最高です。

이 집은 새 집이고 집세도 싸고, 교통이 불편한 점을 제외하고는 최고입니다.

85 ～次第で

의미	～에 따라, ～하는 대로
접속	N+次第で(は) / 次第だ

> 天候次第で 날씨에 따라 /
> 気分次第では 기분에 따라서는 /
> やる気次第だ 의욕에 달렸다

1 この話を信じるか信じないかは、あなた次第ですよ。

이 말을 믿을지 안 믿을지는 당신에게 달렸어요.

2 明日は遠足の予定だが、天気次第では中止になりそうだ。

내일은 소풍이 예정되어 있지만 날씨에 따라서는 중지될 것 같다.

3 この検査の結果次第で、入院するかどうかが決まります。

이 검사 결과에 따라 입원할지 말지가 결정됩니다.

86 ～でなければ

의미	～하지 않으면, ～이 아니면
접속	N / ナA+でなければ

> 上手でなければ 잘하지 않으면 / 有名でなければ 유명하지 않으면 /
> 彼でなければ 그가 아니면

1 健康でなければ、働くことはできません。

건강하지 않으면 일할 수 없습니다.

2 登録者でなければ、動画を見ることができません。

등록자가 아니면 동영상을 볼 수 없습니다.

3 あなたでなければ、この仕事は任せられません。

당신이 아니면 이 일은 맡길 수 없습니다.

**問題7 次の文の（　　　）に入れるのに最もよいものを、1・2・3・4から一つ
選びなさい。**

1 この店のおすすめは、店長の気分（　　　）変わる。
　　1　次第に　　　　　　2　次第で　　　　　3　次第　　　　　4　次第と

2 いくら周りの人が不可能だと（　　　）、僕はこの実験を成功させる。
　　1　言うから　　　　2　言ってまで　　　3　言おうとも　　4　言うにしては

3 森　　「日曜日みんなで山に登るんだけど、山田さんも行く？」
　　山田　「行きたいんだけど、日曜日は大事な試験があるんだ。私（　　　）行って
　　　　　きて。」
　　1　抜きで　　　　　2　よそに　　　　　3　ことなしに　　4　加えて

4 うちの親は厳しくて、友達と遊びに行く（　　　）親の許可が必要だった。
　　1　にとっても　　2　にしても　　　3　にしては　　　4　としては

5 本人の家族（　　　）、代わりに手続きをすることはできません。
　　1　にしては　　　　2　であるとき　　3　にとっても　　4　でなければ

6 クラスの中で同じ大学に進学したのは、私（　　　）二人いた。
　　1　に備えて　　　　2　を通して　　　3　を除いて　　　4　に応じて

7 場所（　　　）良ければ、この家に引っ越そうと思っていました。
　　1　しか　　　　　　2　さえ　　　　　3　ほど　　　　　4　まで

8 マスクをした（　　　）、手洗いうがいをしないとインフルエンザの予防にはならない。

1　からだけ　　　　　2　といえば　　　　　3　からしか　　　　　4　としても

9 今回のテストの点数（　　　）、進学できる大学が決まる。

1　次第で　　　　　　2　一方で　　　　　　3　以上で　　　　　　4　限りで

10 社会人になってからはなかなか旅行に行けなくなったので、学生のうちにもっと旅行に（　　　）よかったと思う。

1　行けば　　　　　　2　行くとしたら　　3　行くだけ　　　　　4　行くとすると

問題8 次の文の___★___に入る最もよいものを、1・2・3・4から一つ選びなさい。

11　できるだけ早くみなさんと仲良くなりたいので、___　___★___　___　___　___
自己紹介から始めましょう。

1　抜き　　　　　　　　　　　2　難しい
3　にして　　　　　　　　　　4　話は

12　愛___　___　___　___★___　___　幸せだと言う人がいるけれど、私はそうは思わ
ない。

1　さえ　　　　　　　　　　　2　お金が
3　あれば　　　　　　　　　　4　なくても

13　___　___　___　___★___　___　、勉強をしなければ日本語が話せるようにはなら
ない。

1　行った　　　　　　　　　　2　たとえ
3　日本へ　　　　　　　　　　4　としても

14　___　___　___　___　___★___　は関係ない。私は必ず夢をかなえて見せる。

1　言おうとも　　　　　　　　2　誰が何と
3　そんなこと　　　　　　　　4　たとえ

15　こんなに大変な作業、___　___★___　___　___　で終わらせることはでき
なかっただろう。

1　なければ　　　　　　　　　2　彼
3　で　　　　　　　　　　　　4　一日

10 상황·전문

87 ~かのように

▼ 상황

의미 ~한 것처럼, 실제는 그렇지 않지만 ~처럼 보인다

접속 보통형(ナAだ / Nだ)+かのように

ナA / N+であるかのように

> 知らなかったかのように　몰랐던 것처럼 /
> 熱いかのように　더운 것처럼 /
> 有名であるかのように　유명한 것처럼

1 彼はいつも人から聞いた話を、自分が経験したかのように話す。

그는 항상 남에게 들은 이야기를 자신이 경험한 것처럼 이야기한다.

2 昨日大事件が起きたのに、世の中は何もなかったかのように時間が流れている。

어제 큰 사건이 일어났는데도 세상은 아무 일도 없었던 것처럼 시간이 흐르고 있다.

3 初対面なのに、彼女はまるで昔からの友達であるかのように接してきた。

초면인데도 그녀는 마치 오랜 친구인 것처럼 다가왔다.

88 ～つもり

의미	～이라고 생각하다, 실제는 그렇지 않지만 나는 ～이라고 생각하고 있다

접속	Vる / Vた / Vている / イA / ナAな＋つもり(で)
	N＋のつもり(で)

> **確認したつもり** 확인했다고 생각 / **若いつもり** 젊다고 생각 /
> **専門家のつもり** 전문가라고 생각

1 本人は一生懸命やっている**つもり**だろうけど、周りから見ると努力が足りない。

본인은 열심히 하고 있다고 생각하겠지만 주위에서 보면 노력이 부족하다.

2 自分は元気な**つもり**でも、病気が治ったばかりなので運動するとすぐに疲れて
しまう。

나는 건강하다고 생각해도 병이 막 나았기 때문에 운동을 하면 금세 피곤해진다.

3 冗談の**つもり**で言った言葉で、彼女を傷つけてしまった。

농담 삼아 한 말로 그녀에게 상처를 주고 말았다.

89 ～てばかりいる / ～てばかりいられない

의미	～만 계속하고 있다 / ～만 계속하고 있을 수는 없다

접속	Vて＋ばかりいる / ばかりいられない

> **食べてばかりいる** 먹고만 있다 /
> **遊んでばかりいる** 놀고만 있다 /
> **寝てばかりいる** 자고만 있다

1 夏休みなのに、息子は家の中でゲームをし**てばかりいる**。

여름 방학인데도 아들은 집 안에서 게임만 하고 있다.

2 もう入社して３年目だから、先輩に助けてもらっ**てばかりいられない**。

입사한 지 벌써 3년째라 선배의 도움만 받고 있을 수는 없다.

3 授業中、話を聞かずに寝**てばかりいる**ので、先生に怒られた。

수업 중에 이야기를 듣지 않고 잠만 자서 선생님께 혼났다.

90 〜どころではない

의미   〜할 상황이 아니다, 지금은 〜할 수 없는 상황이다

접속   N / Vる / Vている＋どころではない / どころじゃない

> 休憩どころではない　쉴 상황이 아니다 /
> テレビをみるどころではない　텔레비전을 볼 상황이 아니다 /
> デートをしているどころじゃない　데이트를 하고 있을 때가 아니다

1   仕事と勉強でとても忙しいので、人のことを心配している**どころではない**。
일과 공부 때문에 너무 바빠서 남을 걱정하고 있을 처지가 아니다.

2   彼を傷つけたのではないかと心配で、ご飯を食べる**どころではなかった**。
그에게 상처를 준 것은 아닌지 걱정돼 밥을 먹을 겨를이 없었다.

3   彼は子どもが生まれたかどうか気になって、仕事**どころじゃない**ようだ。
그는 아이가 태어났는지 어떤지 신경을 쓰느라 일할 상황이 아닌 것 같다.

91 〜ずにすむ

의미   〜하지 않고 끝나다

접속   Vない＋ですむ
　　　　　Vない＋ずにすむ

> やらないですむ　하지 않고 끝나다 / 食べずにすむ　먹지 않아도 된다 /
> 行かずにすむ　가지 않고 끝나다
> ※しない → せずにすむ

1   先輩が全員分の食事代を払ってくれたので、一円もお金を払わ**ずにすんだ**。
선배가 모두의 식사비를 내 주었기 때문에 1엔도 돈을 내지 않았다.

2   寝坊をしてしまったが、なんとか遅刻せ**ずにすんだ**。
늦잠을 자고 말았지만 어떻게든 지각은 면하고 끝났다.

3   派手に転んだが、大きなけがではなかったので、病院に行か**ないですんだ**。
요란하게 넘어졌지만, 큰 부상은 아니어서 병원에 가지 않아도 됐다.

92 ～おそれがある

의미　～할 우려가 있다, ～할 가능성이 있다 (위험한 일이나 나쁜 일이 일어날 가능성이 있을 때 씀)

접속　Vる / Vない / Nの＋おそれがある

> 感染<ruby>かんせん</ruby>するおそれがある　감염될 우려가 있다 /
> 悪化<ruby>あっか</ruby>するおそれがある　악화될 우려가 있다 /
> 津波<ruby>つなみ</ruby>のおそれがある　쓰나미가 몰려올 염려가 있다
>
> ※「～おそれはありません(~우려는 없습니다) / ～おそれなし(~가능성 없음)」라는
> 　　표현도 있음

1　喫煙<ruby>きつえん</ruby>は深刻<ruby>しんこく</ruby>な病気<ruby>びょうき</ruby>を引<ruby>ひ</ruby>き起<ruby>お</ruby>こす**おそれがあります**。

흡연은 심각한 질병을 일으킬 우려가 있습니다.

2　道路<ruby>どうろ</ruby>が渋滞<ruby>じゅうたい</ruby>していて、時間<ruby>じかん</ruby>に間<ruby>ま</ruby>に合<ruby>あ</ruby>わない**おそれがあります**。

도로가 막혀서 약속 시간에 맞추지 못할 수도 있습니다.

3　西日本<ruby>にしにほん</ruby>は明日<ruby>あす</ruby>にかけて大雨<ruby>おおあめ</ruby>の**おそれがあります**。

서일본은 내일에 걸쳐 큰비가 내릴 가능성이 있습니다.

93 ～のももっともだ

의미　～하는 것도 당연하다

접속　Vる＋のももっともだ

> 辞<ruby>や</ruby>めるのももっともだ　그만두는 것도 당연하다 /
> 怒<ruby>おこ</ruby>るのももっともだ　화내는 것도 당연하다 /
> 反対<ruby>はんたい</ruby>するのももっともだ　반대하는 것도 당연하다

1　休<ruby>やす</ruby>まず働<ruby>はたら</ruby>き続<ruby>つづ</ruby>けていたんだから、倒<ruby>たお</ruby>れてしまう**のももっともだ**。

쉬지 않고 계속 일했으니 쓰러져 버리는 것도 당연하다.

2　初<ruby>はじ</ruby>めてみんなの前<ruby>まえ</ruby>でスピーチするのですから、緊張<ruby>きんちょう</ruby>する**のももっともです**。

처음으로 사람들 앞에서 연설하는 것이니 긴장하는 것도 당연합니다.

3　頭<ruby>あたま</ruby>のいい彼女<ruby>かのじょ</ruby>が試験<ruby>しけん</ruby>に落<ruby>お</ruby>ちて、私<ruby>わたし</ruby>なんかが合格<ruby>ごうかく</ruby>したんだから、皆<ruby>みんな</ruby>が驚<ruby>おどろ</ruby>く**のも**

もっともだ。

머리 좋은 그녀가 시험에 떨어지고 내가 합격했으니, 모두가 놀라는 것도 당연하다.

94 〜のもと

| 의미 | 〜하에, 〜 아래에, 〜인 상황에서 |

| 접속 | N＋のもと(で) |

かんきょう
環境のもと 환경하에 / しどう **指導のもと** 지도 아래에 /
かんし
監視のもとで 감시 아래에 / な **名のもとで** 이름하에

1 せんせい **先生のもと**で に ほん ご べんきょう **日本語を勉強した**おかげで、 しけん ごうかく **試験に合格することができました。**

선생님 밑에서 일본어를 공부한 덕분에 시험에 합격할 수 있었습니다.

2 だい し ぜん **大自然のもと**で そだ **育った** うし ぎゅうにゅう **牛の牛乳**は、 のうこう **濃厚でおいしい。**

대자연에서 기른 소의 우유는 진하고 맛있다.

3 がくせい じ だい むらかみきょうじゅ **学生時代は村上教授のご指導のもと、** しどう むし けんきゅう **虫の研究をしていました。**

학창 시절에는 무라카미 교수님의 지도 아래에 곤충 연구를 했었습니다.

95 〜を込めて

| 의미 | 〜을 담아 |

| 접속 | N＋を込めて |
| | N1＋を込めた ＋N2 |

こころ こ
心を込めて 마음을 담아 / おも こ **思いを込めて** 생각을 담아 /
き も こ ことば
気持ちを込めた言葉 마음을 담은 말

1 とびら あ **なかなか扉が開かないので、** ちから こ つよ お こわ **力を込めて強く押したら壊れてしまった。**

좀처럼 문이 열리지 않아 힘을 주어 세게 밀었더니 부서져 버렸다.

2 にゅういん ともだち げん き **入院している友達に、「元気になりますように」と** ねが こ まも **願いを込めて、お守りを** つく **作った。**

입원해 있는 친구에게 '건강해지길'이라고 염원을 담아 부적을 만들었다.

3 ゆうじん けっこんしき いま かんしゃ おも こ て がみ よ **友人の結婚式で今までの感謝の思いを込めた手紙を読んだ。**

친구의 결혼식에서 그동안의 감사한 마음을 담은 편지를 읽었다.

96 〜を〜とする

의미 〜을 〜이라고 생각하다, 〜을 〜이라고 정하다

접속 N1+を＋N2+とする / として

> 彼女をチームのリーダーとする 그녀를 팀의 리더로 정하다 /
> 商品の宣伝を目的として 상품 선전을 목적으로 해서 /
> 部屋を事務所として 방을 사무소로 해서

1 本日は日本語の森の村上先生を講師としてお招きしました。

오늘은 일본어의숲의 무라카미 선생님을 강사로 모셨습니다

2 建物の一階をお店として使っていて、私たち家族はその上に住んでいます。

건물의 1층을 가게로 사용하고 있고, 우리 가족은 그 위에 살고 있습니다.

3 ごみ拾い活動は、地域の人との交流を目的として行われた。

쓰레기 줍기 활동은 지역 주민과의 교류를 목적으로 실시되었다.

97 〜とか

의미 〜이라고 한다

접속 보통형+とか

보통형(ナAだ → な / Nだ → な)+んだとか

> 買ったとか 샀다고 한다 / かわいいとか 귀엽다고 한다 /
> 有名なんだとか 유명하다든가

1 お隣の村上さん、宝くじが当たったとか。うらやましいなあ。

옆집의 무라카미 씨, 복권에 당첨됐대. 부럽다.

2 天気予報によると、関東は大雨だとか。

일기 예보에 따르면 관동 지역은 폭우가 내린대.

3 今年のオリンピックは、感染症の影響で中止だとか。

올해 올림픽은 감염병의 영향으로 중지된대.

**問題7　次の文の（　　　　）に入れるのに最もよいものを、1・2・3・4から一つ
　　　　選びなさい。**

1 熱を出している娘のために、早く元気になりますようにという願い（　　　　）、おかゆ
を作った。
　　1　を除いて　　　　　　2　に応じて　　　　　3　を込めて　　　　　4　を伴^{とも}って

2 駅前の新しいパン屋さん、大人気で午前中には売り切れてしまうんだ（　　　　）。
　　1　のに　　　　　　　　2　など　　　　　　　3　こと　　　　　　　4　とか

3 大雨で家の中まで雨が入ってきて、ゆっくりご飯を食べる（　　　　）ではない。
　　1　ばかり　　　　　　　2　どころ　　　　　　3　まで　　　　　　　4　しだい

4 監督^{かんとく}の厳しい指導（　　　　）、見事優勝することができました。
　　1　のところ　　　　　　2　のつもり　　　　　3　のももっとも　　　4　のもと

5 何か悩み事でもあるのか、彼は一日中下を（　　　　）。
　　1　向いてばかりいる　　　　　　　　　2　向いたところだ
　　3　向くどころではない　　　　　　　　4　向くおそれがある

6 ここに、実際の赤ちゃんと同じ重さの人形があります。お母さんになった
（　　　　）、抱っこしてみてください。
　　1　みたいで　　　　　　2　つもりで　　　　　3　ようで　　　　　　4　しだいで

7 大雨により、水が（　　　　）おそれがありますので、川には近づかないようにして
ください。
　　1　あふれて　　　　　　2　あふれよう　　　　3　あふれる　　　　　4　あふれない

8 健康診断を受けていたので、がんが早いうちに見つかり、手術（　　　　）。
　　1　せずにすんだ　　　　　　　　　2　どころではなかった
　　3　のつもりだった　　　　　　　　4　してばかりいる

9 山田くんは水泳が得意で、まるで泳いでいる魚（　　　　）美しく泳ぐ。
　　1　ようになっても　　　　　　　　2　かと思うと
　　3　だからと言って　　　　　　　　4　かのように

10 毎日上司の文句を聞きながら仕事をするなんて、辞めたくなるのも（　　　　）。
　　1　もっともだ　　　　2　一方だ　　　　　3　次第だ　　　　　4　ばかりだ

問題8　次の文の　★　に入る最もよいものを、1・2・3・4から一つ選びなさい。

11　お昼ご飯を食べていたら急に大きな ＿＿＿ ＿★＿ ＿＿＿ ＿＿＿ ではなくなってしまった。

1　休憩^{きゅうけい}
2　地震
3　が起きて
4　どころ

12　母は歳をとってから何度も同じ話をするようになったが、息子はいつも ＿＿＿ ＿＿＿ ＿★＿ ＿＿＿ その話を楽しそうに聞く。

1　かの
2　初めて
3　聞いた
4　ように

13　会社を立ち上げてしばらくはお金がなかったので、実家の ＿★＿ ＿＿＿ ＿＿＿ ＿＿＿ 使っていた。

1　事務所
2　部屋
3　として
4　を

14　間違った使い方を ＿＿＿ ＿＿＿ ＿＿＿ ＿★＿ ので、使う前に説明書を読んでください。

1　爆発
2　するおそれ
3　すると
4　があります

15　日本人に ＿＿＿ ＿★＿ ＿＿＿ ＿＿＿ と、いつもより少しうまく話せるような気がする。

1　話す
2　日本語を
3　つもりで
4　なった

정답　11 3(2314)　12 1(2314)　13 2(2413)　14 4(3124)　15 3(4321)

問題9 次の文章を読んで、文章全体の内容を考えて、16 から 20 の中に入る最も
よいものを、1・2・3・4から一つ選びなさい。

北海道で暮らす工夫

　道路が凍ってしまう北海道では、安全に暮らす上で様々な工夫がされています。
その一つに、「ロードヒーティング」というものがあります。

　北海道より暖かい東北地方では、地下水を道路の上に少しだけ流すと雪がとけま
すが、東北地方より気温が低い北海道では、地下水を 16 道が凍って危険です。
そのため北海道では、道路の下に電熱線や温水を循環させるパイプを埋めて、道路
を加熱します。これにより、雪が降ってもすぐにとけて雪のない路面状態を保つこ
とができます。

　かつて冬の間は、「スパイクタイヤ」という、地面に触れる面に小さな金属を
打ち込んだタイヤを使用するのが主流でした。 17 により、雪道や凍ったつるつる
の道路でも、すべらず安定した走行ができたのです。しかし、これは雪や氷の上
18 、暖かくなってくる春先、雪がとけ、アスファルトの道路の上を走ると、付い
ている金属が路面をけずってしまい、ほこりが舞って環境問題を引き起こすという
欠点がありました。そこで「スパイクタイヤ」の使用は規制され、それに代わって
金属が付いていないタイヤが使用されるようになりました。ですが、やはりそのタ
イヤでは十分に安全が確保されなかったため、「ロードヒーティング」が広まった
というわけです。

　 19 この設備は、急な坂やカーブなど、車がすべって事故が発生する可能性が高
い場所に整備されました。近年では車道だけでなく、人がすべって転ばないように
コンビニの前や自宅の玄関先にも整備されるようになってきています。また、高齢
の方が暮らしている家では、この設備のおかげで、お年寄りが雪を取り除くという
20 、負担が軽減されているのです。

1 流してしまうあげく   2 流してしまうばかりに

3 流してしまいさえすれば   4 流してしまったらかえって

17

1 タイヤ   2 このタイヤ   3 どのタイヤ   4 あのタイヤ

18

1 こそ能力を発揮しますが   2 だと能力が発揮されなく

3 でも能力を発揮するだけに   4 なのに能力が発揮されて

19

1 けれども   2 こうして   3 さらに   4 そこで

20

1 重労働をしてでも   2 重労働をかねて

3 重労働をせずにすみ   4 重労働をするどころではなく

정답   16 **4**   17 **2**   18 **1**   19 **2**   20 **3**

11 변화·결과

98 ～につれ

▼ 변화

의미　～에 따라, ～의 변화에 맞춰 다른 것도 변화하다

접속　Vる＋につれ(て)

> 年を取るにつれて　나이를 먹음에 따라 / 時間が経つにつれて　시간이 지남에 따라 /
> 近づくにつれ　가까워짐에 따라

1　お腹が空くにつれて集中力が切れてくるので、いつもお菓子を持ち歩いている。

배가 고플수록 집중력이 떨어지기 때문에 항상 과자를 가지고 다닌다.

2　夜が明けるにつれ、外が明るくなってきた。

날이 밝음에 따라 바깥이 환해졌다.

3　町が発展するにつれて、地元の人に愛されていた古いお店が少なくなってしまった。

마을이 발전함에 따라 지역 주민들에게 사랑받았던 오래된 가게가 줄어들고 말았다.

99 ～一方だ

의미　점점 ～해지다

접속　Vる＋一方だ

> 悪くなる一方だ　점점 더 나빠진다 / 伸びる一方だ　점점 증가하고 있다 /
> 増える一方だ　계속 늘고 있다

1　痩せたいとは思っているが、お菓子がやめられないので太り続ける一方だ。

살을 빼고 싶지만, 과자를 끊을 수가 없어서 계속 살이 찌고 있다.

2　新発売の商品がヒットして、我が社の売り上げは伸びる一方だ。

새로 나온 상품이 히트를 치면서 우리 회사의 매출은 계속 증가하고 있다.

3　都市へ行く若者が増え、地方の人口は減る一方だ。

도시로 가는 젊은이들이 늘어서, 지방 인구는 계속 줄고 있다.

100 ～を契機（けいき）として

의미	～을 계기로 해서, ～이 이유로 어떤 일이 시작되었다
접속	N+を契機（けいき）として / を契機（けいき）に

就職（しゅうしょく）を契機（けいき）として 취직을 계기로 해서 /
創立（そうりつ）10周年（しゅうねん）を契機（けいき）として 창립 10주년을 계기로 해서 /
引（ひ）っ越（こ）しを契機（けいき）に 이사를 계기로

1 生徒（せいと）の中（なか）から東大合格者（とうだいごうかくしゃ）が現（あらわ）れたこと**を契機（けいき）に**、この高校（こうこう）は地元（じもと）で有名（ゆうめい）になった。

학생 중에서 도쿄대 합격자가 나타난 것이 계기가 되어 이 고등학교는 현지에서 유명해졌다.

2 去年手術（きょねんしゅじゅつ）したこと**を契機（けいき）に**、痛（いた）みは我慢（がまん）せず病院（びょういん）で診（み）てもらうようにしている。

지난해 수술한 것을 계기로 통증은 참지 않고 병원에서 진찰 받도록 하고 있다.

3 結婚（けっこん）**を契機（けいき）として**、勤（つと）めていた会社（かいしゃ）を辞（や）め、家（いえ）でできる仕事（しごと）を始（はじ）めました。

결혼을 계기로 다니던 회사를 그만두고 집에서 할 수 있는 일을 시작했습니다.

101 ～を通（とお）して

의미	～을 통해서, ～이라는 방법으로
접속	N+を通（とお）して / を通（つう）じて

勉強（べんきょう）を通（とお）して 공부를 통해서 /
経験（けいけん）を通（つう）じて 경험을 통해서 / ゆか先生（せんせい）を通（つう）じて 유카 선생님을 통해서

1 様々（さまざま）な国（くに）の人々（ひとびと）との出会（であ）い**を通（とお）して**、言語学習（げんごがくしゅう）の大切（たいせつ）さを学（まな）びました。

다양한 나라 사람들과의 만남을 통해 언어 학습의 중요성을 배웠습니다.

2 海外留学（かいがいりゅうがく）**を通（とお）して**、世（よ）の中（なか）にはいろんな価値観（かちかん）があるということを知（し）りました。

해외 유학을 통해 세상에는 여러 가지 가치관이 있다는 것을 알게 되었습니다.

3 今付（いまつ）き合（あ）っている彼（かれ）とは、共通（きょうつう）の友人（ゆうじん）**を通（つう）じて**知（し）り合（あ）った。

지금 사귀고 있는 그와는 공통의 친구를 통해 알게 됐다.

102 ～てはじめて

의미 ～해서야 비로소, ～하고 처음으로, ～을 경험하면 알게 된다

접속 Vて＋はじめて

> やってみてはじめて 해 보고서야 비로소 / 食べてはじめて 먹고 처음으로 /
> 失ってはじめて 잃고서야 비로소

1 先生になってはじめて、人に何かを教えることがどんなに難しいことなのかがわかった。

선생님이 되고 나서야 비로소 다른 사람에게 무언가를 가르치는 것이 얼마나 어려운 일인지 알게 되었다.

2 友達に言われてはじめて、服に値段のシールが付いていることに気付いた。

친구의 말을 듣고서야 옷에 가격 스티커가 붙어 있다는 것을 알았다.

3 ゆか先生の授業を受けてはじめて、日本語の勉強が楽しいと思えた。

유카 선생님의 수업을 듣고 나서 비로소 일본어 공부가 재밌다고 생각했다.

103 ～末　　　　　　　　　　　　　　　　　▼ 결과

의미 ～한 끝(에), ～한 결과

접속 Vた / Nの＋末(に)

> 悩んだ末 고민한 끝에 / 迷った末に 망설인 끝에 / 会議の末 회의한 결과

1 将来についてあれこれ考えた末、日本ではなく海外の大学へ進学することに決めた。

장래에 대해 이런저런 생각을 한 끝에 일본이 아니라 해외 대학에 진학하기로 결정했다.

2 二人は4年間の遠距離恋愛の末、結婚したそうだ。

두 사람은 4년간의 장거리 연애 끝에 결혼했다고 한다.

3 一生懸命努力した末、結局彼は合格できなかった。

열심히 노력한 끝에 그는 결국 합격하지 못했다.

104 〜かいがあって

| 의미 | 〜한 덕분에, 〜한 보람이 있어서 |

| 접속 | Vた+かいがあって |

> 勉強_{べんきょう}したかいがあって　공부한 보람이 있어서 /
> お金_{かね}を払_{はら}ったかいがあって　돈을 낸 덕분에 /
> 待_まったかいがあって　기다린 보람이 있어서

1 たくさん会話_{かいわ}の練習_{れんしゅう}をした**かいがあって**、英語_{えいご}がぺらぺら話_{はな}せるようになった。

많은 회화 연습을 한 덕분에 영어를 유창하게 말할 수 있게 됐다.

2 わざわざ休_{やす}みを取_とって遠_{とお}くまで来_きた**かいがあって**、とてもきれいな星空_{ほしぞら}を見_みることができた。

일부러 휴가를 내서 멀리까지 온 보람이 있어서 매우 예쁜 별이 떠 있는 밤하늘을 볼 수 있었다.

3 長_{なが}い時間_{じかん}待_まった**かいがあって**、おいしいラーメンを食_たべることができた。

오랜 시간 기다린 보람이 있어서 맛있는 라면을 먹을 수 있었다.

105 〜たところ

| 의미 | 〜했더니, 〜한 결과 |

| 접속 | Vた+ところ |

> 調_{しら}べたところ　조사한 결과 / 確認_{かくにん}したところ　확인했더니 /
> 聞_きいたところ　물었더니

1 この街_{まち}を調査_{ちょうさ}した**ところ**、いたるところに危険_{きけん}な生物_{せいぶつ}が生息_{せいそく}していることがわかりました。

이 거리를 조사한 결과, 가는 곳마다 위험한 생물이 서식하고 있다는 것을 알게 됐습니다.

2 パソコンに詳_{くわ}しい父_{ちち}に聞_きいてみた**ところ**、「再起動_{さいきどう}してみて」と言_いわれました。

컴퓨터를 잘 아는 아버지에게 물어봤더니, '재부팅해 봐'라고 했습니다.

3 最近_{さいきん}文字_{もじ}が見_みづらいので眼科_{がんか}で検査_{けんさ}した**ところ**、右目_{みぎめ}に異常_{いじょう}がありました。

최근 글씨가 잘 보이지 않아 안과에서 검사했더니 오른쪽 눈에 이상이 있었습니다.

**問題7　次の文の（　　　）に入れるのに最もよいものを、1・2・3・4から一つ
　　　選びなさい。**

1　赤色のワンピースを買うか、青色のシャツを買うか一時間も（　　　）、どちらも買
わなかった。
1　悩んだもと　　　　2　悩んだすえ　　　　3　悩んだより　　　　4　悩んだごと

2　20分待った（　　　）、焼きたてのピザと揚げたてのポテトを手に入れることができ
た。
1　ばかりに　　　　　　　　　　　2　ところを見ると
3　かいがあって　　　　　　　　　4　あげくに

3　お客様のお支払い状況を（　　　）、まだ支払いが完了していないようでした。
1　確認しながら　　　　　　　　　2　確認した以上
3　確認したとあっては　　　　　　4　確認したところ

4　初めて訪れた街で道に（　　　）、帰れなくなって泣きながら母に電話をした。
1　迷う末　　　　　2　迷った末　　　　3　迷って末　　　　4　迷い末

5　本当に大切なものというのは、（　　　）わかるものだ。
1　失ったどころか　　　　　　　　2　失ってかいがあって
3　失ってばかりに　　　　　　　　4　失ってはじめて

6　あんなに日本に帰りたいと言っていたけれど、帰国日が近づく（　　　）みんなと別
れるのが嫌で悲しくなってきた。
1　につれて　　　　　　　　　　　2　にとって
3　にあって　　　　　　　　　　　4　にかけて

7　漢字の書き順が間違っていると言われたので、（　　　）私は間違っていなかった。
1　調べてところ　　　　　　　　　2　調べるところ
3　調べたところ　　　　　　　　　4　調べようところ

8　転職（　　　　）、住む場所も関わる人も全部変えることにした。

　　1　を最後に　　　　　2　を契機に　　　　　3　を次第に　　　　　4　を以来に

9　息子は恋人ができてから遊んでばかりで、成績が（　　　　）。

　　1　悪くなる一方だ　　　　　　　　　2　悪くなる最中だ

　　3　悪くなる反面だ　　　　　　　　　4　悪くなる末だ

10　日本語教師という仕事（　　　　）、世界中の日本語学習者とつながることができた。

　　1　を問わず　　　　2　を通して　　　　3　のあげく　　　　4　の限り

問題8 次の文の___★___に入る最もよいものを、1・2・3・4から一つ選びなさい。

11 生まれたばかりのときは私に似ていると思ったが、息子は_____ _____ __★__ _____夫に似た顔になってきた。

1 はっきりしている   2 目や鼻が
3 成長する   4 につれて

12 近くに大きなショッピングモールができて__★__ _____ _____ _____だ。
1 一方   2 から
3 店の売上は減る   4 うちのような小さな

13 小学生のころの友達がアナウンサーとして__★__ _____ _____ _____。
1 を通じて   2 ニュース番組
3 知った   4 活躍していることを

14 _____ _____ _____ __★__ くれたのかを知った。
1 子どもを産んで   2 母親がどんな苦労をして
3 自分を産んで   4 はじめて

15 父親が _____ __★__ _____ _____を改めるようになった。
1 だらしない自分の   2 病気で倒れたこと
3 を契機に   4 生活習慣

106 ～わけにはいかない

의미 ～할 수는 없다, ～해야 한다

접속 Vる / Vない＋わけにはいかない

> 休むわけにはいかない 쉴 수는 없다 /
> 失敗するわけにはいかない 실패할 수는 없다 /
> 行かないわけにはいかない 가야 한다

1 今日は私の誕生日会なので、体調が悪くても参加しないわけにはいかない。

오늘은 내 생일 모임이라 컨디션이 나빠도 참석하지 않을 수 없다.

2 頑張ってここまで登ってきたので、頂上に着くまであきらめるわけにはいかない。

열심히 여기까지 올라왔으니, 정상에 다다를 때까지 포기할 수는 없다.

3 明日提出しなければならないレポートが終わっていないので、寝るわけにはいかない。

내일 제출해야 하는 리포트가 끝나지 않아서 잠을 잘 수 없다.

107 ～てはいられない

| 의미 | ～하고 있을 수는 없다 |

| 접속 | Vて＋はいられない |

Vて＋ちゃいられない

> 見てはいられない　보고 있을 수는 없다 /
> だまってはいられない　가만히 있을 수는 없다 /
> のんびりしちゃいられない　느긋하게 있을 수는 없다 /
> ★こうしてはいられない　이러고 있을 수는 없다

1 来月は大切な試験があるので、さすがに遊んではいられません。

다음 달에 중요한 시험이 있어서 아무래도 놀고 있을 수는 없습니다.

2 家族のために夜ご飯を作らなきゃいけないから、休んではいられない。

가족을 위해 저녁밥을 해야 하니까 쉬고 있을 수는 없어.

3 最近好きなだけ食べていたけど、ダイエットをすると決めた以上、こうしちゃいられない。

요즘 먹고 싶은 만큼 먹었지만, 다이어트를 하기로 결심한 이상 이러고 있을 수 없다.

108 ～ざるを得ない

의미 ～하지 않을 수 없다, 싫지만 ～해야 한다

접속 Vない+ざるを得ない

> 謝らざるを得ない 사과하지 않을 수 없다 /
>
> 許さざるを得ない 용서하지 않을 수 없다 /
>
> 勉強せざるを得ない 공부하지 않을 수 없다
>
> ※しない → せざるを得ない

1 買い物中に自転車を盗まれてしまったので、歩いて帰らざるを得なくなった。

쇼핑 중에 자전거를 도둑맞아 버려서 걸어서 돌아갈 수밖에 없게 되었다.

2 宇宙飛行士になりたかったが、目が悪いので、あきらめざるを得ない。

우주 비행사가 되고 싶었지만, 눈이 나빠 포기하지 않을 수 없다.

3 台風の影響により、予定していたイベントは中止せざるを得なくなった。

태풍의 영향으로 예정되어 있던 행사는 중지할 수밖에 없게 되었다.

109 〜を問わず

의미 〜을 불문하고, 〜에 관계없이

접속 N+を問わず

> 男女を問わず 남녀를 불문하고 / 年齢を問わず 연령에 관계없이 /
> 国内外を問わず 국내외 관계없이

1 この仕事に関する経験の有無を問わず、やる気のある人を採用します。

이 일에 관한 경험의 유무를 불문하고, 의욕이 있는 사람을 채용합니다.

2 このスーパーは昼夜を問わず営業しているので、夜に働いている人にとって便利だ。

이 슈퍼마켓은 밤낮 관계없이 영업하기 때문에 밤에 일하는 사람에게 편리하다.

3 インターネットが普及し、場所を問わず働けるようになった。

인터넷이 보급되어 장소를 불문하고 일할 수 있게 되었다.

110 〜にかかわらず

의미 〜에 관계없이, 〜에 상관없이

접속 Vる+Vない+にかかわらず
　　　 N+にかかわらず
　　　 Vる / Vない+かどうかにかかわらず

> 行くかどうかにかかわらず 갈지 말지에 관계없이 /
> 食べる食べないにかかわらず 먹든 안 먹든 상관없이 /
> 距離にかかわらず 거리에 상관없이

1 値段にかかわらず、欲しいものは我慢せずに何でも買ってしまう性格だ。

가격에 상관없이 원하는 것은 무엇이든 참지 않고 사고 마는 성격이다.

2 この仕事の経験があるかどうかにかかわらず、研修には必ず参加してください。

이 일의 경험이 있든 없든 간에 연수에는 반드시 참가해 주세요.

3 参加するしないにかかわらず、金曜日までに必ずご返信ください。

참가 여부와 관계없이 금요일까지 꼭 회신해 주시기 바랍니다.

111 〜もかまわず

의미	〜도 개의치 않고, 〜도 아랑곳하지 않고

접속	보통형(ナAだ → な・である / Nだ → である)+のもかまわず
	N+もかまわず

> 人目もかまわず　남의 눈에도 아랑곳하지 않고 /
> 疲れているのもかまわず　피곤한 것도 개의치 않고 /
> 迷惑であるのもかまわず　민폐가 되는 것도 개의치 않고

1 足が痛いのもかまわず、彼はチームのために最後まで走り切った。

다리가 아픈 것도 개의치 않고 그는 팀을 위해 끝까지 달려갔다.

2 午後に面接があるのもかまわず、彼はラーメンににんにくをたくさん入れた。

오후에 면접이 있는 것도 아랑곳하지 않고 그는 라면에 마늘을 잔뜩 넣었다.

3 母親に叱られた子どもが、人目もかまわずデパートで泣き叫んでいる。

엄마에게 혼난 아이가 남의 눈도 아랑곳하지 않고 백화점에서 울부짖고 있다.

112 〜はともかく

의미	〜은 그렇다 치고, 〜은 어찌 됐든, 〜에 대해서는 생각하지 않고

접속	N+はともかく(として)

> 理由はともかく　이유는 그렇다 지고 / 結果はともかく　결과는 어찌 됐든 /
> 見た目はともかくとして　겉모습은 그렇다 쳐도 /
> ★それはともかく　그러나저러나

1 内容はともかく、締め切り日までに卒業論文を書き上げることができた。

내용은 어찌 됐든 마감일까지 졸업 논문을 쓸 수 있었다.

2 着て行く服はともかく、旅行先をどこにするかをまず決めよう。

입고 갈 옷은 그렇다 치고 여행지를 어디로 할지 먼저 정하자.

3 この美容液は、値段はともかくとして効果があるので女性に人気だ。

이 세럼은 가격은 그렇다 쳐도 효과가 있으므로 여성들에게 인기다.

113 ～ところをみると

의미	～하는 것을 보면, ～으로부터 추측하면

접속	보통형+ところをみると

焦ったところをみると 초조해 하는 걸 보니 /
返事しないところをみると 대답하지 않는 걸 보니 /
だまっているところをみると 입 다물고 있는 걸 보니
※ V만 씀

1 彼がうれしそうな顔をしている**ところをみると**、昨日のデートはかなり楽し
かったようだ。

그가 기쁜 듯한 표정을 짓는 것을 보니 어제 데이트가 꽤 즐거웠던 모양이다.

2 部長がまだ戻っていない**ところをみると**、会議が長引いているのだろう。

부장님이 아직 돌아오지 않은 것을 보니 회의가 길어지고 있는 것 같다.

3 彼と話すときだけ顔が赤くなる**ところをみると**、やはり彼女は彼のことが
好きなようだ。

그와 이야기할 때만 얼굴이 빨개지는 걸 보면 역시 그녀는 그를 좋아하는 것 같다.

114 ～から言うと / ～から見ると / ～からすると

의미 ～으로 보아, ～으로부터 생각해서 의견을 말하자면

접속 N+から言うと / から言えば / から言って

N+から見ると / から見れば / から見て

N+からすると / からすれば / からして

> 経験から言って 경험으로 보아 /
> 周りから見ると 주위에서 보면 /
> 相手からすると 상대방이 보기에

1 見た目から言うと、村上さんよりも佐藤さんの方が年上に見える。

외모로 말하자면 무라카미 씨보다도 사토 씨가 연상으로 보인다.

2 子どもの才能を見つけるという点から見ると、夢中になれることをやらせるのは良いことだ。

아이들의 재능을 발견한다는 점에서 보면 열중할 수 있게 하는 것은 좋은 일이다.

3 その症状からすると、かぜではなくインフルエンザの可能性が高いです。

그 증상으로 보아 감기가 아니라 독감일 가능성이 높습니다.

問題7 次の文の（ ）に入れるのに最もよいものを、1・2・3・4から一つ選びなさい。

1　台風のため飛行機が欠航になってしまったので、旅行を中止に（　　）。
　　1　せざるを得なかった　　　　　　　2　するわけにはいかない
　　3　してはいられない　　　　　　　　4　するどころではない

2　母が作った料理は、見た目（　　）味はおいしい。
　　1　といえば　　　　2　どころか　　　　3　はともかく　　　4　もかまわず

3　日曜日だけど、こんな時間まで（　　）。起きて勉強しなくちゃ。
　　1　寝るのもかまわない　　　　　　　2　寝てはいられない
　　3　寝ざるを得ない　　　　　　　　　4　寝るにほかならない

4　簡単な作業なので、年齢（　　）誰でもこの仕事をすることができます。
　　1　をはじめ　　　　2　もかまわず　　　　3　のみならず　　　　4　を問わず

5　大事な会議に遅刻する（　　）ので、タクシーに乗った。
　　1　わけではない　　　　　　　　　　2　わけにはいかない
　　3　のもかまわない　　　　　　　　　4　かいがある

6　今年はすごく暑いとみんなは言っているが、南の島に住んでいた私（　　）、この暑さは涼しいくらいだ。
　　1　からこそ　　　　2　からには　　　　3　からといって　　　4　からすると

7　服がぬれる（　　）、男性は川に飛び込み子どもを助けた。
　　1　を問わず　　　　2　のもかまわず　　　3　はともかく　　　　4　をはじめ

8 終電を逃してしまったので、歩いて（　　　）ざるを得ない。
1 帰り　　　　　　　2 帰る　　　　　　　3 帰ら　　　　　　　4 帰れ

9 道路がぬれている（　　　）、さっきまで雨が降っていたのだろう。
1 ことなしに　　　　　　　　　　　2 のもかまわず
3 かいがあって　　　　　　　　　　4 ところをみると

10 経験の有無（　　　）、やる気のある方を募集しています。
1 にちがいなく　　　　　　　　　　2 にかかわらず
3 のみならず　　　　　　　　　　　4 にほかならなく

問題8 次の文の____★____に入る最もよいものを、1・2・3・4から一つ選びなさい。

11　学生「先生、電車が遅れたせいで遅刻をしました。」

先生「____　__★__　____　____です。次からは気をつけてください。」

1　遅刻　　　　　　　　　　　　2　理由

3　遅刻は　　　　　　　　　　　4　はともかく

12　彼のことはあまり好きではないけど、これだけチームのために努力____　____

__★__　____。

1　を得ない　　　　　　　　　　2　感謝せざる

3　んだから　　　　　　　　　　4　してくれた

13　このアーティストの曲は、____　__★__　____　____からも好かれるような

歌詞とメロディーだ。

1　人　　　　　　　　　　　　　2　どんな

3　を問わず　　　　　　　　　　4　年齢

14　これだけお金をかけた実験なんだから、何が____　__★__　____　____。

1　失敗する　　　　　　　　　　2　わけ

3　あっても　　　　　　　　　　4　にはいかない

15　彼には一時間以上前に連絡をしたが、____　____　____　__★__のだろう。

1　返事しない　　　　　　　　　2　まだ残業している

3　ところを　　　　　　　　　　4　みると

정답	11　4(2431)	12　2(4321)	13　3(4321)	14　1(3124)	15　2(1342)

13 열거

115 ～をはじめ

의미　～을 비롯해, ～뿐만 아니라

접속　N+をはじめ(として)

　　　　N1+をはじめとする+N2

> 日本<ruby>を<rt>に</rt></ruby>はじめとするアジアの国々<ruby>くにぐに<rt></rt></ruby> 일본을 비롯한 아시아 국가들 /
>
> 社長<ruby>しゃちょう<rt></rt></ruby>をはじめ 사장님을 비롯해 /
>
> 桜<ruby>さくら<rt></rt></ruby>をはじめとして 벚꽃뿐만 아니라

1 日本語にはひらがな**をはじめ**、カタカナや漢字といった様々な文字がある。

일본어에는 히라가나를 비롯하여 가타카나, 한자 등 다양한 문자가 있다.

2 上野動物園には、パンダ**をはじめ**ゾウやキリンなどいろんな動物がいます。

우에노 동물원에는 판다를 비롯해 코끼리와 기린 등 여러 동물이 있습니다.

3 今日のパーティーは社長**をはじめ**とする100人の社員が参加することになって
いる。

오늘 파티는 사장님을 비롯한 100명의 직원이 참석하기로 되어 있다.

116 〜のみならず

의미 〜뿐만 아니라

접속 보통형(ナAだ / Nだ → である)+のみならず

N+のみならず

> 日本のみならず 일본뿐만 아니라 /
> 味が良いのみならず 맛이 좋을 뿐만 아니라 /
> 健康であるのみならず 건강할 뿐만 아니라
>
> ※「〜のみならず、〜も(~뿐만 아니라 ~도)」로 자주 쓰임

1 彼は優しい人である**のみならず**、みんなをまとめるリーダーシップもある。

그는 상냥한 사람일 뿐만 아니라 모두를 아우르는 리더십도 있다.

2 近年の日本のアニメは子ども**のみならず**、大人も楽しんで観るものという印象がある。

최근 일본 애니메이션은 어린이뿐만 아니라 어른도 즐겨 보는 것이라는 인상이 있다.

3 村上春樹の本は日本人**のみならず**、外国人にもよく知られている。

무라카미 하루키의 책은 일본인뿐만 아니라 외국인에게도 잘 알려져 있다.

117 ～といった

의미 ~등, ~이라고 하는 (예를 들 때 씀)

접속 N1+や / とか+N2+といった

> 英語や日本語といった 영어나 일본어 등 /
> りんごやみかんといった 사과나 귤 등 /
> ピザとかハンバーガーといった 피자라든지 햄버거라든지 하는

1 おすしや天ぷらといった日本食は、海外でも人気が高い食べ物の一つだ。

초밥이나 튀김 같은 일식은 해외에서도 인기가 많은 음식 중 하나다.

2 掃除や洗濯といった家事は、全てロボットがやってくれる時代も遠くないだろう。

청소나 빨래 같은 집안일은 모두 로봇이 해주는 시대도 머지않을 것이다.

3 日本には東京とか京都といった、外国人に人気のある観光地がたくさんあるん
だよ。

일본에는 도쿄나 교토 등 외국인에게 인기 있는 관광지가 많이 있어.

118 ～上に

의미 ~인 데다가, ~이고 게다가

접속 보통형(ナAだ → な・である / Nだ → である)+上(に)

> 合格した上に 합격한 데다가 / おいしい上に 맛있는 데다 /
> 美人である上に 미인인 데다가

1 寝坊して遅刻した上に宿題もやっていなかったので、先生に怒られてしまった。

늦잠을 자서 지각한 데다 숙제도 하지 않았기 때문에 선생님에게 혼나고 말았다.

2 あのお店の商品は、デザインが良い上、機能性にも優れているのでよく買って
いる。

그 가게의 상품은 디자인이 좋은 데다 기능성도 뛰어나서 자주 구입한다.

3 この仕事は危険な上に給料も低いので、誰もやりたがらない。

이 일은 위험한 데다 월급도 낮아서 아무도 하고 싶어 하지 않는다.

119 ～やら～やら

의미	～하고 ～하는 등, ～하며 ～하며

접속	Vる1+やら＋Vる2+やら
	イA1+やら＋イA2+やら
	N1+やら＋N2+やら

> 口紅やら香水やら 립스틱이며 향수며 /
>
> うれしいやら悲しいやら 기쁘기도 하고 슬프기도 하고 /
>
> 怒るやら泣くやら 화를 내기도 하고 울기도 하며

1 寝坊して急いで家を出たので、スマホやら財布やら必要なものを持ってくるの を忘れてしまった。

늦잠 자느라 서둘러 집을 나서서 스마트폰이랑 지갑 등 필요한 것을 가져오는 걸 까먹고 말았다.

2 週末は、掃除をするやら買い物に行くやら、やらなければいけないことが色々 ある。

주말에는 청소를 하거나 장을 보러 가거나 해야 할 일이 여러 가지 있다.

3 子どもが成人して、うれしいやら寂しいやら複雑な気持ちだ。

아이가 성인으로 성장해서 기쁘기도 하고 외롭기도 하고 복잡한 마음이다.

120 〜にしろ〜にしろ

의미　〜하든 〜하든

접속　N1＋にしろ＋N2＋にしろ

V る1＋にしろ＋V る1＋にしろ / V る＋にしろ＋V ない＋にしろ

> 行くにしろ行かないにしろ 가든 말든 /
> 一人でやるにしろみんなでやるにしろ 혼자서 하든 다 같이 하든 /
> 親にしろ友達にしろ 부모든 친구든

1 試験を受けるにしろ受けないにしろ、とにかく勉強を続けておいて損はないと思う。

시험을 보든 안 보든 어쨌든 공부를 계속해 둬서 손해 볼 것은 없다고 생각한다.

2 東京にしろ大阪にしろ、梅雨の時期は洗濯物が乾かない。

도쿄든 오사카든 장마철에는 빨래가 마르지 않는다.

3 進学するにしろ就職するにしろ、家族でよく話し合って決めてください。

진학하든 취직하든 가족끼리 잘 의논해서 결정하세요.

121 〜も〜ば、〜も

의미　〜도 〜하고, 〜도

접속

$$N1＋も＋\left(\begin{array}{l} V ば \\ イAい＋ければ \\ ナA ＋なら \\ N＋なら \end{array}\right)＋N2＋も$$

1 文章を書くのが上手な子もいれば、計算が早い子もいる。

글을 잘 쓰는 아이도 있고 계산이 빠른 아이도 있다.

2 あそこのレストランは味もおいしければ、店内もきれいなので、また行こうと思っている。

거기 레스토랑은 맛도 있고 매장도 깨끗해서 또 갈까 해.

3 今日は山田くんも休みなら、鈴木くんも休みで、教室がいつもより静かだ。

오늘은 야마다 군도 쉬고 스즈키 군도 쉬어서 교실이 평소보다 조용하다.

問題7 次の文の（　　　　）に入れるのに最もよいものを、1・2・3・4から一つ
選びなさい。

1　日本の学校では、野球部やサッカー部（　　　）、いろんなスポーツのチームがあり
ます。
　　1　とすると　　　　　2　といえば　　　　　3　といった　　　　　4　としても

2　夏は花火大会（　　　）、夏祭りやビアガーデンなど、楽しいイベントがたくさん
ある。
　　1　のはじまり　　　　2　にはじめ　　　　　3　をはじまり　　　　4　をはじめ

3　抹茶は、日本（　　　）、世界でも健康に良い食材として注目されている。
　　1　にしては　　　　　2　のみならず　　　　3　を問わず　　　　　4　に対して

4　旅行のために、服（　　　）ぼうし（　　　）週末に買いに行こうと思っている。
　　1　やら / やら　　　　　　　　　　　　　2　にしろ / にしろ
　　3　にせよ / にせよ　　　　　　　　　　　4　や / やいなや

5　夕食を食べる（　　　）食べない（　　　）、何時に帰ってくるか連絡してね。
　　1　し / し　　　　　　　　　　　　　　2　にしろ / にしろ
　　3　なり / なり　　　　　　　　　　　　4　にすら / にすら

6　寒くなると、鍋やおでん（　　　）温かい食べ物が食べたくなる。
　　1　といえば　　　　　2　というと　　　　　3　としても　　　　　4　といった

7　聴解ができる人（　　　）、会話がうまい人もいるので、得意なものは人それぞれだ。
　　1　にしろ　　　　　　2　やら　　　　　　　3　もいれば　　　　　4　とすれば

8 日本（　　　）、アジアの様々な国に豆腐を使った料理があります。

1　において　　　　2　をはじめ　　　　3　を通して　　　　4　に応じて

9 外出が禁止された（　　　）、配達サービスも止まってしまったので、不便でしょうがない。

1　上に　　　　　　2　もとで　　　　　3　にしても　　　　4　にしろ

10 今年は、結婚（　　　）娘も生まれて、幸せな一年だった。

1　もすると　　　　2　もしたら　　　　3　もすれば　　　　4　もするなら

問題8 次の文の___★___に入る最もよいものを、1・2・3・4から一つ選びなさい。

11 あやの先生は ＿＿＿ ＿＿＿ ＿★＿ ＿＿＿ 上手なので、学校でとても人気がある。

    1　かわいければ   2　教え方

    3　顔も   4　も

12 おすしや天ぷら ＿＿＿ ＿＿＿ ＿＿＿ ＿★＿ 海外でも人気がある。

    1　のみならず   2　日本

    3　といった   4　料理は

13 みんながいる前で「好きだ！」と大声で告白されて、うれしい ＿＿＿ ＿＿＿ ＿★＿ ＿＿＿ している。

    1　混乱   2　やら

    3　頭の中が   4　恥ずかしいやら

14 頭が良くて ＿＿＿ ＿★＿ ＿＿＿ ＿＿＿ 、クラスのみんなは彼のことが大好きだ。

    1　ので   2　おもしろい

    3　できる上に   4　スポーツが

15 誕生日パーティー ＿★＿ ＿＿＿ ＿＿＿ ＿＿＿ 、返事はできるだけ早い方がいい。

    1　しない   2　に参加する

    3　にしろ参加   4　にしろ

정답　11 2(3124)　12 1(3421)　13 3(2431)　14 3(4321)　15 2(2314)

14 어휘 같은 문법

122 ～げ

의미 ～한 듯

접속 イAい / ナA / N / Vたい+げ

> 寂しげ 외로운 듯 / 満足げ 만족스러운 듯 / 言いたげ 말하고 싶은 듯

1 彼は「試験に合格したんだ」と、自慢げに話しかけてきた。

그는 '시험에 합격했다'며 자랑스러운 듯 말을 걸어 왔다.

2 今も変わらない母校を前に、彼は懐かしげに思い出を語った。

지금도 변함없는 모교를 앞에 두고 그는 그리운 듯 추억을 이야기했다.

3 犬が何か言いたげな表情でこちらを見ているが、お腹でも空いたのだろうか。

개가 무슨 말을 하고 싶은 듯한 표정으로 이쪽을 보고 있는데 배가 고픈 것일까?

123 ～気味

의미 ～기운, ～기색

접속 Vます / N+気味

> 太り気味 살찐 느낌 / 上がり気味 오를 기미 / かぜ気味 감기 기운

1 最近は残業が続いて疲れ気味だったので、休日は家でゆっくり過ごすことにした。

최근에는 야근이 계속되어 피곤한 기색이 있었기 때문에 휴일은 집에서 느긋하게 보내기로 했다.

2 ４時には目的地に着く予定だったが、道が混んでいて遅刻気味だ。

4시에는 목적지에 도착할 예정이었지만 길이 막혀 지각할 것 같다.

3 最近は運動もせず、カロリーの高いものばかり食べているので太り気味だ。

요즘은 운동도 하지 않고 칼로리가 높은 것만 먹어서 살이 찌는 것 같다.

124 ～がち

의미 자주 ～이 되다, 자주 ～하다, ～하는 경향이 있다

접속 Vます / N+がち

> 病気がち 병이 잦음 / 休みがち 자주 쉼 / 忘れがち 자주 잊음

1 疲れたり気分が落ち込んでいると、物事を悪いように考えがちになってしまう。

피곤하거나 기분이 우울하면 모든 일들을 나쁘게 생각하기 쉬워지고 만다.

2 最近はやる気が起きなくて、勉強を怠けがちだ。

요즘은 의욕이 없어서 공부를 게을리하는 경향이 있다.

3 子どものころは病気がちで、よく学校を休んでいた。

어렸을 때는 병이 잦아 자주 학교를 쉬었다.

125 ～っぽい

의미 ① ～처럼 느끼다

② 자주 ～하다

접속 Vます / N+っぽい

> 子どもっぽい 어린애 같다 /
> 熱っぽい 열이 있는 것 같다 /
> 忘れっぽい 자주 까먹는다

1 私は昔から飽きっぽい性格で、何をやっても長く続かなかった。

나는 옛날부터 싫증을 잘 내는 성격이라 무엇을 해도 오래 가지 못했다.

2 彼の言うことは、なんとなく嘘っぽいので信じないようにしている。

그의 말은 왠지 거짓말 같아서 믿지 않으려고 한다.

3 彼女は仕事を変えてストレスがたまっているのか、怒りっぽくなった。

그녀는 일을 바꿔 스트레스가 쌓였는지 화를 잘 낸다.

126 ～かけ

| 의미 | ～하다 맒, ～하는 도중 |

| 접속 | Vます+かけの+N |
| | Vます+かける |

> 食べかけのパン 먹다 만 빵 / 読みかけの本 읽는 도중인 책 /
> 言いかける 도중까지 말하다

1 机の上に、飲み**かけ**のコーヒーと食べ**かけ**のクッキーが置いてある。

책상 위에 마시다 만 커피와 먹다 만 쿠키가 놓여 있다.

2 母が夕食を作り**かけ**たのに、父は家族でおすしを食べに行こうと言い出した。

어머니가 저녁밥을 만들고 있는데, 아버지는 가족 다 같이 초밥을 먹으러 가자고 말을 꺼냈다.

3 家に読み**かけ**の本があるのに、新しい本を買ってしまった。

집에 읽다 만 책이 있는데 새 책을 사 버렸다.

127 ～向け

| 의미 | ～ 대상, ～을 위함, ～에 적합함 |

| 접속 | N+向けに |
| | N1+向けの+N2 |

> 若者向けに 젊은이 대상으로 / 初心者向けに 초심자를 위해 /
> 留学生向けの教科書 유학생을 위한 교과서

1 来月から、新入社員**向け**の研修カリキュラム作成を担当することになった。

다음 달부터 신입 사원 연수 커리큘럼 작성을 담당하게 됐다.

2 この本は子ども**向け**に書かれた本だが、大人が読んでもおもしろい。

이 책은 어린이용으로 쓰인 책이지만 어른이 읽어도 재미있다.

3 この食堂は、学生**向け**に安くて量が多いメニューを用意している。

이 식당은 학생들을 위해 저렴하고 양이 많은 메뉴를 준비하고 있다.

128 ～得る

| 의미 | ～할 수 있다, ～할 가능성이 있다 |

| 접속 | Vます+得る / 得ない |

> **あり得る** 있을 수 있다 / **想像し得る** 상상할 수 있다 /
> **理解し得ない** 이해할 수 없다

1 あんなに成績の良かった彼が試験に不合格だなんて、あり**得ない**！

그렇게 성적이 좋았던 그가 시험에 불합격하다니, 말도 안 돼!

2 地震はいつでも起こり**得る**ので、非常時の集合場所を決めておきましょう。

지진은 언제든지 일어날 수 있으므로 비상시의 집합 장소를 정해 둡시다.

3 食事を一切とらないなどの無理なダイエットは病気の原因になり**得ます**。

식사를 일절 하지 않는 등의 무리한 다이어트는 질병의 원인이 될 수 있습니다.

129 ～きり

| 의미 | ～한 채, ～한 후 계속 그대로 |

| 접속 | Vた＋きり / っきり |

> **行ったきり** 간 채 /
> **寝たきり** 누운 채, 병들어 누워 있는 상태 /
> **会ったっきり** 만난 채

1 「ごめん。」と言った**っきり**、彼はだまり込んでしまった。

"미안해."라고 말한 후로 그는 입을 다물어 버렸다.

2 高校時代の親友とは10年前に会った**きり**、連絡もしていない。

고등학교 때 친한 친구와는 10년 전에 만난 뒤 연락도 하지 않았다.

3 仕事が忙しくて、朝パンを一枚食べた**きり**何も食べていない。

일이 바빠서 아침에 빵을 한 개 먹고는 아무것도 먹지 않았다.

問題7 次の文の（　　　）に入れるのに最もよいものを、1・2・3・4から一つ選びなさい。

1. 息子は中学生になると学校を休み（　　　）になって、家でゲームばかりするようになった。

   1　かけ　　　　　　2　そう　　　　　　3　がち　　　　　　4　きり

2. 放課後は、（　　　）を全部終わらせてから遊びに行くつもりだ。

   1　やったかけの宿題　　　　　　　　2　やるかけの宿題
   3　やらかけの宿題　　　　　　　　　4　やりかけの宿題

3. 世界を旅して回ると言って家を（　　　）、10年間一度も家に戻ってきていない。

   1　出て行った以上　　　　　　　　　2　出て行ったきり
   3　出て行ったばかり　　　　　　　　4　出て行っておきに

4. 海外に住むことは大変なことだと（　　　）だが、最近では外国でも日本製の物を手に入れることができるので生活に困ることはない。

   1　思われがち　　　　2　思わしがち　　　　3　思わせがち　　　　4　思われるがち

5. 漢字に全てふりがなが付いているので、これは留学生（　　　）本だと思う。

   1　中心の　　　　　　2　ままの　　　　　　3　向けの　　　　　　4　ほどの

6. 彼は何か（　　　）が、彼女が話し始めたのでだまってしまった。

   1　言いさした　　　　2　言いすぎた　　　　3　言いのがれた　　　　4　言いかけた

7. 会社に行けないほどでもなかったが、体がだるくてかぜ（　　　）だったので休むことにした。

   1　向き　　　　　　　2　気味　　　　　　　3　がち　　　　　　　4　風

8 　彼女はもう大学生だが、話し方や行動がなんとなく（　　　　）と思う。
　　1　子どもがちだ　　　2　子どもげだ　　　　3　子どもっぽい　　　4　子どもっきり

9 　「さようなら」と言った彼女は、どこかさびし（　　　　）な顔をしていた。
　　1　さ　　　　　　　　2　ぎ　　　　　　　　3　み　　　　　　　　4　げ

10 　人の物を断りなく勝手に使う人の気持ちは、全く（　　　　）。
　　1　理解し得ない　　　2　理解しかける　　　3　理解しかない　　　4　理解しなきゃ

問題8 次の文の___★___に入る最もよいものを、1・2・3・4から一つ選びなさい。

11 ここ一年くらい _____ _____ ★ _____ は、引っ越して環境が変わったか

らだろうか。

1 なの 　　　　　　　　　　　　2 がち

3 かぜを 　　　　　　　　　　　4 ひき

12 大地震を経験し、自然災害は _____ ★ _____ _____ と実感した。

1 いつでも 　　　　　　　　　　2 なんだ

3 得ること 　　　　　　　　　　4 起こり

13 我が社は、_____ ★ _____ _____ サービスを提供しています。

1 一人で暮らす 　　　　　　　　2 サポートする

3 買い物や掃除などの家事を 　　4 高齢者向けに

14 あとで _____ ★ _____ _____ _____ 、「早く捨てなさい」と母に叱られた。

1 飲もうと思って 　　　　　　　2 ジュースを机の上に

3 置いておいたら 　　　　　　　4 飲みかけの

15 3年前に _____ _____ ★ _____ をしなくなった。

1 きり 　　　　　　　　　　　　2 した

3 スキー 　　　　　　　　　　　4 けがを

15 정중한 표현·그 외

130 おいでになる

▼ 정중한 표현

의미 가시다, 오시다, 계시다

1 来週、中本部長が出張のため大阪へ<u>おいでになる</u>そうです。 （行く）

다음 주에 나카모토 부장님이 출장 차 오사카에 가신다고 합니다.

2 ゆか先生、至急、会議室に<u>おいでください</u>。 （来る）

유카 선생님, 급히 회의실로 오세요.

3 佐藤様は、もうすでに本社の待合室に<u>おいでです</u>。 （いる）

사토 씨는 이미 본사 대기실에 계십니다.

131 ご存知ですか

의미 알고 계십니까?

1 山田「日本語の森のゆか先生を<u>ご存知ですか</u>。」
田中「はい、存じ上げております。」

야마다 "일본어의 숲 유카 선생님을 아세요?"

다나카 "네, 알고 있습니다."

2 中本部長が大阪へ転勤になること、もう<u>ご存知ですか</u>。

나카모토 부장님이 오사카로 전근 가시는 것, 이미 알고 계십니까?

3 彼女の連絡先を<u>ご存知でしたら</u>、教えていただけませんか。

그녀의 연락처를 아시면 알려 주실 수 없을까요?

132 ～してもよろしいでしょうか

～해도 될까요?

(뭔가 여쭈어봐도 되는지 상대에게 허락 받을 때 쓰는 매우 정중한 말투)

접속
$$
\left.\begin{array}{l}
\text{お聞き} \\
\text{お伺い} \\
\text{お尋ね}
\end{array}\right\}
$$
+してもよろしいでしょうか　여쭤봐도 될까요?

1 もう一度、お名前をお聞きしてもよろしいでしょうか。

다시 한번 성함을 여쭤봐도 될까요?

2 失礼ですが、年齢をお伺いしてもよろしいでしょうか。

실례지만 나이를 여쭤봐도 될까요?

3 すみません、一つお尋ねしてもよろしいでしょうか。

실례합니다, 한 가지 여쭤봐도 될까요?

133 ～させてもらう

의미　～하는 것을 허가받다, ～하는 것을 허가해 주다

접속　Vない+(さ)せて+もらう / くれる

※しない → させて
　来ない → 来させて

1 サッカー、バレエ、習字など、両親は私のやりたいことを全部やらせてくれた。

축구, 발레, 붓글씨 등 부모님은 내가 하고 싶은 것을 전부 하게 해 주셨다.

2 小さいころは貧乏で好きなものを食べさせてもらえなかったので、大人になったらいろんなものを食べたいとずっと思っていた。

어렸을 때는 가난해서 좋아하는 것을 먹을 수 없었기 때문에, 어른이 되면 여러 가지를 먹고 싶다고 계속 생각했었다.

3 会社での頑張りが認められて、新商品の開発リーダーを任せてもらえることになった。

회사에서의 노력을 인정받아 신상품의 개발 리더를 맡게 되었다.

134 ～かねる

의미 ～하기 어렵다, ～할 수 없다 (특히 손님에게 '안 된다'고 전할 때 자주 쓰임)

접속 Vます+かねる

1 大変申し訳ありませんが、そちらの質問にはお答えし**かねます**。

대단히 죄송합니다만, 그 질문에는 대답하기 어렵습니다.

2 客　「これ、返品したいんですが。」
店員「大変申し訳ありません。返品の対応は致し**かねます**。」

손님 "이거 반품하고 싶은데요."
점원 "대단히 죄송합니다. 반품은 해 드릴 수 없습니다."

3 大変申し上げにくいのですが、そちらの意見には賛成し**かねます**。

대단히 말씀드리기 어렵습니다만, 그 의견에는 찬성하기 어렵습니다.

135 もらってくれない？ ▼ 그 외

의미 (나를 위해 이 물건을) 받아 줄 수 없을까?

1 引っ越しするんだけど、家にある漫画全部**もらってくれない**？

이사를 하는데 우리 집에 있는 만화 (네가) 전부 받아 주지 않을래?

2 実家から野菜がたくさん送られてきたから、少し**もらってくれない**？

본가에서 채소를 많이 보내 왔는데 좀 받아 줄래?

3 プレゼントでもらった服、小さくてサイズが合わないから、**もらってくれない**？

선물로 받은 옷이 너무 작아서 사이즈가 안 맞는데 받아 줄래?

問題7 次の文の（　　　　）に入れるのに最もよいものを、1・2・3・4から一つ選びなさい。

1　もし、キムさんの連絡先を（　　　）でしたら、教えていただけませんか。
　　1　ご承知　　　　　　2　ご存じ　　　　　　3　ご覧　　　　　　4　お求め

2　客　「すみません、この商品はいつ入荷予定ですか。」
　　店員「申し訳ありません。まだ未定ですので、（　　　）かねます。」
　　1　お答えする　　　　2　お答えになり　　　3　お答えし　　　　4　お答えされ

3　部下「今週末は、社長は自宅に（　　　）。」
　　社長「うん、いるよ。」
　　1　おっしゃいますか　　　　　　　　2　参りますか
　　3　おりますか　　　　　　　　　　　4　おいでになりますか

4　（修理会社の人）
　　冷蔵庫から変な音がするとのことですが、ちょっと（　　　）いいですか。
　　1　見せられても　　　　　　　　　　2　見てもらっても
　　3　見せてもらっても　　　　　　　　4　見せてくれても

5　客「この服、サイズが合わなかったので返品したいのですが。」
　　店員「申し訳ありません。こちらの商品は値下げ品ですので返品の対応は（　　　）。」
　　1　いたしかねます　　　　　　　　　2　存じます
　　3　おいでになります　　　　　　　　4　させてもらいます

6　（講演会で）
　　運動をすると、幸福度が増して、ストレス解消になることを（　　　）。
　　1　存じていますか　　　　　　　　　2　ご存知ですか
　　3　承知していますか　　　　　　　　4　ご覧になりますか

7　初めまして。今日から一緒に（　　　）、グエンと申します。よろしくお願いします。
　　1　働かせてもらう　　　　　　　　　2　働いてもらう
　　3　働かせられる　　　　　　　　　　4　働かせてくれる

3時間くらい時間が空いていますが、その間社長はホテルに（　　　）。

1　存じていますか

2　存じ上げますか

3　おいでになりますか

4　参りますか

学生「お忙しいところすみませんが、ちょっと（　　　）よろしいでしょうか。」
教授「はい、どうぞ。」

1　おっしゃっても

2　お聞きになっても

3　お聞きしても

4　存じ上げても

このズボン、買ったはいいけど私には似合わない色だから、佐藤<ruby>さ</ruby>さん（　　　）？

1　くれてもらわない

2　あげてくれない

3　もらってあげない

4　もらってくれない

問題8　次の文の＿★＿に入る最もよいものを、1・2・3・4から一つ選びなさい。

11 | ではまず、弊社を志望した＿＿＿＿ ＿＿＿＿ ＿★＿ ＿＿＿＿でしょうか。

1　お聞き　　　　　　　　　　　　2　よろしい
3　理由を　　　　　　　　　　　　4　しても

12 | 山田さん、うちの畑でトマトがたくさん採れた＿＿＿＿ ＿★＿ ＿＿＿＿ ＿＿＿＿？

1　少し　　　　　　　　　　　　　2　から
3　もらって　　　　　　　　　　　4　くれない

13 | すみません、この機械の＿＿＿＿ ＿＿＿＿ ＿★＿ ＿＿＿＿。まだ慣れていなくて。

1　ですか　　　　　　　　　　　　2　ご存じ
3　入れ方を　　　　　　　　　　　4　電源の

14 | 今日はおいしいものを＿＿＿＿ ＿＿＿＿ ＿★＿ ＿＿＿＿本当にありがとうございました。

1　もらい　　　　　　　　　　　　2　たくさん
3　させて　　　　　　　　　　　　4　食べ

15 | この旅館は、天皇陛下が＿★＿ ＿＿＿＿ ＿＿＿＿ ＿＿＿＿そうです。

1　なった　　　　　　　　　　　　2　ある
3　こと　　　　　　　　　　　　　4　おいでに

정답　11 4(3142)　　12 1(2134)　　13 2(4321)　　14 3(2431)　　15 4(4132)

제2장 **언어 지식**(문법) /　　　　　　　　　　　　　　　　　　　　　　　　　　　　407

問題9 次の文章を読んで、文章全体の内容を考えて、16 から 20 の中に入る最も
　　　よいものを、1・2・3・4から一つ選びなさい。

お酒と美容

　日本人にとって、最もなじみのあるお酒といえば「日本酒」ではないだろうか。
飲み物として愛されてきた日本酒だが、現代では別の形で使われることも多くな
った。その活用方法を一つみなさまに 16 と思う。「酒かす化粧水」だ。「酒か
す」というのは、日本酒を作る際にできる白い固形物である。この酒かすを使った
化粧水が、肌をきれいにする効果があると言われ始めたのである。酒かすを食材と
して利用することは昔からよくあったが、酒かすから化粧水を作るというのは、全
く新しいアイデアだ。
　17 化粧水だけではなく酒かすを使った石けんやクリームなど、美容に関する様
々な商品が市場に登場するようになった。美容に関心がある世の中の人々も、商品
名に「酒かす」という文字があるだけで「肌に良さそう！」というイメージを持つ
ようになった。
　この 18 、様々な企業が「酒かす」という名前のついた商品をたくさん販売し
始めたことにより、このような商品はあまりめずらしいものではなくなった。しか
し、ただのブームに終わらず、今でも人気のある商品となっている。
　その理由は、本当に肌に良いと言われる成分が酒かすにはたくさん入っているか
らだ。酒かすに含まれるコウジ酸は、メラニンを作りにくくする働きがある。メラ
ニンは肌にできるシミの原因となるものであるため、酒かすによってシミが減り肌
がきれいになる 19 。
　ここまで聞いて、本当に効果があるのか疑問に感じている方も多いだろう。効果
があるのかどうか、 20 。まずはその手で実際に試してみて欲しい。

16

1 紹介した　　　　　　　　　2 紹介しそう

3 紹介しよう　　　　　　　　4 紹介しただろう

17

1 しかし　　　　2 さらに　　　　3 おそらく　　　　4 ついに

18

1 流れに乗らず　　　　　　　2 流れに乗りかけて

3 流れに乗るまで　　　　　　4 流れに乗って

19

1 というものだ　　　　　　　2 という気がする

3 というわけだ　　　　　　　4 というのだろうか

20

1 疑っていても始まらない　　　2 疑うと間違いない

3 疑おうとよくならない　　　　4 疑ってみるとよくない

제3장

독해

01 독해 풀이 요령

문제 형식은 모두 다섯 종류입니다. (문제 수는 변동될 가능성이 있습니다.)

문제 10	내용 이해 (단문)	5문제
문제 11	내용 이해 (중문)	9문제
문제 12	통합 이해 (AB문제)	2문제
문제 13	주장 이해 (장문)	3문제
문제 14	정보 검색	2문제

1 문제를 읽는다

우선 문제가 무엇인지를 확인합니다. 문제의 종류는 세 가지가 있습니다.

1. 필자의 주장과 알맞은 것을 묻는 문제
2. 원인이나 이유를 묻는 문제 (〜은 왜인가?, 〜은 어째서인가?)
3. 내용을 묻는 문제 (〜이란 무엇인가?, 〜이란 어떠한 것인가?)

2 본문을 읽고 흐름을 이해한다

문장은 다음 세 가지 '관계'로 되어 있습니다.

1. 동일 관계   A = B   A와 B가 동일
2. 반대 관계   A ↔ B   A와 B가 반대
3. 이유 · 결과 관계   A → B   A니까 B

1 동일 관계 A = B

예 <ruby>私<rt>わたし</rt></ruby>が<ruby>勉強<rt>べんきょう</rt></ruby>している<ruby>言語<rt>げんご</rt></ruby>(A)は<ruby>日本語<rt>にほんご</rt></ruby>(B)です。

<ruby>私<rt>わたし</rt></ruby>が<ruby>勉強<rt>べんきょう</rt></ruby>している<ruby>言語<rt>げんご</rt></ruby>(A)　＝　<ruby>日本語<rt>にほんご</rt></ruby>(B)

이 문장에서 '내가 공부하고 있는 언어'와 '일본어'는 동일한 관계입니다.

2 반대 관계 A ↔ B

예 <ruby>日本語<rt>にほんご</rt></ruby>を<ruby>勉強<rt>べんきょう</rt></ruby>していました。(A)
でも<ruby>今<rt>いま</rt></ruby>は、<ruby>日本語<rt>にほんご</rt></ruby>を<ruby>勉強<rt>べんきょう</rt></ruby>していません。(B)

<ruby>日本語<rt>にほんご</rt></ruby>を<ruby>勉強<rt>べんきょう</rt></ruby>していました。(A)　↔　<ruby>日本語<rt>にほんご</rt></ruby>を<ruby>勉強<rt>べんきょう</rt></ruby>していません。(B)

두 문장 '일본어를 공부했습니다'와 '일본어를 공부하고 있지 않습니다'는 반대 관계입니다.

3 이유·결과 관계 A → B

예 <ruby>私<rt>わたし</rt></ruby>は<ruby>日本語<rt>にほんご</rt></ruby>を<ruby>毎日勉強<rt>まいにちべんきょう</rt></ruby>しています。(A)
だから、<ruby>日本語<rt>にほんご</rt></ruby>が<ruby>得意<rt>とくい</rt></ruby>です。(B)

<ruby>私<rt>わたし</rt></ruby>は<ruby>日本語<rt>にほんご</rt></ruby>を<ruby>毎日勉強<rt>まいにちべんきょう</rt></ruby>しています。(A) 　이유

↓

<ruby>日本語<rt>にほんご</rt></ruby>が<ruby>得意<rt>とくい</rt></ruby>です。(B) 　결과

두 문장 '나는 일본어를 매일 공부하고 있습니다'와 '일본어를 잘합니다'는 이유 · 결과 관계입니다.

동일 관계, 반대 관계, 이유 · 결과 관계에 기초하여 문장과 문장, 단락과 단락의 관계를 이해하는 것이 가장 중요합니다.

그럼, 실제 독해 문제와 같은 형식을 살펴보겠습니다. 이 세 가지 관계는 '단어', '문장', '단락'에서도 적용할 수 있습니다.

● 단어를 찾는다 A = B

スマホ(A)の普及により、人々の生活はとても便利になりました。この**便利な四角い箱(B)**の登場によって、遠く離れた友人の声を聞き、新しい情報を手に入れることは、とても簡単になりました。

● 문장을 찾는다 A = B

スマホの普及により生活が便利になっただけでなく、**私たちはもうスマホがないと生活ができない(A)**ようになりました。仕事の連絡、語学の勉強、歯医者の予約、**生活の全てをスマホに頼っています(B)**。

● 단락을 찾는다 A = B

スマホの普及により、人々の生活はとても便利になりました。どこにいても友達と連絡をとることができるし、わからないことはいつでも調べることができるようになりました。(A)
　この便利な四角い箱の登場によって、遠く離れた友達の声を聞き、新しい情報を手に入れることは、決して難しいことではなくなったのです。(B)

※ A와 B가 동일 관계가 되는 이유
1) 어디에 있든 친구와 연락할 수 있다. = 멀리 떨어져 있는 친구의 목소리를 들음
2) 모르는 것은 언제든지 알아볼 수 있다.
　 = 새로운 정보를 손에 넣는 것은 결코 어렵지 않게 됐다.

반대 관계

● 단어를 찾는다 A ↔ B

> スマホ(A)の普及により、人々の生活はとても便利になりました。**その一方で**、いつでもメールを送ることができるため、<u>手紙(B)</u>はどんどん必要なくなってきています。

● 문장을 찾는다 A ↔ B

> スマホの普及により生活が便利になっただけでなく、<u>私たちはもうスマホがないと生活ができないようになりました(A)</u>。**しかし**、家族そろって楽しく食事をする時間には、<u>スマホは全く必要のないものです(B)</u>。

● 단락을 찾는다 A ↔ B

> スマホの普及により、人々の生活はとても便利になりました。どこにいても友達と連絡をとることができるし、わからないことはいつでも調べることができるようになりました。(A)
> **しかし**、今までよく使われていたものが世の中からなくなりました。街中から電話ボックスが消え、紙の辞書を使って勉強する学生もほとんどいなくなってしまったのです。(B)

● 단어를 찾는다 A → B

※ '이유 · 결과 관계'는 단어에서는 해당되지 않습니다.

● 문장을 찾는다 A → B

> 2010年頃から、スマホの普及と共にアプリの開発も急速に進みました(A)。そのため友達と連絡を取り合うこと、おもしろい映画を観ること、コンビニでお金を払うこと、いろんなことがスマホ一つでできるようになりました(B)。

● 단락을 찾는다 A → B

> 1990年頃からインターネットが急速に普及しました。同時に、パソコンやスマホなどの新しい機械も数多く作られてきました。(A)
> それによって、在宅勤務という新しい働き方が生まれました。ネット上で資料を共有し、ビデオ通話で会議をするという働き方が、当たり前になりつつあります。(B)

3 잘못된 선택지 3개를 찾는다

문제에 대한 올바른 선택지를 찾는 것이 아니라 잘못된 선택지 3개를 본문의 내용과 비교하면서 찾는 것이 중요합니다. 잘못된 선택지에는 이러한 것이 있습니다.

1 본문에서 말하지 않은 것

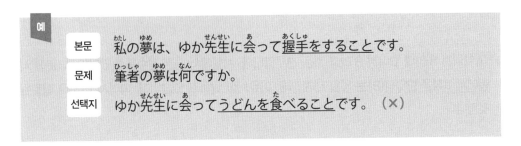

예

본문　私の夢は、ゆか先生に会って握手をすることです。

문제　筆者の夢は何ですか。

선택지　ゆか先生に会ってうどんを食べることです。（×）

※ 본문에서 우동을 먹는 것이라고는 하지 않았습니다.

2 본문에서 말한 것이 선택지에서 빠져 있다

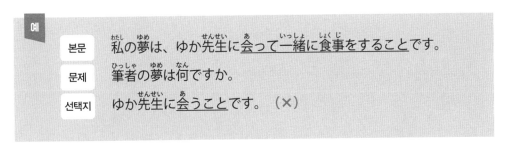

예

본문　私の夢は、ゆか先生に会って一緒に食事をすることです。

문제　筆者の夢は何ですか。

선택지　ゆか先生に会うことです。（×）

※ 본문에서는 같이 식사하는 것이 중요한 내용입니다.

3 잘못된 것이 반복되는 것

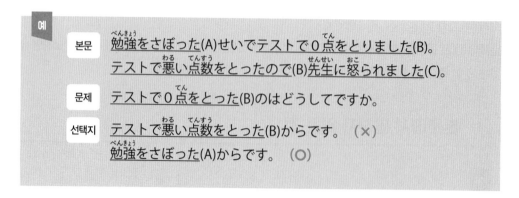

본문 勉強をさぼった(A)せいでテストで0点をとりました(B)。
テストで悪い点数をとったので(B)先生に怒られました(C)。

문제 テストで0点をとった(B)のはどうしてですか。

선택지 テストで悪い点数をとった(B)からです。 (×)
勉強をさぼった(A)からです。 (O)

※ 'A이니까 B'인데 'B니까 B'라고 하는 경우입니다. <u>시험에서 나쁜 점수를 받았기</u>(B) 때문에 <u>시험에서 0점을 받았다</u>(B)는 동일 관계인데, 이유처럼 말하고 있습니다. 따라서 이것은 잘못된 것입니다.

예1

　人は一度にたくさんの感覚を使うことで、物事を早く覚えることができると言われています。目だけでなく、口や耳などの感覚も同時に使うと、脳がたくさん刺激されて、早く記憶することができるのです。例えば、読むだけでなく、声に出しながら書くなど複数の感覚を一緒に使うと、覚えやすくなるようです。

筆者はどのように述べているか。

1　心の中で読むと早く記憶することができる。

2　声に出しながら、きれいにノートにまとめると良い。

3　一度に多くの感覚を使うことで早く覚えられる。

4　何回も読むとしっかり記憶することができる。

① 문제를 읽는다

이 문제에서 무엇을 묻는지 머릿속으로 파악합니다.

예1에서는 '필자는 어떻게 말하고 있는가?'를 묻고 있습니다.

② 본문을 읽고 흐름을 이해한다

人は一度にたくさんの感覚を使うことで、物事を早く覚えることができる

한 번에 많은 감각을 사용함으로써 여러 가지를 빨리 기억할 수 있다

と言われています。目だけでなく、口や耳などの感覚も同時に使うと、脳が

한 번에 많은 감각을 사용함으로써 여러 가지 일을 빨리 기억할 수 있다 : 동일 관계

たくさん刺激されて、早く記憶することができるのです。例えば、読むだけ

でなく、声に出しながら書くなど複数の感覚を一緒に使うと、覚えやすくな

한 번에 많은 감각을 사용함으로써 여러 가지 일을 빨리 기억할 수 있다 : 동일 관계

るようです。

본문을 정리하면 '많은 감각을 사용함으로써 빨리 기억할 수 있다'입니다.

③ 잘못된 선택지 3개를 찾는다

筆者はどのように述べているか。

1 心の中で読むと早く記憶することができる。（✕）

'마음속으로 읽는다'고는 하지 않았다.

2 声に出しながら、きれいにノートにまとめると良い。（✕）

'깨끗이 노트에 정리한다'고는 하지 않았다.

3 一度に多くの感覚を使うことで早く覚えられる。（○）

4 何回も読むとしっかり記憶することができる。（✕）

'몇 번이든 읽는다'고는 하지 않았다.

1990年頃からインターネットが急速に普及しました。同時に、パソコンやスマホなどの新しい機械も数多く開発されてきました。それによって、在宅勤務という新しい働き方が生まれました。ネット上で資料を共有し、ビデオ通話で会議をするという働き方が、当たり前になりつつあります。

本文の内容として正しいものはどれか。

1 新しい働き方が生まれたことによって、インターネットが急速に普及した。

2 インターネットや新しい機械の普及によって、人々の生活は便利になった。

3 インターネットや新しい機械の普及によって、新しい働き方が生まれた。

4 ビデオ会議の流行により、在宅勤務という新しい働き方が生まれた。

① 문제를 읽는다

이 문제에서 무엇을 묻는지 머릿속으로 파악합니다.

예2에서는 '본문의 내용으로 올바른 것은 어느 것인가?'를 묻고 있습니다.

② 본문을 읽고 흐름을 이해한다

> 1990年ごろからインターネットが急速に普及しました。同時に、パソコン
>
> 이유
>
> やスマホなどの新しい機械も数多く開発されてきました。
>
> 이유
>
> それによって、在宅勤務という新しい働き方が生まれました。ネット上で
>
> 결과
>
> 資料を共有し、ビデオ通話で会議をするという働き方が、当たり前になりつ
>
> 새로운 업무 방식이 생겨났습니다 : 동일 관계
>
> つあります。

본문을 정리하면 '인터넷의 보급'과 '새로운 기계의 개발'로 인해 '새로운 업무 방식이 생겨났습니다'입니다.

③ 잘못된 선택지 3개를 찾는다

本文の内容として正しいものはどれか。

1 新しい働き方が生まれたことによって、インターネットが急速に普及した。 （×）
　　이유와 결과가 서로 바뀌었다.

2 インターネットや新しい機械の普及によって、人々の生活は便利になった。 （×）
　　　　　　　　　　　　　　　　　　　　　　　'생활은 편리해졌다'고는 하지 않았다.

3 インターネットや新しい機械の普及によって、新しい働き方が生まれた。 （〇）

4 ビデオ会議の流行により、在宅勤務という新しい働き方が生まれた。 （×）
　　이유로서 '화상 회의의 유행'이라고는 하지 않았다.

私は大学から一人暮らしを始めました。勉強やアルバイトも上手くいって、友達も増えて、楽しい学生生活を送っていましたが、料理は苦手だったので、毎日カップラーメンを食べていました。すると、栄養不足のせいでクラブ活動中に倒れてしまい、しばらく入院することになりました。元気に生活するためには健康が一番大切だということを学び、それからは自分で料理を作るようになり、同時に栄養を考えるようになりました。毎日自分でメニューを考えるようになると、もっと栄養の勉強をしたいと思うようになりました。

今は大学をやめて料理の専門学校に通っています。将来はレストランを開いて、人々の健康の役に立ちたいです。

筆者が栄養を考えるようになったのはなぜか。

1 自分でメニューを考えるようになったから

2 もっと栄養の勉強をしたいと思うようになったから

3 健康が一番大切だということがわかったから

4 将来レストランを開きたいから

① 문제를 읽는다

이 문제에서 무엇을 묻는지 머릿속으로 파악합니다.

예3에서는 '필자가 영양을 생각하게 된 것은 왜인가?'를 질문하고 있습니다.

② 본문을 읽고 흐름을 이해한다

> 私は大学から一人暮らしを始めました。勉強やアルバイトも上手くいって、友達も増えて、楽しい学生生活を送っていましたが、料理は苦手だったので、毎日カップラーメンを食べていました。すると、栄養不足のせいでクラブ活動中に倒れてしまい、しばらく入院することになりました。元気に生活するためには健康が一番大切だということを学び、それからは自分で料理を作るようになり、同時に栄養を考えるようになりました。毎日自分でメニューを考えるようになると、もっと栄養の勉強をしたいと思うようになりました。
>
> 今は大学をやめて料理の専門学校に通っています。将来はレストランを開いて、人々の健康の役に立ちたいです。

본문을 정리하면 '영양 부족으로 인해 쓰러져서 건강의 중요함을 알게 되었고, 영양을 생각하면서 직접 요리를 하게 되었다. 그래서 영양에 대해 더 공부하고 싶다고 생각하게 되었다'입니다.

③ 잘못된 선택지 3개를 찾는다

筆者が栄養を考えるようになったのはなぜか。

1 自分でメニューを考えるようになったから（✕）

　　잘못된 것이 반복되고 있다.

2 もっと栄養の勉強をしたいと思うようになったから（✕）

　　'영양을 생각하게 되었다'의 이유는 아니다.

3 健康が一番大切だということがわかったから（○）

4 将来レストランを開きたいから（✕）

　　'영양을 생각하게 되었다'의 이유는 아니다.

02 연습 문제

10 내용 이해 (단문)

문제10에서는 단문(200자 정도)의 지문을 읽습니다. 그리고 그 내용 또는 필자의 주장에 대한 문제가 출제됩니다. 내용 이해(단문)는 총 5개의 지문에 문제가 각 1개씩 나옵니다.

**問題10　次の（1）から（5）の文章を読んで、後の問いに答えとして最もよい
ものを、1・2・3・4から一つ選びなさい。**

（1）
　以下はこれから教師になる人に向けて書かれた文章である。

　教師という存在は生徒にとって想像以上に大きなものです。教師が言ったこと、表情や仕草^(注)などを生徒たちはよく観察しています。だから、私たちは生徒に対してどのような言葉をかけるべきなのかをしっかりと考えなければなりません。何も考えず否定的な言葉を使い続けていると、彼らの可能性をつぶしてしまうかもしれないからです。

　反対に、「君はできる」と前向きな言葉をかけられるだけで、やる気が出たり、できなかったことが簡単にできるようになったりすることもあります。教師である私たちの言葉には、それほど大きな力があるということを知っておかなければなりません。
　　　　　　　　　　　　　　　（注）仕草：何かするときの小さな動きのこと

☐1 筆者の考えに合うのはどれか。
1　教師は生徒たちにいつも見られているので、悪いことができない。
2　生徒たちの言葉には、想像以上に大きな力がある。
3　生徒たちは、教師が使う言葉によって良くも悪くも変化する可能性がある。
4　教師は生徒に対して良いことも悪いことも全て伝えていくべきだ。

제3장 **독해** /

425

1 筆者の考えに合うのはどれか。

1 教師は生徒たちにいつも見られているので、<u>悪いことができない</u>。

'나쁜 짓을 할 수 없다'고는 하지 않았다.

2 <u>生徒たちの言葉</u>には、想像以上に大きな力がある。

'학생들의 말'이 아니라 '교사의 말'이다.

3 生徒たちは、教師が使う言葉によって良くも悪くも変化する可能性がある。

4 教師は生徒に対して良いことも悪いことも<u>全て伝えていくべきだ</u>。

'모두 전달해야 한다'고는 하지 않았다.

(2)

　「天才とは、1%のひらめきと99%の努力である。」という、発明家エジソンの
名言がある。誰でも知っているであろうこの名言は「ひらめきよりも、努力が重
要だ」という意味で人々に理解されているが、実はエジソンが伝えたかったのは
「努力が重要だ」ということではなく、「少しのひらめきがなければ、いくら努力
してもむだになってしまう。」ということだった。

　一生懸命努力したからといって、結果が出るとは限らない。これは、人一倍努力
したエジソンが身をもって感じたからこそ、言えたことなのではないのだろうか。

（注1）ひらめき：すばらしいアイデアが瞬間的に思い浮かぶこと

（注2）名言：共感できるすばらしい言葉

（注3）人一倍：他の人の何倍も

（注4）身をもって：自分の体で

1　エジソンが言いたかったのはどのようなことか。

　1　誰よりも努力をしなければ、良い考えを思いつくことはできない。

　2　どんなに良いアイデアがあっても、頑張らなければ意味がない。

　3　努力をすることは大事だが、アイデアがなければ結果も出ない。

　4　いくら努力をしても、天才になることはできない。

1 エジソンが言いたかったのはどのようなことか。

1 誰よりも努力をしなければ、良い考えを思いつくことはできない。
'누구보다 노력하지 않으면'이라고는 하지 않았다.

2 どんなに良いアイデアがあっても、頑張らなければ意味がない。
사람들이 일반적으로 이해하고 있는 의미이다.

3 努力をすることは大事だが、アイデアがなければ結果も出ない。

4 いくら努力をしても、天才になることはできない。
'천재가 될 수는 없다'고는 하지 않았다.

정답 1 3

(3)

　人間は他の動物より優れているという人がいる。人間だけが欲求を抑^{おさ}えられることや知性があることがよくその理由として挙げられている。しかし、本当にそうなのだろうか。人間にできて他の動物にできないこともあれば、その反対もある。それに、人間以外の動物が欲求を抑^{おさ}えられないのか、知性がないのかなんて私たちには断言できない。したがって、現時点では人間以外に言語をコミュニケーションの手段としている動物が発見されていないということぐらいしか違いを語れないのである。そもそも人間も動物の一種に過ぎず、本来人間と人間以外の動物を分けて考えることはできないと私は考える。

（注1）知性：物事を考える能力

（注2）断言：はっきり言い切ること

[1] 筆者によると、人間が動物と違う点は何か。

1　人間は他の動物より考える力があること

2　人間には欲求を無視する力があること

3　言葉で欲求や知性を表現できること

4　言葉でコミュニケーションをとっていること

1　筆者によると、人間が動物と違う点は何か。

　1　人間は他の動物より考える力があること
　　　필자의 생각이 아니다.

　2　人間には欲求を無視する力があること
　　　필자의 생각이 아니다.

　3　言葉で欲求や知性を表現できること
　　　'욕구나 지성을 표현할 수 있다'고는 하지 않았다.

　4　言葉でコミュニケーションをとっていること

정답　　1　4

(4)
以下はイベント運営会社の企画部から営業部に送られたメールである。

営業部　佐藤さん

お疲れ様です。企画部の中本です。

メールを確認しました。

来週行われるイベント準備のために、営業部から15名作業に参加していただ

けるというお話だったのですが、イベント内容が大幅に変更になったため、

営業部からは数名来ていただければ十分です。

ただ、イベント準備の日程が30日から29日に変更になりました。こちらの

日程で参加できる方のリストをいただきたいです。お返事お待ちしており

ます。

企画部　中本

1　このメールの用件は何か。

　　1　30日のイベントに、15名以上参加してほしい。

　　2　30日のイベント準備に数名参加できるかどうか教えてほしい。

　　3　29日のイベントに数名参加してほしい。

　　4　29日のイベント準備に参加できる人のリストがほしい。

1 このメールの用件は何か。

1 <u>30日のイベント</u>に、<u>15名以上</u>参加してほしい。
'29일 이벤트 준비'이다.　　　✕

2 <u>30日</u>のイベント準備に数名参加<u>できるかどうか</u>教えてほしい。
'29일'이다.　　　　　　　　　　　　✕

3 29日の<u>イベント</u>に数名参加してほしい。
'이벤트 준비'이다.

4 29日のイベント準備に参加できる人のリストがほしい。

(5)

　動物にとって、目は遠くにいる獲物や敵を見つけるためにあります。私たち人間の祖先も狩りをして暮らしていたため、遠くを見る生活をしていました。

　しかし、現代になりテレビやパソコンなどの電子機器が普及し、人間の生活はほとんど遠くを見ない生活に変化しました。その結果、目に負担がかかり、遠くのものがよく見えない「近視」になる人が増えたのです。

（注1）獲物：食べるために捕まえる動物

（注2）狩り：山や野原で動物を捕まえること

1　「近視」になる人が増えたのはなぜか。

　　1　現代の人間は祖先のように狩りをしなくなったから

　　2　人々の生活が近くを見る生活に変わったから

　　3　目に負担がかかり、遠くを見ることができなくなったから

　　4　テレビやパソコンは目に悪い影響を与えるものだから

1 「近視」になる人が増えたのはなぜか。

1 現代の人間は祖先のように狩りをしなくなったから

2 人々の生活が近くを見る生活に変わったから

3 目に負担がかかり、遠くを見ることができなくなったから

4 テレビやパソコンは目に悪い影響を与えるものだから

※ "전자기기가 보급되면서 인간의 생활은 거의 먼 곳을 보지 않는 생활로 변화했습니다."가 이유이므로 2번이 정답이다.

JLPT
N2

문제11에서는 중문(500자 정도)의 지문을 읽습니다. 그리고 그 내용, 필자의 주장, 원인이나 이유에 대한 문제가 출제됩니다. 내용 이해(중문)는 총 3개의 지문에 문제가 각 3개씩 나옵니다.

問題11　次の（1）から（3）の文章を読んで、後の問いに対する答えとして最もよいものを、1・2・3・4から一つ選びなさい。

（1）

　学ぶ者が「生徒」と呼ばれる小学生から高校生の間は、社会の一員として必要な
知識や教養を学ぶときである。「生徒」は皆、一様に教師の指導のもと学んでい
く。つまり、受動的な学びなのだ。

　しかし、大学はそうではない。大学で学ぶ者は「学生」と呼ばれ、「生徒」とは
大きく異なる。なぜなら、大学での学びは、自分で学びたい分野を選択し、その
分野について自分なりの方法で調べていくという主体的な活動であるからだ。例え
ば、高校まではあった時間割がない。自分がどの講義を受けるか自分で選択できる
からだ。また、「講義」は「授業」と同じではない。教え手はその分野の専門家で
あり、受け手もその分野に関心のある者しかいない。課題も研究方法も自分次第
だ。大学は研究の場を提供したり、研究をサポートしてくれるだけだ。その結果、
彼らに主体的に行動する力が身に付くのである。大学でその能力を得ることができ
れば、社会に出てからも自分で課題を見つけ、解決方法を模索することができるよ
うになるのである。

　しかし、多くの人は大学に入るまで受動的な学びしかして来なかった。そのた
め、大学に入っていきなり自由にしてもいいと言われても、どうしたらいいのかわ
からないようだ。社会に出てからも同じだろう。「生徒」であるうちから、主体的
に行動する力を身に付けさせることが重要なのではないだろうか。

（注1）一員：グループの中の一人

（注2）一様に：同じように

（注3）受動的な：自分の意思ではなく、他人の意思で行動すること

（注4）時間割：ここでは、学校が決めた授業の予定

（注5）模索する：探す

1　「生徒」について、筆者はどのように述べているか。

    1　皆が同じように教師から必要なことを習う。

    2　学ぶことを自分で選ぶことができる。

    3　その分野の専門家に習うことができる。

    4　課題の見つけ方や研究の方法を考えることができる。

2　筆者によると、大学とはどのようなものか。

    1　教授からその分野の課題を教えてもらう。

    2　問題もその解決方法も自分で見つける。

    3　その分野の専門家になる。

    4　講義と授業を自分で選択する。

3　筆者の考えに合うのはどれか。

    1　小学生から高校生までは主体的に学ぶ力がない。

    2　自分の意思で行動することは、受動的な学習をさまたげてしまう。

    3　主体的に行動することができる人は、社会の役に立つ。

    4　大学に入る前から、自分の意思で行動できるようになるべきだ。

1 「生徒」について、筆者はどのように述べているか。

1 皆が同じように教師から必要なことを習う。

2 学ぶことを自分で選ぶことができる。
　　이것은 '学生'에 대한 내용이다.

3 その分野の専門家に習うことができる。
　　이것은 '学生'에 대한 내용이다.

4 課題の見つけ方や研究の方法を考えることができる。
　　이것은 '学生'에 대한 내용이다.

2 筆者によると、大学とはどのようなものか。

1 教授からその分野の課題を教えてもらう。
　　'과제를 배운다'고는 하지 않았다.

2 問題もその解決方法も自分で見つける。

3 その分野の専門家になる。
　　'전문가가 된다'고는 하지 않았다.

4 講義と授業を自分で選択する。
　　'수업을 스스로 선택한다'고는 하지 않았다.

3 筆者の考えに合うのはどれか。

1 小学生から高校生までは主体的に学ぶ力がない。

'주체적으로 배울 힘이 없다'고는 하지 않았다.

2 自分の意思で行動することは、受動的な学習をさまたげてしまう。

'수동적인 학습을 방해해 버린다'고는 하지 않았다.

3 主体的に行動することができる人は、社会の役に立つ。

'사회에 도움이 된다'고는 하지 않았다.

4 大学に入る前から、自分の意思で行動できるようになるべきだ。

정답 **1** 1 **2** 2 **3** 4

(2)

　「生産性」という言葉が普及した今の世の中では、仕事も勉強もとにかく効率良く行うことが素晴らしいことだと考えられています。つまり、どれだけ少ない力でどれだけ多くのものを生み出せるかということです。一時間で10個のパンを作る人より、一時間で100個のパンを作る人の方が生産性が高いというわけです。

　少ない力でものをたくさん作ることは良いことです。そのために知恵をしぼることもまた、素晴らしいことだと思います。その一方で、「生産性」が求められ続ける社会は、なかなか生きづらいものだとも感じています。

　例えば、会社ではいかに生産性を上げるかという戦いが日々行われています。徹底的にむだをなくし社員の生産性を上げると、それが会社の利益につながるからです。次第に社員たちは、目の前の仕事を終わらせることばかり考え、ゆっくり心を落ち着かせる時間を持つことを忘れてしまいます。実はこういった状況では、生産性は上がりにくいのです。忘れてはいけない大切なことは、私たちは働くロボットではなく「人」であるということです。

　勤務時間中に仕事仲間とゆっくりおしゃべりをする時間、仲間のことを思いやる時間、一人で考え事をしながらコーヒーを飲む時間、こういった時間は一見むだに見えて、生産性を向上させるためのとても大切な時間です。表面的な効率の良さだけを追い求めていると、「人」の生産性を高めることは難しいでしょう。

（注1）知恵をしぼる：たくさん悩んで考えること
（注2）一見：ここでは、少し考えること

1　筆者は生産性が高いとはどのようなことだと言っているか。

1　他の人より、少しでも多くのものを生み出すこと

2　他の人よりも、長い時間働くこと

3　知恵を使って、仕事をうまく減らすこと

4　少ない力でたくさんものを生み出すこと

2　生きづらいものだとあるが、筆者は何がその原因だと言っているか。

1　効率の良さを求めすぎたせいで、ゆっくり過ごす時間が減ってしまったこと

2　会社の利益を求めすぎたせいで、毎日の仕事が苦痛になっていること

3　生産性が高まりすぎたせいで、世の中がものであふれてしまっていること

4　ゆっくり心を落ち着かせる時間をとろうとすると、厳しく怒られてしまうこと

3　筆者は、生産性を高めるために大切なことは何だと言っているか。

1　表面的な効率の良さだけを求めて働くこと

2　みんなで仕事終わりに毎日お酒を飲みに行くこと

3　誰が効率良くものが作れるか、社員同士で勝負させること

4　社員同士でコミュニケーションをとる時間をつくること

1 筆者は生産性が高いとはどのようなことだと言っているか。

1 他の人より、少しでも多くのものを生み出すこと
   '다른 사람보다'라고는 하지 않았다.

2 他の人よりも、長い時間働くこと
   '더 오랜 시간 일한다'고는 하지 않았다.

3 知恵を使って、仕事をうまく減らすこと
   '일을 잘 줄인다'고는 하지 않았다.

4 少ない力でたくさんものを生み出すこと

2 生きづらいものだとあるが、筆者は何がその原因だと言っているか。

1 効率の良さを求めすぎたせいで、ゆっくり過ごす時間が減ってしまったこと
2 会社の利益を求めすぎたせいで、毎日の仕事が苦痛になっていること
3 生産性が高まりすぎたせいで、世の中がものであふれてしまっていること
4 ゆっくり心を落ち着かせる時間をとろうとすると、厳しく怒られてしまうこと

※ "점차 직원들은 눈앞의 일을 끝낼 생각만 하고 마음을 느긋하게 가라앉히는 시간을 갖는 것을 잊어버립니다."라고 했으므로 1번이 정답이다.

筆者は、生産性を高めるために大切なことは何だと言っているか。

1　表面的な効率の良さだけを求めて働くこと

'표면적인 효율의 좋은 점만을 추구하며'라고는 하지 않았다.

2　みんなで仕事終わりに毎日お酒を飲みに行くこと

언급하지 않은 내용이다.

3　誰が効率良くものが作れるか、社員同士で勝負させること

'직원들끼리 승부를 겨루게 한다'고는 하지 않았다.

4　社員同士でコミュニケーションをとる時間をつくること

（3）

　湿布や虫刺されの薬を肌につけた時、冷たく感じたことはないだろうか。これ
（注1）
は、「メントール」という成分の効果によるもので、私たちの生活の中でもガムや
歯磨き粉など多くのものに使われている。この成分は、肌につけるとスーッとした
冷たさを感じるが、メントールが冷たいわけでも体温が下がっているわけでもな
い。こういった現象は、皮膚の神経をメントールが刺激するからだと考えられてい
る。

　私はよく、この蒸し暑い日本の夏を乗り越えるために、ハッカ油を使用する。ミ
ントの中でも特に多くメントールを含んでいる「和ハッカ」から抽出した油だ。暑
　　　　　　　　　　　　　　　　　　　　　　　　　　　　　　　（注2）
いときは肌に塗ることで涼しさを感じられるし、また、肩こりや頭痛も、ハッカ油
　　　　　　　　　　　　　　　　　　　　（注3）
の爽やかさで痛みを忘れられる。なんだか頭がぼーっとするときは、ハッカ油のに
おいをかぐだけで、頭がすっきりして集中できるようになる。

　このように、メントールという成分のおかげで私たちの生活はより快適になって
いるが、使いすぎには注意が必要だ。メントールは化学物質であり良い効果ばかり
ではない。肌の状態は人それぞれなので、適度に使わないと皮膚が炎症を起こして
　　　　　　　　　　　　　　　　　　　　　　　　　　　　　　（注4）
しまう恐れもあるのだ。便利で簡単に手に入るものだからこそ上手に使うことが肝
　　　　　　　　　　　　　　　　　　　　　　　　　　　　　　　　　　（注5）
心だ。

（注1）湿布：腰や肩が痛いときにはるもの
（注2）抽出：ここでは、ハッカから油を抜き出すこと
（注3）肩こり：肩の周りが固くなって、重く感じたり、疲れを感じたりすること
（注4）炎症：ここでは、肌が熱をもったり痛くなること
（注5）肝心：大事

1 こういった現象とあるが、どのような現象か。

 1 メントールで体温が下がる現象

 2 メントールで冷たく感じる現象

 3 メントールが冷たくなる現象

 4 メントールが薬に変わる現象

2 メントールの効果は何か。

 1 暑いときに体温を下げる。

 2 肩こりや頭痛の痛みをなくす。

 3 頭をすっきりさせる。

 4 においで嫌なことを忘れさせる。

3 メントールについて、筆者はどのように述べているか。

 1 快適な生活をするために、メントールは使ったほうがいい。

 2 メントールは肌への刺激が強いので、使い方が難しい。

 3 メントールがいくら便利なものでも、使いすぎるのは良くない。

 4 メントールは化学物質なので危険だ。

1 こういった現象とあるが、どのような現象か。

 1 メントールで体温が下がる現象

 2 メントールで冷たく感じる現象

 3 メントールが冷たくなる現象

 4 メントールが薬に変わる現象

※ "이 성분은 피부에 닿으면 시원한 느낌을 주지만, 멘톨이 차가운 것도 아니고 체온이 낮아진 것
도 아니다."라고 했으므로 2번이 정답이다.

2 メントールの効果は何か。

 1 暑いときに体温を下げる。
    '체온을 낮춘다'가 아니라 '시원함을 느낄 수 있다'이다.

 2 肩こりや頭痛の痛みをなくす。
     '없앤다'가 아니라 '잊을 수 있다'이다.

 3 頭をすっきりさせる。

 4 においで嫌なことを忘れさせる。
   '싫은 일'이 아니라 '통증'이다.

3 メントールについて、筆者はどのように述べているか。

1 快適な生活をするために、メントールは使ったほうがいい。
'사용하는 것이 좋다'고는 하지 않았다.

2 メントールは肌への刺激が強いので、使い方が難しい。
언급하지 않은 내용이다.

3 メントールがいくら便利なものでも、使いすぎるのは良くない。

4 メントールは化学物質なので危険だ。
'위험하다'고는 하지 않았다.

12 통합 이해 (AB문제)

문제12에서는 2개(각 300자 정도)의 지문을 읽습니다. 그리고 그 내용을 비교하는 문제가 출제됩니다. 통합 이해(AB문제)는 1개의 지문에 문제가 2개 나옵니다. 출제되는 문제는 '① ~에 대하여 A와 B는 어떻게 말하고 있는가?', '② ~에 대하여 A와 B가 공통되는 것은 무엇인가?' 등입니다.

問題12 次のAとBの文章を読んで、後の問いに対する答えとして最もよいものを、1・2・3・4から一つ選びなさい。

A

　将来のために、様々な種類の資格を取得しようとする大学生が多い。資格があれば自分の能力を簡単に企業にアピールすることができるので、就職活動にも有利になると思っているのだろうが、私はそうは思わない。いろんな種類の資格を、ただたくさん持っているだけでは、企業が必要とする人材にはなれないのではないかと思う。企業が欲しいのは、能力のある人間だ。資格を持っていても、それを実際の業務に活かすことができなければ意味がない。就職活動のために資格の取得を目指すというのなら、まずは自分が入りたい会社ややりたい仕事について詳しく調べ、それに必要な知識を学んでいく方が良いのではないか。

B

　「将来やりたいことがわからない」という相談を受けることが多くなった。就職を前にして、学生たちがまず最初にぶつかる壁だ。私はそういう学生たちに対して、「いろんなことをやってみなさい」とアドバイスしている。やりたいことがわからないのは、やってみた経験が少なすぎるからだ。興味のあるなしに関わらず、全部やってみればいいのだ。特にお勧めなのは、何かの資格を取得することだ。資格は、必ず就職活動に役立つ。資格の勉強をきっかけに、自分の興味がある分野を発見することができるかもしれない。それを頼りに、自分のやりたいことを探していけばいい。やりたい仕事が見つかれば、あとはそれに必要な知識をつけて就職活動に取り組むだけだ。

1 資格を取得することについて、AとBはどのように述べているか。

1 AもBも、企業に能力をアピールすることができるので取得するべきだと述べている。

2 AもBも、実際の業務に関係のない資格なら必要がないので取得しなくてもよいと述べている。

3 Aは実際の仕事で使えないのなら必要がないと述べ、Bは就職する際に役立つので取得したほうがよいと述べている。

4 Aは就職活動では全く有利にならないものだと述べ、Bも必要なければ取得しなくてもよいと述べている。

2 AとBが、共通して述べていることは何か。

1 やりたいことを見つけて、それに必要なことを勉強していくべきだ。

2 やりたいことを見つけるために、とにかくいろんな事にチャレンジするべきだ。

3 就職活動では、資格があるかどうかがとても重要になる。

4 就職活動では、資格のある人よりも能力がある人の方が有利だ。

1 資格を取得することについて、AとBはどのように述べているか。

1 AもBも、企業に能力をアピールすることができるので取得するべきだと述べている。
   A ✕ B ◯

2 AもBも、実際の業務に関係のない資格なら必要がないので取得しなくてもよいと
   A ◯ B ✕

   述べている。

3 Aは実際の仕事で使えないのなら必要がないと述べ、Bは就職する際に役立つので
   取得したほうがよいと述べている。

4 Aは就職活動では全く有利にならないものだと述べ、Bも必要なければ取得しなくて
   A ✕   B ✕

   もよいと述べている。

2 AとBが、共通して述べていることは何か。

1 やりたいことを見つけて、それに必要なことを勉強していくべきだ。

2 やりたいことを見つけるために、とにかくいろんな事にチャレンジするべきだ。

A ✕ B ◯

3 就職活動では、資格があるかどうかがとても重要になる。

A ✕ B ◯

4 就職活動では、資格のある人よりも能力がある人の方が有利だ。

A ◯ B ✕

정답 　1 3 　2 1

문제13에서는 장문(1,000자 정도)의 지문을 읽습니다. 그리고 그 내용, 필자의 주장, 원인이나 이유에 대해 답하는 문제가 출제됩니다. 주장 이해(장문)는 1개의 지문에 문제가 3개 나옵니다.

**問題13　次の文章を読んで、後の問いに対する答えとして最もよいものを、
　　　　1・2・3・4から一つ選びなさい。**

　美容室に行った次の日に「新しい髪型、素敵ですね」と言われたら、「いえい
え、そんなことないです」と言う日本人は多い。言われた人は、本当に自分に新し
い髪型が似合っていないと思っているのではなく、謙遜の意味で相手の言うことを
(注1)
否定しているのだ。

　ほめている方も、本当にその髪型が素敵で、その人に似合っているから言ってい
るというわけではない場合も多い。皮肉で言っているかもしれないし、その人との
(注2)
関係を良くするにはほめておいた方がいいと考えているかもしれない。

　これは、日本の独特な文化背景によるものである。まず一つに、日本では言葉に
そのままの意味ではなく、いろんな意味を含ませながらコミュニケーションをと
る。そして、日本の社会では自分を主張することが良いことだとは思われず、謙虚
で控え目な態度を示すことが評価される傾向がある。ほめ言葉を否定することで、
(注3)
「私は謙虚で、控え目な人です。」「素敵かもしれないけど、完璧ではない自分の
現状がわかっています。」という、言葉の奥にある深い意味を持たせて相手に伝え
ているのである。

　しかしながら、外国人が日本に来てこの文化に触れると、不思議に思う人もいる
だろう。日本では良いとされていることが、他の国でも良いとされるとは限らな
い。ほめ言葉を受けたときに謙遜をすると、言葉をそのままの意味で受け取る文化
の国の人たちには「自分の言葉を否定された」とか「自分に自信がない人なんだ
な」と思われてしまうかもしれない。

では、このような異なる文化同士の印象の違いは、どうしたらなくなるのか。それは、お互いが「違う」ということを理解することから始まる。相手の文化を理解しようとしても、難しいこともあるだろう。その文化を無理やり理解するのではなく、それぞれ違う文化背景の中で生きてきたことを理解し、自分が良いと思っていることが必ずしも良いと思われないかもしれないことを頭の片隅に置いておくのだ。そこで意識するのは、新たな視点を持つことだ。どちらが良い、悪いと判断するのではなくて、どちらの文化も尊重しあう。それぞれを認めることができれば、「こういう考え方もあるんだな」と新たな視点が生まれ、コミュニケーションがうまくいくはずだ。自分の文化と相手の文化の中間点を見つけることができれば、自分も変わっていくだろう。

　違いを認めて新たな視点を持つと、今まで見えなかったいろんなことが見えてくる。その中で、工夫して自分を表現し人との関わり合いの中で生きていくのだ。

（注1）謙遜：相手を敬って自分の意見を主張しないこと。遠慮すること

（注2）皮肉：直接ではなく遠回しに相手を非難すること

（注3）控え目：自己主張をせず、遠慮がちにすること

（注4）頭の片隅に置いておく：覚えておく

1 筆者によると、日本人がほめ言葉を否定する理由は何か。

  1 相手が皮肉で言ったことをわかっていると気付いてほしいから

  2 新しい髪型は素敵ではないと思っていることを知ってほしいから

  3 控え目な態度を示すことが良いことだと思っているから

  4 自分に自信がないことをわかってほしいから

2 筆者によると、異なる文化を持つ人同士は、どのようにコミュニケーションをとろうとするべきか。

  1 相手を理解することは難しいということがわかったら、あきらめる。

  2 自分の常識は、相手には通用しない可能性があることを理解する。

  3 深い意味は持たせないで、そのままの意味で伝えることを意識する。

  4 相手の文化を尊重し、自己主張はしないように気を付ける。

3 筆者の考えに合うのはどれか。

  1 違う文化を持った人と接すると、相手の文化に入り込める。

  2 お互いの文化を判断することで、新しい視点が生まれる。

  3 自分の見せ方を工夫し、自分の文化のみを尊重するべきだ。

  4 相手との違いを認めることで、いろんな考え方を持つことができる。

1　筆者<small>ひっしゃ</small>によると、日本人<small>にほんじん</small>がほめ言葉<small>ことば</small>を否定<small>ひてい</small>する理由<small>りゆう</small>は何<small>なに</small>か。

1　相手<small>あいて</small>が皮肉<small>ひにく</small>で言<small>い</small>ったことをわかっていると気付<small>きづ</small>いてほしいから
2　新<small>あたら</small>しい髪型<small>かみがた</small>は素敵<small>すてき</small>ではないと思<small>おも</small>っていることを知<small>し</small>ってほしいから
3　控<small>ひか</small>え目<small>め</small>な態度<small>たいど</small>を示<small>しめ</small>すことが良<small>よ</small>いことだと思<small>おも</small>っているから
4　自分<small>じ</small>に自信<small>じしん</small>がないことをわかってほしいから

※ '겸허하고 조심스러운 태도를 보이는 것이 좋게 평가받는다'는 것이 이유이므로 3번이 정답이다.

2　筆者<small>ひっしゃ</small>によると、異<small>こと</small>なる文化<small>ぶんか</small>を持<small>も</small>つ人同士<small>ひとどうし</small>は、どのようにコミュニケーションをとろうとするべきか。

1　相手<small>あいて</small>を理解<small>りかい</small>することは難<small>むずか</small>しいということがわかったら、<u>あきらめる。</u>
　　　　　　　　　　　　　　　　　　　　　　　　'포기한다'고는 하지 않았다.

2　自分<small>じぶん</small>の常識<small>じょうしき</small>は、相手<small>あいて</small>には通用<small>つうよう</small>しない可能性<small>かのうせい</small>があることを理解<small>りかい</small>する。
3　<u>深<small>ふか</small>い意味<small>いみ</small>は持<small>も</small>たせないで、そのままの意味<small>いみ</small>で伝<small>つた</small>えることを意識<small>いしき</small>する。</u>
　　언급하지 않은 내용이다.

4　相手<small>あいて</small>の文化<small>ぶんか</small>を尊重<small>そんちょう</small>し、<u>自己主張<small>じこしゅちょう</small>はしないように</u>気<small>き</small>を付<small>つ</small>ける。
　　　　　　　　　　　　　　　'자기주장은 하지 않도록 조심한다'고는 하지 않았다.

3　筆者<small>ひっしゃ</small>の考<small>かんが</small>えに合<small>あ</small>うのはどれか。

1　違<small>ちが</small>う文化<small>ぶんか</small>を持<small>も</small>った人<small>ひと</small>と接<small>せっ</small>すると、相手<small>あいて</small>の文化<small>ぶんか</small>に<u>入<small>はい</small>り込<small>こ</small>める。</u>
　　　　　　　　　　　　　　　　　　　'들어갈 수 있다'고는 하지 않았다.

2　お互<small>たが</small>いの文化<small>ぶんか</small>を<u>判断<small>はんだん</small>すること</u>で、新<small>あたら</small>しい視点<small>してん</small>が生<small>う</small>まれる。
　　　'판단한다'가 아니라 '존중한다'이다.

3　自分<small>じぶん</small>の見<small>み</small>せ方<small>かた</small>を工夫<small>くふう</small>し、<u>自分<small>じ</small>の文化<small>ぶんか</small>のみ</u>を尊重<small>そんちょう</small>するべきだ。
　　　'자기 문화만'이 아니라 '어떤 문화도'이다.

4　相手<small>あいて</small>との違<small>ちが</small>いを認<small>みと</small>めることで、いろんな考<small>かんが</small>え方<small>かた</small>を持<small>も</small>つことができる。

정답　　1 3　　2 2　　3 4

문제14에서는 공지 사항 종이, 광고, 팸플릿, 전단지 등(700자 정도)의 지문을 읽습니다. 그리고 그 내용에 대해 답하는 문제가 출제됩니다. 정보 검색은 1개의 지문에 문제가 2개 나옵니다.

問題14 右のページは、学校の掲示板(けいじばん)のお知らせである。下の問いに対する答えとして最もよいものを、1・2・3・4から一つ選びなさい。

1 サントスさんは、クラスの皆でサッカーの大会に出たいと考えている。申し込みにあたって、注意しなければならないこととして合っているのはどれか。

   1 小学生の参加者は中学校まで申込書を取りに行かなければならない。

   2 参加する競技を必ず2つ選び、希望の競技を担任の先生に伝える。

   3 団体用の申込書にクラス全員の名前と担任の先生の名前を書かなければならない。

   4 生徒会の人に同意のサインをもらわなければならない。

2 キムさんはバレーボールの大会に出ることになった。この後、スポーツ大会が始まるまでに、何をしなければならないか。

   1 9月10日の練習会に行き、大会前日の8時から体育館の準備をする。

   2 9月10日の練習会に行き、大会当日の8時から体育館の準備をする。

   3 9月10日か12日の練習会に行き、大会前日の16時から体育館の準備をする。

   4 9月10日か12日の練習会に行き、大会当日の16時から体育館の準備をする。

河内地区　子どもスポーツ大会

（かわうち）

【開催日・開催場所】
9月15日（日）午前9時〜　河内中学校体育館・校庭

【対象】
小学1年生から中学3年生まで

【競技について】
サッカー、バスケットボール、バレーボールの中から2つまで競技を選ぶことができます。

【申し込みについて】
・申し込み期間：2022年8月9日〜2022年8月20日
・申し込み方法：河内小学校または河内中学校の生徒会室に申込書があるので、申込書を記入し、生徒会に提出してください。（ていしゅつ）
・参加費用：1人1,000円

※保護者の同意のサインを必ずもらってください。
※クラスで申し込む場合、団体用の申込書に全員の名前と担任の先生の名前を記入してください。

【練習会について】
以下の日時に河内中学校の体育館と校庭を開放します。各競技一回は必ず参加してください。

・9月10日16時〜18時（バスケットボール・バレーボール）
・9月11日16時〜18時（サッカー）
・9月12日16時〜18時（サッカー・バスケットボール・バレーボール）

【大会の準備について】
・9月14日　16時〜　（体育館）
・9月15日　8時〜　（校庭）

バスケットボールまたはバレーボールにお申し込みの方は体育館の準備をしてください。
サッカーにお申し込みの方は校庭の準備をしてください。

注意事項
・昼食はでません。お弁当を持参してください。
・冷たいスポーツドリンク、お茶は飲み放題です。
・片付けは大会終了後に全員で行います。

優勝チームにはプレゼントを用意しています！みなさんのご参加お待ちしています！

河内中学校　生徒会
活動場所　1階生徒会室

1 サントスさんは、クラスの皆でサッカーの大会に出たいと考えている。申し込みにあたって、注意しなければならないこととして合っているのはどれか。

1 小学生の参加者は中学校まで申込書を取りに行かなければならない。
초등학교에서도 신청서를 받을 수 있다.

2 参加する競技を必ず2つ選び、希望の競技を担任の先生に伝える。
'반드시'라고는 하지 않았다.　　　학생회에 제출한다.

3 団体用の申込書にクラス全員の名前と担任の先生の名前を書かなければならない。

4 生徒会の人に同意のサインをもらわなければならない。
'보호자'이다.

2 キムさんはバレーボールの大会に出ることになった。この後、スポーツ大会が始まるまでに、何をしなければならないか。

1 9月10日の練習会に行き、大会前日の8時から体育館の準備をする。
16시이다.

2 9月10日の練習会に行き、大会当日の8時から体育館の準備をする。
대회 전날 16시이다.

3 9月10日か12日の練習会に行き、大会前日の16時から体育館の準備をする。

4 9月10日か12日の練習会に行き、大会当日の16時から体育館の準備をする。
대회 전날이다.

제4장

청해

청해 음원 듣기

01 풀이 방법 설명과 연습 문제

문제 형식은 모두 다섯 종류입니다. (문제 수는 변동될 가능성이 있습니다.)

문제 1	과제 이해	5문제
문제 2	포인트 이해	6문제
문제 3	개요 이해	5문제
문제 4	즉시 응답	11문제
문제 5	통합 이해	3문제

1 과제 이해

● 問題1 (例)

問題1では、まず質問を聞いてください。それから話を聞いて、問題用紙の1から4の中から、最もよいものを一つ選んでください。

1番

1　先生にもうしこみしょを出す
2　友達と一緒にもうしこみしょを出す
3　もうしこみしょに名前を書いて箱に入れる
4　けいじばんに名前を書く

1 상황 설명·문제가 나온다

상황과 대화하고 있는 사람들의 관계를 이야기한 후에 문제가 나옵니다. 대부분의 문제는 '~은 이 다음에 무엇을 합니까?' 등과 같이 해야 할 일을 묻습니다.

学校で先生が話しています。学生は英会話の先生と昼食を食べたいとき、どのように申し込みますか。

2 본문·문제가 나온다

본문은 남자와 여자의 대화입니다. 문제를 해결하기 위해 누가 무엇을 하는지 주의 깊게 들어 보세요. 본문이 끝난 다음에 한 번 더 문제를 들려 줍니다.

男 : ええと、英会話の先生と昼食を食べたい人は、必ず朝の10時までに申込書を出してください。

女 : どこに出したらいいですか。

男 : 職員室の入り口の前に箱がありますので、そこに入れてください。それから、申込書には必ず名前を書いてくださいね。友達と一緒に参加したい場合は、一人一枚書いて出すようにしてください。

女 : はい。

男 : あと、先生たちのスケジュールは、食堂の前の掲示板に貼ってあります。毎週金曜日に貼り替えるので、そこで確認してくださいね。

女 : 毎日申し込んでもいいんですか。

男 : もちろんいいですよ。

学生は英会話の先生と昼食を食べたいとき、どのように申し込みますか。

3 선택지에서 답을 고른다

선택지에서 답을 고르는 시간은 약 12초입니다. 선택지는 문제지에 제시되어 있습니다.

問題1では、まず質問を聞いてください。それから話を聞いて、問題用紙の1から4の中から、最もよいものを一つ選んでください。

1番

1 中古の自転車をもらう
2 新しい自転車をお店で買う
3 自転車をしゅうりしてもらう
4 リサイクルショップに電話する

① ② ③ ④

男の人と女の人が話しています。男の人はこのあと何をしますか。

男：林さん、僕自転車通勤をはじめようと思うんだよね。それで、自転車を探しているんだけど、いらなくなった自転車とかない？

女：うーん、私自転車持ってないからな。

男：そうか。新しいのを買ってもいいんだけど、中古でもきれいで使えるものがあったらそれを使いたいんだ。

女：そうだよね。確か、駅前のリサイクルショップに、スポーツ用品がたくさんあった気がする。自転車も置いてるって聞いたことあるよ。

男：そうなんだ！それって、買った後に壊れたら修理してもらえるのかな？

女：どうかな。それは連絡して聞いてみた方がいいんじゃない？もししてくれなかったら、新品で保証付きの自転車の方がいいよ。

男：わかった。そうする。

女：うん。せっかく自転車を買っても、すぐ壊れたらもったいないからね。

男：そうだよね。ありがとう！

男の人はこのあと何をしますか。

1 中古の自転車をもらう
2 新しい自転車をお店で買う
3 自転車をしゅうりしてもらう
4 リサイクルショップに電話する

2番
<ruby>番<rt>ばん</rt></ruby>

1　ホラー<ruby>映画<rt>えいが</rt></ruby>　<ruby>前<rt>まえ</rt></ruby>の<ruby>席<rt>せき</rt></ruby>
2　ホラー<ruby>映画<rt>えいが</rt></ruby>　<ruby>後<rt>うし</rt></ruby>ろの<ruby>席<rt>せき</rt></ruby>
3　アニメ<ruby>映画<rt>えいが</rt></ruby>　<ruby>前<rt>まえ</rt></ruby>の<ruby>席<rt>せき</rt></ruby>
4　アニメ<ruby>映画<rt>えいが</rt></ruby>　<ruby>後<rt>うし</rt></ruby>ろの<ruby>席<rt>せき</rt></ruby>

①　②　③　④

映画館で女の人が映画のチケットを買おうとしています。女の人はどの
チケットを買いますか。

女：あの、すみません。映画を観たいと思っているんですが、夕方ぐら
いに観ることができる映画はありますか。

男：夕方ですと6時ぐらいでしょうか。新作のアニメ映画を観ることが
できますよ。それか、ホラー映画ですね。アニメ映画は人気なの
で、早く席を予約しないといっぱいになってしまいます。

女：うーん、私怖いのが苦手だからホラーじゃないのがいいな。

男：えっと、そうするとアニメ映画ですね。席ですが、6時からのアニ
メ映画はやっぱり席があまり残っていませんね。一番前の席なら空
いているんですが。

女：前の席は首が疲れちゃうから、いやだな。違う時間はありますか。
もう少し遅くてもいいです。

男：はい、8時にあります。その時間の後ろの席をお取りしてもいいで
すか。

女：はい、よろしくお願いします。

女の人はどのチケットを買いますか。

1　ホラー映画　前の席
2　ホラー映画　後ろの席
3　アニメ映画　前の席
4　アニメ映画　後ろの席

3番

1 商品の人気の理由
2 海外向けの新商品の開発
3 作りたい商品
4 今までの取り組み

① ② ③ ④

会社で上司が新入社員に話しています。新入社員は主に商品開発部の何についてアンケートを取りますか。

女：来週の新人研修では、商品開発部を訪問して、先輩社員にアンケートを取ってもらいます。えー、商品開発部では我が社を代表とするカリカリチップスなどの商品の企画をしています。また、近年は海外でも我が社のお菓子の人気が高まっているので、海外向けの新しい商品の開発も予定しています。そこで、今回皆さんには人気商品をどのように生み出してきたのか、開発までにどんな苦労があったのかを調査してもらいます。今からグループに分かれ、聞きたいことを一枚の用紙にまとめてアンケートを作ってください。来週、アンケート用紙を回収した後、内容をもとにグループで話し合って、商品の企画書を書いてみましょう。

新入社員は主に商品開発部の何についてアンケートを取りますか。

1　商品の人気の理由
2　海外向けの新商品の開発
3　作りたい商品
4　今までの取り組み

4番

1　4年生の予定をかくにんする

2　1年生にしゅくはくけんしゅうを行うことを伝える

3　しゅくはくしせつをさがす

4　何人参加できるかかくにんする

①　②　③　④

大学で女の人と男の人が話しています。男の人はこのあとまず何をしなければなりませんか。

女：田中くん、新入生も入ったことだし、私たちテニス部の宿泊研修をしようと思うんだけど、手伝ってくれない？

男：あ、はい。わかりました。

女：4年生が今忙しい時期だから、4年生が参加できる日に予定を合わせた方がいいと思うの。部長に予定を聞いてくれる？1年生にも早く宿泊研修のことを伝えなきゃいけないから。

男：はい。日にちが決まったら宿泊施設を探しますね。何泊くらいになるんでしょうか。

女：2泊3日になると思うよ。参加できる人数によって変わるんだけど。

男：そうすると、宿泊施設を予約するのは人数が確定してからですね。

女：そうだね。

男の人はこのあとまず何をしなければなりませんか。

1 4年生の予定をかくにんする
2 1年生にしゅくはくけんしゅうを行うことを伝える
3 しゅくはくしせつをさがす
4 何人参加できるかかくにんする

5番

ばん

1 入会費をはらう

2 身分しょうめいしょをコピーする

3 もうしこみしょに名前と住所を記入する

4 がくせいしょうをていしゅつする

① ② ③ ④

市民体育館の受付で受付の人と、男の人が話しています。男の人はこのあとまず何をしなければなりませんか。

男：すみません。初めてこの体育館を使用するのですが、会員登録は必要ですか。

女：はい、よろしければこちらで受付します。会員登録には申込書の記入と、入会費の1,500円が必要になります。それから、身分証明書も必要ですが、お持ちですか。コピーしたものでも大丈夫です。

男：わかりました。身分証明書のコピーはあります。

女：ではまず、身分証明書のコピーをいただきます。それから、こちらの申込書に名前と住所を記入してください。

男：はい。

女：あ、もしかして学生の方ですか。学生証を提示していただければ、入会費が無料になりますが。

男：学生ではありません。

女：失礼しました。会員カードはここではなく、二階にある受け取り窓口でお渡ししますので、名前が呼ばれるまで窓口の前にあるいすに座ってお待ちください。入会費はカードを受け取るときに払っていただきます。

男：はい。

女：手続きが終わりましたら、今日から体育館をご利用いただけます。

男の人はこのあとまず何をしなければなりませんか。

1　入会費をはらう
2　身分しょうめいしょをコピーする
3　もうしこみしょに名前と住所を記入する
4　がくせいしょうをていしゅつする

問題2 (例)

問題2では、まず質問を聞いてください。そのあと、問題用紙のせんたくしを読んでください。読む時間があります。それから話を聞いて、問題用紙の1から4の中から、最もよいものを一つ選んでください。

1番

1 かだいが多くて寝ていないから
2 アルバイトがいそがしいから
3 かれしに会えないから
4 気分が悪いから

정답 │ 2

---

1 상황 설명·문제가 나온다

상황과 대화하고 있는 사람들의 관계를 이야기한 후에 문제가 나옵니다.

大学で、男の人と女の人が話しています。女の人はどうして元気がないのですか。

---

2 선택지를 읽는다

선택지를 읽는 시간은 약 20초입니다. <u>무엇을 들어야 하는지 포인트를 잡으면서 본문을 들어야</u> 합니다.

3 본문·문제가 나온다

본문은 남자와 여자의 대화나 한 사람이 길게 이야기하는 스피치 등입니다. 본문이 끝난 다음에 한 번 더 문제를 들려 줍니다.

男：どうしたの？なんか元気がないね。最近、宿題が多くてあまり寝ていないんじゃない？

女：それはいつものことだから慣れたよ。最近アルバイトを始めたって話したと思うんだけど。

男：ああ、パン屋さんの。残ったパンが無料でもらえて嬉しいって言ってたよね。

女：でも、店が人気すぎて忙しいから大変なんだよ。もう辞めようかな。

男：ああ、わかった。彼氏に会う時間が少なくなって嫌なんでしょ。

女：それは関係ないよ、毎日連絡してるし。ああ、アルバイトのことを考えてたら気分が悪くなっちゃう。

女の人はどうして元気がないのですか。

4 선택지에서 답을 고른다

선택지에서 답을 고르는 시간은 약 12초입니다. 선택지는 문제지에 제시되어 있습니다.

問題2では、まず質問を聞いてください。そのあと、問題用紙のせんたくしを読んでください。読む時間があります。それから話を聞いて、問題用紙の1から4の中から、最もよいものを一つ選んでください。

ばん
1番

1 朝は個人練習で　昼から練習試合
2 朝は個人練習だが　昼の練習試合は休み
3 朝は練習試合だが　昼の練習試合は休み
4 練習は無く　夜は3位を決める試合に出る

| ① | ② | ③ | ④ |

テレビでアナウンサーが話しています。明日の日本チームのスケジュールはどうなると言っていますか。明日です。

男：日本チームは、昨日のアジア大会で負けてしまいましたが、選手たちは気持ちを切り替え既に練習を始めています。明日の朝まで個人で練習する予定です。今回、試合に負けたことは日本チームにとっては予想外の結果でした。そのため、明後日の3位を決める試合までに作戦を立て直す必要がありそうです。明日の日本チームは昼から練習試合があり、明後日は練習はなく、夜には3位を決める試合に出場する予定です。

明日の日本チームのスケジュールはどうなると言っていますか。明日です。

1 朝は個人練習で　昼から練習試合
2 朝は個人練習だが　昼の練習試合は休み
3 朝は練習試合だが　昼の練習試合は休み
4 練習はなく　夜は3位を決める試合に出る

2番

1 大家さんが優しくないから

2 工事の音にたえられなかったから

3 部屋がせまいから

4 やちんが高いから

① ② ③ ④

女の人と男の人が一人暮らしについて話しています。女の人はどうして引っ越すと言っていますか。

男：社会人になって一人暮らしを始めたんだってね。新しい家はどう？

女：新築で部屋もきれいだし、とても気に入っているんだけど、もう引っ越そうと思ってて。

男：まだ一か月ぐらいしか経ってないよね？

女：うん。大家さんもとても親切で良かったんだけど、最近近所で工事が始まって、その音がうるさくてさ。何回かどうにかしてほしいってお願いしたんだけど、改善されなくてね。家で仕事をしているから集中できなくて困っているんだよね。少しの間なら我慢できたんだけど、結構長くかかるらしくて…。

男：そっか。

女：部屋も広いし、窓からの景色もきれいだったから本当は引っ越したくないんだけどね。新築なのに家賃も下げてもらえてたし。今まで何にも問題がなかったんだけど、やっぱりこればっかりはね。この部屋よりいい場所がないか探してみるよ。

女の人はどうして引っ越すと言っていますか。

1　大家さんが優しくないから
2　工事の音にたえられなかったから
3　部屋がせまいから
4　やちんが高いから

3番
ばん

1 農業の道具を持っている人

2 一人で作業ができる人

3 植物にさわっても問題がない人

4 野菜のかこうをしたことがある人

① ② ③ ④

じゃがいもの収穫体験教室で、農家の人と女の学生が話しています。農家の人はどんな人が収穫体験に参加できると言っていますか。

女：すみません。こちらの畑で収穫の体験ができるって聞いたんですが、どんなことができるんですか。

男：ご自身でじゃがいもを掘っていただきます。最近は、農業をする若い人が少ないので、体験を通して農業に興味を持ってもらいたくて始めたんです。体験してみますか。

女：はい、やってみたいんですが、道具を持っていないんです。農業体験も初めてで。

男：自分のがあればそれを使った方がいいんでしょうけど、体験ですので、全てこちらでお貸ししますよ。あと一人で作業することはないので、初めてでも大丈夫ですよ。

女：よかった。

男：それより、植物のアレルギーはありませんか。植物に触ることができないと、体験は難しいかもしれません。

女：それは大丈夫です。

男：そういう問題がなければ、どんな野菜の収穫体験でもできますよ。とった野菜を加工する体験も希望すればできます。

女：楽しそうですね。やってみたいです。

農家の人はどんな人が収穫体験に参加できると言っていますか。

1 農業の道具を持っている人
2 一人で作業ができる人
3 植物にさわっても問題がない人
4 野菜のかこうをしたことがある人

4番
ばん

1　店が家から遠いから

2　メニューの内容がちがうから

3　プレゼントがわたせないから

4　ケーキが食べられないから

① ② ③ ④

女の人がレストランの予約をするために、電話をしています。女の人は
どうして予約しないことにしましたか。

男：お電話ありがとうございます。ピザの森本店でございます。

女：あの、予約をしたくてお電話したんですが、クリスマスの日はまだ
空いていますか。

男：大変申し訳ありません。クリスマスの日はご予約でいっぱいになっ
てしまいました。本店から歩いて10分のところに駅前店がございま
す。本店とは少しメニューが違いますが、そちらでしたらご予約で
きるかもしれません。

女：そうですか。本店の方が家から近いので予約したかったんです
が…。駅前店だと少し遠いけど、今回は仕方ないか…。メニューは
どちらのお店もいいし。

男：当日は、クリスマスのプレゼントを渡されますか。

女：彼はわかりませんが、私は渡そうと思っています。

男：そうですか。実は駅前店では、プレゼントを渡すタイミングでケー
キをお出しすることができるんですが、その日はケーキの予約が既
に終わってしまいまして…。

女：それは大丈夫です。んー、やっぱり寒い中そこまで歩くのはちょっ
と大変なので。すみませんが、一度別の場所を探してみます。

男：かしこまりました。お電話ありがとうございました。

女の人はどうして予約しないことにしましたか。

1 店が家から遠いから
2 メニューの内容がちがうから
3 プレゼントがわたせないから
4 ケーキが食べられないから

5番

1 おべんとうの種類をふやす

2 はいたつげんていのメニューを作る

3 お店で軽めのメニューを出す

4 席の数をふやす

① ② ③ ④

レストランで店長と女の店員が話しています。店長はレストランの売り上げを上げるために、まずどんなことをしたらいいと言っていますか。

女：最近うちの店、売り上げが下がっていますよね。

男：そうだなあ。最近は家で食事する人が多いから、持ち帰りや配達ができるお弁当が一番売れているよね。やっぱり、配達できるメニューを増やすのはどうかな。

女：新しいメニューを作るんですか。

男：うん、これまではお弁当のメニューしかなかったでしょ。これからは、コーヒーとかパンとかを配達限定で出すのはどうかな。

女：なるほど。

男：一度試してみよう。その評判がよかったら、お店でも同じようなメニューを出そうかな。

女：コーヒーとかパンとかですか。

男：うん。それだけじゃなくて、ちょっとお腹が空いたときに食べられる軽めのメニューを増やすと、お客さんが増えるかもね。

女：いいですね。そうなったら、席の数も増やしたいですね。

男：いいね。

店長はレストランの売り上げを上げるために、まずどんなことをしたらいいと言っていますか。

1 おべんとうの種類をふやす
2 はいたつげんていのメニューを作る
3 お店で軽めのメニューを出す
4 席の数をふやす

6番
<ruby>番<rt>ばん</rt></ruby>

1 大きい方のたいいくかんの建て直し

2 ぜんぶの教室の工事

3 一年生のにもつのいどう

4 小さい方のたいいくかんの建て直し

① ② ③ ④

高校の集会で、校長先生が話しています。校長先生は、まず何を始めると言っていますか。

男：ええ、昨年は大きい方の体育館をもっと使いやすくするため、建て直しの工事を行いましたが、今年は小さい方の体育館と教室の工事を行う予定です。工事は来月から始まります。一気に全部の教室を工事するのではなく、少しずつやっていく予定です。まずは一年生の教室から行いますので、一年生はグラウンドに建てられた仮の教室に荷物を移動してください。小さい方の体育館の工事は、教室の工事の後に開始する予定です。

校長先生は、まず何を始めると言っていますか。

1 大きい方のたいいくかんの建て直し
2 ぜんぶの教室の工事
3 一年生のにもつのいどう
4 小さい方のたいいくかんの建て直し

もんだい れい
● 問題3 (例)

> 問題3では、問題用紙に何もいんさつされていません。この問題は、全体としてどんな内容かを聞く問題です。話の前に質問はありません。まず話を聞いてください。それから、質問とせんたくしを聞いて、1から4の中から、最もよいものを一つ選んでください。
>
> ーメモー

1 상황 설명이 나온다

어디에서 누가 무엇을 이야기하고 있는지 등이 나옵니다. 이때 문제는 나오지 않으니 주의하세요.

> テレビでアナウンサーが自宅で仕事をすることに関するインタビューの結果を話しています。

2 본문이 나온다

본문은 한 사람이 <u>텔레비전이나 라디오에서 이야기하는 상황이나 인터뷰 등의 경우가 많습니다.</u>

> 女：近年、多くの会社で自宅で仕事をするスタイルが取り入れられています。インターネットを使えば、同じ場所にいなくても簡単に情報を共有できる便利な時代になりました。しかし、今回のインタビューで「家に家族がいるので仕事に集中できない」「わからないことがあってもすぐに相談ができない」「人との関わりがなくなり、ストレスがたまる」などの意見があることがわかりました。

3 문제가 나온다

문제가 나옵니다. <u>무엇에 대해 이야기하고 있는지, 이야기하고 있는 사람이 어떻게 생각하고 있는지를 묻는 질문이 많습니다.</u>

_{なに}
何について、インタビューしていますか。

4 선택지 1~4가 나온다

1　家で仕事をする理由
2　家での働き方
3　家で仕事をすることの問題点
4　家で仕事をするいい点

정답 ┃ 3

5 선택지에서 답을 고른다

선택지에서 정답을 고르는 시간은 약 7초입니다. 선택지는 문제지에 인쇄되어 있지 않습니다.

もんだい
問題3

問題3では、問題用紙に何もいんさつされていません。この問題は、全体としてどんな内容かを聞く問題です。話の前に質問はありません。まず話を聞いてください。それから、質問とせんたくしを聞いて、1から4の中から、最もよいものを一つ選んでください。

ーメモー

1	①	②	③	④
2	①	②	③	④
3	①	②	③	④
4	①	②	③	④
5	①	②	③	④

1番

음성

テレビでレポーターが男の人にインタビューをしています。

女：本日は、日本文学賞を受賞した村上さんにお話を伺います。村上さ
　　ん、受賞おめでとうございます。

男：ありがとうございます。今回受賞した作品「幸せの森」は、アメリ
　　カや中国など世界20か国の言葉に翻訳されました。科学技術が発展
　　し世界が便利になるのはうれしいことですが、それと同時に大切な
　　自然や人とのつながりを失っているように感じています。この作品
　　を通し、多くの人に日本の美しい自然の情景と、身近にある幸せを
　　伝えたかったんです。

女：村上さんの作品は世界中で高く評価されていますね。

男：まさかこんなに多くの人、しかも世界中の方々に愛してもらえると
　　思っていませんでした。この作品でこのような素晴らしい賞をいた
　　だけたことは、人生で一番の幸せです。

男の人は何について話していますか。

1　この本を書いた理由
2　この本が読まれている国
3　この本の作者の人生
4　この本が選ばれた理由

정답　1

2番

テレビで、野菜の専門家が話しています。

女：サラダやスープなど、いろんな料理に使える野菜といえばトマトで
すよね。ところが、ソースに使ってみたらなんだかおいしくできな
かったとか、またはサラダに使ったらすごく甘みがあってサラダに
は向いていないなあと思ったことはありませんか。そこで大切なの
は、トマトに合った料理を選ぶことです。ピンク色のトマトは、さ
っぱりしていて少しかたいので、サラダなどに向いています。そし
て赤いトマトは、味が濃くて柔らかいので、ソースに使うのが良い
でしょう。いつもの何倍もおいしい料理を作ることができますよ。

野菜の専門家は何について話していますか。

1　トマトを使ってできる料理の例

2　トマトを使った料理のレシピ

3　おいしいトマトを見分ける方法

4　料理をおいしくする工夫

4

3番

ラジオで女の人が話しています。

女：私の生まれ育った町では、頑張ってお金を貯めて自分だけの車が欲しいと思う人がたくさんいましたが、東京ではお金があっても車は買わないと言っている人が多いように感じます。東京にいる友人に話を聞いても、車を買いたいと思っている人はほとんどいません。それは、東京では電車やバスなどの交通機関が発達していて車があまり必要ではないということと、車を置いておくための駐車場のお金など、かかる費用が高いという理由があるようです。私も現在東京で暮らしていますが、車を買うことはデメリットの方が大きいように感じます。

女の人は何について話していますか。
1 東京の人のお金の使い方
2 東京の交通機関の状況
3 東京で車を買わない人が多い理由
4 東京で生活することの大変さ

4番

会社で上司と女の人が赤ちゃんが物を口に入れようとすることについて話しています。

男：うちに５か月になる子どもがいるんだ。最近なんでも口に入れようとするから心配でね。

女：そうですよね。この時期の赤ちゃんはまだはっきりと目が見えていないので、口に入れてどんなものか確かめるんですよ。もちろん安全が一番大事なんですが、口に入れる行為は脳の発達も助けますし、物を取り上げるというのもちょっとね…。

男：なるほど、そういう意味があったのか。

女の人が言いたいことは何ですか。

1　ものを口に入れると危険なことがある

2　ものを口に入れないように注意するべきだ

3　ものを口に入れてもいいのは赤ちゃんだけだ

4　ものを口に入れるのも必要なことだ

5番
<ruby>番<rt>ばん</rt></ruby>

会社<ruby><rt>かいしゃ</rt></ruby>で社長<ruby><rt>しゃちょう</rt></ruby>が話<ruby><rt>はな</rt></ruby>しています。

男：仕事<ruby><rt>しごと</rt></ruby>をする中<ruby><rt>なか</rt></ruby>で失敗<ruby><rt>しっぱい</rt></ruby>してしまったりうまくいかなかったりすると
き、自分<ruby><rt>じぶん</rt></ruby>に自信<ruby><rt>じしん</rt></ruby>がなくなってしまうことがありますよね。失敗<ruby><rt>しっぱい</rt></ruby>は悪<ruby><rt>わる</rt></ruby>
いことだと思<ruby><rt>おも</rt></ruby>っていませんか。もちろん、落<ruby><rt>お</rt></ruby>ち込<ruby><rt>こ</rt></ruby>んでしまう気持<ruby><rt>きも</rt></ruby>ち
もわかりますが、自分<ruby><rt>じぶん</rt></ruby>を責<ruby><rt>せ</rt></ruby>めすぎるのは良<ruby><rt>よ</rt></ruby>くありません。失敗<ruby><rt>しっぱい</rt></ruby>する
ことは悪<ruby><rt>わる</rt></ruby>いことではなく、自分自身<ruby><rt>じぶんじしん</rt></ruby>を成長<ruby><rt>せいちょう</rt></ruby>させる良<ruby><rt>よ</rt></ruby>いチャンスなの
です。ただの経験<ruby><rt>けいけん</rt></ruby>で終<ruby><rt>お</rt></ruby>わらせず、その経験<ruby><rt>けいけん</rt></ruby>から何<ruby><rt>なに</rt></ruby>を得<ruby><rt>え</rt></ruby>るかで、今後<ruby><rt>こんご</rt></ruby>
の人生<ruby><rt>じんせい</rt></ruby>は変<ruby><rt>か</rt></ruby>わっていくのです。

社長<ruby><rt>しゃちょう</rt></ruby>が伝<ruby><rt>つた</rt></ruby>えたいことはどのようなことですか。
1 仕事<ruby><rt>しごと</rt></ruby>は失敗<ruby><rt>しっぱい</rt></ruby>しないほうが良<ruby><rt>よ</rt></ruby>い
2 落<ruby><rt>お</rt></ruby>ち込<ruby><rt>こ</rt></ruby>むことは悪<ruby><rt>わる</rt></ruby>いことだ
3 経験<ruby><rt>けいけん</rt></ruby>から学<ruby><rt>まな</rt></ruby>ぶことが大事<ruby><rt>だいじ</rt></ruby>だ
4 仕事<ruby><rt>しごと</rt></ruby>のやり方<ruby><rt>かた</rt></ruby>を変<ruby><rt>か</rt></ruby>えることの重要性<ruby><rt>じゅうようせい</rt></ruby>

3

● 問題4 (例)

問題4では、問題用紙に何もいんさつされていません。まず文を聞いてください。それから、それに対する返事を聞いて、1から3の中から、最もよいものを一つ選んでください。

ーメモー

1 짧은 회화문이 나온다

 午前中にこの資料まとめといてって言ったじゃん。

2 선택지 1~3이 나온다

선택지는 짧은 회화문에 대한 대답입니다.

1 はい、部長のおかげです。
2 もうまとめてくれたんですね。
3 間に合わなくて、すみません。

정답 | 3

3 선택지에서 답을 고른다

선택지에서 답을 고르는 시간은 약 8초입니다.

선택지는 문제지에 인쇄되어 있지 않습니다.

포인트

이 문제는 푸는 시간이 짧기 때문에 시간을 들여 메모하지 않는 것이 중요합니다. 선택지를 듣고 간단하게 ○ × △ 등의 메모를 하면서 듣는 것도 좋을 것입니다.

정답이라고 생각하는 것 ○   확실히 틀리다고 생각하는 것 ×   정답이 될 것 같은 것 △

もんだい
問題4

　問題4では、問題用紙に何もいんさつされていません。まず文を聞いてください。それから、それに対する返事を聞いて、1から3の中から、最もよいものを一つ選んでください。

ーメモー

1	① ② ③
2	① ② ③
3	① ② ③
4	① ② ③
5	① ② ③
6	① ② ③
7	① ② ③
8	① ② ③
9	① ② ③
10	① ② ③
11	① ② ③

1番

음성

男：あの先輩は余裕があるみたいだけど、僕たちはゆっくりしては
いられないよ。

女：1　ふう、やっと一休みできるね。
　　2　うん、早く次の準備はじめよう。
　　3　もしかして、時間が余ってるの？

2番

음성

男：昨日、部長たちが会議したらしいよ。体育館の使用をめぐって。

女：1　最近、問題になってたもんね。
　　2　じゃあ、今回は体育館だったんだ。
　　3　え、じゃあ部長に知らせなきゃね。

3番

음성

男：ご予約のお客様ですね。すみませんが、お名前をお聞きしても
よろしいでしょうか。

女：1　はい、どうぞ。
　　2　えっと、佐藤で予約してます。
　　3　はい、わかったら伝えます。

정답　　1번 2　　　2번 1　　　3번 2

4番<ruby>ばん<rt></rt></ruby>

음성

男：<ruby>私<rt>わたし</rt></ruby>なんかが、<ruby>司会<rt>しかい</rt></ruby>に<ruby>選<rt>えら</rt></ruby>ばれてしまったなんて。

女：1 <ruby>大丈夫<rt>だいじょうぶ</rt></ruby>ですよ。<ruby>自信<rt>じしん</rt></ruby>を<ruby>持<rt>も</rt></ruby>ってください。
　　2 <ruby>本当<rt>ほんとう</rt></ruby>に<ruby>上手<rt>じょうず</rt></ruby>に<ruby>司会<rt>しかい</rt></ruby>していましたね。
　　3 いやあ、<ruby>司会<rt>しかい</rt></ruby>じゃなくて<ruby>良<rt>よ</rt></ruby>かったですね。

5番<ruby>ばん<rt></rt></ruby>

음성

女：<ruby>前<rt>まえ</rt></ruby>から<ruby>準備<rt>じゅんび</rt></ruby>していれば、<ruby>急<rt>いそ</rt></ruby>がなくてよかったんですけど。

男：1 はい、<ruby>準備<rt>じゅんび</rt></ruby>しておいてよかったですね。
　　2 そうですね、ゆっくり<ruby>行<rt>い</rt></ruby>きましょう。
　　3 <ruby>本当<rt>ほんとう</rt></ruby>ですね。<ruby>次<rt>つぎ</rt></ruby>からは<ruby>準備<rt>じゅんび</rt></ruby>しておきましょう。

6番<ruby>ばん<rt></rt></ruby>

음성

女：<ruby>彼<rt>かれ</rt></ruby>が<ruby>泣<rt>な</rt></ruby>くなんて、あの<ruby>注射相当痛<rt>ちゅうしゃそうとういた</rt></ruby>そうだね。

男：1 <ruby>痛<rt>いた</rt></ruby>くなかったの？
　　2 そんなに<ruby>痛<rt>いた</rt></ruby>いんだ。<ruby>打<rt>う</rt></ruby>ちたくないなあ。
　　3 うん、<ruby>本当<rt>ほんとう</rt></ruby>に<ruby>感動<rt>かんどう</rt></ruby>したよ。

정답　　4번 1　　5번 3　　6번 2

7番
_{ばん}

음성

男：昨日のお祭り、コンサートに加えて、花火があったらしいよ。

女：1　コンサートだけでも、楽しかったよ。
　　2　えっ、楽しそう！行きたかったな。
　　3　コンサートは中止になっちゃったんだ。

8番
_{ばん}

음성

女：昨日の帰り、部長が会議室のかぎを閉めてくれたとか。次はちゃんと確認しなきゃね。

男：1　すみません。次は気を付けます。
　　2　部長はかぎ持ってなかったんですね。
　　3　はい、きちんと閉めて帰りました。

9番
_{ばん}

음성

女：会社の前、なんかざわざわしてたけど、どうしたのかな。

男：1　あれ、誰もいなかった？
　　2　そんなことする必要ないのにね。
　　3　事故があったんだって。

10番

男：田中くん、卒業したら留学しようと思ってるらしいよ。

女：1　へえ、田中くんて留学してたんだ。

　　2　そうなんだ。どこに行くのかな。

　　3　うん、留学したいんだよね。

11番

女：今日に限って、傘を持ってきていないなんて。

男：1　良かった。僕も一緒に入っていい？

　　2　今日は天気がいいから、傘は必要ないね。

　　3　いつもは持ってるのに、運が悪いね。

정답　　10번　2　　11번　3

● 問題5 (1番の例)

問題5では、長めの話を聞きます。この問題には練習はありません。
問題用紙にメモをとってもかまいません。

1番、2番
問題用紙に何もいんさつされていません。まず話を聞いてくださ
い。それから、質問とせんたくしを聞いて、1から4の中から、最も
よいものを一つ選んでください。

ーメモー

1 상황 설명이 나온다

상황과 대화하고 있는 사람들의 관계가 나옵니다. 이때 문제는 나오지 않으니 주의하세요.

不動産の人と女の人が話しています。

2 본문이 나온다

본문은 남자와 여자의 대화입니다. 두 사람은 주제에 따라 대화하고 있습니다. 대화 속에 주제에 따른 4개의 후보가 나오는데, 그것이 선택지가 됩니다. 후보 4개를 메모하세요. 그리고 그 후보의 장점이나 단점 등에 대해서도 이야기하기 때문에 그것도 메모를 하면 좋습니다.

음성

男：こんにちは。本日はどうしましたか。

女：今住んでるアパートが二年契約でもうすぐ更新をしないといけないのですが、今のところは古くて何かと不便なので、この機会に引っ越そうと思いまして。

男：そうなんですね。最近のアパートやマンションは住む人のことをよく考えて作られているので、とても住みやすいと思います。お客様はどのような家をお探しでしょうか。

女：そうですね。まだはっきりと決まっていないんですが、できれば安くて森駅からも近い方がいいです。あとは、女性が安心して住めるようなところがいいですかね。

男：承知しました。駅からの距離は大事ですよね。女性に人気のアパートがいくつかございますので紹介させていただきますね。

女：はい。お願いします。

男：1つ目は、森駅から徒歩8分の場所にある「エステート」というアパートです。ここは、玄関にカメラがついているので部屋の中から相手を確認することができます。玄関にカメラが付いているアパートはなかなかないので、女性からはとても好評です。家賃は一か月6万円です。

女：へえ。今住んでるところの家賃と変わらなくていいかも。

男：2つ目は、森駅から徒歩7分の「プライム」というマンションです。マンションの入り口には自動で閉まる鍵がついているので普段は住んでいる人以外入れないようになっています。また部屋には既に新しい電気製品が設置されているので引っ越しのときはとても楽です。家賃は一か月10万円です。

女：なるほど。一人暮らしにしてはちょっと高いかなあ。

男：そうしましたら、「アクシス」というマンションはいかがですか。森駅から徒歩12分かかりますが、マンションの入り口に自動で閉まる鍵がついていて安心ですし宅配ボックスもあるので、わざわざ家から出なくても荷物を受け取ることができます。留守にしていて直接受け取れないときにも便利ですよ。家賃は一か月7万円です。

女：へえ。

男：最後は森駅から徒歩5分の「オークス」というアパートです。ここは夜の12時まで入り口に管理人さんがいます。女性専用のアパートなので、普段男性は入れないようになっています。家賃は駅から近いということもあり一か月8万円です。

女：管理人さんが遅い時間までいて、女性しか住んでないのはすごく魅力的ですね。んー。最初は駅から近い方がいいと思ってたけど、よく郵便物が届くし、荷物を受け取る設備がある家にしようかな。

3 문제가 나온다

문제가 나옵니다. <u>4개의 후보 중에서 대화 속에서 결정된 것을 묻습니다.</u>

 女性は、どの家に住むことにしましたか。

4 선택지 1~4가 나온다

1 エステート
2 プライム
3 アクシス
4 オークス

정답 | 3

5 선택지에서 답을 고른다

선택지에서 답을 고르는 시간은 약 7초입니다. 선택지는 문제지에 인쇄되어 있지 않습니다.
선택지 1~4는 대화 속에 나온 후보입니다.

본문에 나온 후보 4개와 후보의 특징을 잘 메모합시다.

問題5

<ruby>問題<rt>もんだい</rt></ruby>5では、<ruby>長<rt>なが</rt></ruby>めの<ruby>話<rt>はなし</rt></ruby>を<ruby>聞<rt>き</rt></ruby>きます。この<ruby>問題<rt>もんだい</rt></ruby>には<ruby>練習<rt>れんしゅう</rt></ruby>はありません。
<ruby>問題用紙<rt>もんだいようし</rt></ruby>にメモをとってもかまいません。

1<ruby>番<rt>ばん</rt></ruby>

<ruby>問題用紙<rt>もんだいようし</rt></ruby>に<ruby>何<rt>なに</rt></ruby>もいんさつされていません。まず<ruby>話<rt>はなし</rt></ruby>を<ruby>聞<rt>き</rt></ruby>いてください。
それから、<ruby>質問<rt>しつもん</rt></ruby>とせんたくしを<ruby>聞<rt>き</rt></ruby>いて、1から4の<ruby>中<rt>なか</rt></ruby>から、<ruby>最<rt>もっと</rt></ruby>もよいものを
<ruby>一<rt>ひと</rt></ruby>つ<ruby>選<rt>えら</rt></ruby>んでください。

ーメモー

① ② ③ ④

1番

음성

町の手作り体験教室で、女の人と教室の人が話しています。

女：すみません、こちらでいろんな手作り体験ができると聞いたんですが、どんなものが作れるんですか。

男：はい、いろんなものが作れますよ。一日でできるものもあれば、何度か通っていただくものもありますが、どんなものが作りたいですか。

女：えーっと、自分用のアクセサリーを作りたいんです。とりあえず体験してみたいので、すぐにできるもので。あと、細かい作業が苦手な私でもできるようなものがいいです。

男：でしたら、ガラスのイヤリング作りはどうですか。簡単ですよ。自分の好きな色のガラスを使って、イヤリングを作るんです。作業は一日で終わりますが、作品は一週間後にお渡しとなります。

女：へえ。

男：それから本格的な指輪作り。鉄を叩いて、自分の好きなデザインの指輪を作れるんですよ。簡単なデザインであれば、その日にお渡しできます。

女：へえ、作ってみたい！

男：それから、宝石をネックレスにする体験もできますよ。これは結構人気で、石を加工できる機械を置いているのは市内ではうちだけなんです。この体験では何度も通って自分だけのデザインのものを完成させることができますよ。

女：その体験、友人がこの前やっていました。友人は細かい作業が得意なので、きれいに石を加工して素敵なネックレスを作っていました。

男：そうなんですね。小さい石を加工するので、細かい作業ですが、なかなかできないいい体験になると思います。あとは、粘土で作るコーヒーカップもありますよ。特別な粘土を使うので、一度形を作ったら、2、3日後にまた来ていただいて、次は色を付けてもらいます。とても簡単な作業ですよ。

女：どれもおもしろそうですね。でもやっぱり自分用のアクセサリーを作ってみたいなあ。今日体験してすぐに作品を持って帰れるこちらを体験できますか。

女の人はどの手作り体験をしたいと言っていますか。

1 ガラスのイヤリング

2 鉄の指輪

3 宝石のネックレス

4 粘土のコーヒーカップ

● 問題5 (2番の例)

問題5では、長めの話を聞きます。この問題には練習はありません。
問題用紙にメモをとってもかまいません。

1番、2番

問題用紙に何もいんさつされていません。まず話を聞いてください。それから、質問とせんたくしを聞いて、1から4の中から、最もよいものを一つ選んでください。

—メモ—

1 상황 설명이 나온다

상황과 대화하고 있는 사람들의 관계가 나옵니다. 이때 문제는 나오지 않으니 주의하세요.

カフェのオーナーと、スタッフ二人が話しています。

2 본문이 나온다

본문은 남녀 3명의 대화입니다. 문제를 해결하기 위해 의견을 냅니다. 그 의견은 모두 4개입니다. 이 4개의 의견을 메모하세요.

男1： 最近、売り上げが上がらないから、なんとかしたいんだ。何か
いい案はないかな。

女： そうですね。オープンしたてのときは、うちの看板メニューの
「ヨーグルトコーヒ」でしたよね。新メニューを作ってみると
いうのはどうでしょう。

男1： そうだね。またインターネットで広まって話題になったら、うちのことをもっと知ってもらえるかもしれないな。

男2： でも、新メニューを作るには時間とコストがかかりますよ。それに、人気が出るとも限らないし。

男1： それも、そうなんだよな。

女： では、ポイントカードを作るっていうのはどうでしょうか。コーヒーを10杯買ったら1杯無料でもらえるようにするんです。いつも来てくれるお客さんを増やすことにつながる可能性もあります。新メニューを作ることに比べたら、明日からでも始められますし、時間もかからないですよ。

男1： なるほど、いいかもしれないな。

男2： 僕はそれより、店内のインテリアを変えるべきだと思います。今は木のいすだけでお客様がゆっくりできないので、ソファ席を作ってきれいな植物を置いたりしたら、学生や女性会社員のお客様がそこで写真を撮ってインターネットにアップしてくれるかもしれません。

女： うちの近所は大学やオフィスもないし、住宅街だから子どもと一緒に来るお客様が多いわよ。

男1： 確かにそうだな。

男2： じゃ、子どもと一緒に来るお客様でもゆっくりできる、カーペットと低いテーブルの席を作るのはどうですか。子ども用のおもちゃを置いて、食器なども子ども用のものを用意するんです。

男1： 地域の方に親しんでもらえる店にしたいけど、インテリアを変えるのは費用がかかるから今すぐにはできないな。よし、まずはすぐに始められて、お客さんが何度も来たくなるような方法を試してみよう。

3 문제가 나온다

문제가 나옵니다. <u>최종적으로 어느 해결책을 시도하기로 했는지</u> 묻습니다.

 音聲

売り上げを上げるために、何をすることにしましたか。

4 선택지 1~4가 나온다

 音聲

1 新メニューを作る
2 ポイントカードを作る
3 ソファ席を作って、きれいな植物を置く
4 カーペットと低いテーブルの席を作る

정답 | 2

5 선택지에서 답을 고른다

선택지에서 답을 고르는 시간은 약 7초입니다. 선택지는 문제지에 인쇄되어 있지 않습니다.
선택지 1~4는 대화 속에 나온 의견입니다.

 포인트

본문에 나온 의견 4개를 잘 메모합시다.

2番
<ruby>番<rt>ばん</rt></ruby>

問題用紙に何もいんさつされていません。まず話を聞いてください。
それから、質問とせんたくしを聞いて、1から4の中から、最もよいものを
一つ選んでください。

ーメモー

①　②　③　④

2番

会社で、新商品の宣伝イベント係の社員3人が話しています。

女1： 新商品の宣伝イベントまであと一週間だね。前回のイベントで
　　　はどこに並べばいいのかわかりにくいって、参加者から言われ
　　　たよね。

男： そうだね。予想以上に参加者が多くて、入り口が混雑していた
　　　よね。入り口がわかりやすいように看板を立てておいたんだけ
　　　ど文字が小さくてわかりにくかったかな。

女2： いや、看板は目立っていたよ。

男： じゃあ、看板の数が足りなかったのかな。前は入り口に2つだ
　　　けだったから、階段の下とかに、矢印を書いて案内板も増やす
　　　とか。

女2： でも参加者は入り口の場所はわかっているんだよね。列が長す
　　　ぎてどこに並ぶのかわからないわけだから、案内板を増やして
　　　も効果はあまりないんじゃない？

女1： 確かにそうだね。うーん、前回は私たちが参加者を案内してい
　　　たけど、それでもやっぱり混雑してたよね。

女2： うん。大きい声を出して一生懸命案内したのにね。

男： それほど人が多かったんだよ。僕たちと参加者との区別がつか
　　　なくなっていたし。

女2： そうか。それでわかりにくかったのかもしれないね！今回は新
　　　商品に合った派手な色のTシャツを着て、案内するといいかも
　　　しれない。

女1： うん。いいね。新商品の宣伝にもなるね！

男： で、入り口の看板は今回は出さないことにする？入り口はわか

りやすいし、置く必要ないかな。

女1： あれはあれで、入り口がわかりやすくなっていたし、イベントっ

て感じがしていいと思うな。前回と同じところに置いておこう。

問題解決のために何をすることにしましたか。

1 入り口の看板の文字を大きくする

2 階段の下の案内の看板を増やす

3 案内するときに大きな声を出す

4 案内するときに派手なTシャツを着る

問題5では、長めの話を聞きます。この問題には練習はありません。
問題用紙にメモをとってもかまいません。

3番

まず話を聞いてください。それから、二つの質問を聞いて、それぞれ
問題用紙の1から4の中から、最もよいものを一つ選んでください。

質問1

1 みなとみらい
2 江ノ島
3 六本木
4 草津

質問2

1 みなとみらい
2 江ノ島
3 六本木
4 草津

정답 | 질문1 2 질문2 3

1 상황 설명이 나온다

어디에서 누가 무엇을 이야기하고 있는지 등이 나옵니다. 이때 문제는 나오지 않으니 주의하세요.

> テレビでアナウンサーが冬のデートスポットについて話しています。

2 본문이 나온다

처음에 <u>뉴스나 라디오</u> 등에서 이야기하고 있는 내용을 듣습니다. 그 문장 속에 하나의 주제에 따른 4개의 후보가 나오며, 그 다음에 남녀 두 사람의 대화를 듣습니다. 두 사람은 그 전에 이야기가 나온 뉴스나 라디오 중에서 나온 후보에 대해 이야기합니다. 남자와 여자가 의견을 서로 말하기 때문에 후보 4개에 따른 각자의 의견을 구분해서 메모하세요.

> 女1：今年の冬注目の、関東にあるデートにお勧めの場所を紹介していきたいと思います。冬といえば、なんと言ってもクリスマスのイベントが楽しみですよね。大切な人と素敵な思い出を作りたい方にお勧めする場所の１つ目は、神奈川県にある「みなとみらい」です。夜８時になると花火を見ることができます。遊園地もあれば、クリスマスのイベントとして屋台が並んでいたり、外でスケートを楽しむこともできます。一日中遊ぶことができそうですね。２つ目は、神奈川県にある「江ノ島」です。ここは海に囲まれた小さな島で、街には宝石のように光るライトが飾り付けられています。島で一番高いところから光り輝く景色を一気に見下ろすことができちゃいます。また３つ目は、東京都内にある「六本木」です。ここでは、夜の景色はもちろんのこと、建物に入ると一転、まるでドイツにいるような空間を楽しむことができます。

伝統的なドイツのクリスマスマーケットを日本でも楽しむことができ、食べ物だけでなく色々なものを売っているんだとか。最後は、群馬県にある「草津」です。現地では和の雰囲気と共に温泉を楽しむことができます。温泉に入って疲れをとったり、日帰りではなくゆっくりと一泊したりするのも良いですね。

女2： わあ〜。どこもきれいだね。クリスマスの時期はやっぱり外に出かけたくなるなあ。

男 ： そうだね。今週末、一緒にどこか行こうか。お酒も飲みたいし電車で行けるところがいいな。

女2： そうね。そしたら神奈川県が一番近いしいいかもね。私は、高いところから街の景色を見てみたいなあ。

男 ： うーん。俺は、少し遠いけど海外のクリスマスの雰囲気を楽しめるところも気になるな。食べ物もおいしそうだし。

女2： もー、あなたっていつも食べ物のことしか頭にないんだから。

3 문제가 나온다

질문1의 음성이 나옵니다. 남녀 어느 한쪽의 의견을 묻는 경우가 많습니다.

質問1 女の人は今週末どこに行きたいと言っていますか。

4   선택지에서 답을 고른다

선택지에서 답을 고르는 시간은 약 10초입니다. 선택지는 문제지에 인쇄되어 있습니다.
선택지 1~4는 본문 속에 나온 후보입니다.

5   문제가 나온다

질문2의 음성이 나옵니다. <u>남녀 어느 한쪽의 의견을 묻는</u> 경우가 많습니다.

質問2　男の人は今週末どこに行きたいと言っていますか。

6   선택지에서 답을 고른다

선택지에서 답을 고르는 시간은 약 10초입니다. 선택지는 문제지에 인쇄되어 있습니다.
선택지 1~4는 본문 속에 나온 후보입니다.

포인트

푸는 시간은 짧지만 선택지가 인쇄되어 있으므로 본문을 들으면서 어느 정도 추측을 해 두는 것이 좋
습니다. 남녀 각각의 의견을 잘 듣고 메모합시다.

3番

まず話を聞いてください。それから、二つの質問を聞いて、それぞれ問題用紙の1から4の中から、最もよいものを一つ選んでください。

質問1
1 北海道
2 長野県
3 東京都
4 京都府

質問2
1 北海道
2 長野県
3 東京都
4 京都府

1	① ② ③ ④
2	① ② ③ ④

第4章 청해 / 519

3番
ばん

ラジオを聞いたあと、男の人と女の人が話しています。

女1： 日本全国のおもしろい旅館を4つご紹介します。北海道の旅館では、雪を固めて作った家に泊まることができるそうです。意外と家の中には風が入らないので温かく感じるそうですよ。長野県の動物園内にある宿泊施設では、夜眠っている動物たちを見学することができます。夜の動物園に入れるのはここだけなんですって。東京都にある最新のホテルでは、日本のマンガが読み放題！全部で10万冊もあるそうです。そして、京都府にある日本で一番古いお寺では、一泊二日でお寺の生活を体験することができるそうです。どんな生活ができるのか気になりますよね。宿の詳細はホテル予約サイト、ワクワクネットで確認してください。

男： 今度の冬休みどこかに泊まってみない？忘れられない思い出になると思うな。

女2： 楽しそう！

男： そういえば、マンガ好きだったよね？読み放題なんていいんじゃない？気になっていたマンガ読めるかもよ。

女2： マンガは買って読むから楽しいんだよ。私は眠っている動物の姿が見てみたいな。

男： 確かに、夜の動物園ってわくわくしそう。雪の家も楽しそうだけど、寒いところは苦手だからなあ。やっぱり、僕はお寺の生活が知りたいな。お寺でどんな食事ができるのか気にならない？

女2： 気になるけど、泊まらなくてもいいんじゃない？私達って本当意見合わないよね。

質問1 （しつもん） 女の人（おんな ひと）は、どこに行（い）きたいですか。

1 北海道（ほっかいどう）
2 長野県（なが の けん）
3 東京都（とうきょう と）
4 京都府（きょう と ふ）

質問2 （しつもん） 男の人（おとこ ひと）は、どこに行（い）きたいですか。

1 北海道（ほっかいどう）
2 長野県（なが の けん）
3 東京都（とうきょう と）
4 京都府（きょう と ふ）

모의
시험
제1회
제2회

맨 마지막 페이지에 정답을 마킹할 수 있는
답안지가 2회분 포함되어 있습니다.

모의 시험
제1회

JLPT N2

N2

言語知識（文字・語彙・文法）・読解

(105分)

注　意
Notes

1. 試験が始まるまで、この問題用紙を開けないでください。
   Do not open this question booklet until the test begins.

2. この問題用紙を持って帰ることはできません。
   Do not take this question booklet with you after the test.

3. 受験番号と名前を下の欄に、受験票と同じように書いてください。
   Write your examinee registration number and name clearly in each box below as written on your test voucher.

4. この問題用紙は、全部で31ページあります。
   This question booklet has 31 pages.

5. 問題には解答番号の　1　、2　、3　…が付いています。
   解答は、解答用紙にある同じ番号のところにマークしてください。
   One of the row numbers 1 , 2 , 3 … is given for each question. Mark your answer in the same row of the answer sheet.

受験番号 Examinee Registration Number	
名前 Name	

JLPT
N2

問題1 _____の言葉の読み方として最もよいものを、1・2・3・4から一つ選び
なさい。

1 結婚式の司会を務めます。
　　1 すすめ　　　　　2 おさめ　　　　　3 つとめ　　　　　4 まとめ

2 道路を拡張するための工事が行われた。
　　1 こうちょ　　　　2 こうちょう　　　3 かくちょ　　　　4 かくちょう

3 お金持ちになっても、幸せになれる保証はない。
　　1 ほうしょう　　　2 ほしょう　　　　3 ほしょ　　　　　4 ほうしょ

4 先生宛に荷物を送った。
　　1 あた　　　　　　2 あで　　　　　　3 あて　　　　　　4 あだ

5 彼は消極的な人だ。
　　1 しょうきょくてき　　　　　　　　2 しょうごくてき
　　3 しょきょくてき　　　　　　　　　4 しょごくてき

問題2 ＿＿＿の言葉を漢字で書くとき、最もよいものを1・2・3・4から一つ選びなさい。

6 夏に飲むビールは<u>かくべつ</u>だ。
 1 格剖 2 絡別 3 格別 4 絡剖

7 彼はいつも反応が<u>にぶい</u>。
 1 純い 2 鈍い 3 鏡い 4 鋭い

8 夏休みは学生達にたくさん宿題を<u>かす</u>つもりだ。
 1 菓す 2 裸す 3 果す 4 課す

9 強い<u>てき</u>と戦う。
 1 敵 2 摘 3 適 4 滴

10 一日も休まず<u>こうぎ</u>に出席する。
 1 講議 2 講義 3 構義 4 構議

問題3（　　　　）に入れるのに最もよいものを、1・2・3・4から一つ選びなさい。

11　大臣は（　　　　）施設を訪問して回った。
　　1　正　　　　　　　2　合　　　　　　　3　各　　　　　　　4　相

12　朝と夜の気温（　　　）が激しい。
　　1　分　　　　　　　2　差　　　　　　　3　違　　　　　　　4　異

13　勉強（　　　）の日々を送っている。
　　1　漬け　　　　　　2　浸り　　　　　　3　沈み　　　　　　4　濡れ

問題4（　　　）に入れるのに最もよいものを、1・2・3・4から一つ選びなさい。

14 この広告は見た目にかなりの（　　　）があって、街の中でも目立っている。
1　プレッシャー　　　2　インパクト　　　3　ダメージ　　　4　ショック

15 仕事熱心でいつも前向きな彼女と話をする時間は、とても（　　　）だ。
1　開放的（かいほうてき）　　　2　意図的（いとてき）　　　3　好都合（こうつごう）　　　4　有意義（ゆういぎ）

16 私は昔から（　　　）な性格なので、やりたくない事は絶対にやらない。
1　わがまま　　　2　あいまい　　　3　ありがち　　　4　よくばり

17 この商品は、ソファとしてだけでなくベッドとしての機能も（　　　）。
1　挙（あ）げている　　　2　兼（か）ねている　　　3　活（い）かしている　　　4　納（おさ）めている

18 第一志望（しぼう）の大学に落ちて、（　　　）している。
1　悪化（あっか）　　　2　減点（げんてん）　　　3　混雑（こんざつ）　　　4　失望（しつぼう）

19 鍋（なべ）の中の水が（　　　）して、からっぽになってしまった。
1　蒸発（じょうはつ）　　　2　解消（かいしょう）　　　3　発揮（はっき）　　　4　伝染（でんせん）

20 パーティーではひかえめな色のドレスを着ることが（　　　）と言われている。
1　頼（たの）もしい　　　2　好（この）ましい　　　3　等（ひと）しい　　　4　快（こころよ）い

問題5 _____の言葉に意味が最も近いものを、1・2・3・4から一つ選びなさい。

21 永野選手は機敏な動きで相手からボールをうばった。

1 速い　　　　　　2 細かい　　　　　　3 特別な　　　　　　4 上手な

22 長年戦い続けた重い病気を乗り越えた。

1 告白した　　　　2 理解した　　　　　3 なおした　　　　　4 あきらめた

23 何度も会っているんだから、せめて名前くらい覚えて欲しい。

1 そろそろ　　　　2 最低でも　　　　　3 努力して　　　　　4 できれば

24 アンケートの結果を活用して、商品の開発を進める。

1 使って　　　　　2 まとめて　　　　　3 理解して　　　　　4 見て

25 お金がない人々を救うために、新しいサービスを開発した。

1 探す　　　　　　2 減らす　　　　　　3 集める　　　　　　4 助ける

問題6　次の言葉の使い方として最もよいものを、1・2・3・4から一つ選びなさい。

26 開催

1 20年勤めた会社を思い切って退職し、自分の会社を開催した。

2 来年、東京でオリンピックが開催される予定です。

3 アメリカで人気があるハンバーガーショップが新宿で開催するらしい。

4 健康のためにジムで運動を開催したが、なかなか続かなかった。

27 行為

1 パソコンで行為することができる方を募集しています。

2 携帯電話の行為がおそくて使いにくいので、買い替えようと思っている。

3 電車の中で大声で話すことは、車内にいる人たちの迷惑になる行為である。

4 やりたいことがあるなら、考えてばかりいないでとにかく行為に移すことが大切
だ。

28 やむを得ない

1 いつも時間をきっちり守る彼女が遅刻するなんて、何かやむを得ない理由があっ
たのだろう。

2 雨の時期は、一度雨が降り始めるとなかなかやむを得ない。

3 試験に合格するためにできることは全部やったが、結局やむを得なかった。

4 日本語がやむを得ないので、日本へ旅行に行くときは必ず日本語ができる友達と
一緒に行く。

29 ただちに

1 携帯電話で動画を見ていると、ただちにインターネットが使えなくなってしまっ
た。

2 会議の準備をしなければならなかったので、いつもよりただちに出勤した。

3 息子はこの一年でただちに身長が伸びた。

4 地震が起きたら海から離れ、ただちに安全なところに避難してください。

30 省く

1 この店では買ったズボンが長すぎる場合、無料で省いてもらうことができる。

2 店での販売を全て省いて、オンラインで商品を売ることに決めた。

3 電子レンジをうまく使えば、料理の手間を省くことができる。

4 社員の労働時間を8時間から7時間に省くと、生産性が向上した。

問題7 次の文の（　　　）に入れるのに最もよいものを、1・2・3・4から一つ選びなさい。

31 若いころは病気（　　　）だったが、大人になってからは風邪をひいたことがない。

    1　より　　　　　　2　だらけ　　　　　3　がち　　　　　4　しだい

32 永野「明日試験なのに全然勉強してないよ。勉強した？」
    加藤「もちろん！受験料を払った（　　　）、絶対に落ちたくないんだ。」

    1　ものの　　　　　2　からには　　　　3　にしては　　　4　わりに

33 大会の開始（　　　）、会長のあいさつとルール説明が行われます。

    1　とすると　　　　2　だけあって　　　3　かといえば　　4　に先立って

34 子ども（　　　）大人（　　　）、絵本は誰でも楽しめるものだ。

    1　にて / にて　　　　　　　　　　　2　にして / にして
    3　にしろ / にしろ　　　　　　　　　4　によって / によって

35 山田「今回の試験もうまくいかなかったな。体調も悪かったし、前の席の人もちょっと
    うるさかったから集中できなかったよ。」
    中本「（　　　）言い訳ばっかりしてるから、いつまでも合格できないんだよ。」

    1　こんな　　　　　2　あんな　　　　　3　そうやって　　4　ああやって

36 こんなにひどい経営状況が続くなら、社員の給料を大幅に減らすということも
    （　　　）。

    1　あり切る　　　　2　あり得る　　　　3　あり過ぎだ　　4　あり次第だ

37 インフルエンザになりたくないなら、毎日手を（　　　）。

    1　洗うようにすること　　　　　　　2　洗おうとするから
    3　洗ったことにすること　　　　　　4　洗ったことにするから

38 もし車を買った（　　　）、今より便利になるけど、駐車場も借りなきゃいけない。

    1　といえば　　　　2　ものの　　　　　3　かぎり　　　　4　としたら

39 台風なのに何とかして研究室に（　　　）、研究熱心な人はいない。

1　来たような彼でも　　　　　　　　2　来ようとする彼ほど

3　来そうな彼でも　　　　　　　　　4　来たみたいな彼ほど

40 山田「この袋の中の服、全部リサイクルするものなの？」

田中「うん。引っ越しするから使っていないものは少しずつ（　　　）と思って。」

1　片付けてある　　　　　　　　　　2　片付けている

3　片付けられちゃう　　　　　　　　4　片付けちゃおう

41 先生「山田くんは、先週遊園地に行ったとき、迷子になった子どもと一緒にお母さん

　　　を探して（　　　）。」

山田「はい、あのときは大変でした。」

1　あげたそうですね　　　　　　　　2　あげているようですね

3　くれたそうですね　　　　　　　　4　くれているようですね

42 彼女はたくさんの映画に出演してきたが、これまで彼女の名前が話題に（　　　）。

1　することはない　　　　　　　　　2　なることはない

3　することはなかった　　　　　　　4　なることはなかった

問題8 次の文の____★____に入る最もよいものを、1・2・3・4から一つ選びなさい。

(問題例)

あそこで ＿＿＿＿ ★ ＿＿＿＿ ＿＿＿＿は村本さんです。

　　　1　ラーメン　　　2　食べている　　　　3　を　　　　4　人

(解答のしかた)

1. 正しい文はこうです。

あそこで ＿＿＿＿＿＿＿ ＿＿★＿＿ ＿＿＿＿＿＿ ＿＿＿＿＿は村本さんです。
1　ラーメン　　3　を　　2　食べている　　4　人

2. ＿★＿に入る番号を解答用紙にマークします。

(解答用紙)

例	① ② ● ④

---

43 このクラスで満点を取ったのは、＿＿＿＿ ＿＿＿＿ ★ ＿＿＿＿だ。

　　1　私だけ　　　　　2　頭が良い彼　　　3　クラスで一番　　4　を除いては

44 息子「最後の試合なのに、負けちゃいそうだよ。」

　　母親「もし試合で負けたとしても、＿＿＿＿ ★ ＿＿＿＿ ＿＿＿＿になるんだから

　　　　いいじゃない。」

　　1　仲間との　　　　　2　良い思い出　　　3　それで　　　　4　それは

45 新しいウイルスに関するデータを見ると、わずか＿＿＿＿ ★ ＿＿＿＿ ＿＿＿＿に

　　まで広がったことがわかる。

　　1　遠く離れた　　　　2　国内のみならず　3　数週間で　　　　4　世界の国々

46 あの大学に _____ _____ ★ _____ 一生懸命勉強するつもりだ。

1 はともかくとして   2 行ける

3 後悔しないように   4 かどうか

47 お母さんは愛犬のポチにご飯をあげるのを忘れていたらしい。どうりで何か _____

_____ _____ ★ わけだ。

1 ずっと私のことを   2 見ていた

3 表情で   4 欲しそうな

問題9 次の文章を読んで、文章全体の内容を考えて、[48]から[52]の中に入る最も
よいものを、1・2・3・4から一つ選びなさい。

わびさび

日本では、静かな古いお寺などに行ったとき「わびさび」を感じると言うことが
あります。これは、日本人が感じる美意識の一つですが、言葉で説明するのはなか
なか難しい [48]。

まず、「わび」という言葉は、およそ600年前の室町時代に生まれたと言われて
います。このころの貴族や武士の間で行われていた茶会は、高価で派手な中国製の
茶道具を使う豪華なものだったそうです。

[49]、そんな豪華な茶会を否定する人物が現れました。村田珠光という人物で
す。彼は日本の茶道具を使った地味な「わび茶」を生み出しました。彼の考え方
に、[50] があります。「雲に隠されずに光り輝く月よりも、雲の間に隠れた月の
ほうが味わい深い」。この、不完全の中に美しさがあるという美意識が、「わび
茶」の中にはありました。

そして時が経ち、現在の茶道を作り上げた人物として有名な千利休が現れます。
彼は、珠光の考え方を茶道具、作法、空間全てに表現しました。茶室の生け花は
「花は野にあるように」という [51]、自然のままに咲いているように生けること
を目指したそうです。この精神が、不完全でも自然に作られたものが美しいと考え
る「わび」なのです。

では「さび」にはどんな意味があるのでしょうか。もともとは、活気が失われ
る、時が経って古くなるという意味があったそうですが、あとから「人のいない静
かな状態」という意味も加わり、「人がいなくて静かな、古い状態」を指すように
なりました。これは、歴史的な建物など、古いものだから [52] 良さに当たるので
はないでしょうか。

日本の「わびさび」という言葉は、日本人の落ち着いた心を表しているとも言え
ます。日本のお寺に行ったときは、ぜひこの「わびさび」の雰囲気を味わいたいも
のです。

（注）生ける：花びんなどに花を飾ること

48
1 ことになっています　　　　　2 ものがあります
3 ものではありません　　　　　4 ことにしています

49
1 ただし　　　　2 そうして　　　　3 ところが　　　　4 しかも

50
1 こんなもの　　　2 あんなもの　　　3 そんなもの　　　4 もの

51
1 考え方であれば　　　　　　　2 考え方のかぎり
3 考え方のもとで　　　　　　　4 考え方について

52
1 だとしても感じられない　　　2 こそ感じられる
3 といって感じられる　　　　　4 と感じられない

問題10 次の（1）から（5）の文章を読んで、後の問いに対する答えとして最もよい
ものを、1・2・3・4から一つ選びなさい。

（1）

　失敗は悪いことではありません。なぜ失敗してしまったのか、次はどのようにすべき
かを考えることで、成功への近道にもなるからです。逆に言えば、原因や改善策を考え
なければ、何度やり直しても、失敗に終わってしまうということです。また、闇雲に行
動する人も同じです。考えることなしに、ただとりあえずやってみるだけでは失敗する
のはもちろん、何も得ることができません。

（注）闇雲に：何も考えずに

53 筆者の考えに合うのはどれか。

　1　自分なりの方法を見つけるために、努力しなければならない。

　2　成功するには、工夫しなければならない。

　3　何も考えずに行動することが、成功への近道だ。

　4　失敗したら、何度でもチャレンジするべきだ。

(2)

以下は、ある企業に届いたメッセージである。

日本語の森　ご担当者様

はじめまして。こちらのアプリに会員登録している者です。
一か月980円で動画を全て見ることができるというサービスのはずですが、お金を支払った後も一部の動画を見ることができません。また、長時間動画を見続けていると突然アプリの画面が暗くなってしまうこともあります。先月まではこのようなことはなかったと思います。なにかシステムに問題があるのではないでしょうか。とても便利なサービスなのでこれからも使い続けたいと思っていますが、このようなことが続くようでしたら解約しようと考えています。
これらの問題について対応していただけるとありがたいです。よろしくお願いします。

佐藤由佳
（さとうゆか）

54　このメッセージで言いたいことは何か。

1　画面をもう少し明るくしてほしい。

2　解約したいので、解約方法を教えてほしい。

3　問題が多いので、980円を返してほしい。

4　全ての動画を問題なく見られるようにしてほしい。

(3)

　世の中の全ての親が良い大人であるとは限りません。自分の子どもには健康で幸せな人生を生きてほしいと思うあまり、子どもの自由な考えや行動を制限してしまうことがあるからです。誰もが自分の子どもには善く生きてほしいと思うでしょう。ですが、子どもも一人の人間であり、もちろんそれぞれの考えがあります。ですから、物事の善し^(注1)悪しを親の尺度で測り、子どもを親の思い通りにさせたところで、<u>子どもがそれを幸せ^(注2)だと感じるとは限らない</u>のです。

（注1）善し悪し：良いことと悪いこと
（注2）尺度：基準

55　<u>子どもがそれを幸せだと感じるとは限らない</u>とあるが、なぜか。

　　1　子どもが何を幸せだと感じるかは親であってもわからないから

　　2　子どもにも善く生きたいという意思があるから

　　3　親に従わなければならないと思うことで、子どもが苦しむから

　　4　親が行動を制限すると、子どもは強く反抗するから

（4）

以下は、社内に掲示された文書である。

7月22日

各課担当者各位

総務課

健康診断について

　来月から健康診断が始まります。そのため、参加可能な日程をご確認の上、来週末（30日）までに各課でまとめて総務課にご連絡ください。課によって診断の内容が異なりますので、ご注意ください。

　また、特別健康診断を受けられる方は、実施している病院が遠いので、会社の車を利用することができます。ご自身で病院へ向かわれる方は、交通費を申請することができます。診断日の一週間前までに総務課に移動手段をお知らせください。

　診断の結果は診断日の一週間後に届く予定です。

以上

---

56 各課の担当者がしなければならないことは何か。

1　各課の診断してほしい内容をまとめて、総務課に知らせる。

2　課のメンバーに健康診断に行ける日にちを聞いて、30日までに総務課に知らせる。

3　特別健康診断を受ける人がどうやって会場まで行くのか、30日までに聞いて総務課に知らせる。

4　診断内容と日程を確認し、診断の一週間前までに診断日を総務課に知らせる。

（5）

　人間には欲求の段階が5つあると言われている。生理的欲求、安全の欲求、社会的欲求、承認欲求、自己実現の欲求である。経済的にも豊かになった日本では、食べたい、という生理的な欲求は満たされている人が多い。また、日常生活では危険を感じることも少ないだろう。現代の日本の社会では、みんなに認められたいとか、なりたい自分になりたいと強く思っている人が多いように感じる。

[57] 筆者は、日本ではどんな欲求を持っている人が多いと言っているか。
　1　嫌なことや危険なことから、できる限り逃げたいと思っている人
　2　好きなものを好きなだけ食べて、たくさん寝たいと思っている人
　3　社会から評価され、理想としている自分になりたいと思っている人
　4　自分が持っている欲求を全て満たしたいと思っている人

問題11 次の（1）から（3）の文章を読んで、後の問いに対する答えとして最もよい
　　　　ものを、1・2・3・4から一つ選びなさい。

（1）

　2000年代、小学6年生の修学旅行^{（注1）}では、「インスタントカメラ」と呼ばれるカメラを一つだけ持って行くことが許された。インスタントカメラは、全部で27枚撮れる使い捨てカメラで、撮り終わったら、カメラ屋さんに行って写真を現像^{（注2）}してもらう。もちろん、デジタルカメラのように画面を見ながら撮ったり、撮った写真をその場で見て、いらないものを消したりすることもできない。画像の質はデジタルカメラより悪い。

　しかし、当時はまだ電子機器が普及しておらず、自分の携帯電話を持っていなかった小学生は、学校の行事に初めての「自分専用カメラ」を持って行けるというだけで、<u>特別な気持ちになった</u>。

　修学旅行が始まるとすぐに、小学生たちは3日間の修学旅行で、いかにインスタントカメラを「いい感じ」に27枚撮り切るかのせめぎあい^{（注3）}を始める。早く使いすぎるとそのあとの思い出が撮れないし、3日後に余っている枚数が多すぎると、使い切るまで写真を現像できない。ちょうどよく「インスタントカメラ」を使い切りたい。

　そして現代。一回のシャッター^{（注4）}を大切に思う気持ちも、写真が上手に撮れたか確認できないじれったさ^{（注5）}も、人々はもうすっかり忘れてしまった。携帯電話でなんの制限もなく大量に写真を撮り、気に入らない写真があったら消せるのは、便利で快適だ。しかし制限があるあの「不便さ」には、工夫するおもしろさがあったように思う。一枚の写真に思いを込めていたあのころのように、熱心に物事に取り組むということが、現代社会からなくなってしまったように思うのだ。

（注1）修学旅行：学校で行く旅行
（注2）現像：ここでは、撮った画像を印刷して写真にすること
（注3）せめぎあい：ここでは、選択肢の中でどれを選ぶか迷うこと
（注4）シャッター：ここでは、写真を撮ること
（注5）じれったさ：物事がうまく進まずにいらいらする気持ち

58 特別な気持ちになったとあるが、当時の小学生がそう感じた理由として合っている
のはどれか。
1 写真を現像するまで、どんな写真かわからなかったから
2 当時のインスタントカメラは、最新の技術を使ったものだったから
3 写真を撮ることで、修学旅行の思い出を残せるから
4 自分だけが使う機械を持つことができたから

59 筆者は、修学旅行でカメラをどのように使うのがいいと言っているか。
1 カメラのフィルムを3日間で調整しながら使い切る。
2 写真を撮りたいときに撮って、残りの枚数は気にしない。
3 なるべく早く使い切って、現像した写真を誰よりも早く見る。
4 大切に写真を撮って、撮れる枚数が余ったら後で調整する。

60 筆者は、インスタントカメラによる不便な体験は人々にどのようなことを感じさせる
と考えているか。
1 大量に撮れる開放感と、一枚の写真のありがたさ
2 制限のある状態を楽しむ気持ちと、そのあとの達成感
3 一枚一枚の写真を大切に思う気持ちと、不便だからこそ感じる楽しさ
4 うまく撮れなくてもいいという安心感と、カメラの快適さ

（2）

　セミという昆虫(注1)をご存知でしょうか。セミの大きな鳴き声があちらこちらから聞こえてくると、「あぁ、またこの季節がやって来たな」と感じます。どこへ行こうか何をしようかと考えている間に、夏は一瞬で終わってしまいますよね。セミは短い夏を象徴する昆虫なんです。

　セミの一生はとても短いです。種類にもよりますが、セミは、成虫(注2)になってから一か月程度で死んでしまいます。驚くべきことは成虫になってから死ぬまでの短さではなく、セミが成虫になるまでにかかる時間です。セミは成虫になるまでに、5年から6年ほど土の中で生活します。これもセミの種類によって異なりますが、長いものだと10年以上を土の中で過ごすものもいます。私たちが夏に聞く「ミーン、ミーン」というセミの鳴き声を聞くには、こんなにも長い年月が必要なのです。

　では、どうしてセミはあんなに大きな音で鳴くのでしょう。セミが鳴くのは「求愛行動」の一つです。求愛行動とは、異性を引きつける(注3)ための動物の行動です。この求愛行動をするのは、オスのセミだけです。つまりオスのセミは、大きな声で「ぼくはここにいるよ！」とメスのセミたちに向かって叫んでいるのです。逆にメスのセミは、オスのセミの声に集まります。セミには耳がないように見えるかもしれませんが、しっかりと音を感じることができる部分があるのです。セミの世界では、男性はアピールをして待っているだけで、パートナー(注4)を選ぶ資格は女性にあるようですね。

　セミの生態を知れば、大きなセミの鳴き声に「うるさい！」と腹を立てることはなくなるのではないでしょうか。セミたちは長い間土の中で過ごし、やっと外に出られたと思ったら一か月ほどで死んでしまいます。自分の子孫を残すため、一か月の間に死ぬ気(注5)でパートナーを探さなければならないのです。あれだけ大きな声で叫ぶのも、当然だと思えてきます。

（注1）昆虫：虫

（注2）成虫：大人の虫

（注3）異性を引きつける：ここでは、オスがメスに注目してもらうこと

（注4）パートナー：一緒に何かをする相手。ここでは、子どもを一緒に作る相手

（注5）死ぬ気で：死ぬつもりで。それくらい全力で

61 この文章によると、セミとはどのような昆虫か。

1　約6年間、地上で大きな音を出して鳴き続ける昆虫

2　成虫になってから、一か月しか生きることができない昆虫

3　10年以上、死ぬまでずっと土の中で生活する昆虫

4　どんな種類でも、成虫になるまで10年以上かかる昆虫

62 この文章によると、セミの求愛行動とはどのようなものか。

1　オスのセミがより良いパートナーを選ぶために行うもの

2　オスのセミが大きな音で鳴くことで、強さをアピールするために行うもの

3　メスのセミがパートナーになるオスのセミを集めるために行うもの

4　オスのセミがメスのセミに存在をアピールするために行うもの

63 筆者は、セミの生態についてどのように述べているか。

1　あれだけ鳴き声がうるさいなら、人間が腹を立ててしまうのは当然だ。

2　土の中での生活が長いから、外の世界に出てすぐに死んでしまうのは当たり前だ。

3　セミの鳴き声はうるさいが、一か月しか生きられないのなら仕方がないと思える。

4　死ぬかも知れないという状況で、必死に鳴き続けるセミはすばらしい。

（3）

　「良い授業」とは勉強への苦手意識を持たせない授業のことである。多くの教師は勉強ができる子に関心を向けている。なぜなら、勉強ができる子は手がかからないので、スムーズに授業を進めることができるからだ。^(注1)

　一方、勉強ができない子は教師が一生懸命説明をしても聞いていなかったり、宿題を出してもやってこなかったりする。やる気がない子にペースを合わせるのは時間のむだだと考えるのが普通だろう。だから、教師はやる気のない学生がついてきていなくても、どんどん授業を進めることがある。

　しかし、それでは「良い授業」とは言えない。なぜなら、教師が勉強しないことを容認しているからだ。誰でも最初は頑張ってみようと思うが、問題が難しくなるにつれてそのやる気はなくなってくる。そんなときに、教師がそのことを容認していたら、クラス全体の士気が下がるのである。そして、だんだんと授業に参加する子が減っていくのだ。実際、授業のペースについていけず途中で勉強をあきらめる子が多いという。しかし、その子らは勉強ができないわけではないのだ。早く問題が解けた子も最初からすぐにできたのではなく、先に塾で習っていたから、学校ですぐできただけかもしれない。教師がそんなことにも気付かず、勉強が得意な子のペースに合わせて授業を進めていたら、もう少し時間をかければできたはずの子も、自分は勉強ができないんだと勘違いしてしまう。簡単すぎて退屈だという意見が出ても、全員が理解できるまで、基礎をしっかり教えるのが大切だ。もちろん無理に宿題をやらせたりするのは逆効果だ。ここで一番大切なのは、自分はできるんだと思わせること。一度成功を体験することで、その後自ら勉強するようになる。その結果、だんだんとクラス内の学力の差がなくなっていくのである。

　何事もはじめが肝心というように、最初にどれだけ勉強に対してプラスのイメージを持てたかが、今後の子どもの人生を決めるのである。^(注4)

（注1）手がかからない：助けが必要ない

（注2）容認：許して認めること

（注3）士気：やる気

（注4）肝心：大事

64 それとはどういうことか。

1　勉強ができる子にはたくさん問題を解かせること

2　勉強ができる子のペースで教えること

3　勉強ができない子には難しい宿題をさせること

4　勉強ができない子のペースで授業を進めること

65　「良い授業」にするために、教師はどうしなければならないか。

1　やる気がある子に関心を向け、どんどん授業を進める。

2　たくさん宿題を出し、勉強に対する苦手意識をなくす。

3　勉強ができる子にも、やる気がない子にもペースを合わせる。

4　全員ができるまでていねいに教え、勉強に対する自信をつけさせる。

66　筆者の考えに合うのはどれか。

1　学校でスムーズに授業が受けられるように塾へ通った方がいい。

2　教師が明るい雰囲気を出すことで、クラス全体のやる気が上がる。

3　勉強に対してマイナスな印象を持たせないことが大切だ。

4　生徒にとって、価値がある学習法を教えるべきだ。

問題12 次のAとBの文章を読んで、後の問いに対する答えとして最もよいものを、1・2・3・4から一つ選びなさい。

A

デスクワークが多い人は特に、肩こりに悩んでいる。長時間同じ姿勢でいるから、肩こりを引き起こす。そんなときは少し気持ちをリラックスさせることを意識すれば、今より肩こりがよくなるかもしれない。

肩こりを改善するには、肩の周辺の筋肉をやわらかくすることが重要だ。筋肉は骨と骨の間についているから、骨同士の間が狭いと筋肉が縮まり、肩がこってしまう。寒いときに身体が縮まる姿勢が、骨と骨の間が狭い姿勢だ。この姿勢は仕事中、集中しているときや緊張しているときになりがちだ。自分が寒いときの姿勢になっていると気付いたら、いったん手を止め、暖かい部屋でリラックスするイメージでゆっくり深い呼吸をするといい。肩をストンと落として気持ちがリラックスすると、自然と骨の間が広がり、筋肉がやわらかくなって肩こりの改善につながる。

（注1）デスクワーク：机の上でする仕事
（注2）肩こり：肩の周りがかたくなって、重く感じたり、疲れを感じたりすること

B

一日中パソコンを使って作業をしていると、肩や首がカチカチにかたくなっているということはありませんか。肩こりになるのは、長時間同じ姿勢でいることが原因です。長時間同じ姿勢でいると、肩の周りの血の流れが悪くなり、肩こりになってしまうのです。

そんなときは、血行をよくする体操をしてみることをおすすめします。背中の上側、肩の下にある三角形の骨「肩甲骨」を動かすと、肩の周りの筋肉がよく動き、血行が良くなることがわかっています。体操は簡単で、右手を右肩に、左手を左肩においてひじをぐるぐると回します。ゴリゴリと音がなるのは、筋肉が動いて血行がよくなっている証拠です。少し疲れたら、この体操をして肩こりを解消しましょう。

（注）血行：血の流れ

67 肩こりに悩んでいる人について、AとBが共通して原因だと指摘していることは何か。

1 肩の周りの血行(けっこう)が悪くなること

2 集中や緊張で姿勢が悪くなること

3 長時間同じ姿勢でいること

4 重い頭を支えていること

68 肩こりを解消するために、AとBはどのようなことをした方がいいと述べているか。

1 AもBも、気持ちをリラックスさせて深く呼吸するといいと述べている。

2 AもBも、簡単な体操(たいそう)をして筋肉を動かした方がいいと述べている。

3 Aは気持ちを楽にして身体を緩(ゆる)めるといいと述べ、Bは疲れを感じたら体操(たいそう)をした方がいいと述べている。

4 Aは姿勢だけを意識するのがいいと述べ、Bは肩甲骨(けんこうこつ)を動かして血行(けっこう)をよくするといいと述べている。

問題13 次の文章を読んで、後の問いに対する答えとして最もよいものを、1・2・3・4から一つ選びなさい。

　マラソンのゴールまでの道には上り坂もあれば下り坂もあります。走り続けていると、ときには誰かに抜かされてあせることもあるでしょう。しかし、そこで急に速度を上げると、後々苦しむことになるかもしれません。最悪の場合、走り切れないかもしれません。走り切るには、自分が気持ちいい速度を保つことが大切です。

　私が就職活動を経験した当時、皆が同じように黒いスーツ、黒い髪で面接に行くことが普通でした。見た目に何か目立ったところがあると、社会に適応する能力がない、一般的^{（注1）}な常識がない、と落とされてしまいます。それなのに、面接では自分の特徴や強みなど、他の人にはない個性が求められます。その個性というのが何かわからず、他の人から見た自分はどうなのだろうかと深く考えるようになりました。すると自分がひどく劣った人間のように感じ、自分を隠すようになりました。インターネットで面接に合格した人の記事を見て、その内容をもとにエントリーシートを書いたりもしました。そんな風にごまかしても、面接官には見抜かれてしまいます。面接に落ち続けてどうしようかと思っているときに、「他人は他人、自分は自分」と父は私に声をかけてくれました。そのとき初めて、他人を中心に自分のことを見ていることに気がついたのです。

　それからというもの、何をするときも自分の心の声を聴くようになりました。就職活動で忙しくて趣味のアクセサリー作りもしていなかったのですが、久しぶりにやってみると楽しくて仕方がありませんでした。そのとき、これを仕事にしたいと強く思ったのです。最初は周りの友達が就職をする中、自分だけがこんなことをしていて大丈夫なのかという気持ちにもなりましたが、「他人は他人、自分は自分」の気持ちで、周りのことは気にせず、まず一年間アクセサリー作りに集中しました。すると、少しずつですがアクセサリーを買ってくれる人が増えていったのです。

　人生は長いマラソンのようなものだと思いました。他人には他人の、自分には自分の道やゴールがあります。一つとして同じ人生なんてないのです。他の人より遅れていても、立ち止まってしまっても大丈夫です。前さえ見ていたら、いつか前に進めるはずです。どんなに周りの人が速く見えても、自分のペースを維持することが大事なのです。

（注1）適応：周りの環境に合わせること

（注2）エントリーシート：就職活動で、入社を希望する会社に出す書類

（注3）ごまかす：うそをついて、本当のことを隠すこと

（注4）見抜く：本当のことを知る

69　マラソンについて、筆者はどのように述べているか。

1　走り続けていれば、後ろから抜かれてあせることもある。

2　走り続けていたら、誰かを追うこともある。

3　走り続けていたら、必ずゴールまで走り切ることができる。

4　走り続けていると、厳しい上り坂も楽に走れるようになる。

70　筆者はなぜ自分の心の声を聴くようになったのか。

1　他人から自分がどう見えるかばかり考えていることに気がついたから

2　本当の自分を隠していたことを面接官に見抜かれてしまったから

3　社会に適応する能力や一般的な常識がなかったから

4　他人にはない自分だけの特徴や強みを見つけるべきだと父親が言ったから

71　この文章で筆者が最も言いたいことは何か。

1　スーツや黒髪ではなく個性が出せる服装や髪色を認めるべきだ。

2　周りの人と比べずに、ゆっくり自分のやりたいことを探せばいい。

3　周りの人と相談しながら、自分に合う仕事を決めるべきだ。

4　自分に足りない能力をインターネットで調べたらいい。

問題14 右のページは、地区センターの掲示板のお知らせである。下の問いに対する答えとして最もよいものを、1・2・3・4から一つ選びなさい。

72 パクさんは、森地区の夏祭りでお店を出そうと思っている。申し込みの際に気をつけなければならないことはどれか。

1 申し込みは、電話かメールで行う。

2 祭り開催日のどちらかしか出店することはできない。

3 出店場所は祭り開催日の2週間前に問い合わせをして聞く。

4 申し込みが多い場合は、抽選が行われる。

73 ズンさんは7月25日に出店する予定だが、もし大雨で祭りが中止になる場合、中止の連絡がくるのはいつまでか。

1 7月24日の7時まで

2 7月24日の12時まで

3 7月25日の7時まで

4 7月25日の12時まで

森地区・夏祭りのお知らせ

今年もこの季節がやってきました！
出店を希望される方は事前にお申し込みをお願いいたします。

祭りの開催日時　：7月17日（土）12時〜20時 ｜　7月25日（日）12時〜20時
出店申込締め切り：6月25日（金）　　　　　　 ｜　 7月3日（土）
開催場所：市役所広場
対象：森地区にお住まいの方
出店費用：内容によって決定しますので、問い合わせてください。

【申込方法】
メールに以下の情報を入力して、夏祭り運営委員会のメールアドレスにお送りください。
（締め切り日の23：59まで）お名前は代表の方一名分のみでかまいません。

1.　出店希望日
2.　名前
3.　電話番号
4.　打ち合わせ希望日

【注意】
・夏祭りは2回開催されますが、できるだけ多くの方に出店していただきたいので、お一人様どちらか1日のみとさせていただきます。ご理解のほど、よろしくお願いいたします。
・出店希望の方が多い場合は、話し合いで決定したいと思います。打ち合わせ希望日もメールで送ってください。
・出店場所は、遅くても祭り開催日の2週間前までにメールでお知らせいたします。
・申し込みを取り消しする場合は、メールでご連絡ください。
・悪天候やトラブルによって祭りを中止、または延期する場合は、当日の開始5時間前までにお電話にてご連絡いたします。天候が悪くても、連絡がない場合は決行です。中止の場合のみご連絡いたします。

森地区・夏祭り運営委員会
nihongonomori@×××.××

JLPT
N2

問題用紙

N2

聴解

(50分)

청해 음원 듣기

注　意
Notes

1. 試験が始まるまで、この問題用紙を開けないでください。

   Do not open this question booklet until the test begins.

2. この問題用紙を持って帰ることはできません。

   Do not take this question booklet with you after the test.

3. 受験番号と名前を下の欄に、受験票と同じように書いてください。

   Write your examinee registration number and name clearly in each box below as written on your test voucher.

4. この問題用紙は、全部で12ページあります。

   This question booklet has 12 pages.

5. この問題用紙にメモをとってもかまいません。

   You may make notes in this question booklet.

受験番号 Examinee Registration Number	
名前 Name	

JLPT N2

もんだい
問題1

問題1では、まず質問を聞いてください。それから話を聞いて、問題用紙の1から4の中から、最もよいものを一つ選んでください。

れい
例

1　先生にもうしこみしょを出す
2　友達と一緒にもうしこみしょを出す
3　もうしこみしょに名前を書いて箱に入れる
4　けいじばんに名前を書く

1番

1　しりょうを各部にくばる

2　しりょうをもっといんさつする

3　飲み物を買ってくる
4　飲み物を机に置く

2番
ばん

1　いいんちょうに伝言をする
2　計算まちがいを直す
3　他のクラスの授業に参加する
4　職員室に報告しに行く

3番

1　まえがみを切り　　かみの色を暗くする

2　まえがみを切り　　かみの色を明るくする

3　まえがみは切らず　かみの色を暗くする

4　まえがみは切らず　かみの色を明るくする

4番

1　青色のせっけん

2　みどりいろのせっけん

3　きいろのせっけん

4　赤色のせっけん

5番

1 ア ウ

2 ア エ

3 イ ウ

4 イ エ

もんだい
問題2

　問題2では、まず質問を聞いてください。そのあと、問題用紙のせんたくしを読んでください。読む時間があります。それから話を聞いて、問題用紙の1から4の中から、最もよいものを一つ選んでください。

例

1　かだいが多くて寝ていないから

2　アルバイトがいそがしいから

3　かれしに会えないから

4　気分が悪いから

1番

1 色々な会社におうぼする

2 自分のことをぶんせきする

3 ごうどう説明会に参加する

4 きぎょうの情報をきょうゆうする

2番

1 写真コンクールでとくべつしょうをとったこと

2 さつえい場所をさがしたこと

3 雨の日に写真をとったこと

4 新しいチャレンジをしたこと

3番

1　行きやすい場所にあるところ
2　ふだん使っているぶんぼうぐが売っているところ
3　質がよいわりにねだんが安いところ
4　コーヒーとおかしがおいしいところ

4番

1　なぜ　かぜのしょうじょうが出ないのか
2　どうやってこのウイルスが流行ったか
3　軽いしょうじょうとは　どのようなものか
4　どのようにウイルスたいさくをするか

5番

1　こうぎをデジタル化する

2　こくさいてきなきょういくをする

3　ビジネスの授業を取り入れる

4　様々な分野について勉強させる

6番

1　自転車が信号をむししたこと

2　自動車が信号をむししたこと

3　自転車が早いスピードで走っていたこと

4　自動車がスピードをゆるめたこと

問題3

問題3では、問題用紙に何もいんさつされていません。この問題は、全体として どんな内容かを聞く問題です。話の前に質問はありません。まず話を聞いてくださ い。それから、質問とせんたくしを聞いて、1から4の中から、最もよいものを一つ 選んでください。

ーメモー

<ruby>問題<rt>もんだい</rt></ruby>4

　<ruby>問題<rt>もんだい</rt></ruby>4では、<ruby>問題用紙<rt>もんだいようし</rt></ruby>に<ruby>何<rt>なに</rt></ruby>もいんさつされていません。まず<ruby>文<rt>ぶん</rt></ruby>を<ruby>聞<rt>き</rt></ruby>いてください。それから、それに<ruby>対<rt>たい</rt></ruby>する<ruby>返事<rt>へんじ</rt></ruby>を<ruby>聞<rt>き</rt></ruby>いて、1から3の<ruby>中<rt>なか</rt></ruby>から、<ruby>最<rt>もっと</rt></ruby>もよいものを<ruby>一<rt>ひと</rt></ruby>つ<ruby>選<rt>えら</rt></ruby>んでください。

ーメモー

もんだい
問題5

問題5では、長めの話を聞きます。この問題には練習はありません。
問題用紙にメモをとってもかまいません。

1番、2番

問題用紙に何もいんさつされていません。まず話を聞いてください。それから、質問とせんたくしを聞いて、1から4の中から、最もよいものを一つ選んでください。

ーメモー

3番

まず話を聞いてください。それから、二つの質問を聞いて、それぞれ問題用紙の1から4の中から、最もよいものを一つ選んでください。

質問1

1　川上公園
2　岩谷公園
3　ハート池公園
4　アスパラ公園

質問2

1　川上公園
2　岩谷公園
3　ハート池公園
4　アスパラ公園

모의 시험
제2회

N2

言語知識（文字・語彙・文法）・読解

(105分)

注　意
Notes

1. 試験が始まるまで、この問題用紙を開けないでください。
   Do not open this question booklet until the test begins.

2. この問題用紙を持って帰ることはできません。
   Do not take this question booklet with you after the test.

3. 受験番号と名前を下の欄に、受験票と同じように書いてください。
   Write your examinee registration number and name clearly in each box below as written on your test voucher.

4. この問題用紙は、全部で31ページあります。
   This question booklet has 31 pages.

5. 問題には解答番号の　1　、　2　、　3　　… が付いています。
   解答は、解答用紙にある同じ番号のところにマークしてください。
   One of the row numbers 1 , 2 , 3 … is given for each question. Mark your answer in the same row of the answer sheet.

受験番号 Examinee Registration Number	
名前　Name	

JLPT N2

問題1 _____の言葉の読み方として最もよいものを、1・2・3・4から一つ選び
なさい。

1 社長が記者の質問に<u>応じる</u>。
   1　とうじる　　　　2　こうじる　　　　3　おうじる　　　　4　そうじる

2 料理を<u>追加</u>で注文する。
   1　ついが　　　　　2　ついか　　　　　3　づいか　　　　　4　づいが

3 運転免許^{めんきょ}を<u>取得</u>した。
   1　しゅうとう　　　2　しゅうとく　　　3　しゅとう　　　　4　しゅとく

4 今日の空は、<u>鮮やか</u>な青色だ。
   1　あざやか　　　　2　さわやか　　　　3　しなやか　　　　4　おだやか

5 一つのテーマについて<u>討論</u>する。
   1　とろん　　　　　2　とうろん　　　　3　ていろん　　　　4　てろん

問題2 _____の言葉を漢字で書くとき、最もよいものを1・2・3・4から一つ選びなさい。

6 捕まえた金魚を川に<u>はなす</u>。

1 防す　　　　　2 改す　　　　　3 放す　　　　　4 訪す

7 病気の人を<u>かんご</u>するのが仕事だ。

1 看穫　　　　　2 看護　　　　　3 観護　　　　　4 観穫

8 会場への入場を<u>せいげん</u>する。

1 製限　　　　　2 制郎　　　　　3 制限　　　　　4 製郎

9 子どもの手をしっかりと<u>にぎる</u>。

1 握る　　　　　2 揺る　　　　　3 振る　　　　　4 採る

10 貯金を全て病院に<u>きふ</u>した。

1 奇付　　　　　2 寄付　　　　　3 寄布　　　　　4 奇布

問題3（　　　）に入れるのに最もよいものを、1・2・3・4から一つ選びなさい。

11　（　　　）企画を提案するための資料を作る。

　　1　好　　　　　　2　最　　　　　　3　高　　　　　　4　新

12　携帯電話を落としてしまい、画面の修理（　　　）に一万円かかった。

　　1　費　　　　　　2　金　　　　　　3　料　　　　　　4　賃

13　連休の最中なので、映画館には親子（　　　）が多い。

　　1　行き　　　　　2　連れ　　　　　3　組み　　　　　4　巻き

問題4（　　　　）に入れるのに最もよいものを、1・2・3・4から一つ選びなさい。

14 ダイエットを成功させたいなら、（　　　　）のとれた食事をとることが重要だ。
　　1　プロセス　　　　　2　ポイント　　　　　3　バランス　　　　　4　システム

15 新しい会社に入ってから本当に忙しかったが、やっと（　　　）する時間がとれた。
　　1　休息　　　　　　　2　廃止　　　　　　　3　休業　　　　　　　4　解消

16 弟はお母さんにしかられて一日中（　　　）していた。
　　1　ぐったり　　　　　2　しょんぼり　　　　3　ぐっすり　　　　　4　びっしょり

17 彼女は試験が終わってから、もっと勉強したらよかったと（　　　）している。
　　1　誤解　　　　　　　2　苦戦　　　　　　　3　後悔　　　　　　　4　対抗

18 母から電話がかかってきたが会議中だったので、終わってから（　　　）。
　　1　折り返した　　　　2　くり返した　　　　3　追い返した　　　　4　引き返した

19 都心は家賃が高いので、少し会社から遠くても（　　　）に引っ越したほうが良い。
　　1　外側　　　　　　　2　屋外　　　　　　　3　郊外　　　　　　　4　外部

20 どんなに好きだと思っていても、彼は（　　　）なので私の気持ちに気付かない。
　　1　敏感　　　　　　　2　鈍感　　　　　　　3　短気　　　　　　　4　気楽

問題5 _____の言葉に意味が最も近いものを、1・2・3・4から一つ選びなさい。

21 好きな人に告白するときは、タイミングをよく考えるべきだ。

1 気持ち 　　　　 2 内容 　　　　 3 相手 　　　　 4 時期

22 上司が私をにらんでいるような気がする。

1 するどい目で見ている 　　　　 2 心配そうに見ている

3 期待して見ている 　　　　 4 たまに見ている

23 彼女の髪色はいつも派手だ。

1 きれい 　　　　 2 明るい 　　　　 3 すてき 　　　　 4 汚い

24 寝坊したせいで、母に怒られてしまった。

1 寝るのが遅かった 　　　　 2 授業中に寝てしまった

3 起きるのが遅かった 　　　　 4 すぐ寝てしまった

25 私の母はとてもそそっかしい人だ。

1 落ち着きがない 　　　　 2 忙しい

3 口が悪い 　　　　 4 適当な

問題6　次の言葉の使い方として最もよいものを、1・2・3・4から一つ選びなさい。

26 中断

1 雨が降ってきたので、試合を中断してしばらく様子を見ることにした。

2 このケーキは中断すると、中からチョコレートが出てくるように作られている。

3 イベントに誘われたが、参加できるかどうかはっきりわからなかったので中断した。

4 仕事帰りに少し中断して、友達と3人で新しくできたカフェに行った。

27 あわただしい

1 雨が降った後は、川の流れがあわただしくなるので注意してください。

2 今日は、電話の対応にあわただしくて昼食をとる時間もなかった。

3 6時から7時の間はお客さんがたくさん来るので、一番あわただしい時間だ。

4 留守にしている間に、知らない人が家に入っているなんて考えるだけであわただしい。

28 日課

1 平日のお昼の時間は日課なら会社で仕事をしているが、今日は休みをとって家で過ごしている。

2 朝は太陽が出るまでに起きて、犬の散歩をしてからコーヒーを飲むのが日課だ。

3 交通事故にあって少し入院したが、日課の生活では困らないくらいのけがで済んだ。

4 上司から突然苦情の対応をするよう指示されたが、その仕事は私の日課ではない。

29 妥当

1 今日は雨が降ると予想していたが、やっぱり妥当した。

2 妥当な大学生は、3年生の秋から就職活動の準備を始めるらしい。

3 この性能なら、安くもなく高くもなく妥当な金額と言えるだろう。

4 彼は目が赤く顔も疲れていて、妥当な健康状態のようには見えなかった。

30 捉え直す

1 リモコンの電池がなくなったので、新しいものに捉え直した。

2 壁に飾っている絵が傾いていたので、正しい位置に捉え直した。

3 問題点を正しく捉え直すことで、新しい改善点が見えてくるはずだ。

4 彼とは性格が合わないので別れようと思っていたが、やっぱりもう一度捉え直すことにした。

問題7　次の文の（　　）に入れるのに最もよいものを、1・2・3・4から一つ選びなさい。

31 話題のチーズケーキを買うために一時間も並んだ（　　）、目の前で売り切れて買うことができなかった。

1　限り　　　　　　2　上で　　　　　　3　うちに　　　　4　あげく

32 「そうやって机に向かって教科書を開いているだけじゃ、勉強した（　　）にはならないよ。」

1　もの　　　　　　2　こと　　　　　　3　わけ　　　　　4　ため

33 美術館へ行くと、（　　）どうやって作ったんだろうと思う作品がたくさんある。

1　いったい　　　　2　つい　　　　　　3　てっきり　　　4　まるで

34 時代の変化（　　）、人々の働き方や職業もどんどん変化している。

1　に限って　　　　2　に比べて　　　　3　に伴って　　　4　に関わって

35 店員「彼、新人だけどお客様への言葉遣いが完璧ですね。」

店長「そうだな。やっぱりホテルで働いていた（　　）、お客様への対応について注意するところは全くないよ。」

1　だけあるが　　　2　だけあって　　　3　だけでなく　　4　だけでなければ

36 「さっきまであの席に座っていた女性について、何か（　　）。」

1　お見えですか　　2　お参りですか　　3　ご遠慮ですか　　4　ご存知ですか

37 優秀賞をいただけたのも、両親や友人、そして先生の支えがあったから（　　）。

1　に限ります　　　　　　　　　　　2　に限ってありません
3　だけあります　　　　　　　　　　4　にほかなりません

38 彼は普段怒ってばかりいるが、恋人に（　　　）やさしい。

1　ついてだけ　　　2　とってのみ　　　3　対してだけ　　　4　関してのみ

39 この時計は、非常時に電気として利用できる（　　　）。

1　そうだと思います　　　　　　　2　みたいになっています

3　ようになっています　　　　　　4　らしいと思います

40 祖母の家にはあまり行きたくない。体に良いからと言って、嫌いなにんじんを

（　　　）からだ。

1　食べさせられるに違いない　　　2　食べてもおかしくない

3　食べてもらうに違いない　　　　4　食べられてもおかしくない

41 彼は勉強のことを考えすぎて、勉強する夢を（　　　）。

1　見ないことになった　　　　　　2　見てしまうようになった

3　見てしまわないようだった　　　4　見てしまいたくなくなった

42 一年間も帰れなくなるのなら、もっと家族においしい料理を作って（　　　）。

1　あげればよかった　　　　　　　2　あげられてよかった

3　くれればよかった　　　　　　　4　くれるならよかった

問題8 次の文の____★____に入る最もよいものを、1・2・3・4から一つ選びなさい。

(問題例)

私の _____ __★__ _____ _____ なることです。

    1　に   2　夢   3　有名な歌手   4　は

(解答のしかた)

1. 正しい文はこうです。

私の _____ __★__ _____ _____ なることです。
2　夢　　　　4　は　　　3　有名な歌手　　　1　に

2. __★__ に入る番号を解答用紙にマークします。

        (解答用紙)　| 例 | ①　②　③　● |

43　有名モデルと同じ化粧品を _____ _____ __★__ _____ なれるとは限らないことはわかっているが、つい買ってしまう。

    1　したから   2　といって   3　美人に   4　使用

44　私が好きだと告白すると、もう __★__ _____ _____ _____ ふりをしていた。

    1　くせに   2　彼は知らなかった

    3　とっくに私の気持ちに   4　気付いていた

45 友達が ＿＿＿ ＿＿＿ ＿＿＿ ★ 学校へ行っても楽しくない。

1　このクラスにはいないので　　　　2　趣味が合う人が

3　わけではないが　　　　　　　　　4　全くいない

46 日本では ★ ＿＿＿ ＿＿＿ ＿＿＿ 来月韓国へ出張するついでに買ってこよう

と思う。

1　発売されたようなので　　　　　　2　韓国では

3　発売されなかった　　　　　　　　4　デザインのバッグが

47 あと半年で結婚式。美しい ＿＿＿ ★ ＿＿＿ ＿＿＿ お花のデザインのドレス。

試着してみると一番私に似合っていた。

1　薄いピンクで　　　　　　　　　　2　中で

3　彼が選んでくれたのは　　　　　　4　ドレスが何着もある

問題9 次の文章を読んで、文章全体の内容を考えて、 48 から 52 の中に入る最も
よいものを、1・2・3・4から一つ選びなさい。

雪かき

　昔、祖母の住んでいる北海道で雪かきというものをしたことがあります。東京で
生まれ、あまり雪を見ずに育った私は、雪かきがどういったものなのか全く知りま
せんでした。雪かきというのは、積もった雪を取り除く作業のことです。北海道で
は雪が降るたびに行うもので、自分の家の周りだけでなく、場合によっては近所の
雪かきも手伝うことが 48 。

　雪かきは、本当に力のいる仕事です。そんな力仕事を、雪が降るたびにしなけれ
ばならない北海道の人たちは、本当に大変だと思いました。 49 、雪かきをしな
いとどうなってしまうのでしょうか。

　雪かきをしないととても危険です。例えば、雪かきをせずに道路に雪が積もった
ままになっているとします。すると、太陽の光で、雪が少しずつ溶けて水になって
いきます。そのまま夜になって気温が下がると、水が固まって氷になって 50 。
これは事故の原因となり、とても危険です。また、やわらかそうに見える雪です
が、屋根に積もると巨大なかたまりとなります。それが氷になって固まるとどうで
しょう。大きな石のようになってしまいます。それが屋根から落ちてくると、本当
に危険です。

　このような事故が起こらないように、雪が降ったら必ず雪かきをしなければなり
ません。自分の家の前の道路や屋根の上はもちろん、近所におじいさんやおばあさ
んがいれば、その家の雪かきを手伝うのは当たり前だそうです。 51 、北海道の
人々は雪とうまく付き合いながら生活をしているのです。

　以前は雪がたくさん降る地方は楽しそうで、とてもうらやましいと思っていまし
た。しかし、祖母の家で雪かきを体験したときに、雪と共に生きることは本当に大
変なことだと 52 。

　　1　あるべきです　　　　　　　　2　あったとします

　　3　あるからです　　　　　　　　4　あるそうです

　　1　では　　　　　　2　よって　　　　　3　つまり　　　　　4　したがって

　　1　しまうものです　　　　　　　2　しまうというわけです

　　3　しまうところです　　　　　　4　しまうわけにもいきません

　　1　あんなような　　　　　　　　2　どのように

　　3　このようにして　　　　　　　4　あのように

　　1　思わせてあげます　　　　　　2　思わせられました

　　3　思わせました　　　　　　　　4　思わせてほしいです

問題10 次の（1）から（5）の文章を読んで、後の問いに対する答えとして最もよい ものを、1・2・3・4から一つ選びなさい。

（1）

　何か新しいことがしたいと思い、会計の勉強を始めた。会計士になる予定や金融系の会社に入る気もないのに、勉強自体が楽しくなってもう数か月続けている。その理由は、昔に比べて勉強方法が多様になったためである。昔は教科書とノートを使って、決まった時間に決まった場所で勉強するというのが常識だった。

　でも、今は違う。携帯電話を使っていつでもどこでも勉強することができる。有名な先生のすばらしい授業がどこにいても安く受けられるのだ。アプリの種類も様々で、ゲーム感覚で楽しく問題を解くことができる。会計の勉強だけではなく、語学や数学、歴史など学生たちにとって最高の授業がすぐに手に入る時代だ。こんな時代に生まれた学生たちは、本当に恵まれていると思う。

（注）アプリ：アプリケーションソフトウェアの略。利用者の目的にあった専用ソフトウェアのこと

53 筆者の学生時代は、勉強とはどのようなものだったか。
　　1　決められた方法でするもの
　　2　勉強する場所や時間に制限があるもの
　　3　ゲームのように遊びながらするもの
　　4　会計士や金融系の会社に入るためにするもの

(2)

以下は、ある出版社がホームページに掲載したお知らせである。

MJ出版＞ご報告とお詫び

2022年7月22日

「日本語の森の歴史」に関するご報告とお詫び

弊社の出版物「日本語の森の歴史」に印刷ミスがありました。

先月、京都府のはんなり書店（丸々デパート5階）と大阪府のなにわブック（大阪駅改札内）に納品した50冊に印刷のミスがあることがわかりました。

大変申し訳ありませんが、先月対象の書店で「日本語の森の歴史」を購入されたお客様がいらっしゃいましたら、無料で新しいものを郵送させていただきますので、下記メールアドレスまでご連絡ください。

なお、上記書店での交換は行っておりませんので、お気をつけください。

MJ出版お客様窓口

メールアドレス：morijapanbook@.×××.××

TEL：008-002-0005

---

54 このお知らせで最も伝えたいことは何か。

1 「日本語の森の歴史」に印刷ミスがないかどうか、確認してほしい。

2 「日本語の森の歴史」は全て無料で交換するので、連絡してほしい。

3 先月対象の書店で「日本語の森の歴史」を買った方に無料で本を送るので、連絡してほしい。

4 対象の書店で「日本語の森の歴史」を買った方は無料で本を交換するので、確認してほしい。

（3）

　子どものころに、何かを通して深い経験をした人は、大人になってもずっとその経験が活きるものです。例えば、スポーツチームに入って大会で優勝したとか、書道の段^(注)をとったとか、もしくは具体的な結果がなかったとしても、何か一つのことに夢中になって一生懸命頑張ったという経験です。そういう経験を持っている人は強いと思います。

　そのような経験は、大人になって困難なことや壁にぶつかるようなことがあったとしても、自分はできるんだという自信になり、チャレンジする勇気を与えてくれます。

（注）書道の段：書道のレベルを示す、資格のようなもの

55 筆者によると、困難なことにチャレンジするためには、何が必要か。
　　1　大人になってから夢中になることを見つけた経験
　　2　努力して自分のことを考え直す経験
　　3　子どものころに何かに熱中して努力した経験
　　4　子どものころに壁にぶつかった経験

(4)

以下は、ある動画サービスの会社から届いたメールである。

「映画の森」会員のお客様へのご案内

いつも映画の森をご利用くださりありがとうございます。

会員の方にはこれまで月額1,000円（利用開始日から1か月分）をお支払いしていただいておりましたが、来年1月1日より一年分まとめてお支払いしていただける新しいプランが始まります。

年額（12か月分）は10,800円で、1か月あたり900円でご利用いただけるので、長期契約の場合はお得です。

お客様は、今年の11月10日から契約されているので、一年分まとめてお支払いしていただく場合、12月のお支払いは12月10日から31日の分の500円のみお支払いください。

動画サービス「映画の森」

---

56 この会員のお客様は、今年の12月から来年12月までの会費をどのように支払うとお得になるか。

1 今年の12月分の500円と、来年1年分の10,800円を支払う。

2 今年の12月分の500円と、来年の1月分の900円を支払う。

3 今年の12月分の500円と、来年の1月分の1,000円を支払う。

4 今年の12月分の500円と、来年1年分の12,000円を支払う。

（5）

　多様な食品をたくさんの選択肢の中から選ぶことができる現代社会では、「食品ロ（注1）
ス」が社会問題となっている。もちろん、生活を豊かで便利にするために、選択肢が多
いのは良いことなのだが、選択肢が多いために、選択されずに賞味期限が切れた食品、
また形や色が悪い野菜などは大量に廃棄されているのが現状だ。（注2）

　これは、消費者が質の高い食品を求めすぎているのも一つの原因と言えるだろう。食
品ロスの悪循環を止めるためには、まずは消費者個人の意識を改めなければいけないの（注3）
ではないか。

（注1）食品ロス：食品が食べられないで捨てられること
（注2）廃棄：捨てること
（注3）悪循環：互いに影響しあって、どんどん悪くなること

57　筆者の考えに合うのはどれか。

　1　食品の色や形にこだわることは、意識を変える上で重要だ。

　2　たくさんの選択肢の中から食品を選べることは、大きな問題だ。

　3　悪循環を止めるには、もっと質の良い食品を求めるべきだ。

　4　消費者の考え方を変えることが、食品ロスを減らすことにつながる。

**問題11 次の（1）から（3）の文章を読んで、後の問いに対する答えとして最もよい
ものを、1・2・3・4から一つ選びなさい。**

（1）

　以下は子どもの発達と親の教育について述べた文章である。

　子どもは小学生ほどの年齢になると、運動能力や知識もあるので、色々なことにチャ
レンジしてみたいと思うようになる。色々なことに関心を持ち、やってみるのは良いこ
とだが、児童期の子どもはまだ「やっていいこと」と「やってはいけないこと」の区別
がで_{（注1）}きない。そのため、この時期に親や教師などの身近な大人が、物事の善悪について
教えていく必要がある。そうすることで、児童期の子どもはだんだんと「人としてやっ^{（注2）}
ていいこと」、「人としてやってはいけないこと」の区別がつくようになるのである。
　思春期は大人のような体へ変化していく段階である。体の発達に伴い、心も大人に_{（注3）}　　　　　　　　　　　　　　　　　　　　　　　　　　　　　　とも
近づこうとする。これから社会に出るにあたって、「自分の存在意義は何か」「自分の
生きる目的は何か」という自分の思考に意識を向けるようになる。このことをアイデン
ティティー（自我同一性）の確立と言う。アイデンティティーが確立されると、将来社
会へ出てから、自分が社会でどのような役割を果たしたいのかがわかり、自分が今なに
をすべきかが自ずと明確になる。しかし、最近はアイデンティティーを確立することな_{おの}
く、体だけ大人へと成長してしまう人も少なくないという。そうすると、大人になって_{（注4）}
も自分自身で行動を選択できなかったり、無力感に陥ってしまったりするという。思春_{せんたく}　　　　　　　　　　　　　　　　　おちい
期の親は将来子どもが一人で生きていけるように、自己について考える時間を与える必_{（注5）}　　　　　　　　　　　　　　　　　　　　　じ　こ
要がある。

（注1）児童期：小学生ごろ

（注2）善悪：良いことと悪いこと

（注3）思春期：中学生ごろ

（注4）自ずと：自然に_{おの}

（注5）無力感に陥る：自分には能力がなく価値がないと思う気持ち_{おちい}

58 筆者によると、児童期の子どもに物事の善悪を教えていく必要があるのはなぜか。

1 物事の善悪について小学校では教えないから

2 物事の善悪をきちんと判断することができないから

3 色々なことに関心をもつことで良い大人になれるから

4 色々なことにチャレンジすることは人としてやってはいけないことだから

59 思春期とはどのような時期か。

1 自分の外見を気にするようになる時期

2 自分の生きる目的について大人と考える時期

3 体が大人のように変化すると同時に心も成長しようとする時期

4 体だけが大人のように成長する時期

60 筆者によると、アイデンティティーを確立しないまま大人になるとどうなるか。

1 大人になっても体だけが成長してしまうようになる。

2 大人になっても自分の思考に意識を向けなければならなくなる。

3 大人になっても自分のやるべきことがわからず、自分には何もできないと感じる。

4 自分が今すべきことがはっきりとわかるようになる。

(2)

　「泣ける映画」は「いい映画」なのだろうか。確かに、人々を泣かせるというだけで、人の心に響く感動的なストーリーなのだと思う。しかし、泣いてはいても「なんだかわざとらしいな」とか「これは、観客を泣かせようと必死だな」と観客に感じさせる映画もある。<u>そんな映画</u>を観た後は、なんだか空虚_{（注1）}な気持ちになる。
①

　どうして空虚感が生まれるのか。その理由の一つに、非現実的で、自分の経験に重なるところがないというのもあるだろう。現実的に描かれたストーリーは、自分の経験を客観的に見ることができる。すると、すぐに理解できるところと、「わからない」と疑問に思うところが出てきて、映画に引き込まれる。

　そんな映画に出会ったときは、何度観ても飽きることなく、むしろ<u>観るごとに味わいを増していく</u>。おもしろいのは、10代のときに観た映画を20代になってもう一度観る
②
と、感じ方が全く違ったりすることだ。それは、その映画を通して自分自身の知識、人生経験を見直すことにつながる。

　社会における立場や、人生の経験によって見方が変わる映画は、いい映画だと感じる。自分の中のいい映画を見つけた人は、その映画を観るたびに、自分へのフィードバック_{（注2）}を得て、また人生を歩んでゆく。だから、「いい映画」は人それぞれ違うだろう。

　人によっては「いい映画」が非現実的なストーリーであることもあるだろう。しかしその人自身が「いい映画」と感じたのなら、それはその人にとっての「現実的」なんだと思う。

（注1）空虚：なにもないこと、内容がないこと
（注2）フィードバック：ここでは、反省すべき点

61 ①そんな映画とは何か。

1 わざとらしい映画

2 現実的な映画

3 理解できる映画

4 泣ける映画

62 ②観るごとに味わいを増していくとあるが、なぜそう考えられるのか。

1 その映画をたくさん観ると、ストーリーが記憶に残るから

2 観れば観るほど、自分自身の知識や経験が増えるから

3 自分の今までの経験によって、感じることが変わるから

4 その映画に飽きてもおもしろいところを探そうとするから

63 筆者によると、「いい映画」とはどのような映画か。

1 誰の経験にも重なるような現実的な映画

2 その人自身の成長に合わせて、受け取り方が変わる映画

3 人の心を動かす感動的なストーリーの泣ける映画

4 非現実的でも誰もが理解できて、人気がある映画

（3）

　留学さえすれば言語が習得できるというものではない。実際に留学経験のある私は、それを身をもって感じた。赤ちゃんや小さな子どもなら、その環境にいるだけで言葉が話せるようになるだろう。しかし、私たちはもう大人だ。自分から必死になって言葉を習得しようとする姿勢がなければ、簡単に言葉が話せるようになるなんてことはありえないのだ。

　学生時代、初めてアメリカへ留学した私は「一年くらい経てば勝手に英語が話せるようになっているだろう」と楽観的に考えていた。勉強は周りの友人と同じくらいはしていたが、特に努力したとは言えない毎日を送っていた。一年後、やはり私の英語力はそれほど伸びないまま日本へ帰国することとなった。

　そんな苦い経験から５年後、私は再びアメリカへ行くことになった。海外赴任が決まったのである。私の英語力は学生のころのままだったが、会社から命令されては断るわけにもいかず、アメリカでの生活が始まった。

　英語でのコミュニケーションは本当に大変だった。特に会社では失敗が許されないため、情報を正しく相手に伝えなければならない。そこで私は、誰に何を話したいかを文字で書いて、それを何度も練習してから会社に行くようにした。これを繰り返していくうちに、私の英語はたった３か月で驚くほど上達した。

　この経験から、やはり言語の習得には、必死になって学ぼうと思える環境にいることが大切だとわかった。そして何より、「伝えたいことがある」ということが大切なのだ。伝えたいという気持ちが強ければ強いほど、言語を習得するのにかかる時間は短くなるだろう。

（注1）身をもって：自分の体で

（注2）楽観的：物事がうまく進むだろうと考えて、心配しない様子

（注3）海外赴任：会社からの命令によって海外で勤務をすること

64 留学さえすれば言語が習得できるというものではないと筆者が考えるのはなぜか。

1 留学したとしても、積極的に勉強に取り組まなければ言語は習得できないから

2 留学するためには、自分から学ぼうとする姿勢が必要だから

3 留学先の環境に合わせて、赤ちゃんのように必要な言語を習得することができる

　から

4 留学先によっては、落ち着いて勉強できる環境ではない可能性があるから

65 筆者の英語力が伸びたのはなぜか。

1 アメリカへ留学して、一年間周りの友達と同じように勉強したから

2 海外赴任が決まって、仕事のために３か月間アメリカで生活したから

3 失敗して恥ずかしい思いをしたくないという気持ちで毎日過ごしていたから

4 コミュニケーションをうまくとるために、毎日準備をして出社していたから

66 筆者によると、言語を習得する上で大切なことは何か。

1 できるだけ短い時間で、集中して言語を習得すること

2 伝えたいという気持ちを持ち、それを実現するために積極的に学ぶこと

3 少しでもいいから、とにかく毎日その言語に触れること

4 背中が曲がらないように、勉強するときの姿勢を良くすること

問題12 次のAとBの文章を読んで、後の問いに対する答えとして最もよいものを、1・2・3・4から一つ選びなさい。

A

　どうやったらスポーツができるようになるのか。もともと才能がある人だけが、スポーツができるのだと落ち込むことはない。スポーツ選手にインタビューをすると、自分が選手になれたのは才能ではなく努力だと語る人が多い。しかし、練習を続けていれば、必ず上手になれるのかと言われるとそうではない。なんとなく練習するのでは意味がないのだ。頭の中に成功(せいこう)のイメージがあることが大切だ。そして、どんなときでもそのイメージを形にできるように、体に覚えさせる練習をすることが大切なのである。そのためには、まず上手な人のプレーを何度も見て、プレーする際の体の形や体を動かすタイミング(注)をしっかり記憶する必要があるのだ。

（注）タイミング：あることをするのにちょうど良いとき

B

　スポーツをする上で大切なことは、まず基礎体力(きそたいりょく)をつけることである。どのスポーツも筋力(注1)や持久力(注2)などの基本的な力が必要とされている。基礎体力(きそたいりょく)をつけると、それぞれのスポーツで最大の力を発揮(はっき)することができるようになる。しかし、チームスポーツではそれ以上に判断力が必要とされる。今自分は動くべきか、そうではないか。誰にボールを渡すべきか。周りの状況を一瞬(いっしゅん)で見て、その状況に合った判断をしなければならない。試合に強いチームは普段からチームでコミュニケーションをとり、色々な場面を想定した練習を何度もするようにしているようだ。考えるより先に体が動くまで練習することで、どの試合でも動きが合ったプレーをすることができるようになるという。

（注1）筋力：筋肉の力
（注2）持久力：長時間運動を続けることができる力

[67] スポーツが上達しない人の問題点として、AとBが指摘している点は何か。

1 Aは能力がないことだと述べ、Bは基礎体力がついていないのにチームでの練習ばかりしてしまうことだと述べている。

2 Aは一度練習したら満足してしまうことだと述べ、Bはその場に適した動きができないことだと述べている。

3 Aは練習を継続しないことだと述べ、Bは周りの人の動きまで考えないことだと述べている。

4 Aはうまくいった自分の姿を想像しないで練習することだと述べ、Bは自分の動きのことしか考えていないことだと述べている。

[68] スポーツが上達するのに、AとBが共通して必要だと述べていることは何か。

1 コミュニケーションをとること
2 手本になるプレーを繰り返し見ること
3 基礎体力をつけること
4 体が自然に動くまで練習すること

問題13 次の文章を読んで、後の問いに対する答えとして最もよいものを、1・2・3・4から一つ選びなさい。

　時代が変わるとともに、人々の生活や価値観は大きく変わり続けてきました。そして、世の中で必要とされる仕事にも大きな変化がありました。時代が変わったことによって、世の中から消えた職業や、反対に新しく生まれた職業があります。

　「エレベーターガール」は、時代の流れによって消えてしまった職業の一つです。「エレベーターガール」というのは、百貨店などの商業施設についているエレベーターに乗って、お客様を案内する仕事です。女性が多い職業だったため、このような名前がつけられました。昔のエレベーターは今のように誰でも簡単に操作できるものではありませんでした。昇ったり降りたりするにも特別な操作が必要でしたし、とびらの開け閉めも自動でできなかったため、それもエレベーターガールが行っていたそうです。

　しかしエレベーターの自動化が進んだことで、エレベーターガールという仕事は必要なくなってしまいました。操作が簡単になったことで、<u>お客さんが自分で行きたい場所に行けるようになった</u>からです。このように、技術の進歩によって消えた仕事は他にもたくさんあります。

　反対に、技術の進歩によって新しく生まれた職業もあります。「プログラマー」は、コンピューターを動かすためのプログラミング言語というものを使って、様々なシステムを開発する職業です。この仕事は、コンピューターというものが誕生しなければ生まれなかったものです。現在はプログラマーとして働く人は数多くいますが、パソコンやインターネットが普及する前の時代では<u>全く想像できなかった</u>ことだと思います。

　時代とともに技術が進むことで、必要な仕事も変化します。そして、技術が進歩するスピードはどんどん速くなっています。ほとんどの仕事が、機械を使って自動でできる時代になりました。このまま技術が進むと、もはや人間に残されている仕事はゼロになるのではないかと不安の声をあげる人もいます。ロボットに人間の仕事が全て奪われてしまわないように何か対策をするべきだという人もいますが、私はその必要はないと思っています。何も焦る必要はありません。機械にできることは機械に任せましょう。それによって作られた自由な時間で、大切な人と大切な時間を過ごせば良いのです。

（注）もはや：もうすでに

604

69 ①<u>お客さんが自分で行きたい場所に行けるようになった</u>とはどういうことか。

1 エレベーターがなくても、お客さんが目的の場所まで自分で行けるようになった
　 ということ

2 お客さんがエレベーターの使い方を勉強して、自分で動かせるようになったと
　 いうこと

3 エレベーターガールのおかげで、お客さんが目的の場所まで行けるようになった
　 ということ

4 技術が進んだことで、お客さんでも簡単にエレベーターを動かせるようになった
　 ということ

70 ②<u>全く想像できなかった</u>のはなぜか。

1 プログラマーは、昔は存在しなかったものを使って仕事をするから

2 プログラマーという職業に就いている人がとても少なかったから

3 ウェブサイトやソフトウェアの作り方について、誰も知らなかったから

4 プログラマーという仕事がどういうものか、誰も理解していなかったから

71 この文章で筆者が最も言いたいことは何か。

1 機械に仕事を取られてしまう前に、新しい知識や技術を手に入れる努力をする
　 べきだ。

2 技術が進歩し続けると、世の中に存在する仕事は全てロボットが行うようになる
　 はずだ。

3 将来の仕事を心配している人のために、できる限りの対策をとるべきだ。

4 機械ができる仕事は人間がやらないようにして、他のことに時間を使った方が
　 良い。

問題14 右のページは、ある山のスキー場の利用案内である。下の問いに対する答え として最もよいものを、1・2・3・4から一つ選びなさい。

72 トッカリ町の高校に通っているイさんは、トッカリ町のスキー場の特別期間の利用券を購入したいと思っている。初心者コースがあるスキー場が良い。イさんの希望に合うスキー場はどれで、払うことになる料金はいくらか。

1 Bの5,500円か、CかDの7,000円

2 Dの9,000円か、Eの7,500円

3 CかDの7,000円

4 Dの7000円か、Eの5,500円

73 ゴックさんは2032年2月1日に「トッカリオハナ・グランド」を利用した。2032年4月2日にも同じスキー場を利用したい場合は、どのように申し込まなければならないか。

1 2月15日から2月29日の間に「トッカリオハナ・グランド」のリフト券売り場に行き、申し込み書を提出し、身分証明書と使用したリフト券を提示する。

2 2月15日から2月29日の間に「トッカリオハナ・グランド」のリフト券売り場に行き、申し込み書を提出し、身分証明書を提示する。

3 2月15日から2月29日の間にトッカリホテル横リフト券売り場に行き、申し込み書を提出し、身分証明書と使用したリフト券を提示する。

4 3月1日から3月30日の間にトッカリホテル横リフト券売り場に行き、申し込み書を提出し、身分証明書と使用したリフト券を提示する。

2031-2032シーズン特別期間利用料金

2032年3月30日でスキー場の営業を終了する予定でしたが、2032年4月1日から2032年4月10日まで、特別にトッカリ町のスキー場の営業を延長し、10日間のスキー場利用券を販売します。

スキー場		特別期間利用料金（10日間）				設備
		町民*の方		町民*以外の方		
		大人	中学生以下 (15歳以下)	大人	中学生以下 (15歳以下)	
A	トッカリユナイテッド	6,000円	4,000円	8,000円	5,000円	ナイターあり 初心者コースなし
B	トッカリSHISAMUリゾート	5,500円	3,500円	7,500円	4,500円	ナイターあり 初心者コースなし
C	トッカリ国際スキー場	7,000円	5,000円	9,000円	6,000円	ナイターあり 初心者コースなし
D	トッカリオハナ・グランド	7,000円	5,000円	9,000円	5,000円	ナイターあり 初心者コースあり
E	馬頭山スキー場	5,500円	3,500円	7,500円	4,500円	ナイターなし 初心者コースあり

※ナイターは17:00〜の営業のことです。（照明がつきます。）
※町民は、以下の①〜③のいずれかに当てはまる方です。
　①トッカリ町にお住まいの方
　②トッカリ町に通勤されている方
　③トッカリ町に通学されている方

【申し込み期間】
トッカリ町のスキー場を利用したことがある方：2032年2月15日から2月29日まで
初めて利用される方：2032年3月1日から3月30日まで

【申し込み窓口】
A・B：トッカリホテル横リフト券売り場（受付：午前8時〜午後7時まで）
C〜E：各スキー場のリフト券売り場（受付：午前7時〜午後6時まで）

【申し込み方法】
・指定の申し込み窓口で、申し込み用紙を提出してください。提出する際には、身分証明書をご提示ください。
・トッカリ町のスキー場を利用したことがある方は、そのとき使用したリフト券をご提示ください。

【支払い】
その場でお支払いいただくか、3月31日までに指定の金融機関で利用料金をお支払いください。

トッカリ町スキー場運営委員会　リフト券係

電話：123－456－789

N2

聴解

(50分)

청해 음원 듣기

注　意
Notes

1. 試験が始まるまで、この問題用紙を開けないでください。

   Do not open this question booklet until the test begins.

2. この問題用紙を持って帰ることはできません。

   Do not take this question booklet with you after the test.

3. 受験番号と名前を下の欄に、受験票と同じように書いてください。

   Write your examinee registration number and name clearly in each box below as written on your test voucher.

4. この問題用紙は、全部で12ページあります。

   This question booklet has 12 pages.

5. この問題用紙にメモをとってもかまいません。

   You may make notes in this question booklet.

受験番号 Examinee Registration Number	
名前 Name	

もんだい
問題1

問題1では、まず質問を聞いてください。それから話を聞いて、問題用紙の1から4の中から、最もよいものを一つ選んでください。

れい
例

1 先生にもうしこみしょを出す
2 友達と一緒にもうしこみしょを出す
3 もうしこみしょに名前を書いて箱に入れる
4 けいじばんに名前を書く

1番

1　近くのお店に持っていく

2　本社に送る

3　買ったお店でこうかんする

4　はいたついんにわたす

2番

1　健康的な食事をしているか

2　毎日運動をするようにしているか

3　十分なすいみん時間がとれているか

4　身長と体重のバランスはよいか

3番

1 カメラを買う
2 大山せんぱいと話す
3 プレゼントがある店をさがす
4 プレゼントを買いに行く

4番

1 写真をとる
2 しんせいしょを書く
3 合格しょうめいしょを用意する
4 がくせいしょうをもらいに行く

5番
<ruby>ばん<rt>ばん</rt></ruby>

1　新入生の交流会に参加する

2　たいいくかんに机をならべる

3　たいいくかんをそうじする

4　ごみをたいいくかんの前に置く

もんだい
問題2

　問題2では、まず質問を聞いてください。そのあと、問題用紙のせんたくしを読んでください。読む時間があります。それから話を聞いて、問題用紙の1から4の中から、最もよいものを一つ選んでください。

れい
例

1　かだいが多くて寝ていないから

2　アルバイトがいそがしいから

3　かれしに会えないから

4　気分が悪いから

모의 시험 **제 2 회** /

1番
ばん

1 家族で入れるおふろがあるから
2 外に子どもが遊べる場所があるから
3 料理がごうかでおいしいから
4 大きな窓から見える景色がきれいだから

2番
ばん

1 子ども向けだったから
2 大人と子どもに好かれる内容だったから
3 テレビで人気だったから
4 子どもが関心を持った映画だったから

3番

1 けんこうてきな食事をとる
2 おさけをたくさん飲まない
3 十分にすいみんをとる
4 運動を毎日する

4番

1 こんでいて　せきに座れないこと
2 電車の中がとてもしずかなこと
3 みんな寝ていること
4 けしょうをしている人が多いこと

5番

1　今日の午前中

2　今日の午後

3　あさっての午前中

4　あさっての午後

6番

1　11時出発の普通席

2　11時出発のリラックス席

3　8時出発の普通席

4　8時出発のリラックス席

もんだい
問題3

　問題3では、問題用紙に何もいんさつされていません。この問題は、全体としてどんな内容かを聞く問題です。話の前に質問はありません。まず話を聞いてください。それから、質問とせんたくしを聞いて、1から4の中から、最もよいものを一つ選んでください。

ーメモー

問題4

<ruby>問題<rt>もんだい</rt></ruby>4では、<ruby>問題用紙<rt>もんだいようし</rt></ruby>に<ruby>何<rt>なに</rt></ruby>もいんさつされていません。まず<ruby>文<rt>ぶん</rt></ruby>を<ruby>聞<rt>き</rt></ruby>いてください。それから、それに<ruby>対<rt>たい</rt></ruby>する<ruby>返事<rt>へんじ</rt></ruby>を<ruby>聞<rt>き</rt></ruby>いて、1から3の<ruby>中<rt>なか</rt></ruby>から、<ruby>最<rt>もっと</rt></ruby>もよいものを<ruby>一<rt>ひと</rt></ruby>つ<ruby>選<rt>えら</rt></ruby>んでください。

ーメモー

もんだい
問題5

問題5では、長めの話を聞きます。この問題には練習はありません。
問題用紙にメモをとってもかまいません。

1番、2番

問題用紙に何もいんさつされていません。まず話を聞いてください。それから、質問とせんたくしを聞いて、1から4の中から、最もよいものを一つ選んでください。

ーメモー

3番
<ruby>番<rt>ばん</rt></ruby>

まず<ruby>話<rt>はなし</rt></ruby>を<ruby>聞<rt>き</rt></ruby>いてください。それから、<ruby>二<rt>ふた</rt></ruby>つの<ruby>質問<rt>しつもん</rt></ruby>を<ruby>聞<rt>き</rt></ruby>いて、それぞれ<ruby>問題用紙<rt>もんだいようし</rt></ruby>の1から4の<ruby>中<rt>なか</rt></ruby>から、<ruby>最<rt>もっと</rt></ruby>もよいものを<ruby>一<rt>ひと</rt></ruby>つ<ruby>選<rt>えら</rt></ruby>んでください。

<ruby>質問<rt>しつ もん</rt></ruby>1

1 <ruby>街<rt>まち</rt></ruビ>エリア

2 レストランエリア

3 <ruby>国<rt>くに</rt></ruby>の<ruby>お仕事<rt>しごと</rt></ruby>エリア

4 <ruby>研究室<rt>けんきゅうしつ</rt></ruby>エリア

<ruby>質問<rt>しつ もん</rt></ruby>2

1 <ruby>街<rt>まち</rt></ruby>エリア

2 レストランエリア

3 <ruby>国<rt>くに</rt></ruby>の<ruby>お仕事<rt>しごと</rt></ruby>エリア

4 <ruby>研究室<rt>けんきゅうしつ</rt></ruby>エリア

N2 문법 135 색인

모의 시험 제1회 N2

言語知識 (文字・語彙・文法) ・読解

名前
Name

問題 1

	①	②	③	④
1	①	②	③	④
2	①	②	③	④
3	①	②	③	④
4	①	②	③	④
5	①	②	③	④

問題 2

	①	②	③	④
6	①	②	③	④
7	①	②	③	④
8	①	②	③	④
9	①	②	③	④
10	①	②	③	④

問題 3

	①	②	③	④
11	①	②	③	④
12	①	②	③	④
13	①	②	③	④

問題 4

	①	②	③	④
14	①	②	③	④
15	①	②	③	④
16	①	②	③	④
17	①	②	③	④
18	①	②	③	④
19	①	②	③	④
20	①	②	③	④

問題 5

	①	②	③	④
21	①	②	③	④
22	①	②	③	④
23	①	②	③	④
24	①	②	③	④
25	①	②	③	④

問題 6

	①	②	③	④
26	①	②	③	④
27	①	②	③	④
28	①	②	③	④
29	①	②	③	④
30	①	②	③	④

問題 7

	①	②	③	④
31	①	②	③	④
32	①	②	③	④
33	①	②	③	④
34	①	②	③	④
35	①	②	③	④
36	①	②	③	④
37	①	②	③	④
38	①	②	③	④
39	①	②	③	④
40	①	②	③	④
41	①	②	③	④
42	①	②	③	④

問題 8

	①	②	③	④
43	①	②	③	④
44	①	②	③	④
45	①	②	③	④
46	①	②	③	④
47	①	②	③	④

問題 9

	①	②	③	④
48	①	②	③	④
49	①	②	③	④
50	①	②	③	④
51	①	②	③	④
52	①	②	③	④

問題 10

	①	②	③	④
53	①	②	③	④
54	①	②	③	④
55	①	②	③	④
56	①	②	③	④
57	①	②	③	④

問題 11

	①	②	③	④
58	①	②	③	④
59	①	②	③	④
60	①	②	③	④
61	①	②	③	④
62	①	②	③	④
63	①	②	③	④
64	①	②	③	④
65	①	②	③	④
66	①	②	③	④

問題 12

	①	②	③	④
67	①	②	③	④
68	①	②	③	④

問題 13

	①	②	③	④
69	①	②	③	④
70	①	②	③	④
71	①	②	③	④

問題 14

	①	②	③	④
72	①	②	③	④
73	①	②	③	④

모의 시험 제1회 N2

聴解

受験番号を書いて、その下のマーク欄にマークしてください。
Fill in your examinee registration number in this box, and then mark the circle for each digit of the number.

受験番号
(Examinee Registration Number)

せいねんがっぴをかいてください。
Fill in your date of birth in the box.

せいねんがっぴ(Date of Birth)

ねん Year	つき Month	ひ Day

名前
Name

あなたの名前をローマ字のかつじたいで書いてください。
Please print in block letters

問題 1

例	①	②	●	④
1	①	②	③	④
2	①	②	③	④
3	①	②	③	④
4	①	②	③	④
5	①	②	③	④

問題 2

例	①	②	③	④
1	①	②	③	④
2	①	②	③	④
3	①	②	③	④
4	①	②	③	④
5	①	②	③	④
6	①	②	③	④

問題 3

例	①	②	③	●
1	①	②	③	④
2	①	②	③	④
3	①	②	③	④
4	①	②	③	④
5	①	②	③	④

問題 4

例	①	●	③
1	①	②	③
2	①	②	③
3	①	②	③
4	①	②	③
5	①	②	③
6	①	②	③
7	①	②	③
8	①	②	③
9	①	②	③
10	①	②	③
11	①	②	③

問題 5

1	①	②	③	④
2	①	②	③	④
3 (1)	①	②	③	④
(2)	①	②	③	④

<ちゅうい notes>
1. くろい えんぴつ(HB、No.2)で かいて ください。
Use a black medium soft (HB or No.2) pencil.
(ペンや ボールペンでは かかないで ください。)
(Do not use any kind of pen.)
2. かきなおす ときは、けしゴムで きれいに けして ください。
Erase any unintended marks completely.
3. きたなく したり、おったり しないで ください。
Do not soil or bend this sheet.
4. マークれい
Marking Examples.

よい れい Correct Example	わるい れい Incorrect Examples
●	⊘ ○ ◌ ◍ ●

모의 시험 제2회 N2

言語知識 (文字・語彙・文法)・読解

名前
Name

あなたの名前をローマ字のかつじたいで書いてください。
Please print in block letters

問題 1

1	①	②	③	④
2	①	②	③	④
3	①	②	③	④
4	①	②	③	④
5	①	②	③	④

問題 2

6	①	②	③	④
7	①	②	③	④
8	①	②	③	④
9	①	②	③	④
10	①	②	③	④

問題 3

11	①	②	③	④
12	①	②	③	④
13	①	②	③	④

問題 4

14	①	②	③	④
15	①	②	③	④
16	①	②	③	④
17	①	②	③	④
18	①	②	③	④
19	①	②	③	④
20	①	②	③	④

問題 5

21	①	②	③	④
22	①	②	③	④
23	①	②	③	④
24	①	②	③	④
25	①	②	③	④

問題 6

26	①	②	③	④
27	①	②	③	④
28	①	②	③	④
29	①	②	③	④
30	①	②	③	④

問題 7

31	①	②	③	④
32	①	②	③	④
33	①	②	③	④
34	①	②	③	④
35	①	②	③	④
36	①	②	③	④
37	①	②	③	④
38	①	②	③	④
39	①	②	③	④
40	①	②	③	④
41	①	②	③	④
42	①	②	③	④

問題 8

43	①	②	③	④
44	①	②	③	④
45	①	②	③	④
46	①	②	③	④
47	①	②	③	④

問題 9

48	①	②	③	④
49	①	②	③	④
50	①	②	③	④
51	①	②	③	④
52	①	②	③	④

問題 10

53	①	②	③	④
54	①	②	③	④
55	①	②	③	④
56	①	②	③	④
57	①	②	③	④

問題 11

58	①	②	③	④
59	①	②	③	④
60	①	②	③	④
61	①	②	③	④
62	①	②	③	④
63	①	②	③	④
64	①	②	③	④
65	①	②	③	④
66	①	②	③	④

問題 12

67	①	②	③	④
68	①	②	③	④

問題 13

69	①	②	③	④
70	①	②	③	④
71	①	②	③	④

問題 14

72	①	②	③	④
73	①	②	③	④

受験番号を書いて、その下のマーク欄にマーク
してください。
Fill in your examinee registration number in this
box, and then mark the circle for each digit of
the number.

受験番号
(Examinee Registration Number)

2 2 A 1 1 0 1 1 2 3 - 4 5 6 7 8

せいねんがっぴをかいてください。
Fill in your date of birth in the box.

せいねんがっぴ(Date of Birth)

ねん Year	つき Month	ひ Day

모의 시험 제2회 N2

聴解

あなたの名前をローマ字のかつじたいで書いてください。

Please print in block letters

受験番号
(Examinee Registration Number)

せいねんがっぴ(Date of Birth)

ねん Year	つき Month	ひ Day

名前
Name

問題 1

例	①	②	●	④
1	①	②	③	④
2	①	②	③	④
3	①	②	③	④
4	①	②	③	④
5	①	②	③	④

問題 2

例	①	●	③	④
1	①	②	③	④
2	①	②	③	④
3	①	②	③	④
4	①	②	③	④
5	①	②	③	④
6	①	②	③	④

問題 3

例	①	②	●	④
1	①	②	③	④
2	①	②	③	④
3	①	②	③	④
4	①	②	③	④
5	①	②	③	④

問題 4

例	①	②	●
1	①	②	③
2	①	②	③
3	①	②	③
4	①	②	③
5	①	②	③
6	①	②	③
7	①	②	③
8	①	②	③
9	①	②	③
10	①	②	③
11	①	②	③

問題 5

1	①	②	③	④
2	①	②	③	④
3	(1)	①	②	③	④
	(2)	①	②	③	④

일본어능력시험 완벽 대비

JLPT N2 단기합격

일본어의숲 지음

정답 및 해석

넥서스 JAPANESE

일본어능력시험 완벽 대비

JLPT
N2
단기합격

일본어의숲 지음

정답 및 해석

목차

언어 지식(문자 · 어휘)
언어 지식(문법)
독해
청해

연습 문제
해석

언어 지식(문자·어휘) 연습 문제

1. 한자 읽기

본책 214쪽

1회

문제1 _____의 단어의 읽는 법으로 가장 올바른 것을 1·2·3·4 에서 하나 고르세요.

1 그의 작품은 반드시 <u>상</u>을 탈 것이다.

2 그는 실수를 하지 않도록 주의해서 <u>지폐</u>를 세었다.

3 그녀가 걷고 있는 <u>모습</u>이 창문에서 보였다.

4 풀은 <u>뿌리</u>부터 뽑지 않으면 금세 자라 버린다.

5 주말에 여자 친구와 <u>연극</u>을 보러 갈 예정이다.

6 <u>목조</u> 아파트는 집세가 싸다.

7 내 우산이 어느 것인지 알 수 있도록 <u>표시</u>를 했다.

8 그녀는 올림픽 출전 선수 <u>후보</u>로 뽑혔다.

9 유리 <u>파편</u>에 손가락을 베고 말았다.

10 감기를 <u>예방</u>하기 위해 마스크를 샀다.

본책 215쪽

2회

문제1 _____의 단어의 읽는 법으로 가장 올바른 것을 1·2·3·4 에서 하나 고르세요.

1 <u>공공장소</u>에서는 매너를 지킵시다.

2 옛날에 듣던 곡을 들으면 그 무렵의 <u>정경</u>이 눈에 선하다.

3 비행기에는 안전을 지키기 위한 <u>장치</u>가 있다.

4 선선한 날씨가 이어지면서 가을 <u>분위기</u>가 느껴진다.

5 쓰이지 않던 <u>민가</u>를 레스토랑으로 이용한다.

6 상사에게 업무 <u>현황</u>을 보고했다.

7 바로 <u>입주</u>할 수 있는 방을 찾고 있습니다.

8 돈이 든 <u>봉투</u>를 그에게 건넸다.

9 이 조사는 여성을 <u>대상</u>으로 실시하고 있습니다.

10 집 근처에서 <u>화재</u>가 난 것 같다.

본책 216쪽

3회

문제1 _____의 단어의 읽는 법으로 가장 올바른 것을 1·2·3·4 에서 하나 고르세요.

1 대학에서는 문학을 <u>전공</u>했었습니다.

2 속이 안 좋아서 내과에서 <u>진찰</u> 받았다.

3 새로 공장을 짓는 곳으로 <u>시찰</u>을 나갔다.

4 점심밥은 <u>지참</u>해 주세요.

5 과속은 위험하다고 <u>경고</u> 받았다.

---

6 그녀는 작은 부품을 <u>제조</u>하는 공장에서 일하고 있다.

7 새 근로 방식에 대해 <u>강연</u>한다.

8 나라의 인구가 <u>증가</u>하고 있다.

9 다음 페이지에 있는 그래프를 <u>참조</u>해 주세요.

10 추워졌기 때문에 여름옷을 상자에 <u>수납</u>한다.

본책 217쪽

4회

문제1 _____의 단어의 읽는 법으로 가장 올바른 것을 1·2·3·4 에서 하나 고르세요.

1 두 사람이 협력해서 텐트를 <u>친다</u>.

2 운동하고 있을 때는 충분한 수분을 <u>보충하는</u> 것이 좋다.

3 마음에 든 옷이 <u>찢어져</u> 버렸다.

4 사고를 <u>막기</u> 위한 방법을 생각한다.

5 이 내용은 일부를 <u>제외하고</u> 모두 진실입니다.

6 무심코 옷을 <u>더럽히고</u> 말았다.

7 초등학생에 <u>한하여</u> 입장료는 무료입니다.

8 부장님 송별회를 <u>개최한다</u>.

9 역 앞에서 전단지를 <u>나눠</u> 주고 있다.

10 친구의 <u>권유</u>로 달리기를 시작했다.

본책 218쪽

5회

문제1 _____의 단어의 읽는 법으로 가장 올바른 것을 1·2·3·4 에서 하나 고르세요.

1 사실에 <u>근거하여</u> 기사를 쓴다.

2 부모의 기대에 <u>부응하기</u> 위해 노력한다.

3 나와 여동생은 얼굴은 꼭 닮았지만 성격은 <u>다르다</u>.

4 조직의 규칙을 <u>고친다</u>.

5 나라에 세금을 <u>납부한다</u>.

6 그는 말투가 <u>거칠다</u>.

7 스트레칭을 하지 않으면 몸이 <u>굳어진다</u>.

8 이 차는 <u>떫어서</u> 못 마시겠다.

9 요즘 <u>무서운</u> 꿈만 꾼다.

10 자료를 인쇄했는데 글자가 <u>흐려서</u> 못 읽겠다.

본책 219쪽

6회

문제1 _____의 단어의 읽는 법으로 가장 올바른 것을 1·2·3·4 에서 하나 고르세요.

1 머리가 <u>심하게</u> 아파서 병원에 갔다.

2 그녀만큼 리더에 <u>어울리는</u> 사람은 없다.

3 그들은 지난 1년 동안 <u>현저하게</u> 성장했다.

4 이번 주는 <u>혹독한</u> 더위가 계속될 것입니다.

5 전력으로 뛰었기 때문에 숨쉬기가 <u>힘들다</u>.

6 스태프가 <u>유연</u>하게 대응해 주었다.

7 여러분의 <u>솔직</u>한 의견을 들려 주세요.

8 메밀국수도 라면도 먹고 싶다니 <u>욕심 부리는</u> 소리 하지 마.

9 이 라면 가게는 <u>농후</u>한 국물이 유명한 듯하다.

10 이런 <u>단순</u>한 계산도 틀리다니 부끄럽다.

7회   본책 220쪽

문제1 _____의 단어의 읽는 법으로 가장 올바른 것을 1·2·3·4 에서 하나 고르세요.

1 출발 시간이 <u>대폭</u> 변경됐다.

2 올해는 비가 적어 <u>심각</u>한 물 부족이 되었다.

3 바다에서 놀고 있는데 <u>거대</u>한 문어가 나타났다.

4 이 지역은 물고기와 조개가 <u>풍부</u>하게 잡히기로 유명하다.

5 <u>저렴</u>한 식재료를 사용하여 맛있는 요리를 만드는 것이 특기이다.

6 오래간만의 여행을 <u>마음껏</u> 즐기고 싶다.

7 이토 씨는 먹는 것에 <u>전혀</u> 관심이 없다.

8 이번 조사에서 <u>실로</u> 재미있는 발견이 있었다.

9 그럼, <u>바로</u> 작업을 시작합시다.

10 할머니에게 받은 반지를 <u>항상</u> 끼고 있다.

2. 표기

1회   본책 222쪽

문제2 _____의 단어를 한자로 쓸 때, 가장 올바른 것을 1·2·3·4 에서 하나 고르세요.

1 스스로 하기로 마음먹은 이상 더 이상 <u>망설임</u>은 없다.

2 이 알은 대자연의 <u>은혜</u> 속에서 자랐습니다.

3 많이 먹어서 <u>배</u>가 불렀다.

4 <u>불규칙</u>한 식생활은 여러 가지 컨디션 난조를 일으킨다.

5 <u>다리와 허리</u>를 강하게 하기 위해 매일 5km를 걷고 있다.

6 감기에 걸렸기 때문에 <u>시판</u> 약을 먹었다.

7 집에서 학교까지의 <u>거리</u>는 어느 정도입니까?

8 유명한 <u>기업</u>에 취직하게 되었다.

9 이 <u>지역</u>에는 희귀한 동물이 많이 있다.

10 새로 생긴 케이크 가게는 <u>평판</u>이 좋다.

2회   본책 223쪽

문제2 _____의 단어를 한자로 쓸 때, 가장 올바른 것을 1·2·3·4 에서 하나 고르세요.

1 태풍 <u>피해</u>는 그다지 입지 않았다.

2 <u>근육</u>을 키우기 위해 헬스장에 다니고 있다.

3 공부에 집중할 수 있는 <u>환경</u>을 조성한다.

4 <u>영양</u>을 많이 섭취하고 잠을 많이 잡시다.

5 거짓말을 하는 사람은 <u>태도</u>로 알 수 있다.

6 여기에 이름과 <u>연령</u>을 적어 주세요.

7 반 친구들의 <u>성원</u>이 들린다.

8 매일 5km를 달리는 것이 <u>목표</u>다.

9 무엇을 하든지 <u>건강</u>이 가장 중요하다.

10 이 학교의 <u>전통</u>은 지금도 지켜지고 있다.

3회   본책 224쪽

문제2 _____의 단어를 한자로 쓸 때, 가장 올바른 것을 1·2·3·4 에서 하나 고르세요.

1 이 섬의 <u>주위</u>는 모래사장으로 둘러싸여 있다.

2 연구원 덕분에 <u>의료</u>가 진보했다.

3 지구상의 <u>자원</u>은 한정되어 있다.

4 걷고 있는데 <u>경찰</u>이 말을 걸었다.

5 어제 약을 먹은 <u>기억</u>이 없다.

6 회사에서 조금 멀지만 <u>기숙사비</u>는 무료입니다.

7 집에서 개와 놀고 있을 때 <u>행복</u>을 느낀다.

8 회사에서 <u>총무</u>로 4년간 근무했다.

9 다양한 <u>시점</u>에서 사물을 생각해 본다.

10 상품의 <u>금액</u>을 확인한다.

4회   본책 225쪽

문제2 _____의 단어를 한자로 쓸 때, 가장 올바른 것을 1·2·3·4 에서 하나 고르세요.

1 형과 내 월급을 <u>비교</u>한다.

2 쓴 돈을 모두 <u>정산</u>한다.

3 오사카 지사에서 <u>근무</u>하고 있습니다.

4 상대방의 기분을 <u>상상</u>한다.

5 부장님은 모두로부터 <u>신뢰</u> 받고 있다.

6 새 직원을 <u>고용하</u>기로 했다.

7 선생님의 말씀이 마음에 <u>와닿았</u>다.

8 좋은 대학을 졸업하고 좋은 직장에 <u>취업하고 싶다.</u>

9 곤란하면 언제든지 (저에게) <u>의지해</u> 주세요.

10 집 앞의 낙엽을 빗자루로 <u>쓴다.</u>

5회   본책 226쪽

문제2 _____의 단어를 한자로 쓸 때, 가장 올바른 것을 1·2·3·4 에서 하나 고르세요.

1 딸기는 비타민을 많이 <u>포함한</u> 과일이다.

2 생일 파티에 <u>초대받았다.</u>

3 상사의 명령에는 따라야 한다.

4 친구와 시험 점수를 겨룬다.

5 하굣길에 편의점에 들른다.

6 일본인도 한자를 틀리는 일은 자주 있다.

7 시간이 지나가는 것은 참 빠르네요.

8 외국 생활에 겨우 익숙해졌다.

9 30년 이상 같은 회사에 근무하고 있다.

10 비 오는 날은 옷이 좀처럼 마르지 않는다.

6회
본책 227쪽

문제2 _____의 단어를 한자로 쓸 때, 가장 올바른 것을 1·2·3·4에서 하나 고르세요.

1 가까운 사람에게 도움을 요청했다.

2 체중을 줄이기 위해 운동을 시작했다.

3 소중히 키우던 꽃이 시들어 버렸다.

4 충치가 생겨서 이가 빠져 버렸다.

5 최근 1년 사이에 직원이 두 배로 늘었다.

6 단것을 너무 많이 먹어서 살이 쪄 버렸다.

7 개는 영리한 동물이다.

8 어릴 때부터 쭉 가수가 되는 게 꿈이었다.

9 집 근처에서 무서운 사건이 일어났다.

10 그녀는 어려울 때 도와주는 믿음직한 존재다.

7회
본책 228쪽

문제2 _____의 단어를 한자로 쓸 때, 가장 올바른 것을 1·2·3·4에서 하나 고르세요.

1 이 방은 넓고 쾌적하다.

2 딸이 친정을 떠나게 되자 복잡한 기분이 들었다.

3 저는 수영을 잘합니다.

4 아이 앞에서 과격한 발언은 하지 마세요.

5 그는 머리도 좋고 성격도 좋은 완벽한 사람이다.

6 한층 더 노력하겠습니다.

7 파티라서 평소에는 안 입는 옷을 입었다.

8 값에 비해 좋은 상품이다.

9 문제가 생기면 즉각 대응해야 한다.

10 설령 이번에 잘됐다고 해도 다음에도 성공한다고는 할 수 없다.

3. 단어 형성

1회
본책 230쪽

문제3 (   )에 들어갈 가장 올바른 것을 1·2·3·4에서 하나 고르세요.

1 교직원 회의에서 옛 교사(학교 건물)를 허물기로 결정되었다.

2 달걀의 주성분은 단백질이다.

3 전 이장님은 마을 사람들 모두에게 사랑을 받았다.

4 리포트를 수정해서 다시 제출해 주세요.

5 그녀는 아주 새로운 옷을 입고 기쁜 듯이 나갔다.

6 이 일은 경험이 없는 분들도 쉽게 할 수 있는 일입니다.

7 그가 지각한 것은 나에게 있어서 좋은 상황이었다.

8 준결승에서 작년 우승팀과 맞붙게 된다.

9 다음 학기에도 온라인 수업이 계속된다고 한다.

10 그는 이 일본어반에서 최연소지만 성적은 톱이다.

2회
본책 231쪽

문제3 (   )에 들어갈 가장 올바른 것을 1·2·3·4에서 하나 고르세요.

1 이 마을의 총인구는 약 1,000명이다.

2 이 동영상은 어제부터 비공개로 되어 있다.

3 현 단계에서는 이벤트를 중지할 예정입니다.

4 전자동 세탁기를 사고 나서 집안일이 편해졌다.

5 자고 있을 때 눈이 반쯤 떠지고 만다.

6 전직 의사 선생님이 강연회를 열어 주셨다.

7 그는 옅은 웃음을 띠고 이쪽을 보고 있다.

8 이 카페는 지난달 일본에 첫 상륙했다.

9 건강을 위해 저칼로리 식품을 사려고 하고 있다.

10 이 애니메이션은 주인공이 다른 세계로 가 버린다는 이야기다.

3회
본책 232쪽

문제3 (   )에 들어갈 가장 올바른 것을 1·2·3·4에서 하나 고르세요.

1 여기에 근무처 주소를 기입해 주세요.

2 자료에는 데이터 인용처를 꼭 적어 주세요.

3 조립식 침대를 샀다.

4 절약한 덕분에 이번 달 광열비를 억제할 수 있었다.

5 깨지지 않게 식기류는 포장해서 이 상자에 넣어 주세요.

6 이 레스토랑은 가게의 분위기도 맛도 일본풍이다.

7 놀이 규칙에는 다소 지역차가 있다.

8 액체 상태인 것은 비행기 안에 가지고 들어갈 수 없다.

9 전기세를 내는 것을 잊어버려서 전기가 끊기고 말았다.

10 여기 있는 책들은 알파벳순으로 나열되어 있다.

4회 본책 233쪽

문제3 (   )에 들어갈 가장 올바른 것을 1·2·3·4에서 하나 고르세요.

1 장학금을 받으면서 대학에 다니고 있다.

2 변경된 점을 몇 가지 전해 드립니다.

3 실내복을 입은 채로 편의점에 가서 주먹밥을 샀다.

4 그의 업무 진행 방식은 정말로 일본식이다.

5 이 건물에 들어갈 때는 입장 허가증을 제시해 주세요.

6 일주일 이내로 견적서를 보내 드릴게요.

7 전국의 편의점 수를 지역별로 그래프로 만들었다.

8 듣는 사람의 흥미가 생길 만한 이야기를 한다.

9 참가형 이벤트 쪽이 더 신난다.

10 이 미용실은 예약제로 되어 있습니다.

5회 본책 234쪽

문제3 (   )에 들어갈 가장 올바른 것을 1·2·3·4에서 하나 고르세요.

1 그는 아파서 활동을 쉬겠다고 발표했지만, 이것은 사실상의 은퇴일 것이다.

2 학생은 교사의 관리하에 안전하게 등교하고 있습니다.

3 교토부는 일본에서 가장 커피 소비량이 많은 곳입니다.

4 그와 결승전에서 겨루는 것은 예상했던 대로다.

5 가치관이 맞는 사람과 결혼하고 싶다.

6 새로 들어온 지 얼마 안 됐는데 벌써 품절이 돼 버렸다.

7 어제부터 감기 기운이 있어서 식욕도 없다.

8 인터넷 발달에 따른 젊은이들의 독서 기피가 문제가 되고 있다.

9 숙제를 하지 않았기 때문에 여름 방학 후부터 선생님께 꾸중을 듣고 말았다.

10 해안가에 새로운 레스토랑이 생겼다.

4. 문맥 구성

1회 본책 236쪽

문제4 (   )에 들어갈 가장 올바른 것을 1·2·3·4에서 하나 고르세요.

1 프로 축구 선수가 되어 생계를 꾸리는 게 내 꿈이다.

2 연예인에게는 전속 매니저가 있는 것이 일반적이다.

3 건강의 토대를 마련하기 위해서는 식사와 운동이 빠질 수 없다.

4 경찰에게 사건의 자세한 내용에 대해 물었다.

5 사장님은 몸이 좋지 않아 외출할 수가 없기 때문에 내가 대리로 회의에 참석했다.

6 악의를 담아 한 말이 아니라는 건 알지만, 그의 한마디에 나는 침울해졌다.

7 교양을 갖추는 것은 여러 사람과 관계를 맺는 데 필요한 일이라고 생각한다.

8 이 회사에서는 일의 성과에 따라 급여를 결정하고 있습니다.

9 지금까지의 실적이 없어도 의욕이 있는 사람을 채용하자.

2회 본책 237쪽

문제4 (   )에 들어갈 가장 올바른 것을 1·2·3·4에서 하나 고르세요.

1 머리가 좋고 성격이 좋은 것은 둘 다 중요하지만, 후자 쪽이 사람으로서 중요한 요소라고 생각한다.

2 신작 스마트폰은 이전의 것과 사양이 조금 바뀌었다.

3 그 문제가 있던 회사는 결함이 있는 상품을 모두 회수해 환불하겠다고 발표했다.

4 젊은 사람은 적지만 이 마을의 주민들은 모두 건강하고 왠지 거리에 활기가 있다.

5 현지에서 딴 채소를 이용한 어머니의 요리가 가장 맛있다.

6 대학에서 쥐의 생태에 대해 연구하고 있습니다.

7 문제가 생겼을 때는 팀 모두가 함께 논의해서 최선의 해결 방법을 찾아야 한다.

8 날씨가 나쁜 날은 시야가 나빠져 사고가 날 가능성이 높아진다.

9 입사한 지 3개월 된 그는 아직 혼자 영업하러 다닐 수 있는 단계는 아니라고 생각합니다.

3회 본책 238쪽

문제4 (   )에 들어갈 가장 올바른 것을 1·2·3·4에서 하나 고르세요.

1 새로운 바이러스가 유행하고 있어서 병원에서의 면회는 사절입니다.

2 이번 시합은 꽤 고전했지만, 어떻게든 이길 수 있었다.

3 노래를 충분히 못 불러서 노래방 이용 시간을 한 시간 연장했다.

4 스트레스를 해소하기 위해 매일 밤 가벼운 운동을 하고 있다.

5 그는 이번 시즌에 프로 야구 선수를 은퇴한다고 발표했다.

6 외국인의 댓글을 보고 나서야 내 동영상을 전 세계 사람들이 보고 있다는 것을 실감했다.

7 반대할 것을 각오하고 연인을 부모님께 소개했다.

8 부상이 꽤 회복되어 보조 없이도 걸을 수 있게 되었다.

9 그는 성실한 사람이라서 많은 사람들로부터 리더로 지지 받고 있다.

문제4 ( )에 들어갈 가장 올바른 것을 1·2·3·4에서 하나 고르세요.

1 지금까지의 제품을 <u>개량</u>해 새로운 모델로서 발매하게 되었다.

2 처음 출전한 테니스 시합에서 상금을 <u>획득</u>할 수 있었다.

3 이 근처는 사건이 많아서 밤에는 특히 <u>조심</u>해서 걸어야 한다.

4 그는 말하는 것과 행동하는 것이 <u>일치</u>하지 않기 때문에 신용할 수 없다.

5 마라톤 대회를 <u>운영</u>하기 위해 필요한 돈을 기업에서 모은다.

6 도서관에서 빌린 책은 2주 이내에 <u>반납</u>해 주세요.

7 헌 신문을 <u>회수</u>하는 트럭은 매주 토요일 오전 중에 온다.

8 영업부를 <u>지원</u>한 이유는 이 상품의 장점을 알리고 싶었기 때문입니다.

9 새로운 바이러스가 유행함으로써 학생들의 학습 환경 온라인화가 <u>가속</u>되었다.

문제4 ( )에 들어갈 가장 올바른 것을 1·2·3·4에서 하나 고르세요.

1 염색을 하거나 파마를 하면 머리카락이 <u>상한다</u>.

2 리포트 제출 기한이 내일로 <u>다가오고</u> 있기 때문에 밤을 새워 끝낼 것이다.

3 약이 <u>효과가 있었는</u>지 완전히 열이 내렸다.

4 엄마가 해 주는 음식은 보기에는 <u>별로</u>지만 맛은 좋다.

5 그는 영어뿐만 아니라 다른 3개 국어를 <u>구사</u>할 수 있다.

6 햇볕에 타지 않도록 매일 피부에 크림을 <u>바르고 있다</u>.

7 집중할 수 없을 때는 시간을 <u>구분하여</u> 공부해 보면 좋다.

8 이 가방에는 정기권이 <u>들어갈</u> 사이즈의 주머니가 달려 있어서 편리하다.

9 빚을 <u>떠안아</u> 버리다니 예상도 못했다.

문제4 ( )에 들어갈 가장 올바른 것을 1·2·3·4에서 하나 고르세요.

1 교토의 영화 마을에서는 마치 다른 세계로 간 듯한 기분을 <u>맛볼</u> 수 있다고 한다.

2 일본의 약 70%를 삼림이 <u>차지하고 있다</u>.

3 다음 여행지 후보를 몇 가지 <u>든다</u>.

4 오픈 첫날은 예상을 <u>뛰어넘는</u> 여러 손님들이 수족관을 방문했다.

5 주변 사람들을 <u>배려할</u> 줄 아는 사람이 되고 싶다.

6 이길 거라 생각했던 팀이 1회전에서 져서, 예상을 <u>뒤엎는</u> 결과가 됐다.

7 저희 매장의 메뉴는 모두 점장님이 소재부터 <u>신경 써서</u> 만들었습니다.

8 학생들은 선생님의 말씀을 <u>고개를 끄덕</u>이며 듣고 있다.

9 불합격 통지를 보고 그는 실망해서 <u>고개를 숙였다</u>.

문제4 ( )에 들어갈 가장 올바른 것을 1·2·3·4에서 하나 고르세요.

1 안경을 쓴 소년과 항상 같은 시간에 같은 장소에서 <u>스친다</u>.

2 불안을 <u>없애</u>기 위해 큰 소리로 외쳐 보았다.

3 <u>마음먹고</u> 공항까지 왔는데 어디로 갈지 아직 정하지 못했다.

4 이 게임에서는 <u>살아남</u>기 위해 싸우지 않고 상대로부터 도망치는 것도 필요하다.

5 큰 가방에 일주일 치 짐을 <u>채워 넣었다</u>.

6 새로 산 용기에 세제를 <u>옮겨 담는다</u>.

7 5개 국어를 할 줄 아는 그는 상대방에 따라 말을 <u>구별하여 사용</u>할 수 있다.

8 월급에서 광열비와 월세를 <u>빼면</u> 자유롭게 쓸 수 있는 돈은 별로 남지 않는다.

9 여름 방학 숙제를 너무 늦게 <u>시작해</u>서 등교하는 날까지 숙제를 끝낼 수 없었다.

문제4 ( )에 들어갈 가장 올바른 것을 1·2·3·4에서 하나 고르세요.

1 연습을 많이 했는데, 1회전에서 져 버리다니 <u>한심하다</u>.

2 아버지는 맛이 <u>진한</u> 요리를 좋아하셔서 뭐든지 간장을 뿌린다.

3 이 봉투를 버리기는 <u>아까우</u>니까 보관했다가 나중에 무언가에 쓰자.

4 친구에게 결혼식 축사를 부탁했더니 <u>흔쾌히</u> 맡아 주었다.

5 이번 사건으로 범인으로 여겨지는 <u>수상한</u> 사람이 3명 나왔다.

6 내일 전체 회의는 전원 참석이 <u>바람직하다</u>.

7 그녀는 돈 <u>씀씀이가 헤픈</u> 사람이라서 돈을 빌려주지 않는 편이 좋다.

8 나이를 먹어도 <u>젊게</u> 살기 위해 매일 운동하고 있다.

9 밤늦은 시간인데도 아이들의 <u>소란스러운</u> 소리가 들린다.

문제4 ( )에 들어갈 가장 올바른 것을 1·2·3·4에서 하나 고르세요.

1 실제로 이탈리아에 가서 <u>본격적인</u> 이탈리아 요리를 먹어 보고 싶다.

2 안이한 생각으로 지금의 회사에 들어온 것을 후회하고 있다.

3 부모님 결혼기념일에 자그마한 선물을 했다.

4 부모님의 전폭적인 지원이 있었기에 그는 올림픽 선수로 뽑혔다.

5 이 정도의 실수는 흔히 있는 거니까 걱정하지 않아도 돼요.

6 이 문장은 추상적이어서 무엇을 전하고 싶은지 확실하게 알 수 없다.

7 조금 넘어져서 피가 나왔을 뿐인데 병원에 가겠다는 건 호들갑이에요.

8 싫어하는 아들을 강제로 병원에 데려갔다.

9 점장님은 성질이 급한 사람이라 바쁘면 금방 화를 낸다.

본책 245쪽

10회

문제4 ( )에 들어갈 가장 올바른 것을 1·2·3·4에서 하나 고르세요.

1 숲에 들어서자마자 새들이 일제히 날아올랐다.

2 엄마 "게임하기 전에 오늘 숙제를 끝내렴."
아이 "오늘 숙제는 이미 진작에 끝냈어."

3 드라마가 재미있어서 마지막 회까지 단숨에 봐 버렸다.

4 이렇게 늦게까지 교실에 있다니 너희들은 도대체 뭘 하고 있었던 거야?

5 지금은 가족과 살고 있지만 언젠가는 혼자 살려고 생각하고 있다.

6 집중해서 작업을 하다 보면 어느덧 시간 가는 줄 모른다.

7 오늘은 날씨가 좋으면 소풍을 가려고 했는데, 공교롭게도 비가 오고 말았다.

8 편리한 세상이지만 가끔 캠핑하러 가서 일부러 불편을 겪는 것도 좋다.

9 이 거리는 지금은 인구가 줄어 아무것도 없지만, 예전에는 공업 도시로서 번화한 거리였다.

본책 246쪽

11회

문제4 ( )에 들어갈 가장 올바른 것을 1·2·3·4에서 하나 고르세요.

1 내일은 기다리고 기다리던 여행 가는 날이라 들뜬다.

2 통근 시간에 전철 안은 사람이 많아서 꽉 찬다.

3 계속 닦지 않았던 창문을 반짝반짝하게 될 때까지 닦는다.

4 동시에 많은 일을 부탁 받으면 머릿속이 뒤죽박죽으로 되어 버린다.

5 교장 선생님의 말씀이 길어서, 집회 중에 꾸벅꾸벅 졸고 말았다.

6 오늘은 온종일 허둥대느라 점심밥을 먹을 시간도 없었다.

7 미래의 계획에 대해 곰곰이 생각할 시간이 필요하다.

8 지난주까지 야마다한테 몇 번이나 끈질기게 연락이 왔는데,

이번 주 들어서는 뚝 끊겨 연락이 오지 않게 되었다.

9 몇 번이나 반복해서 복습했기 때문에 내일 시험은 완벽하게 잘할 수 있을 것이다.

본책 247쪽

12회

문제4 ( )에 들어갈 가장 올바른 것을 1·2·3·4에서 하나 고르세요.

1 실례합니다. 통화하고 있으니 텔레비전 볼륨을 낮춰 주실 수 없을까요?

2 어렸을 때 학교에서 개최된 그림 콘테스트에서 우승했다.

3 어제 먹은 반찬을 조금 변형해서 오늘 저녁을 만든다.

4 젊은 직원과 좋아하는 드라마에 대해 이야기했을 때 세대 차이를 느꼈다.

5 사생활을 보호하기 위해 SNS에 주소를 특정할 수 있는 사진은 올리지 않도록 하고 있다.

6 '절대 실수하지 마라'는 상사의 압박에 긴장된다.

7 3월 말까지 저희 가게에서는 딸기를 사용한 상품의 전시를 실시하고 있습니다.

8 오늘 회의는 좀 더 시간이 걸릴 줄 알았는데 생각보다 순조롭게 진행되었다.

9 소비자의 니즈에 맞는 상품을 개발하다.

5. 유의 표현

본책 249쪽

1회

문제5 _____에 의미가 가장 가까운 것을 1·2·3·4에서 하나 고르세요.

1 매일 피부 관리를 거르지 않는다.

2 가장 가까운 슈퍼마켓에서 과자를 샀다.

3 그는 언제나 배려를 잊지 않는 사람이다.

4 그녀를 일본인이라고 착각하고 있었다.

5 가끔은 한숨 돌리는 것도 필요해요.

6 평소 큰 소리로 인사하도록 하고 있다.

7 그의 대단함은 아마추어는 모를 것이다.

8 여동생은 최근 외모에 신경을 쓰게 되었다.

9 학교 규모는 지역에 따라 크게 다르다.

10 회사의 방침을 굳히다.

본책 250쪽

2회

문제5 _____에 의미가 가장 가까운 것을 1·2·3·4에서 하나 고르세요.

1 길거리에서 다른 사람이 말을 걸어서 동요했다.

2 상사를 열심히 설득한다.

9

3 　방 온도를 <u>조절한다</u>.

4 　이 기획이 회의에서 통과된 것은 부장님이 <u>밀어</u> 주신 덕분입니다.

5 　어느 회사에서나 <u>통용되는</u> 사람이 되고 싶다.

6 　일단 회사로 돌아가서 <u>검토하겠다</u>.

7 　괴로운 과거를 <u>극복했다</u>.

8 　그가 사장이 되고 몇 년 후에 회사가 <u>도산했다</u>.

9 　아는 사람에게 일을 <u>의뢰했다</u>.

10 　<u>출세하기</u> 위해서라면 뭐든지 하겠습니다.

2 　일본어에는 <u>애매한</u> 표현이 많다.

3 　부장은 언제나 <u>적확한</u> 지시를 내린다.

4 　<u>쓸데없는</u> 말을 해서 그녀를 화나게 하고 말았다.

5 　<u>뒤숭숭한</u> 세상이 되어 버렸다.

6 　그는 <u>심각한</u> 표정으로 앉아 있다.

7 　장래에는 <u>원만한</u> 가정을 이루고 싶다.

8 　관객 앞에서 <u>훌륭한</u> 연기를 보여 줬다.

9 　<u>불쌍한</u> 강아지를 주워 집으로 데리고 갔다.

10 　그는 <u>사소한</u> 변화도 놓치지 않는다.

3회 　　　　　　　　　　　　　　　　　본책 251쪽

문제5 _____에 의미가 가장 가까운 것을 1·2·3·4에서 하나 고르세요.

1 　회의 시간을 <u>미루어</u> 달라고 했다.

2 　머리카락을 <u>묶는다</u>.

3 　무슨 일이든 <u>허둥대면</u> 잘 안 된다.

4 　품질 향상에 <u>힘쓰고</u> 있습니다.

5 　먼지를 방구석으로 <u>모은다</u>.

6 　생산량 향상을 위해 새로운 기계를 <u>이용한다</u>.

7 　그의 말을 들으면 의욕이 <u>솟는다</u>.

8 　연습해서 마라톤 시간을 <u>단축한다</u>.

9 　신입 사원을 <u>포함하면</u> 100명의 직원이 있습니다.

10 　주말에는 일정이 <u>꽉 차 있다</u>.

6회 　　　　　　　　　　　　　　　　　본책 254쪽

문제5 _____에 의미가 가장 가까운 것을 1·2·3·4에서 하나 고르세요.

1 　일을 그만두고 <u>느긋하게 쉬고 싶다</u>.

2 　그녀의 모습으로 보아 <u>상당히</u> 싫은 일이 있었던 모양이다.

3 　이벤트 준비는 <u>착착</u> 진행되고 있다.

4 　이 작업은 <u>아마</u> 오늘 중으로 끝낼 수 있을 것 같다.

5 　<u>당분간</u> 학교를 쉬기로 했다.

6 　<u>온갖</u> 방법을 써서 목적을 달성한다.

7 　숙소인 호텔은 <u>의외로</u> 좋은 방이었다.

8 　쇼핑센터에서 <u>우연히</u> 선생님을 만났다.

9 　<u>요컨대</u> 저는 필요 없다는 거군요.

10 　일본인도 <u>자주</u> 한자를 잊어버린다.

4회 　　　　　　　　　　　　　　　　　본책 252쪽

문제5 _____에 의미가 가장 가까운 것을 1·2·3·4에서 하나 고르세요.

1 　휴대전화 요금에 대해 메일로 <u>문의한다</u>.

2 　부장님은 출장으로 <u>(여기저기) 뛰어다니고 있다</u>.

3 　팀원이 다 같이 문제점을 <u>밝혀낸다</u>.

4 　불평만 하는 손님을 <u>돌려보냈다</u>.

5 　학교에 가는 도중에 잊은 물건이 생각나서 <u>되돌아갔다</u>.

6 　그는 <u>건장한</u> 몸을 가지고 있다.

7 　내 상사는 <u>끈질기게</u> 말하는 사람이다.

8 　<u>뜻밖의</u> 일이 있었다.

9 　개보다는 <u>얌전한</u> 고양이가 더 좋다.

10 　이 라면은 뭔가 <u>부족한</u> 맛이다.

7회 　　　　　　　　　　　　　　　　　본책 255쪽

문제5 _____에 의미가 가장 가까운 것을 1·2·3·4에서 하나 고르세요.

1 　아들의 건강한 모습을 보니 <u>마음이 놓였다</u>.

2 　슈퍼마켓에서 고등학교 동창과 <u>딱</u> 마주쳤다.

3 　이제 와서 <u>버둥거려 봤자</u> 소용없다.

4 　어제 차를 운전하고 있을 때 <u>조마조마한</u> 일이 있었다.

5 　자료를 <u>대충</u> 훑어보세요.

6 　더 많은 이익을 내기 위해 업무 <u>프로세스</u>를 재검토했다.

7 　결혼기념일에 좋은 <u>분위기</u>의 레스토랑을 예약했다.

8 　금요일은 가족끼리 <u>야간 경기</u>를 보러 갈 예정이다.

9 　집 안에서 운동할 수 있는 <u>공간</u>을 만들었다.

10 　저기 슈퍼마켓은 항상 <u>신선한</u> 식재료를 두고 있다.

5회 　　　　　　　　　　　　　　　　　본책 253쪽

문제5 _____에 의미가 가장 가까운 것을 1·2·3·4에서 하나 고르세요.

1 　그의 언어 능력은 <u>비범</u>하다.

6. 용법

1회

문제6 다음 단어의 사용법으로 가장 올바른 것을 1·2·3·4에서 하나 고르세요.

1 애착

1 그에게 받은 가방은 별로 귀엽지 않지만 사용하는 동안에 애착이 생겼다.

2 대기업

2 부모님은 내가 좋은 대학을 졸업하고 대형 은행에 취직하기를 바라는 것 같다.

3 반죽

3 빵을 손수 만들 때는 반죽을 제대로 치대는 것이 중요하다.

4 현지

3 교과서에서 배우는 영어와 현지 사람이 하는 영어는 조금 다른 것 같다.

5 예절

3 어렸을 때 식사 예절에 대해 할머니에게 엄격하게 배웠다.

6 상대방

3 회의의 일시 변경에 대해 상대방에게 연락을 해서 허가를 받았다.

7 성능

1 성능이 좋은 컴퓨터를 사용하기 시작하면서 작업이 빨리 진행되게 되었다.

8 수중

4 월급을 받아도 월세와 빚을 갚느라 수중에 남는 돈은 그다지 많지 않다.

9 사람들 앞

2 사람들 앞에서 말하는 것이 서툴러서, 금방 긴장하고 얼굴이 빨개져 버린다.

2회

문제6 다음 단어의 사용법으로 가장 올바른 것을 1·2·3·4에서 하나 고르세요.

1 손이 감

4 일이 끝나고 집에 오고 나서 손이 많이 가는 요리를 만드는 것은 귀찮다.

2 장애

2 결제 시스템에 장애가 있어서 돈을 제대로 지불할 수 없었다.

3 불평

1 동료가 일을 떠넘기는 것에 대해서 부하 직원이 불평을 하고 있다.

4 윗사람

2 사회인이 되어서 윗사람에게 경어를 쓰지 못한다는 것은 있을 수 없다.

5 보람

4 보람이 있는 일을 하게 될 때까지 몇 번이나 이직을 계속했다.

6 햇볕

2 햇볕이 잘 드는 방에 살면 기분이 긍정적으로 되는 것 같다.

7 목적

1 돈을 목적으로 비즈니스를 한다고 해도 반드시 성공하는 것은 아니다.

8 손질

1 정원이 넓어서 정원 손질은 전문가에게 맡기고 있다.

9 준비

3 이벤트가 잘 진행될 수 있도록 준비해 주세요.

3회

문제6 다음 단어의 사용법으로 가장 올바른 것을 1·2·3·4에서 하나 고르세요.

1 직접 전함

3 입사하고 나서 3개월 동안은 월급이 직접 전달됩니다.

2 우회, 멀리 돌아감

1 처음 가는 장소였기 때문에 길을 잘못 들어 우회하고 말았다.

3 간식

2 행사장까지 부장님이 일부러 과자를 간식으로 보내 주었다.

4 번성

3 이 화과자 가게는 아침부터 밤까지 번성하는 유명한 가게라고 한다.

5 발생

1 반납 기한에 늦으면 추가 요금이 발생합니다.

6 폐지

2 일본에서는 수영 수업을 폐지하는 초등학교가 늘고 있다고 한다.

7 도입

1 회사에 최신 컴퓨터를 도입하고 나서 일이 수월해졌다.

8 단결

1 이번에 우승할 수 있었던 것은 무엇보다 팀이 단결할 수 있었기 때문이라고 생각합니다.

9 세련

2 그가 만드는 시계는 기능성은 물론이고 세련된 디자인이 매력적이다.

문제6 다음 단어의 사용법으로 가장 올바른 것을 1·2·3·4에서 하나 고르세요.

1 조급해하다

    2 시간이 없을 때 조급하게 준비를 하면 반드시 뭔가를 잊어버리고 만다.

2 축축해지다

    4 비가 오는 시기에는 아무리 빨래를 널어도 옷이 마르지 않고 축축해진 채라 곤란하다.

3 이르다

    1 무직이었던 제가 회사를 차리는 데에 이르기까지의 이야기를 하겠습니다.

4 잠수하다

    2 남쪽 섬의 깨끗한 바다에 잠수해 내 손으로 물고기를 잡아보고 싶다.

5 파헤치다

    2 정치인의 부정을 파헤치기 위해 증거를 모으는 중이다.

6 생략하다

    3 '筋トレ'라는 말은 '근력 트레이닝'을 줄인 말이다.

7 방해하다

    3 지나친 게임은 아이의 성장을 방해하는 길로 이어진다.

8 높아지다

    3 신종 바이러스의 유행과 함께 각국의 대책 방법에 대한 관심이 높아지고 있다.

9 눈에 띄다

    1 스타일이 좋고 미인인 그녀는 교실 안에서도 특히 눈에 띈다.

문제6 다음 단어의 사용법으로 가장 올바른 것을 1·2·3·4에서 하나 고르세요.

1 단언하다

    3 범인은 절대로 그라고 단언할 수는 없지만, 가능성은 높습니다.

2 설치하다

    4 전문 업체에 의뢰해 스피커를 벽에 설치하는 공사를 했다.

3 침울해지다

    2 그는 시험 점수가 예상보다 나빴던 것 같아서 몹시 침울해하고 있다.

4 완전히 믿다

    1 그의 말을 완전히 믿고 '생명수'라는 물을 비싼 값에 사 버렸다.

5 (주문하여) 가져오게 하다

    ③ 잡지에서 화제가 된 맛있는 치즈 케이크를 일부러 홋카이도에서 주문해 가져왔다.

6 어림잡다

    4 부장님에게 부탁 받은 일이 많아서 끝내는 데 적어도 어림잡아 앞으로 2시간은 걸린다.

7 서로 양보하다

    1 아무리 말다툼을 해도 서로 양보해서 문제를 해결하는 것이 부부라는 것입니다.

8 추월하다

    1 고등학생이 되고 나서 갑자기 키가 자라 형 키를 추월했다.

9 호소하다

    3 행사장 내에서 경비원이 필사적으로 마스크 착용을 호소하고 있다.

문제6 다음 단어의 사용법으로 가장 올바른 것을 1·2·3·4에서 하나 고르세요.

1 교활하다

    1 그녀는 항상 상사가 보고 있을 때만 일을 하는 매우 교활한 사람이다.

2 떠들썩하다

    4 왠지 떠들썩해서 밖을 살펴보니 차가 건물에 부딪혀 있었다.

3 뻔뻔하다

    2 뻔뻔한 부탁입니다만, 공장을 한 번 견학시켜 주실 수 있나요?

4 빠뜨릴 수 없다

    1 이른 아침에 산책하는 것은 나에게 있어서 빠뜨릴 수 없는 습관이다.

5 시시하다

    1 시시한 이야기를 하며 동료와 서로 웃는 시간은 나에게 있어서 소중한 시간이다.

6 일방적

    1 자신의 의견을 일방적으로 강요하지 않고 상대방의 의견을 존중할 줄 아는 사람이 되고 싶다.

7 알맞음

    3 이 컴퓨터는 성능이 좋고 알맞은 가격이어서 학생들에게 인기가 있다.

8 산뜻함

    2 그는 청결감이 있고 미소가 산뜻해서 모두에게 사랑받고 있다.

9 화목함

    2 사장님의 생신 파티는 화목한 분위기에서 진행됐다.

본책 270쪽

문제6 다음 단어의 사용법으로 가장 올바른 것을 1·2·3·4에서 하나 고르세요.

1 **별로인**

3 친구가 추천해 준 영화를 보러 갔는데 별로였다.

2 **좀처럼**

1 내일이 마감인 리포트가 좀처럼 진전되지 않아서 짜증이 난다.

3 **직접**

2 피부에 직접 닿는 것이기 때문에 속옷 소재는 신경을 쓰고 있다.

4 **한층**

1 그녀는 고등학교 때도 예뻤지만 10년 만에 보니 한층 예뻐 졌다.

5 **자주**

4 내가 살고 있는 아파트는 천둥 때문에 자주 정전이 일어난다.

6 **명백함**

2 계속 수수께끼에 싸여 있던 범인의 모습이 명백해졌다.

7 **단호히**

2 다음 대학 입시에 떨어지면 단호히 포기하고 취직하기로 결정했다.

8 **녹초가 됨**

1 오늘은 사람이 많은 곳에 나가서 피곤해서 녹초가 되고 말 았다.

9 **쭉쭉**

4 올해 들어 회사 매출이 쭉쭉 늘고 있다.

언어 지식(문법) 연습 문제

본책 286쪽

문제7 다음 문장의 (   )에 들어갈 가장 올바른 것을 1·2·3·4 에서 하나 고르세요.

1 세상의 눈은 엄격하다. 그저 열심히 한다고 좋은 평가를 받는 것이 아니다.

2 아무리 친해져도 상사에게는 항상 존댓말로 말해야 한다.

3 무슨 일이든 처음에는 실패하는 법이니까, 잘되지 않더라도 포기하지 말고 계속하는 것이 중요하다.

4 사건 현장 근처에서 범인이 사용한 것으로 보이는 자전거가 발견됐다.

5 (내) 생일 파티를 열어 주는 것은 조금 부끄럽지만, 모두에게 축하 받는 것은 기쁘구나.

6 쉴 수 있다면 쉬고 싶지만, 오늘은 중요한 시험이 있어서 반드시 학교에 가야 한다.

7 큰맘 먹고 빨간색 원피스를 샀지만, 창피해서 결국 아직 한 번도 입지 않았다.

8 몇 살이 되어도 아이를 최우선으로 생각하는 것, 그것이 부모라는 것이다.

9 벚꽃잎이 지고 있는 모습은 매우 아름답지만, 어딘가 쓸쓸한 면이 있네요.

10 한번 불합격했다는 정도로 합격을 포기할까 보냐.

문제8 다음 문장의 ___★___에 들어갈 가장 올바른 것을 1·2·3·4 에서 하나 고르세요.

11 이렇게 큰 집에 살 수 있다면 살아 보고 싶다.

12 흔들리는 차 안에서 6시간이나 앉아 있느라 전혀 잠을 자지 못했다. 야간 버스 따위 두 번 다시 타지 않을 것이다.

13 못해도 우울해 하지 마세요. 누구나 막 시작한 일은 잘되지 않는 법입니다.

14 놀아도 되지만 제대로 공부도 하는 것이 대학생이라는 것이다.

15 도넛은 기름이 많다고 알고 있지만 너무 좋아서 먹는 것을 멈출 수 없다.

본책 296쪽

문제7 다음 문장의 (   )에 들어갈 가장 올바른 것을 1·2·3·4 에서 하나 고르세요.

1 기쁘게도 마지막 대회에서 우승할 수 있었다.

2 마에다 "고토 씨, 내일 일정 있어?"

고토 "일정이 없는 건 아니지만, 무슨 일이야?"

3 그 두 사람은 사귀기 시작한 것 같지만, 몰랐던 걸로 해서 평소대로 생활하기로 했다.

4 어젯밤부터 정전이 돼 전기가 한 번도 들어오지 않고 아침을 맞이했다.

5 매일 2시간 공부하면, 3개월 후에는 약 200시간 공부한 게 된다.

6 걱정이 많은 엄마이기 때문에 내가 해외로 이주한다고 하면 분명 반대할 것이다.

7 어릴 적 놀이공원에서 길을 잃은 경험이 있어서 놀이공원이 싫어졌다.

8 여권을 만들지 않으면 아무리 계획을 세워도 해외여행을 갈 수 없다.

9 기대하고 있던 여행이 취소돼 버려서 얼마나 유감인지.

10 없어진 자전거는 발견되기는 했지만, 망가져서 쓸 수 없는 상태였다.

문제8 다음 문장의 __★__ 에 들어갈 가장 올바른 것을 1·2·3·4 에서 하나 고르세요.

11 안타깝게도 독감에 걸려 여행을 갈 수 없었다.

12 시간을 잘 안 지키는 혼다 씨니까 오늘도 반드시 늦게 올 것 이다.

13 구엔 씨는 결국 일본의 벚꽃을 보지 못하고 귀국하고 말 았다.

14 컴퓨터가 고장 났기 때문에 새것을 사지 않으면 일을 다시 시작할 수 없다.

15 첫째 딸이 태어났을 때는 얼마나 기뻤던지.

3회
본책 303쪽

문제7 다음 문장의 (   )에 들어갈 가장 올바른 것을 1·2·3·4 에서 하나 고르세요.

1 남들의 몇 배나 노력하는 그가 시험에 떨어진다는 것은 생각 할 수 없다.

2 사람이 많은 장소는 지치니까, 휴일에 놀이공원 같은 곳은 가지 않는 것이 좋다.

3 내가 들은 바로는 무라카미 씨는 독신이고 애인도 없는 모양 이다.

4 실패가 두려워 아무것도 행동하지 않는 한 인생을 바꿀 수 없다.

5 오픈 첫날 와 주신 손님에 한해 크림빵 하나를 선물해 드립 니다.

6 급할 때만 전철이 좀처럼 오지 않아 화가 난다.

7 기억하는 한 그 자료를 마지막으로 가지고 있던 것은 부장님 이라고 생각합니다.

8 가게 앞에 줄이 늘어서 있다고 해서 음식이 맛있다고는 할 수 없다.

9 스포츠뿐만 아니라 일이든 취미든 계속해서 노력하면 반드 시 실력이 향상된다.

10 일본어를 공부한다면 알기 쉽게 수업하는 일본어의 숲에서 공부하는 것이 최고다.

문제8 다음 문장의 __★__ 에 들어갈 가장 올바른 것을 1·2·3·4 에서 하나 고르세요.

11 8시간 이상 잤다고 해서 피곤이 사라지는 것은 아니다.

12 우산이 없는 날에만 일기 예보가 빗나가 비가 온다.

13 녹차뿐만 아니라 시즈오카현에는 고추냉이와 장어 등 여러 특산물이 있다.

14 이 스키장은 19세인 분에 한하여 무료로 이용할 수 있습니다.

15 제가 알기로는 작년까지 여기에 큰 빌딩이 있었습니다.

4회
본책 314쪽

문제7 다음 문장의 (   )에 들어갈 가장 올바른 것을 1·2·3·4 에서 하나 고르세요.

1 키가 크다는 이유만으로 골키퍼로 뽑혔다.

2 오늘은 비 오는 날인데도 많은 손님이 왔다.

3 비가 오는데도 불구하고 야구 경기는 취소되지 않았다.

4 역시 전직 댄스부인 만큼 야마다 씨는 춤을 배우는 게 빠르 구나.

5 연예인과 똑같은 머리 모양을 했다고 해서 그 사람과 같은 얼굴이 될 수 있는 것은 아니다.

6 그는 1학년치고는 침착하고 야무지다.

7 오늘은 더운 날씨에 일을 열심히 한 만큼 집에서 마시는 맥 주가 특별히 맛있었다.

8 그는 일본에 간 적은 없지만, 애니메이션을 보고 일본어가 능 숙해졌다고 한다.

9 헬스장에 가입한 이상 매일 다니면서 트레이닝을 하기로 결 심했다.

10 요리를 했다고 해도 달걀을 부쳤을 뿐인 간단한 요리예요.

문제8 다음 문장의 __★__ 에 들어갈 가장 올바른 것을 1·2·3·4 에서 하나 고르세요.

11 연휴라고 해도 3일뿐이라 그다지 멀리 나갈 수는 없다.

12 일본인이라고 한자를 다 쓸 수 있느냐 하면 실은 그렇지 않다.

13 역시 일본어 선생님인 만큼 유카 선생님은 말을 아주 예쁘게 한다.

14 좋아하는 일을 찾아 매일 즐겁게 지내는 사람이 있는가 하 면, 자신에게 맞는 일을 찾지 못해 이직만 하는 사람도 있다.

15 다른 가게에 비해 가격이 꽤 비싼 데 비해 맛은 그다지 좋지 않다.

5회
본책 321쪽

문제7 다음 문장의 (   )에 들어갈 가장 올바른 것을 1·2·3·4 에서 하나 고르세요.

1 오늘은 너무 바빠서 점심을 먹기 위해 10분도 쉬는 것조차 가능할 것 같지 않다.

2 그는 유명한 탓에 휴일에 놀러 가도 말을 걸거나 사진을 찍 히거나 해서 힘들다.

3 돈이 없고 가난했던 나는 힘든 나머지 수상한 사람에게 돈을 빌리고 말았다.

4 건강해지고 싶어도 몸에 나쁜 것만 먹으면 병에 걸리고 만다.

5 알파벳을 외운 것만으로는 영어 시험에 합격할 리가 없어.

6 한 번 졌다고 울기만 해서는 강한 선수가 될 수 없다.

7 슈퍼에서 치즈를 실컷 맛본 끝에 결국 아무것도 사지 않 았다.

8 │ 그렇게 열심히 연습해도 프로 야구 선수가 될 수 없어.

9 │ 그는 항상 지각하면서 친구가 약속 시간에 늦었을 때는 화를 많이 낸다.

10 │ 애인과 헤어져 슬퍼하는 그녀를 위로했더니 오히려 침울해졌다.

문제8 다음 문장의 ★ 에 들어갈 가장 올바른 것을 1·2·3·4 에서 하나 고르세요.

11 │ 오늘 아침에 깜빡 늦잠을 잔 탓에 지각해서 선생님께 혼나고 말았다.

12 │ 왠지 피곤했기 때문에 아침부터 밤까지 잤더니 오히려 몸 상태가 나빠졌다.

13 │ 한번 시험에 떨어졌다고 해서 포기해서는 아무리 시간이 흘러도 합격할 수 없어.

14 │ 이렇게 간단한 것도 모르면 아이들이 놀리는 것도 당연하다.

15 │ 그는 내가 지금까지 얼마나 노력해 왔는지 알지도 못하면서 심한 말만 한다.

문제9 다음 문장을 읽고, 문장 전체의 내용을 생각해서 16 부터 20 안에 들어갈 가장 올바른 것을 1·2·3·4에서 하나 고르세요.

이모티콘

문자 소통에 혁명을 일으킨 이모티콘. 글자처럼 글 속에 그림을 16 넣을 수 있다고 해서 '이모티콘(그림 문자)'이라는 이름이 붙었다. 문자를 보낼 때 이모티콘을 사용함으로써 상대방에게 자신의 기분을 정확하게 전달해 오해를 일으키지 않는다는 장점이 있다. 당연하게 사용되는 이 이모티콘이 탄생한 곳이 일본이라는 사실을 아는가? 지금은 몇 글자든 무료로 문자를 보낼 수 있지만 예전에는 문자 1통을 보낼 때마다 요금이 발생했고, 보낼 수 있는 글자 수도 제한되었다. 이런 제한은 있었지만, 시간과 장소를 가리지 않고 커뮤니케이션을 할 수 있다는 점이 편리하다며 많은 일본인이 전화보다 문자를 선호하게 되었다. 17 또한 대면하지 않고 커뮤니케이션을 할 수 있다는 점도 수줍음 많은 일본인이 선호한 이유 중 하나일 것이다. 그러나 문자를 통한 의사소통은 종종 보낸 사람과 받는 사람 사이에 오해를 불러일으켰다. 18 이런 문제를 해결하기 위해 개발된 것이 이모티콘이었다.

그 후 인터넷 기술이 진화하면서 전 세계 누구와도 쉽게 문자를 주고받을 수 있게 됐다. 또한 스마트폰이 보급됨에 따라 이모티콘은 일본뿐만 아니라 전 세계에서 19 주목 받게 되었다. 말이 통하지 않는 외국인과의 커뮤니케이션에서도 정확하게 내용이나 기분이 전달된다고 해외에서도 이모티콘의 효과를 인정받고 있다. 이모티콘이 없었다면 이 정도까지 인터넷상의 커뮤니케이션 20 발전하지 못했을 것이다. 일본인의 배려가 만든 하나의 예이다.

6회 본책 332쪽

문제7 다음 문장의 ( )에 들어갈 가장 올바른 것을 1·2·3·4 에서 하나 고르세요.

1 │ 놀이공원 같은 사람이 많은 곳에는 가지 않으려고 했는데, 여자 친구가 생기고 나서 자주 가게 됐다.

2 │ 집중해서 공부하고 싶은데 옆에서 말을 계속해서 너무 민폐다.

3 │ 최근에 드디어 말을 하게 된 아들이 너무 귀여워서 견딜 수가 없다.

4 │ 나와 형은 한 살밖에 차이가 나지 않아 형제라기보다는 친한 친구 같은 사이다.

5 │ 이곳의 라면은 다른 가게에는 없는 특별한 맛이 있어서 두 시간을 기다려서라도 먹을 가치가 있다.

6 │ 아들이 시험에 합격했다는 말을 듣고 기쁜 나머지 큰 소리로 외치고 말았다.

7 │ 혼자 살기 시작하고 너무 외로워서 매일 혼자 울기만 한다.

8 │ 아버지는 "이번에야말로 맞힐 거야!"라며 뛰어가 복권을 사러 갔다.

9 │ 작품이 인정받아 금상을 받을 수 있었던 것은 그 자신이 노력한 결과임에 틀림없다.

10 │ 그렇게 열심히 공부하고 있으니 그는 합격할 게 틀림없다.

문제8 다음 문장의 ★ 에 들어갈 가장 올바른 것을 1·2·3·4 에서 하나 고르세요.

11 │ 매주 월요일에 방송되는 드라마의 다음 화를 빨리 보고 싶어서 견딜 수 없다.

12 │ 중간까지 이기고 있었는데 막판에 역전당해 지고 만 것이 너무 분하다.

13 │ 올해는 준우승이었지만 내년에는 꼭 우승하겠다고 다짐했다.

14 │ 갑자기 천둥이 쳐서 놀란 나머지 들고 있던 아이스크림을 바닥에 떨어뜨리고 말았다.

15 │ 이렇게 짧은 시간에 완벽하게 노래와 춤을 익힐 수 있는 것은 바로 그녀들의 재능임에 틀림없다.

7회 본책 340쪽

문제7 다음 문장의 ( )에 들어갈 가장 올바른 것을 1·2·3·4 에서 하나 고르세요.

1 │ 그녀는 무슨 일이든 내 흉내만 내서 기분이 좋지 않다.

2 │ 한창 공부하는 중에 여동생이 내 방에 몇 번이나 와서 집중이 안 된다.

3 │ 밖에서 큰 소리가 나는가 싶더니 '살려 주세요'하는 아이의 목소리가 들렸다.

4 │ 공부하는 데 있어서 가장 중요한 것은 목표를 세우고 매일 조금씩 노력하는 것이다.

5 │ 유통 기한이 지난 주먹밥을 먹자마자 배가 아프기 시작했다.

6 독감으로 한동안 학교를 쉬었기 때문에 일주일 만에 친구를 만났다.

7 일요일에는 미용실에 가는 김에 마사지도 받고 피부 관리실에도 갈 예정이다.

8 영화가 끝나자마자 손님들은 모두 일어나 돌아가기 시작했다.

9 대학 합격 소식을 듣자마자 엄마는 뛸 듯이 기뻐하며 울기 시작했다.

10 공부를 겸해서 영어 노래를 많이 듣고 있다.

문제8 다음 문장의 ★ 에 들어갈 가장 올바른 것을 1·2·3·4 에서 하나 고르세요.

11 벚꽃은 피었나 하면 져 버리기 때문에 언제 보러 가야지 하고 생각하는 사이에 벚꽃의 계절이 끝나 버렸다.

12 저녁을 만드는 김에 도시락 반찬도 만들어 두었기 때문에 오늘 아침은 일찍 일어나지 않아도 됐다.

13 일본에 유학한 지 3년이 지났지만, 고향에 있는 가족을 생각할 때마다 힘든 일이 있어도 열심히 하려고 한다.

14 그와 만나는 것은 10년 만이라 겉모습이 달라져서 누군지 금방 기억나지 않았다.

15 한창 샤워하고 있는 중에 상사에게서 전화가 걸려 와 몸도 닦지 않고 황급히 나왔다.

8회　　　　　　　　　　　　본책 348쪽

문제7 다음 문장의 ( )에 들어갈 가장 올바른 것을 1·2·3·4 에서 하나 고르세요.

1 글로벌화된 현대에 있어서 가장 필요한 능력은 커뮤니케이션 능력이다.

2 일식이라고 하면 초밥이나 튀김을 떠올리는 사람이 많은 것 같습니다.

3 여름이 되면 기온의 상승에 따라 열사병에 걸리는 사람의 수가 증가한다.

4 건강을 위해 매일 아침 걷기 운동과 더불어 퇴근 후 헬스장에 다니며 근력 운동을 하고 있다.

5 큰길을 따라 같은 색깔의 집들이 많이 늘어서 있다.

6 우승 후보팀들이 차례로 패하면서 대회는 예상과 반하는 결과가 났다.

7 이 회사는 능력과 업무 결과에 따라 직원의 급여를 결정하고 있습니다.

8 나폴리탄이란 케첩을 사용한 일본식 스파게티를 말한다.

9 한 여자를 둘러싸고 두 남자가 심하게 말다툼하고 있다.

10 요리의 맛과 고객에 대한 서비스에 있어서는 이 가게가 일본에서 제일이다.

문제8 다음 문장의 ★ 에 들어갈 가장 올바른 것을 1·2·3·4 에서 하나 고르세요.

11 우리 서점은 오래된 책부터 새로운 책까지 갖추고 있으므로, 책 종류의 풍부함에 있어서는 다른 가게에 뒤지지 않을 것이다.

12 슈퍼란 슈퍼마켓을 줄인 말로, 그곳에서는 식품이나 일용품을 많이 팔고 있다.

13 현재 일본 사회에서는 고령화에 따른 젊고 힘 있는 일꾼의 부족이 문제가 되고 있다.

14 올해야말로 우승할 것이라는 국민의 기대와는 달리 일본팀은 첫 경기에서 지고 말았다.

15 얼마 전에 할아버지가 갑자기 돌아가셨다. 내일 할아버지의 유산 상속을 둘러싼 문제에 대해 모두 모여 논의하기로 되어 있다.

9회　　　　　　　　　　　　본책 356쪽

문제7 다음 문장의 ( )에 들어갈 가장 올바른 것을 1·2·3·4 에서 하나 고르세요.

1 이 가게의 추천 요리는 점장의 기분에 따라 달라진다.

2 아무리 주변 사람들이 불가능하다고 해도 나는 이 실험을 성공시킬 것이다.

3 모리 　"일요일에 다 같이 산에 올라가는데, 야마다도 갈래?"

　　　야마다 "가고 싶지만, 일요일에 중요한 시험이 있어. 나 빼고 다녀와."

4 우리 부모님은 엄격해서 친구들과 놀러 가더라도 부모님의 허락이 필요했다.

5 본인의 가족이 아니면 대신 절차를 밟을 수 없습니다.

6 우리 반에서 같은 대학에 진학한 사람은 나를 제외하고 두 명이었다.

7 장소만 괜찮다면 이 집으로 이사할 생각이었습니다.

8 마스크를 썼다고 해도 손 씻기, 가글을 하지 않으면 독감 예방이 되지 않는다.

9 이번 시험 점수에 따라 진학할 수 있는 대학이 결정된다.

10 사회인이 되고 나서는 좀처럼 여행을 갈 수 없게 되었기 때문에, 학생 때 더 여행을 갔으면 좋았을 걸 하고 생각한다.

문제8 다음 문장의 ★ 에 들어갈 가장 올바른 것을 1·2·3·4 에서 하나 고르세요.

11 가능한 한 빨리 여러분과 친해지고 싶으니까 어려운 이야기는 생략하고 자기소개부터 시작합시다.

12 사랑만 있으면 돈이 없어도 행복하다고 말하는 사람들이 있지만, 나는 그렇게 생각하지 않는다.

13 설령 일본에 간다고 해도 공부를 하지 않으면 일본어를 말할 수 있게 되지는 않는다.

14 가령 누가 뭐라고 해도 <u>그런 건</u> 상관없다. 나는 반드시 꿈을 이루어 보이겠다.

15 이렇게 힘든 작업, <u>그가</u> 아니었다면 하루 만에 끝낼 수 없었을 것이다.

10회

본책 365쪽

문제7 다음 문장의 (　　)에 들어갈 가장 올바른 것을 1·2·3·4에서 하나 고르세요.

1 열이 나는 딸을 위해 빨리 건강해지길 바라는 마음을 <u>담아</u> 죽을 끓였다.

2 역 앞에 새로 생긴 빵집이 인기가 많아서 오전 중에는 다 팔린다고 <u>한다</u>.

3 폭우로 집 안까지 비가 들이쳐 느긋하게 밥을 먹을 <u>상황이</u> 아니다.

4 감독의 엄격한 지도 <u>아래에</u> 멋지게 우승할 수 있었습니다.

5 무슨 고민거리라도 있는지 그는 하루 종일 <u>고개만 숙이고 있다</u>.

6 여기에 실제 아기와 같은 무게의 인형이 있습니다. 엄마가 되었다고 <u>생각하고</u> 안아 보세요.

7 폭우로 인해, 물이 <u>넘칠</u> 우려가 있으므로 강에는 가까이 가지 않도록 해 주세요.

8 건강 검진을 받고 있었기 때문에 암이 일찍 발견되어 수술하<u>지 않고 끝났다</u>.

9 야마다는 수영을 잘해서 마치 헤엄치는 물고기<u>처럼</u> 아름답게 헤엄친다.

10 매일 상사의 불평을 들으며 일을 하다니 그만두고 싶어지는 것도 <u>당연하다</u>.

문제8 다음 문장의 ＿★＿에 들어갈 가장 올바른 것을 1·2·3·4에서 하나 고르세요.

11 점심을 먹고 있는데 갑자기 큰 지진<u>이 일어나</u> 쉬고 있을 상황이 못 됐다.

12 어머니는 나이가 들면서 몇 번이고 같은 이야기를 하게 됐지만 아들은 늘 처음 <u>듣는 것</u>처럼 그 이야기를 즐겁게 듣는다.

13 회사를 차리고 한동안은 돈이 없어서 본가의 <u>방을</u> 사무실로 사용했었다.

14 잘못 사용하면 폭발할 우려<u>가 있으</u>므로 사용하기 전에 설명서를 읽어 주세요.

15 일본인이 되었다고 <u>생각하고</u> 일본어를 말하면 평소보다 조금 더 잘 말할 수 있을 것 같은 기분이 든다.

이 부분 없음

문제9 다음 문장을 읽고, 문장의 전체적인 내용을 생각해서 16 부터 20 안에 들어갈 가장 올바른 것을 1·2·3·4에서 하나 고르세요.

홋카이도에서 생활하는 방법

　도로가 얼어붙는 홋카이도에서는 안전하게 생활하기 위한 다양한 방법이 강구되고 있습니다. 그중 하나로 '로드 히팅'이라는 것이 있습니다. 홋카이도보다 따뜻한 도호쿠 지방에서는 도로 위에 지하수를 조금씩 흘려보내면 눈이 녹지만, 도호쿠 지방보다 기온이 낮은 홋카이도에서는 지하수를 16 <u>흘려보내면 오히려</u> 길이 얼어서 위험합니다. 따라서 홋카이도에서는 도로 아래에 전열선과 온수를 순환시키는 파이프를 설치해서 도로를 가열합니다. 그러면 눈이 내려도 곧바로 녹아서 눈이 없는 노면 상태를 유지할 수 있습니다.

　과거 겨울철에는 '스파이크 타이어'라는 지면과 닿는 면에 작은 금속을 박은 타이어를 사용하는 것이 주류였습니다. 17 <u>이 타이어</u> 덕분에 눈길이나 빙판길에서도 미끄러지지 않고 안정적으로 주행할 수 있었습니다. 그러나 이것은 눈이나 얼음 위 18 <u>에서는 능력을 발휘하지만</u>, 따뜻해지는 초봄에 눈이 녹아서 아스팔트 도로 위를 달리면 타이어에 붙어 있던 금속이 노면을 깎아 버려 먼지가 날리고 환경 문제를 일으킨다는 단점이 있었습니다. 그래서 '스파이크 타이어'의 사용은 규제됐고 그 대신 금속이 안 붙어 있는 타이어를 사용하게 됐습니다. 하지만 역시 그 타이어로는 충분히 안전이 확보되지 않았기 때문에 '로드 히팅'이 널리 퍼지게 된 것입니다.

　19 <u>이렇게 해서</u> 이 설비는 가파른 언덕이나 커브길 등 차가 미끄러져 사고가 발생할 가능성이 높은 곳에 정비됐습니다. 최근에는 차도뿐만 아니라 사람이 미끄러져 넘어지지 않도록 편의점 앞이나 집 현관 앞에도 설치되고 있습니다. 또한 고령자가 살고 있는 집에서는 이 설비 덕분에 고령자가 눈을 치우는 20 <u>중노동을 하지 않아도 되어</u> 부담이 줄어들고 있습니다.

11회

본책 374쪽

문제7 다음 문장의 (　　)에 들어갈 가장 올바른 것을 1·2·3·4에서 하나 고르세요.

1 빨간 원피스를 살지 파란 셔츠를 살지 한 시간 동안 <u>고민한 끝</u>에 둘 다 사지 않았다.

2 20분을 기다린 <u>보람이 있어서</u> 갓 구운 피자와 갓 튀긴 감자를 손에 넣을 수 있었다.

3 고객님의 결제 상황을 <u>확인했더니</u> 아직 결제가 완료되지 않은 것 같습니다.

4 처음 갔던 동네에서 길을 <u>잃은 끝</u>에 집에 가지 못해 울면서 엄마한테 전화했다.

5 정말 소중한 것은 <u>잃고 나서야 비로소</u> 알게 되는 법이다.

6 그렇게 일본에 돌아가고 싶다고 말했지만, 귀국일이 다가옴<u>에 따라</u> 모두와 헤어지는 것이 싫어 슬퍼졌다.

7　한자 쓰는 순서가 틀렸다고 해서 알아봤더니 나는 틀리지 않았다.

8　이직을 계기로 사는 곳도 연관된 사람도 모두 바꾸기로 했다.

9　아들은 애인이 생긴 뒤로 놀기만 하고 성적이 점점 나빠진다.

10　일본어 교사라는 일을 통해 전 세계의 일본어 학습자와 연결될 수 있었다.

문제8 다음 문장의 ★ 에 들어갈 가장 올바른 것을 1·2·3·4에서 하나 고르세요.

11　갓 태어났을 때는 나를 닮았다고 생각했지만, 아들은 자라면서 눈이랑 코가 또렷한 남편을 닮은 얼굴이 됐다.

12　근처에 큰 쇼핑몰이 생기고 나서 우리 같은 작은 가게의 매출은 계속 줄고 있다.

13　초등학교 때 친구가 아나운서로 활약하고 있다는 것을 뉴스 프로그램을 통해 알게 됐다.

14　아이를 낳고서야 비로소 엄마가 어떤 고생을 하며 나를 낳아 줬는지 알게 됐다.

15　아버지가 병으로 쓰러진 것을 계기로 엉망인 나의 생활 습관을 고치게 됐다.

12회　　본책 384쪽

문제7 다음 문장의 (　　)에 들어갈 가장 올바른 것을 1·2·3·4에서 하나 고르세요.

1　태풍 때문에 비행기가 결항이 되어서 여행을 중지할 수밖에 없었다.

2　어머니가 만든 요리는 겉보기는 그렇다 쳐도 맛은 있다.

3　일요일이지만 이렇게 늦게까지 누워 있을 수는 없다. 일어나서 공부해야겠다.

4　간단한 작업이라서 나이를 불문하고 누구나 이 일을 할 수 있습니다.

5　중요한 회의에 지각할 수는 없어서 택시를 탔다.

6　올해가 무척 덥다고 사람들은 말지만, 남쪽 섬에 살던 내가 보기에 이 더위는 시원할 정도다.

7　옷이 젖는 것도 아랑곳하지 않고 남자는 강물에 뛰어들어 아이를 구했다.

8　마지막 전철을 놓쳐서 걸어서 돌아가야 했다.

9　도로가 젖어 있는 걸 보니 조금 전까지 비가 내렸던 모양이다.

10　경험 유무에 상관없이 의욕이 있는 분을 모집하고 있습니다.

문제8 다음 문장의 ★ 에 들어갈 가장 올바른 것을 1·2·3·4에서 하나 고르세요.

11　학생　"선생님, 전철이 늦는 바람에 지각했어요."

선생님 "이유야 어찌 됐든 지각은 지각입니다. 다음부터는 조심하세요."

12　그를 별로 좋아하지 않지만, 이만큼 팀을 위해 노력해 줬으니 감사하지 않을 수 없다.

13　이 아티스트의 곡은 나이를 불문하고 누구나 좋아할 만한 가사와 멜로디다.

14　이만큼 돈을 들인 실험이니까 무슨 일이 있어도 실패할 수는 없다.

15　그에게는 한 시간 이상 전에 연락했지만, 답장하지 않는 것을 보면 아직 잔업하고 있는 거겠지.

13회　　본책 392쪽

문제7 다음 문장의 (　　)에 들어갈 가장 올바른 것을 1·2·3·4에서 하나 고르세요.

1　일본 학교에서는 야구부나 축구부 같은 다양한 스포츠팀이 있습니다.

2　여름에는 불꽃놀이를 비롯해 여름 축제와 비어 가든 등 재미있는 행사가 많이 있다.

3　말차는 일본뿐만 아니라 세계에서도 건강에 좋은 식재료로 주목받고 있다.

4　여행을 위해 옷이며 모자며 주말에 사러 가려고 생각 중이다.

5　저녁을 먹든 안 먹든 몇 시에 돌아오는지 알려 줘.

6　날씨가 추워지면 냄비 요리나 어묵 같은 따뜻한 음식이 먹고 싶어진다.

7　청해를 잘하는 사람도 있고 회화를 잘하는 사람도 있으므로, 잘하는 것은 사람마다 다르다.

8　일본을 비롯해 아시아 여러 나라에 두부를 사용한 요리가 있습니다.

9　외출이 금지된 데다 배달 서비스도 중단돼서 불편할 수밖에 없다.

10　올해는 결혼도 하고 딸도 태어나 행복한 한 해였다.

문제8 다음 문장의 ★ 에 들어갈 가장 올바른 것을 1·2·3·4에서 하나 고르세요.

11　아야노 선생님은 얼굴도 예쁘시고 잘 가르치기 때문에 학교에서 매우 인기가 있다.

12　초밥이나 튀김 같은 요리는 일본뿐만 아니라 해외에서도 인기가 있다.

13　모두가 있는 앞에서 "좋아해!"라고 큰 소리로 고백을 받아 기쁘기도 하고 민망하기도 하고 머릿속이 혼란스럽다.

14　머리가 좋고 스포츠를 잘하는 데다 재미있어서 우리 반 모두가 그를 매우 좋아한다.

15　생일 파티에 참석하든 참석하지 않든 대답은 가능한 한 빨리 하는 것이 좋다.

문제7 다음 문장의 (   )에 들어갈 가장 올바른 것을 1·2·3·4 에서 하나 고르세요.

1. 아들은 중학생이 되자 학교를 쉬는 일이 <u>잦아</u>졌고 집에서 게 임만 하게 됐다.

2. 방과 후에는 <u>하다 만</u> 숙제를 다 끝내고 놀러 갈 생각이다.

3. 세계를 여행하겠다며 집을 <u>나간 뒤</u> 10년 동안 한 번도 집에 돌아오지 않았다.

4. 해외에 사는 것은 힘든 일이라고 <u>생각하기 쉽지</u>만, 최근에는 외국에서도 일제 물건을 구할 수 있어서 생활에 곤란한 것은 없다.

5. 한자에 모두 후리가나가 달려 있으므로 이것은 유학생을 <u>위한</u> 책이라고 생각한다.

6. 그는 무슨 말을 <u>하려다</u>가 그녀가 말을 시작하자 입을 다물 었다.

7. 회사에 못 갈 정도는 아니었지만, 몸이 나른하고 감기 <u>기운</u> 이 있어서 쉬기로 했다.

8. 그녀는 이미 대학생이지만 말투나 행동이 왠지 <u>어린애 같다</u> 는 생각이 든다.

9. '안녕히 가세요'라고 말한 그녀는 어딘가 쓸쓸한 <u>듯한</u> 얼굴을 하고 있었다.

10. 남의 물건을 동의 없이 마음대로 쓰는 사람의 마음은 도무지 <u>이해할 수 없다</u>.

문제8 다음 문장의 __★__ 에 들어갈 가장 올바른 것을 1·2·3·4 에서 하나 고르세요.

11. 최근 1년 정도 감기에 <u>잘</u> 걸린 것은 이사하고 환경이 바뀌었 기 때문일까?

12. 대지진을 겪으며 자연재해는 언제든 <u>일어날 수</u> 있는 일이구 나 하고 실감했다.

13. 우리 회사는 혼자 사는 <u>고령자를 위해</u> 쇼핑이나 청소 등의 가사를 지원하는 서비스를 제공하고 있습니다.

14. 나중에 <u>마시려고</u> 마시다 만 주스를 책상 위에 올려놨더니 '빨 리 버려'라고 엄마한테 혼났다.

15. 3년 전에 다치고 난 <u>후</u> 스키를 타지 않게 됐다.

문제7 다음 문장의 (   )에 들어갈 가장 올바른 것을 1·2·3·4 에서 하나 고르세요.

1. 혹시 김 씨의 연락처를 <u>알고</u> 계시다면 가르쳐 주실 수 없겠 습니까?

2. 손님   "저기요, 이 상품은 언제 입고될 예정이에요?"
   점원   "죄송합니다. 아직은 미정이라서 <u>답변 드리기</u> 어렵습 니다."

3. 부하 직원 "이번 주말에 사장님은 자택에 <u>계십니까</u>?"
   사장님   "응, 있지."

4. (수리 업체 직원)
   냉장고에서 이상한 소리가 난다고 하셨는데, 잠깐 <u>보여주실</u> <u>수</u> 있을까요?

5. 손님   "이 옷, 사이즈가 안 맞아서 반품하고 싶은데요."
   점원   "죄송합니다. 이 상품은 가격 인하 상품이라 반품 대 응이 <u>어렵습니다</u>."

6. (강연회에서)
   운동을 하면 행복도가 증가하고 스트레스가 해소된다는 것 을 <u>알고 계십니까</u>?

7. 처음 뵙겠습니다. 오늘부터 함께 <u>일하게 된</u> 구엔이라고 합니 다. 잘 부탁합니다.

8. 3시간 정도 시간이 비는데, 그동안 사장님은 호텔에 <u>계시겠</u> <u>습니까</u>?

9. 학생   "바쁘신데 죄송합니다만, 좀 <u>여쭤봐도</u> 될까요?"
   교수님 "네, 물어보세요."

10. 이 바지, 산 건 좋은데 나한테는 어울리지 않는 색이라서, 사 토 씨가 <u>받아 줄래</u>?

문제8 다음 문장의 __★__ 에 들어갈 가장 올바른 것을 1·2·3·4 에서 하나 고르세요.

11. 그럼, 먼저 저희 회사를 지망하게 된 이유를 여쭤<u>봐도</u> 괜찮으 실까요?

12. 야마다 씨, 우리 밭에서 토마토를 많이 수확했는데 <u>조금</u> 받 아 가지 않을래?

13. 저기요, 이 기계의 전원을 켜는 방법을 <u>알고</u> 계시나요? 아직 익숙하지 않아서요.

14. 오늘 맛있는 것 많이 먹<u>게 해</u> 주셔서 정말 감사했습니다.

15. 이 여관은 천황 폐하가 <u>오신</u> 적도 있다고 합니다.

문제9 다음 문장을 읽고, 문장의 전체적인 내용을 생각해서 16 부터 20 안에 들어갈 가장 올바른 것을 1·2·3·4에서 하나 고르세요.

술과 미용

일본인에게 가장 친숙한 술이라 하면 '일본주'가 아닐까? 마시는 주류로 사랑을 받아 온 일본주지만, 현대에는 다른 형태로 사용되는 일도 많아졌다. 그 활용 방법을 하나 여러분께 16 소개하고자 한다. '술지게미 스킨'이다. '술지게미'란 술을 빚을 때 생기는 흰색 고형물이다. 이 술지게미를 사용한 스킨이 피부를 맑게 하는 효과가 있다고 알려지기 시작한 것이다. 술지게미를 식재료로 이용하는 일은 예로부터 흔했지만, 술지게미로 스킨을 만든다는 것은 완전히 새로운 아이디어다.

17 또한 스킨뿐만 아니라 술지게미를 사용한 비누나 크림 등 미용과 관련된 다양한 상품이 시장에 등장하게 됐다. 미용에 관심 있는 사람들도 상품명에 '술지게미'라는 글자가 있으면 '피부에 좋을 것 같다'는 이미지를 갖게 됐다.

이 18 흐름을 타고 여러 기업이 '술지게미'라는 이름을 붙인 상품을 많이 판매하기 시작하면서 이런 상품이 별로 신기한 일은 아니게 됐다. 그렇지만 단순한 붐에 그치지 않고 지금도 여전히 인기 있는 상품이다.

그 이유는 정말 피부에 좋다고 하는 성분이 술지게미에 많이 들어 있기 때문이다. 술지게미에 함유된 코직산은 멜라닌을 만들기 어렵게 하는 작용이 있다. 멜라닌은 피부에 생기는 기미의 원인이 되기 때문에, 술지게미에 의해 기미가 줄어들고 피부가 깨끗해진다 19 는 것이다.

여기까지 듣고 진짜 효과가 있을지 의아해 하시는 분들도 많을 것이다. 효과가 있는지 20 의심만 해 봐야 소용없다. 우선은 실제로 직접 시도해 보길 바란다.

10. 내용 이해(단문)   본책 425쪽

문제10 다음 (1)부터 (5)의 문장을 읽고 나서 물음에 대한 답으로 가장 올바른 것을 1·2·3·4에서 하나 고르세요.

(1)

다음은 앞으로 교사가 될 사람을 위해 쓴 글이다.

교사라는 존재는 학생들에게 상상 이상으로 큰 것입니다. 교사가 한 말, 표정이나 행동(주) 등을 학생들은 유심히 관찰하고 있습니다. 그러므로 우리는 학생들에게 어떤 말을 해야 할지 신중히 생각해야 합니다. 아무 생각 없이 부정적인 말을 계속 사용하면 그들의 가능성을 무너뜨려 버릴지도 모르기 때문입니다.

반대로 '넌 할 수 있어'라고 긍정적인 말을 듣는 것만으로 의욕이 생기고, 하지 못했던 일을 쉽게 할 수 있게 되기도 합니다. 교사인 우리의 말에는 그만큼 큰 힘이 있다는 것을 알아 둬야 합니다.

(주) 仕草 행동 : 무언가 할 때의 작은 움직임

1 필자의 생각과 일치하는 것은 어느 것인가?

1 교사는 학생들에게 항상 보여지고 있으므로 나쁜 짓을 할 수 없다.

2 학생들의 말에는 상상 이상으로 큰 힘이 있다.

3 학생들은 교사가 쓰는 말에 따라 좋게도 나쁘게도 변화할 수 있다.

4 교사는 학생에게 좋은 것도 나쁜 것도 모두 전달해야 한다.

(2)

'천재란 1%의 영감(주)과 99%의 노력이다.'라는 발명가 에디슨의 명언(주2)이 있다. 누구나 알고 있을 이 명언은 '영감보다 노력이 중요하다'는 의미로 사람들에게 이해되고 있지만, 사실 에디슨이 전하고 싶었던 것은 '노력이 중요하다'는 것이 아니라 '작은 영감이 없으면 아무리 노력해도 소용이 없어진다.'라는 것이었다.

열심히 노력한다고 해서 결과가 나온다고는 할 수 없다. 이는 남들보다 배로(주3) 노력한 에디슨이 몸소(주4) 느꼈기 때문에 할 수 있었던 말이 아닐까.

(주1) ひらめき 영감 : 멋진 아이디어가 순간적으로 떠오르는 것
(주2) 名言 명언 : 공감할 수 있는 훌륭한 말
(주3) 人一倍 남들보다 몇 배 : 다른 사람들보다 몇 배 더
(주4) 身をもって 몸소 : 자기 몸으로, 직접

[1] 에디슨이 말하고 싶었던 것은 어떤 것인가?

1 누구보다 노력하지 않으면 좋은 생각을 떠올릴 수 없다.
2 아무리 좋은 아이디어가 있어도 열심히 하지 않으면 의미가 없다.
3 노력을 하는 것은 중요하지만 아이디어가 없으면 결과도 나오지 않는다.
4 아무리 노력을 해도 천재가 될 수는 없다.

(3)

　　인간은 다른 동물보다 우월하다고 말하는 사람이 있다. 인간만이 욕구를 억제할 수 있다는 것이나 지성(주1)이 있다는 것이 자주 그 이유로 꼽히고 있다. 그러나 정말 그럴까? 인간이 할 수 있고 다른 동물이 할 수 없는 것도 있다면, 그 반대도 있다. 게다가 우리는 인간 이외의 동물이 욕구를 억제하지 못한다거나 지성이 없다고 단언(주2)할 수 없다. 따라서 현시점에서는 인간 이외에 언어를 의사소통의 수단으로 하는 동물이 발견되지 않았다는 것 정도밖에 차이점을 말할 수 없는 것이다. 애초에 인간도 동물의 일종에 지나지 않으며, 본래 인간과 인간 이외의 동물을 나누어 생각할 수는 없다고 나는 생각한다.

(주1) 知性 지성 : 사물을 생각하는 능력
(주2) 斷言 단언 : 분명히 딱 잘라 말하는 것

[1] 필자에 따르면 인간이 동물과 다른 점은 무엇인가?

1 인간은 다른 동물보다 생각하는 힘이 있는 것
2 인간에게는 욕구를 무시할 힘이 있는 것
3 언어로 욕구나 지성을 표현할 수 있는 것
4 언어로 의사소통을 하고 있는 것

(4)

다음은 이벤트 운영 회사의 기획부에서 영업부로 보낸 메일이다.

영업부 사토 씨

수고 많으십니다. 기획부의 나카모토입니다.
메일 확인했습니다.
다음 주에 진행될 이벤트 준비를 위해 영업부에서 15명이 작업에 참여해 주신다고 하셨는데요, 이벤트 내용이 대폭 변경돼서 영업부에서는 몇 분만 오시면 됩니다.

다만, 이벤트 준비 일정이 30일에서 29일로 변경되었습니다. 이 일정으로 참여할 수 있는 분들의 명단을 받고 싶습니다. 답장 기다리겠습니다.

기획부 나카모토

[1] 이 메일의 용건은 무엇인가?

1 30일 이벤트에 15명 이상 참여했으면 좋겠다.
2 30일 이벤트 준비에 몇 명이 참여할 수 있는지 없는지 알려주길 바란다.
3 29일 이벤트에 몇 명 참여했으면 좋겠다.
4 29일 이벤트 준비에 참여할 수 있는 사람들의 명단이 필요하다.

(5)

　　동물에게 눈은 멀리 있는 사냥감(주1)이나 적을 찾기 위해 있습니다. 우리 인간의 조상들도 사냥(주2)을 하며 살았기 때문에 먼 곳을 보는 생활을 했습니다.
　　그러나 현대에 와서는 텔레비전이나 컴퓨터 등 전자기기가 보급되면서 인간의 생활은 거의 먼 곳을 보지 않는 생활로 변화했습니다. 그 결과 눈에 부담이 가해져 멀리 있는 것이 잘 안 보이는 '근시'가 된 사람이 늘어난 것입니다.

(주1) 獲物 사냥감 : 먹기 위해 잡는 동물
(주2) 狩り 사냥 : 산이나 들에서 동물을 잡는 것

[1] '근시'가 된 사람이 늘어난 것은 왜인가?

1 현대의 인간은 조상들처럼 사냥을 하지 않게 되었기 때문에
2 사람들의 생활이 가까운 곳을 보는 생활로 바뀌었기 때문에
3 눈에 부담이 가해져 먼 곳을 볼 수가 없게 되었기 때문에
4 텔레비전이나 컴퓨터는 눈에 나쁜 영향을 미치기 때문에

11. 내용 이해(중문)　　　　　　　　　　　　본책 436쪽

문제11 다음 (1)부터 (3)의 문장을 읽고 나서 물음에 대한 답으로 가장 올바른 것을 1·2·3·4에서 하나 고르세요.

(1)

　　배우는 사람이 '학생(生徒)'이라 불리는 초등학생부터 고등학생인 동안에는 사회의 일원(주1)으로서 필요한 지식과 교양을 배우는 때이다. 학생은 모두 하나같이(주2) 교사의 지도 아래에 배워 나간다. 즉 수동적인(주3) 배움이다.

하지만 대학은 그렇지 않다. 대학에서 배우는 사람은 '학생 (学生)'이라 불리며 '학생(生徒)'과는 크게 다르다. 왜냐하면 대학에서의 배움은 스스로 배우고 싶은 분야를 선택하고 그 분야에 대해 나름의 방법으로 알아 가는 주체적인 활동이기 때문이다. 예를 들면 고등학교까지는 있던 시간표(주4)가 없다. 자신이 어떤 강의를 들을지 스스로 선택할 수 있기 때문이다. 또 '강의'는 '수업'과 같지 않다. 가르치는 사람은 그 분야의 전문가이며, 받는 사람도 그 분야에 관심이 있는 사람밖에 없다. 과제도 연구 방법도 자기가 하기 나름이다. 대학은 연구의 장을 제공하거나 연구를 지원해 줄 뿐이다. 그 결과 그들에게 주체적으로 행동하는 힘이 몸에 배게 되는 것이다. 대학에서 그 능력을 얻게 되면 사회에 나가서도 스스로 과제를 찾고 해결 방법을 모색할(주5) 수 있게 되는 것이다.

하지만 많은 사람들은 대학에 들어갈 때까지 수동적인 배움밖에 해 오지 않았다. 그래서 대학에 들어가서 갑자기 자유롭게 해도 된다고 해도 어떻게 해야 할지 모르는 것 같다. 사회에 나가서도 마찬가지일 것이다. '학생(生徒)'일 때부터 주체적으로 행동하는 힘을 키우는 것이 중요하지 않을까?

(주1) 一員 일원 : 그룹 중의 한 사람
(주2) 一樣に 하나같이 : 똑같이
(주3) 受動的な 수동적인 : 자기 의사가 아닌 다른 사람의 의사로 행동하는 것
(주4) 時間割 시간표 : 여기서는 학교가 정한 수업 일정
(주5) 模索する 모색하다 : 찾다

---

1 '학생(生徒)'에 대해서 필자는 어떻게 말하고 있는가?

1 <u>모두가 똑같이 교사에게서 필요한 것을 배운다.</u>

2 배우는 것을 스스로 선택할 수 있다.

3 그 분야의 전문가에게 배울 수 있다.

4 과제를 찾는 방법과 연구 방법을 생각할 수 있다.

---

2 필자에 따르면 대학이란 어떤 것인가?

1 교수로부터 그 분야의 과제를 배운다.

2 <u>문제도 그 해결 방법도 스스로 찾아낸다.</u>

3 그 분야의 전문가가 된다.

4 강의와 수업을 스스로 선택한다.

---

3 필자의 생각과 일치하는 것은 어느 것인가?

1 초등학생부터 고등학생까지는 주체적으로 배울 힘이 없다.

2 자기의 의사대로 행동하는 것은 수동적인 학습을 방해해 버린다.

3 주체적으로 행동할 수 있는 사람은 사회에 도움이 된다.

4 <u>대학에 들어가기 전부터 자기 의사대로 행동할 수 있게 되어야 한다.</u>

---

(2)

'생산성'이라는 말이 보급된 요즘 세상에는 일도 공부도 어쨌든 효율적으로 하는 것이 훌륭한 것이라고 여겨지고 있습니다. 즉, 얼마나 적은 힘으로 얼마나 많은 것을 만들어낼 수 있느냐 하는 것입니다. 1시간에 10개의 빵을 만드는 사람보다 1시간에 100개의 빵을 만든 사람이 생산성이 높다는 겁니다.

적은 힘으로 물건을 많이 만드는 것은 좋은 일입니다. 그러기 위해서 지혜를 짜내는(주) 것도 또한 훌륭한 일이라고 생각합니다. 하지만 한편으로 '생산성'이 계속 요구되는 사회는 너무나 살기 힘들다고도 느껴집니다.

예를 들어 회사에서는 얼마나 생산성을 올릴 것인가 하는 싸움이 날마다 벌어지고 있습니다. 철저하게 낭비를 없애고 직원의 생산성을 높이면 그것이 회사의 이익으로 이어지기 때문입니다. 점차 직원들은 눈앞의 일을 끝낼 생각만 하고 마음을 느긋하게 가라앉히는 시간을 갖는 것을 잊어버립니다. 사실 이런 상황에서는 생산성은 올라가기가 어렵습니다. 잊지 말아야 할 중요한 것은 우리는 일하는 로봇이 아니라 '사람'이라는 것입니다.

근무 시간 중에 일하는 동료들과 여유롭게 대화하는 시간, 동료를 배려하는 시간, 혼자 생각하면서 커피를 마시는 시간, 이러한 시간은 언뜻 보기에는(주2) 쓸데없어 보이지만 생산성을 향상시키기 위해 매우 중요한 시간입니다. 표면적인 효율성만 추구해서는 '사람'의 생산성을 높이기란 어려울 것입니다.

(주1) 知恵をしぼる 지혜를 짜낸다 : 많이 고민하고 생각하는 것
(주2) 一見 언뜻 봄 : 여기서는 조금 생각하는 것

---

1 필자는 생산성이 높다는 것은 어떤 것이라고 말하고 있는가?

1 다른 사람보다 조금이라도 더 많은 것을 만들어 내는 것

2 다른 사람보다 더 오랜 시간 일하는 것

3 지혜를 써서 일을 잘 줄이는 것

4 <u>적은 힘으로 많은 것을 만들어 내는 것</u>

---

2 살기 힘들다고 하는데 필자는 무엇이 그 원인이라고 말하고 있는가?

1 <u>효율성을 지나치게 추구한 탓에 느긋하게 보내는 시간이 줄어들어 버린 것</u>

2 회사의 이익을 너무 추구한 탓에 매일 하는 일이 고통스러워진 것

3 생산성이 너무 높아졌기 때문에 세상이 물건으로 넘쳐나 버리고 있는 것

4 느긋하게 마음을 진정시키는 시간을 가지려고 하면 심하게 혼나는 것

---

3 필자는 생산성을 높이기 위해 중요한 것은 무엇이라고 말하고 있는가?

1 표면적인 효율의 좋은 점만을 추구하며 일하는 것

2 다 같이 일 끝나고 매일 술을 마시러 가는 것

3 누가 효율적으로 물건을 만들 수 있는지 직원들끼리 승부를 겨루게 하는 것

4 직원들끼리 소통하는 시간을 만드는 것

(3)

　파스(주1)나 벌레 물린 데 바르는 약이 피부에 닿았을 때 차갑게 느껴진 적이 있을 것이다. 이는 '멘톨'이라는 성분의 효과 때문이며, 우리 생활 속에서 껌이나 치약 등 많은 것에 사용되고 있다. 이 성분은 피부에 닿으면 시원한 느낌을 주지만, 멘톨이 차가운 것도 아니고 체온이 낮아진 것도 아니다. 이런 현상은 멘톨이 피부 신경을 자극하기 때문이라고 여겨지고 있다.

　나는 자주 이 무더운 일본의 여름을 극복하기 위해 박하유를 사용한다. 민트 중에서도 특히 멘톨을 많이 함유하고 있는 '일본 박하'에서 추출(주2)한 기름이다. 더울 때 피부에 바르면 시원함을 느낄 수 있고, 어깨 결림(주3)이나 두통도 박하유의 상쾌함으로 통증을 잊을 수 있다. 왠지 머리가 멍해질 때는 박하유 냄새만 맡아도 머리가 맑아져서 집중할 수 있게 된다.

　이처럼 멘톨이라는 성분 덕분에 우리 생활은 더욱 쾌적해지고 있지만 과다 사용에는 주의가 필요하다. 멘톨은 화학물질로 좋은 효과만 있는 것은 아니다. 피부 상태는 사람마다 다르므로 적당히 사용하지 않으면 피부에 염증(주4)을 일으킬 우려도 있다. 편리하고 쉽게 구할 수 있기에 더더욱 잘 사용하는 것이 중요(주5)하다.

(주1) 湿布 파스 : 허리나 어깨가 아플 때 붙이는 것
(주2) 抽出 추출 : 여기서는 박하에서 기름을 빼내는 것
(주3) 肩こり 어깨 결림 : 어깨 주위가 딱딱해져 무겁게 느껴지거나 피곤함을 느끼는 것
(주4) 炎症 염증 : 여기서는 피부에 열이 나거나 아픈 것
(주5) 肝心 긴요 : 중요

[1] 이런 현상이란 어떤 현상인가?

1 멘톨로 체온이 낮아지는 현상

2 멘톨로 차갑게 느껴지는 현상

3 멘톨이 차가워지는 현상

4 멘톨이 약으로 바뀌는 현상

[2] 멘톨의 효과는 무엇인가?

1 더울 때 체온을 낮춘다.

2 어깨 결림이나 두통의 통증을 없앤다.

3 머리를 맑게 해 준다.

4 냄새로 싫은 일을 잊게 한다.

[3] 멘톨에 대해서 필자는 어떻게 말하고 있는가?

1 쾌적한 생활을 하기 위해 멘톨은 사용하는 것이 좋다.

2 멘톨은 피부에 자극이 강하기 때문에 사용법이 어렵다.

3 멘톨이 아무리 편리한 것이라도 너무 많이 사용하는 것은 좋지 않다.

4 멘톨은 화학물질이므로 위험하다.

12. 통합 이해(AB문제)　　　　　　　　　　　본책 448쪽

문제12 다음 A와 B 문장을 읽고 나서 물음에 대한 답으로 가장 올바른 것을 1·2·3·4에서 하나 고르세요.

A

　장래를 위해 여러 종류의 자격증을 취득하려는 대학생이 많다. 자격증이 있으면 자기 능력을 쉽게 기업에 어필할 수 있어서 취업 준비에도 유리할 거라고 생각할 테지만, 나는 그렇게 생각하지 않는다. 여러 종류의 자격증을 단순히 많이 가지고 있는 것만으로는 기업이 필요로 하는 인재가 될 수 없지 않을까 생각한다. 기업이 원하는 것은 능력이 있는 사람이다. 자격증을 갖고 있어도 그것을 실제 업무에 활용하지 못하면 의미가 없다. 취업 준비를 위해서 자격증 취득을 목표로 한다면, 우선은 자신이 들어가고 싶은 회사와 하고 싶은 일에 대해 자세히 조사해서 거기에 필요한 지식을 배워 가는 것이 좋지 않을까?

B

　'장래에 뭘 하고 싶은지 모르겠다'고 하는 상담을 받는 일이 많아졌다. 취업을 앞두고 학생들이 가장 먼저 부딪치는 벽이다. 나는 그런 학생들에게 '여러 가지를 해 보라'고 조언한다. 하고 싶은 것이 무엇인지 모르는 이유는 해 본 경험이 너무 적기 때문이다. 흥미가 있든 없든 다 해 보면 된다. 특히 추천할 만한 것은 무언가 자격증을 취득하는 것이다. 자격증은 반드시 취업 준비에 도움이 된다. 자격증 공부를 계기로 자신이 관심 있는 분야를 발견할 수 있을지도 모른다. 그것을 토대로 자신이 하고 싶은 일을 찾아가면 된다. 하고 싶은 일을 찾으면 나머지는 그것에 필요한 지식을 쌓아 취업 준비에 임하기만 하면 된다.

[1] 자격증을 취득하는 것에 대해 A와 B는 어떻게 말하고 있는가?

1 A와 B 모두 기업에 능력을 어필할 수 있으므로 취득해야 한다고 말하고 있다.

2 A와 B 모두 실제 업무와 관련이 없는 자격증이라면 필요가 없으므로 취득하지 않아도 된다고 말하고 있다.

3 A는 실제 업무에서 사용할 수 없다면 필요가 없다고 말하고, B는 취직할 때 도움이 되므로 취득하는 것이 좋다고 말하고 있다.

4 A는 취업 준비에서는 전혀 유리하지 않은 것이라고 말하고, B도 필요 없으면 취득하지 않아도 된다고 말하고 있다.

[2] A와 B가 공통으로 말하고 있는 것은 무엇인가?

1 하고 싶은 일을 찾아서 그것에 필요한 것을 공부해 가야 한다.

2 하고 싶은 것을 찾기 위해서 어쨌든 여러 가지 일에 도전해야 한다.

3 취업 준비에서는 자격증이 있는지 없는지가 매우 중요해진다.

4 취업 준비에서는 자격증이 있는 사람보다 능력이 있는 사람이 유리하다.

13. 주장 이해(장문)
본책 452쪽

문제13 다음 문장을 읽고 나서 질문에 대한 답으로 가장 올바른 것을 1·2·3·4에서 하나 고르세요.

미용실에 간 다음 날 '새로운 머리 모양, 멋지네요'라고 하면 '아뇨, 그렇지 않아요'라고 말하는 일본인이 많다. 그 말을 들은 사람은 정말 자신에게 새로운 머리 모양이 어울리지 않는다고 생각하는 것이 아니라 겸손(주1)의 의미로 상대방이 한 말을 부정하는 것이다.

칭찬하는 쪽도 정말 그 머리 모양이 멋지고 그 사람에게 어울려서 하는 말이 아닌 경우도 많다. 비꼬아서(주2) 하는 말일 수도 있고 그 사람과의 관계를 좋게 하려고 칭찬하는 것이 좋다고 생각하고 있는지도 모른다.

이는 일본의 독특한 문화적 배경에 따른 것이다. 우선 일본에서는 말에 있는 그대로의 의미가 아니라 여러 가지 의미를 포함하면서 커뮤니케이션을 한다. 그리고 일본 사회에서는 자기주장을 하는 것이 좋은 것이라고는 생각되지 않으며, 겸허하고 조심스러운(주3) 태도를 보이는 것이 좋게 평가받는 경향이 있다. 칭찬을 부정함으로써 "나는 겸허하고 조심스러운 사람입니다.", "멋있을지도 모르지만, 완벽하지 않은 내 현재 상태를 알고 있습니다."라는 말 속에 있는 깊은 뜻을 갖게 해서 상대방에게 전달하는 것이다.

그러나 외국인이 일본에 와서 이 문화를 접한다면 이상하게 생각하는 사람도 있을 것이다. 일본에서는 좋게 받아들이는 것이 다른 나라에서도 좋게 여겨진다고 할 수는 없다. 칭찬을 받았을 때 겸손하게 하면 말을 그대로 받아들이는 문화권 사람들은 '내 말이 거부당했다'거나 '자기에게 자신이 없는 사람이구나'라고 생각할지도 모른다.

그렇다면 이러한 서로 다른 문화에 대한 인상 차이가 어떻게 하면 없어질까? 그것은 서로가 '다르다'는 것을 이해하는 데서 시작된다. 상대방의 문화를 이해하려고 해도 어려울 수도 있을 것이다. 그 문화를 억지로 이해하는 것이 아니라 각기 다른 문화 배경 속에서 살아왔음을 이해하고 내가 좋다고 생각하는 것이 반드시 좋게 여겨지지 않을 수도 있다는 것을 염두에 두는(주4) 것이다. 이때 의식할 점은 새로운 시점을 가지는 것이다. 어느 쪽이 좋다, 나쁘다를 판단하는 것이 아니라 어느 쪽 문화도 서로 존중한다. 각각을 인정할 수 있으면 '이런 생각도 있구나'라고 새로운 시점이 생겨 소통이 잘될 것이다. 자신의 문화와 상대방 문화의 중간점을 찾을 수 있다면 자신도 달라질 것이다.

다름을 인정하고 새로운 시점을 가지면 지금까지 보이지 않았던 여러 가지가 보이게 된다. 그 속에서 아이디어를 내어 자신을 표현하고 다른 사람과의 관계 속에서 살아가는 것이다.

(주1) 謙遜 겸손 : 상대방을 존중하고 자신의 의견을 주장하지 않는 것 사양하는 것
(주2) 皮肉 비꼼 : 직접적이지 않게 돌려서 상대방을 비난하는 것
(주3) 控え目 겸손 : 자기 주장을 하지 않고 조심스럽게 행동하는 것
(주4) 頭の片隅に置いておく 머리 한구석에 놓아 둔다 : 기억해 둔다

[1] 필자에 따르면 일본인이 칭찬을 부정하는 이유는 무엇인가?

1 상대가 비꼬면서 말한 것을 알고 있다고 눈치채길 바라기 때문에

2 새로운 머리 모양이 멋지지 않다고 생각하는 것을 알아주길 바라기 때문에

3 조심스러운 태도를 보이는 것이 좋은 것이라고 생각하기 때문에

4 자기에게 자신이 없다는 것을 알아주길 바라기 때문에

[2] 필자에 따르면 서로 다른 문화를 가진 사람들은 어떻게 소통을 해야 하는가?

1 상대방을 이해하는 것이 어렵다는 것을 알게 되면 포기한다.

2 자기의 상식이 상대방에게는 통하지 않을 가능성이 있음을 이해한다.

3 깊은 뜻을 갖게 하지 않고 그대로의 의미로 전달하는 것을 의식한다.

4 상대방의 문화를 존중하고 자기주장은 하지 않도록 조심한다.

[3] 필자의 생각과 일치하는 것은 어느 것인가?

1 다른 문화를 가진 사람과 접하면 상대방의 문화에 들어갈 수 있다.

2 서로의 문화를 판단함으로써 새로운 관점이 생긴다.

3 자신을 보여 주는 방법을 연구하고 자기 문화만을 존중해야
  한다.

4 상대방과의 다름을 인정함으로써 다양한 사고방식을 가질
  수 있다.

14. 정보 검색   본책 456쪽

문제14 오른쪽 페이지는 학교 게시판의 안내문입니다. 아래 물음에
     대한 답으로 가장 올바른 것을 1·2·3·4에서 하나 고르세
     요.

1 산토스 씨는 반 모두와 축구 대회에 나가고 싶다고 생각하
   고 있다. 신청할 때 주의해야 할 점으로 맞는 것은 어느 것인
   가?

   1 초등학생 참가자는 중학교까지 신청서를 받으러 가야 한다.

   2 참가하는 경기를 반드시 2개 선택하고 희망하는 경기를 담
     임 선생님께 전달한다.

   3 단체용 신청서에 학급 전원의 이름과 담임 선생님의 이름을
     적어야 한다.

   4 학생회 사람에게 동의 사인을 받아야 한다.

2 김 씨는 배구 대회에 나가게 됐다. 이후 스포츠 대회가 시작
   될 때까지 무엇을 해야 하는가?

   1 9월 10일 연습 모임에 가고 대회 전날 8시부터 체육관 준비
     를 한다.

   2 9월 10일 연습 모임에 가고 대회 당일 8시부터 체육관 준비
     를 한다.

   3 9월 10일이나 12일 연습 모임에 가고 대회 전날 16시부터 체
     육관 준비를 한다.

   4 9월 10일이나 12일 연습 모임에 가고 대회 당일 16시부터 체
     육관 준비를 한다.

가와우치 지구 어린이 스포츠 대회

【개최일·개최 장소】
9월 15일(일) 오전 9시~ 가와우치 중학교 체육관·교정

【대상】
초등학교 1학년부터 중학교 3학년까지

【경기에 대하여】
축구, 농구, 배구 중에서 2개까지 경기를 선택할 수 있습니다.

【신청에 대하여】
• 신청 기간: 2022년 8월 9일 ~ 2022년 8월 20일
• 신청 방법: 가와우치 초등학교 또는 가와우치 중학교 학생
         회실에 신청서가 있으므로 신청서를 작성하여
         학생회에 제출해 주시기 바랍니다.
• 참가 비용: 1인 1,000엔
※ 보호자 동의 사인을 반드시 받기 바랍니다.
※ 학급에서 신청할 경우에 단체용 신청서에 전원의 이름과
   담임 선생님의 이름을 기입해 주세요.

【연습 모임에 대하여】
아래 일시에 가와우치 중학교 체육관과 교정을 개방합니다.
각 경기당 한 번은 반드시 참가해 주세요.
• 9월 10일 16시 ~ 18시 (농구·배구)
• 9월 11일 16시 ~ 18시 (축구)
• 9월 12일 16시 ~ 18시 (축구·농구·배구)

【대회 준비에 대하여】
• 9월 14일 16시 ~ (체육관)
• 9월 15일 8시 ~ (교정)

농구 또는 배구를 신청하시는 분은 체육관 준비를 해 주시기
바랍니다.
축구를 신청하시는 분은 교정 준비를 해 주시기 바랍니다.

주의 사항
• 점심 식사는 나오지 않습니다. 도시락을 지참해 주세요.
• 차가운 스포츠 음료, 차는 무한 리필(무제한)입니다.
• 정리는 대회 종료 후에 전원이 다 함께 합니다.

우승 팀에게는 선물을 준비했습니다! 여러분의 참가를 기다리
고 있습니다!

                              가와우치 중학교 학생회
                              활동 장소 1층 학생회실

1. 과제 이해

본책 463쪽

문제1 문제1에서는 먼저 질문을 들으세요. 그러고 나서 이야기를 듣고 문제지의 1부터 4 중에서 가장 올바른 것을 하나 고르세요.

1번

남자와 여자가 이야기하고 있습니다. 남자는 이 다음에 무엇을 합니까?

남 : 하야시 씨, 나 자전거 통근을 시작하려고 하거든. 그래서 자전거를 찾고 있는데, 필요 없어진 자전거 같은 거 없을까?

여 : 음, 난 자전거가 없어서.

남 : 그렇구나. 새 걸 사도 되겠지만, 중고라도 깨끗하고 쓸 수 있는 거 있으면 그걸 쓰고 싶어.

여 : 그래. 분명 역 앞 중고품 매장에 스포츠용품이 많이 있었던 것 같아. 자전거도 있다고 들은 적 있어.

남 : 그렇구나! 그건 구입한 다음에 고장 나면 수리해 주려나?

여 : 글쎄. 그건 연락해서 물어보는 게 좋지 않을까? 만약 안 해 준다면 새 제품으로 보증된 자전거가 좋을 거야.

남 : 알았어. 그렇게 할게.

여 : 응. 모처럼 자전거를 샀는데 금방 망가지면 아깝잖아.

남 : 맞아. 고마워!

남자는 이 다음에 무엇을 합니까?

1 중고 자전거를 받는다

2 새 자전거를 가게에서 산다

3 자전거를 수리 받는다

4 중고품 매장에 전화한다

2번

영화관에서 여자가 영화 티켓을 사려고 합니다. 여자는 어느 티켓을 삽니까?

여 : 저기요. 영화를 보고 싶은데, 저녁쯤 볼 수 있는 영화가 있나요?

남 : 저녁이면 6시쯤일까요? 신작 애니메이션 영화를 보실 수 있어요. 아니면 공포 영화요. 애니메이션 영화는 인기가 많아서 좌석을 빨리 예약하지 않으면 꽉 차 버립니다.

여 : 음, 전 무서운 걸 잘 못 봐서, 공포가 아닌 게 좋겠는데.

남 : 음, 그러시면 애니메이션 영화네요. 자리요. 6시부터 하는 애니메이션 영화는 역시 자리가 별로 안 남아 있네요. 맨 앞자리라면 비어 있습니다만.

여 : 앞자리는 목이 피로해져서 싫은데. 다른 시간은 있나요? 좀 더 늦어도 괜찮아요.

남 : 네, 8시에 있습니다. 그 시간으로 뒤쪽 자리를 잡아 드릴까요?

여 : 네, 그렇게 해 주세요.

여자는 어느 티켓을 삽니까?

1 공포 영화 앞좌석

2 공포 영화 뒷좌석

3 애니메이션 영화 앞좌석

4 애니메이션 영화 뒷좌석

3번

회사에서 상사가 신입 사원에게 이야기하고 있습니다. 신입 사원은 주로 상품개발부의 무엇에 대해 설문 조사를 합니까?

여 : 다음 주 신입 사원 연수에서는 상품개발부를 방문해서 선배 사원에게 설문 조사를 진행하도록 하겠습니다. 음, 상품개발부에서는 우리 회사를 대표하는 바삭바삭 칩스 등의 상품을 기획하고 있습니다. 또한 최근에는 해외에서도 우리 회사 과자의 인기가 많아져서 해외용 신상품도 개발할 예정입니다. 그래서 이번에 여러분은 인기 상품을 어떻게 만들어 냈는지, 개발까지 어떤 고충이 있었는지를 조사해 주세요. 지금부터 그룹으로 나누어 묻고 싶은 것을 용지 1장에 정리해서 설문지를 만들어 주세요. 다음 주에 설문지를 회수한 후에 그 내용을 바탕으로 그룹으로 논의해서 상품 기획서를 작성해 봅시다.

신입 사원은 주로 상품개발부의 무엇에 대해 설문 조사를 합니까?

1 상품의 인기가 많은 이유

2 해외용 신상품 개발

3 만들고 싶은 상품

4 지금까지의 대처

4번

대학에서 여자와 남자가 이야기하고 있습니다. 남자는 이 다음에 먼저 무엇을 해야 합니까?

여 : 다나카 군, 신입생도 들어왔고 해서, 우리 테니스부에서 합숙 훈련을 하려고 하는데 좀 도와줄래?

남 : 아, 네. 알겠습니다.

여 : 4학년이 지금 바쁜 시기니까 4학년이 참가할 수 있는 날에 일정을 맞추는 게 좋을 것 같아. 부장님께 일정을 물어 봐 줄래? 1학년에게도 빨리 합숙 훈련 소식을 전해야 하니까.

남 : 네. 날짜가 정해지면 숙박 시설을 찾을게요. 몇 박 정도 될까요?

여 : 2박 3일이 될 것 같아. 참가할 수 있는 인원에 따라 달라지겠지만.

남 : 그러면 숙박 시설을 예약하는 것은 인원수가 확정되고 나서 해야겠네요.

여 : 그렇지.

남자는 이 다음에 먼저 무엇을 해야 합니까?

1 4학년의 일정을 확인한다
2 1학년 학생들에게 합숙 훈련을 한다는 것을 전한다
3 숙박 시설을 찾는다
4 몇 명 참가할 수 있는지 확인한다

5번

시민체육관 접수처에서 접수처 사람과 남자가 이야기하고 있습니다. 남자는 이 다음에 먼저 무엇을 해야 합니까?

남 : 저기요, 처음 이 체육관을 사용하는데요. 회원 등록이 필요한가요?

여 : 네, 괜찮으시다면 이쪽에서 접수하도록 하겠습니다. 회원 등록에는 신청서 기입과 입회비 1,500엔이 필요합니다. 그리고 신분증도 필요한데 갖고 계신가요? 복사한 것도 괜찮습니다.

남 : 네, 신분증 사본은 있어요.

여 : 그럼, 우선 신분증 사본을 받을게요. 그리고 여기 신청서에 이름과 주소를 기입해 주세요.

남 : 네.

여 : 아, 혹시 학생이신가요? 학생증을 제시해 주시면 입회비가 무료입니다만.

남 : 학생이 아니에요.

여 : 실례했습니다. 회원 카드는 여기가 아니라 2층에 있는 접수 창구에서 드리니까, 이름이 불릴 때까지 창구 앞에 있는 의자에 앉아서 기다려 주세요. 입회비는 회원 카드를 받으실 때 지불하시기 바랍니다.

남 : 네.

여 : 수속이 끝나면 오늘부터 체육관을 이용하실 수 있습니다.

남자는 이 다음에 먼저 무엇을 해야 합니까?

1 입회비를 지불한다
2 신분증을 복사한다
3 신청서에 이름과 주소를 기입한다
4 학생증을 제출한다

2. 포인트 이해

본책 475쪽

문제2 문제2에서는 먼저 질문을 들으세요. 그 다음 문제지의 선택지를 읽으세요. 읽는 시간이 있습니다. 그리고 나서 이야기를 듣고 문제지의 1부터 4 중에서 가장 올바른 것을 하나 고르세요.

1번

텔레비전에서 아나운서가 이야기하고 있습니다. 내일 일본팀의 스케줄은 어떻게 된다고 말하고 있습니까? 내일입니다.

남 : 일본팀은 어제 아시아 대회에서 져 버렸지만, 선수들은 기분 전환하여 이미 연습을 시작했습니다. 내일 아침까지 개인 연습을 할 예정입니다. 이번 시합에서 진 것은 일본팀으로서는 예상치 못한 결과였습니다. 따라서 모레 있을 3위를 결정하는 시합까지 작전을 다시 세울 필요가 있을 것 같습니다. 내일 일본팀은 낮부터 연습 시합이 있고, 모레는 연습은 없으며, 밤에는 3위를 결정하는 시합에 출전할 예정입니다.

내일 일본팀의 스케줄은 어떻게 된다고 말하고 있습니까? 내일입니다.

1 아침에는 개인 연습이고 낮부터 연습 시합
2 아침에는 개인 연습이지만 낮 연습 시합은 쉼
3 아침에는 연습 시합이지만 낮 연습 시합은 쉼
4 연습은 없으며 밤에는 3위를 결정하는 시합에 나감

2번

여자와 남자가 혼자 사는 것에 대해 이야기하고 있습니다. 여자는 왜 이사한다고 말하고 있습니까?

남 : 사회인이 돼서 혼자 살기 시작했다면서. 새집은 어때?

여 : 신축이라 방도 깨끗하고 아주 마음에 들지만, 이제 이사 가려고 생각 중이야.

남 : 아직 한 달 정도밖에 안 지났잖아?

여 : 응. 집주인도 매우 친절해서 좋았는데, 최근에 근처에서 공사가 시작돼서 그 소리가 시끄러워서 말이야. 몇 번이나 어떻게 좀 해 달라고 부탁했는데 개선이 안 돼. 집에서 일하니까 집중이 안 돼서 힘들어. 잠깐 동안이라면 참을 수 있었는데, 꽤 오래 걸린다는 것 같아서….

27

남 : 그렇구나.

여 : 방도 넓고 창문으로 보이는 경치도 예뻐서 사실 이사하고 싶지 않거든. 신축인데 집세도 깎아 줬고, 지금까지는 아무 문제가 없었는데, 역시 이것만은 안 될 것 같아. 이 방보다 좋은 곳이 없는지 찾아볼 거야.

여자는 왜 이사한다고 말하고 있습니까?

1 집주인이 상냥하지 않기 때문에
2 공사 소리를 참을 수 없었기 때문에
3 방이 좁기 때문에
4 집세가 비싸기 때문에

3번

감자 수확 체험 교실에서 농가 사람과 여학생이 이야기하고 있습니다. 농가 사람은 어떤 사람이 수확 체험에 참가할 수 있다고 말하고 있습니까?

여 : 저기요. 여기 밭에서 수확 체험을 할 수 있다고 들었는데. 어떤 것을 할 수 있나요?

남 : 직접 감자를 캐시면 됩니다. 요즘은 농사를 짓는 젊은 사람이 적어서 체험을 통해 농업에 흥미를 갖게 됐으면 해서 시작했습니다. 체험해 보시겠어요?

여 : 네, 해 보고 싶은데 도구를 가지고 있지 않아요. 농사 체험도 처음이라.

남 : 본인 것이 있으면 그것을 사용하는 편이 좋겠지만, 체험이니까 전부 저희가 빌려 드립니다. 그리고 혼자서 작업하는 건 아니라서 처음이라도 괜찮아요.

여 : 다행이다.

남 : 그보다 식물 알레르기는 없습니까? 식물을 만지지 못하면 체험이 어려울 수도 있어요.

여: 그건 괜찮아요.

남: 그런 문제가 없다면 어떤 채소 수확 체험이든 할 수 있어요. 수확한 채소를 가공하는 체험도 희망하시면 할 수 있습니다.

여 : 재미있을 것 같네요. 해 보고 싶어요.

농가 사람은 어떤 사람이 수확 체험에 참가할 수 있다고 말하고 있습니까?

1 농사 도구를 갖고 있는 사람
2 혼자서 작업을 할 수 있는 사람
3 식물을 만져도 문제가 없는 사람
4 채소 가공을 한 적이 있는 사람

4번

여자가 레스토랑 예약을 하기 위해 전화를 하고 있습니다. 여자는 왜 예약하지 않기로 했습니까?

남 : 전화 주셔서 감사합니다. 피자의 숲 본점입니다.

여 : 저기, 예약을 하고 싶어서 전화했는데요. 크리스마스 날은 아직 비어 있나요?

남 : 대단히 죄송합니다. 크리스마스 날은 예약이 다 차 버렸습니다. 본점에서 걸어서 10분 거리에 역전 점이 있습니다. 본점과는 조금 메뉴가 다르지만, 그쪽이라면 예약하실 수 있을지도 모릅니다.

여 : 그렇군요. 본점 쪽이 집에서 가까워서 예약하고 싶었는데…. 역전 점이라면 조금 멀지만, 이번에는 어쩔 수 없나…. 메뉴는 어느 가게든 괜찮고.

남 : 당일에 크리스마스 선물을 전달하실 건가요?

여 : 남자 친구는 모르겠지만 저는 주려고 해요.

남 : 그러세요? 사실 역전 점에서는 선물을 전달하실 타이밍에 케이크를 내어 드릴 수 있는데, 그날은 케이크 예약이 이미 끝나 버려서요….

여 : 그건 괜찮아요. 음, 역시 추운데 거기까지 걸어가기는 좀 힘들어서, 죄송하지만 다른 곳을 한번 찾아볼게요.

남 : 알겠습니다. 전화 주셔서 감사합니다.

여자는 왜 예약하지 않기로 했습니까?

1 가게가 집에서 멀기 때문에
2 메뉴 내용이 다르기 때문에
3 선물을 전달하지 못하기 때문에
4 케이크를 먹을 수 없기 때문에

5번

레스토랑에서 점장과 여자 점원이 이야기하고 있습니다. 점장은 레스토랑의 매출을 올리기 위해 먼저 어떤 것을 하면 좋겠다고 말하고 있습니까?

여 : 요즘 우리 가게 매출이 떨어지고 있죠?

남 : 그러게. 요즘은 집에서 식사하는 사람이 많아서 포장이나 배달이 가능한 도시락이 가장 잘 팔리잖아. 역시 배달이 가능한 메뉴를 늘리는 건 어떨까?

여 : 새로운 메뉴를 만드나요?

남 : 응. 지금까지는 도시락 메뉴밖에 없었잖아. 앞으로는 커피나 빵 같은 걸 배달용으로 내는 건 어떨까?

여 : 괜찮네요.

남 : 한번 시도해 보자. 그 평판이 좋으면 가게에서도 비슷한 메뉴를 내 볼까?

여 : 커피나 빵 같은 거요?

남 : 응. 그뿐만 아니라 배가 좀 고플 때 먹을 수 있는 가벼운 메뉴를 늘리면 손님이 늘 수도 있을 거야.

여 : 좋네요. 그렇게 되면 좌석 수도 늘리고 싶네요.

남 : 좋아.

점장은 레스토랑의 매출을 올리기 위해 먼저 어떤 것을 하면 좋겠다고 말하고 있습니까?

1 도시락 종류를 늘린다

2 배달용 메뉴를 만든다

3 가게에서 가벼운 메뉴를 낸다

4 좌석 수를 늘린다

6번

고등학교 집회에서 교장 선생님이 이야기하고 있습니다. 교장 선생님은 먼저 무엇을 시작한다고 말하고 있습니까?

남 : 음, 작년에는 큰 체육관을 좀 더 편하게 사용하기 위해서 리모델링 공사를 했는데, 올해는 작은 체육관과 교실 공사를 할 예정입니다. 공사는 다음 달부터 시작됩니다. 한꺼번에 모든 교실을 공사하는 것이 아니라 조금씩 해 나갈 예정입니다. 우선 1학년 교실부터 진행할 테니 1학년은 운동장에 지어진 임시 교실로 짐을 옮기길 바랍니다. 작은 체육관 공사는 교실 공사 후에 시작할 예정입니다.

교장 선생님은 먼저 무엇을 시작한다고 말하고 있습니까?

1 큰 체육관 리모델링

2 모든 교실 공사

3 1학년 학생들의 짐 이동

4 작은 체육관 리모델링

3. 개요 이해

본책 489쪽

문제3 문제3에서는 문제지에 아무것도 인쇄되어 있지 않습니다. 이 문제는 전체적으로 어떤 내용인지를 묻는 문제입니다. 이야기 전에 질문은 없습니다. 먼저 이야기를 들으세요. 그러고 나서 질문과 선택지를 듣고 문제지의 1부터 4 중에서 가장 올바른 것을 하나 고르세요.

1번

텔레비전에서 리포터가 남자에게 인터뷰를 하고 있습니다.

여 : 오늘은 일본문학상을 수상한 무라카미 씨와 말씀을 나누어 보겠습니다. 무라카미 씨, 수상을 축하드립니다.

남 : 감사합니다. 이번에 수상한 작품 '행복의 숲'은 미국이랑 중국 등 세계 20개국의 언어로 번역되었습니다. 과학 기술이 발전하고 세계가 편리해지는 것은 기쁜 일이지만, 그와 동시에 소중한 자연과 사람과의 관계를 잃고 있는 것처럼 느껴집니다. 이 작품을 통해 많은 사람들에게 일본의 아름다운 자연 정경과 가까이 있는 행복을 전하고 싶었습니다.

여 : 무라카미 씨의 작품은 전 세계에서 높이 평가를 받고 있는데요.

남 : 설마 이렇게 많은 사람들, 더군다나 전 세계 사람들에게 사랑받을 줄은 생각지 못했습니다. 이 작품으로 이런 훌륭한 상을 받게 된 것은 인생에서 가장 큰 행복입니다.

남자는 무엇에 대해 이야기하고 있습니까?

1 이 책을 쓴 이유

2 이 책을 읽고 있는 나라

3 이 책의 작가의 인생

4 이 책이 뽑힌 이유

2번

텔레비전에서 채소 전문가가 이야기하고 있습니다.

여 : 샐러드나 수프 등 다양한 요리에 사용할 수 있는 채소라고 하면 토마토지요. 그런데 토마토를 소스로 사용해 봤더니 왠지 맛있게 안 되거나 또는 샐러드에 썼는데 너무 단맛이 나서 샐러드에는 적합하지 않다고 생각한 적 없나요? 이때 중요한 것은 토마토에 맞는 요리를 선택하는 것입니다. 분홍색 토마토는 담백하고 조금 단단해서 샐러드 등에 적합하고, 빨간 토마토는 맛이 진하고 부드러워 소스에 사용하는 것이 좋습니다. 평소보다 몇 배로 맛있는 요리를 만들 수 있을 겁니다.

채소 전문가는 무엇에 대해 이야기하고 있습니까?

1 토마토를 사용해 만들 수 있는 요리의 예

2 토마토를 사용한 요리 레시피

3 맛있는 토마토를 고르는 방법

4 요리를 맛있게 하는 아이디어

3번

라디오에서 여자가 이야기하고 있습니다.

여 : 제가 나고 자란 도시에서는 열심히 돈을 모아 자가용을 갖고 싶다고 생각하는 사람이 많았습니다만, 도쿄에서는 돈이 있어도 차를 사지 않겠다고 하는 사람이 많게 느껴집니다. 도쿄에 사는 친구에게 이야기를 들어

봐도 차를 사고 싶어 하는 사람은 거의 없습니다. 도쿄에서는 전철이나 버스 등 교통 기관이 발달해서 차가 별로 필요하지 않다는 점과 차를 세워 두기 위한 주차장 요금 등 비용이 많이 든다는 이유가 있는 것 같습니다. 저도 현재 도쿄에서 살고 있지만 차를 사는 것은 단점이 더 큰 것처럼 느껴집니다.

여자는 무엇에 대해 이야기하고 있습니까?

1 도쿄 사람이 돈을 사용하는 방식

2 도쿄의 교통기관 상황

3 도쿄에서 차를 사지 않는 사람이 많은 이유

4 도쿄에서 생활하는 것의 어려움

4번

회사에서 상사와 여자가 아기가 물건을 입에 넣으려고 하는 것에 대해 이야기하고 있습니다.

남 : 우리 집에 5개월 된 아이가 있거든. 요즘 뭐든지 입에 넣으려고 해서 걱정이야.

여 : 그렇죠? 이 시기의 아기는 아직 눈이 명확하게 보이지 않아서 입에 넣어 어떤 것인지 확인하는 거예요. 물론 안전이 가장 중요하지만, 입에 넣는 행위는 뇌 발달에도 도움이 되고 하니까요, 물건을 빼앗기도 좀….

남 : 과연, 그런 의미가 있었구나.

여자가 말하고 싶은 것은 무엇입니까?

1 물건을 입에 넣으면 위험한 경우가 있다

2 물건을 입에 넣지 않도록 주의해야 한다

3 물건을 입에 넣어도 되는 것은 아기뿐이다

4 물건을 입에 넣는 것도 필요한 일이다

5번

회사에서 사장님이 이야기하고 있습니다.

남 : 일을 하다가 실패해 버리거나 잘 안될 때 자신에 대한 자신감이 떨어지고 마는 경우가 있지요. 실패는 안 좋은 것이라고 생각하지 않습니까? 물론 낙담하는 마음도 이해 갑니다만, 자신을 지나치게 탓하는 것은 좋지 않습니다. 실패하는 것은 나쁜 것이 아니라 자기 자신을 성장시킬 수 있는 좋은 기회인 겁니다. 단순한 경험으로 끝내지 말고 그 경험에서 무엇을 얻느냐에 따라 앞으로의 인생이 달라질 것입니다.

사장님이 전하고 싶은 것은 어떠한 것입니까?

1 일은 실패하지 않는 쪽이 좋다

2 낙담하는 것은 안 좋은 것이다

3 경험에서 배우는 것이 중요하다

4 일하는 방식을 바꾸는 것의 중요성

4. 즉시 응답   본책 497쪽

문제4 문제4에서는 문제지에 아무것도 인쇄되어 있지 않습니다. 먼저 문장을 들으세요. 그리고 나서 그것에 대한 대답을 듣고 1부터 3 중에서 가장 올바른 것을 하나 고르세요.

1번

남: 저 선배는 여유가 있는 것 같은데, 우리는 느긋하게 있을 수는 없어.

여: 1 휴, 드디어 한숨 쉴 수 있겠네.

 2 응, 빨리 다음 준비 시작하자.

 3 혹시 시간이 남은 거야?

2번

남: 어제 부장님들이 회의한 것 같아. 체육관 사용을 둘러싸고.

여: 1 최근에 문제가 됐었죠.

 2 그럼 이번에는 체육관이었구나.

 3 아, 그럼 부장님께 알려 드려야겠네.

3번

남: 예약하신 손님이군요. 죄송하지만 성함을 여쭤봐도 될까요?

여: 1 네, 하세요.

 2 아, 사토로 예약했습니다.

 3 네, 알게 되면 전하겠습니다.

4번

남: 나 같은 사람이 사회로 뽑혀 버렸다니.

여: 1 괜찮아요, 자신감을 가지세요.

 2 정말 사회를 잘 봤어요.

 3 이야, 사회가 아니라서 다행이네요.

5번

여: 전부터 준비했다면 서두르지 않아도 됐을 텐데요.

남: 1 네, 준비해 두길 잘했네요.

 2 그래요, 천천히 갑시다.

 3 그러게요, 다음부터는 준비해 둡시다.

6번

여: 그 사람이 울 정도라니, 그 주사 많이 아플 것 같아.

남: 1 아프지 않았어?

    2 그렇게 아프구나. 안 맞고 싶다.

    3 응, 정말 감동했어.

7번

남: 어제 축제, 콘서트에 더불어 불꽃놀이가 있었던 모양이야.

여: 1 콘서트만으로도 즐거웠어.

    2 앗, 즐거웠겠다! 가고 싶었는데.

    3 콘서트는 중지돼 버렸구나.

8번

여: 어제 퇴근길에 부장님이 회의실 문을 잠가 주셨대. 다음에는 잘 확인해야겠어.

남: 1 죄송합니다. 다음에는 조심하겠습니다.

    2 부장님은 열쇠를 안 갖고 있었군요.

    3 네, 잘 닫고 집에 갔습니다.

9번

여: 회사 앞에서 뭔가 소란스러웠는데, 무슨 일일까?

남: 1 어, 아무도 없었어?

    2 그런 거 할 필요 없는데.

    3 사고가 있었대.

10번

남: 다나카 군, 졸업하면 유학하려고 생각하고 있는 것 같아.

여: 1 오, 다나카 군은 유학했었구나.

    2 그렇구나. 어디로 가려나?

    3 응, 유학하고 싶어.

11번

여: 하필이면 오늘 우산을 안 가져오다니.

남: 1 다행이다. 나도 같이 들어가도 돼?

    2 오늘은 날씨가 좋아서 우산은 필요 없겠어.

    3 평소에는 갖고 있는데 운이 안 좋네.

---

5. 통합 이해   본책 506쪽

문제5 문제5에서는 장문의 이야기를 듣습니다. 이 문제에는 연습은 없습니다. 문제지에 메모를 해도 괜찮습니다.

1번

문제지에 아무것도 인쇄되어 있지 않습니다. 먼저 이야기를 들으세요. 그러고 나서 질문과 선택지를 듣고 1부터 4 중에서 가장 올바른 것을 하나 고르세요.

> **마을의 수제품 체험 교실에서 여자와 교실 사람이 이야기하고 있습니다.**
>
> 여: 저기요, 이곳에서 여러 가지 수제품을 체험할 수 있다고 들었는데, 어떤 것을 만들 수 있나요?
>
> 남: 네, 여러 가지를 만들 수 있어요. 하루 만에 할 수 있는 것도 있고, 여러 번 다니시는 것도 있는데요, 어떤 것을 만들고 싶으세요?
>
> 여: 음, 나만의 액세서리를 만들고 싶어요. 일단 체험해 보고 싶으니까 바로 만들 수 있는 것으로요. 그리고 세밀한 작업을 잘 못하는 저도 할 수 있는 것이 좋겠어요.
>
> 남: 그렇다면 유리 귀걸이 만들기는 어떠세요? 간단해요. 본인이 좋아하는 색깔의 유리를 사용해서 귀걸이를 만드는 겁니다. 작업은 하루면 끝나지만 작품은 일주일 후에 전달해 드립니다.
>
> 여: 아하.
>
> 남: 그리고 본격적인 반지 만들기요. 쇠를 두드려서 자기가 좋아하는 디자인의 반지를 만들 수 있어요. 간단한 디자인이면 그날 드릴 수 있어요.
>
> 여: 아, 만들어 보고 싶다!
>
> 남: 그리고 보석을 목걸이로 만드는 체험도 할 수 있어요. 이건 꽤 인기가 있고요, 돌을 가공할 수 있는 기계를 두고 있는 것은 시내에서는 저희뿐입니다. 이 체험은 여러 번 다니셔야 자신만의 디자인을 완성시킬 수 있어요.
>
> 여: 그 체험, 친구가 얼마 전에 했었어요. 친구는 세밀한 작업을 잘해서 돌을 예쁘게 가공해서 멋진 목걸이를 만들었어요.
>
> 남: 그렇군요. 작은 돌을 가공하기 때문에 세밀한 작업이지만 좀처럼 할 수 없는 좋은 체험이 될 겁니다. 그리고 점토로 만드는 커피잔도 있어요. 특별한 점토를 사용하기 때문에 한번 모양을 만들면 2, 3일 후에 다시 오셔서 다음에는 색을 입히면 됩니다. 아주 간단한 작업이에요.
>
> 여: 다 재미있을 것 같네요. 그래도 역시 나만의 액세서리를 만들어 보고 싶어요. 오늘 체험하고 바로 작품을 가져갈 수 있는 이걸 체험할 수 있을까요?

여자는 어느 수제품 체험을 하고 싶다고 말하고 있습니까?

1 유리 귀걸이

2 금속 반지

3 보석 목걸이

4 점토 커피잔

2번

문제지에 아무것도 인쇄되어 있지 않습니다. 먼저 이야기를 들으세요. 그러고 나서 질문과 선택지를 듣고 1부터 4 중에서 가장 올바른 것을 하나 고르세요.

회사에서 신상품을 홍보하는 이벤트 담당 직원 3명이 이야기하고 있습니다.

여1 : 신상품 홍보 이벤트까지 앞으로 일주일 남았네. 지난번 이벤트에서는 참가자들이 어디에 줄을 서야 좋을지 모르겠다고 했었잖아.

남 : 그러게. 예상보다 참가자가 많아서 입구가 혼잡했지. 입구를 알기 쉽게 간판을 세워 놨는데 글씨가 작아서 알아보기 힘들었나?

여2 : 아니. 간판은 눈에 띄었어.

남 : 그럼 간판의 개수가 부족했던 걸까? 전에는 입구에 두 개뿐이었으니까, 계단 밑 같은 데 화살표를 써서 안내판도 늘린다거나.

여2 : 하지만 참가자들은 입구 위치는 알고 있어. 줄이 너무 길어서 어디에 줄을 서는 건지 모르는 거니까 안내판을 늘려도 효과는 별로 없지 않을까?

여1 : 확실히 그렇네. 음, 지난번에는 우리가 참가자들을 안내했었는데 그래도 역시 혼잡했었잖아.

여2 : 응, 큰 소리로 열심히 안내했는데 말이야.

남 : 그만큼 사람이 많았어. 우리랑 참가자도 구분이 안 됐었고.

여2 : 그래. 그래서 알기 어려웠을 수도 있겠네! 이번에는 신상품에 어울리는 화려한 색 티셔츠를 입고 안내하면 좋을지도 몰라.

여1 : 응. 좋다. 신상품 홍보도 되겠어!

남 : 그럼, 입구의 간판은 이번에는 내놓지 않기로 할래? 입구는 알기 쉬우니까 놓을 필요 없으려나.

여1 : 그건 그거대로 입구를 알기 쉽게 해 주고 이벤트라는 느낌이 들어서 좋을 것 같아. 지난번이랑 같은 곳에 놔두자.

문제 해결을 위해 무엇을 하기로 했습니까?

1 입구 간판의 글씨를 크게 한다
2 계단 아래의 안내 간판을 늘린다
3 안내할 때 큰 소리를 낸다
4 <u>안내할 때 화려한 티셔츠를 입는다</u>

3번

먼저 이야기를 들으세요. 그러고 나서 두 개의 질문을 듣고 각각 문제지의 1부터 4 중에서 가장 올바른 것을 하나 고르세요.

라디오를 들은 후 남자와 여자가 이야기하고 있습니다.

여1 : 일본 전국의 재미있는 여관 네 곳을 소개합니다. 홋카이도에 있는 여관에서는 눈을 뭉쳐 만든 집에 묵을 수 있다고 합니다. 의외로 집안에는 바람이 들어오지 않아서 따뜻하게 느껴진다고 합니다. 나가노현의 동물원 안에 있는 숙박 시설에서는 밤에 잠든 동물들을 견학할 수 있습니다. 밤에 동물원에 들어갈 수 있는 것은 여기뿐이랍니다. 도쿄도에 있는 최신 호텔에서는 일본 만화책이 무제한! 총 10만 권이나 된다고 합니다. 그리고 교토부에 있는 일본에서 가장 오래된 절에서는 1박 2일로 절에서의 생활을 체험할 수 있다고 합니다. 어떤 생활을 할 수 있을지 궁금하시죠. 숙소에 대한 자세한 사항은 호텔 예약 사이트, 두근두근넷에서 확인해 주세요.

남 : 이번 겨울 방학에 어딘가에 묵어 볼까? 잊지 못할 추억이 될 거야.

여2 : 재미있을 것 같아!

남 : 그러고 보니 만화 좋아했지? 무제한으로 읽는 거 괜찮지 않아? 궁금했던 만화책을 읽을 수 있을지도 몰라.

여2 : 만화책은 사서 읽으니까 재미있는 거야. 난 잠자는 동물들의 모습이 보고 싶어.

남 : 확실히, 밤의 동물원은 설렐 것 같아. 눈으로 된 집도 재미있을 것 같지만 추운 곳은 질색이니까. 역시 나는 절 생활이 알고 싶어. 절에서 어떤 식사를 할 수 있는지 궁금하지 않아?

여2 : 궁금하지만, 숙박하지 않아도 되잖아? 우린 정말 의견이 안 맞네.

질문1 여자는 어디에 가고 싶습니까?

1 홋카이도
2 <u>나가노현</u>
3 도쿄도
4 교토부

질문2 남자는 어디에 가고 싶습니까?

1 홋카이도
2 나가노현
3 <u>도쿄도</u>
4 <u>교토부</u>

모의 시험

제1회
정답 및 해석

모의 시험 제1회 정답표

언어 지식(문자·어휘)

문제1	1 ③	2 ④	3 ②	4 ③	5 ①
문제2	6 ③	7 ②	8 ④	9 ①	10 ②
문제3	11 ③	12 ②	13 ①		
문제4	14 ②	15 ④	16 ①	17 ②	18 ④	19 ①	20 ②
문제5	21 ①	22 ③	23 ②	24 ①	25 ④
문제6	26 ②	27 ③	28 ①	29 ④	30 ③

언어 지식(문법)

문제7	31 ③	32 ②	33 ④	34 ③	35 ③	36 ②
	37 ①	38 ④	39 ②	40 ④	41 ①	42 ④
문제8	43 ④(3241)	44 ③(4312)	45 ③(3214)			
	46 ①(2413)	47 ②(4312)				
문제9	48 ②	49 ③	50 ①	51 ③	52 ②	

독해

문제10	53 ②	54 ④	55 ①	56 ②	57 ③			
문제11	58 ④	59 ①	60 ③	61 ②	62 ④	63 ③	64 ②	65 ④	66 ③
문제12	67 ③	68 ③						
문제13	69 ①	70 ①	71 ②					
문제14	72 ②	73 ③						

청해

문제1	예 ③	1번 ④	2번 ①	3번 ①	4번 ②	5번 ④		
문제2	예 ②	1번 ①	2번 ③	3번 ③	4번 ③	5번 ②	6번 ②	
문제3	예 ③	1번 ②	2번 ④	3번 ④	4번 ①	5번 ③		
문제4	예 ③	1번 ①	2번 ②	3번 ①	4번 ③	5번 ③	6번 ①	7번 ①
	8번 ③	9번 ③	10번 ②	11번 ①				
문제5	1번 ②	2번 ①	3번 (질문1) ④	3번 (질문2) ③				

모의 시험 제1회 채점표

실제 시험은 상대 평가이기 때문에 본 채점표의 점수와 다를 수 있습니다.

	문제	배점	만점	정답 개수	점수
언어 지식 (문자 · 어휘)	문제1	1점 x 5문항	5		
	문제2	1점 x 5문항	5		
	문제3	1점 x 3문항	3		
	문제4	1점 x 7문항	7		
	문제5	1점 x 5문항	5		
	문제6	1점 x 5문항	5		
언어 지식 (문법)	문제7	1점 x 12문항	12		
	문제8	1점 x 5문항	5		
	문제9	1점 x 5문항	5		
	합계		52		

예상 점수를 계산하는 방법 : 언어 지식(문자 · 어휘, 문법) [   ]점÷52×60=[   ]점

	문제	배점	만점	정답 개수	점수
독해	문제10	1점 x 5문항	5		
	문제11	1점 x 9문항	9		
	문제12	1점 x 2문항	2		
	문제13	1점 x 3문항	3		
	문제14	1점 x 2문항	2		
	합계		21		

예상 점수를 계산하는 방법 : 독해 [   ]점÷21×60=[   ]점

	문제	배점	만점	정답 개수	점수
청해	문제1	1점x5문항	5		
	문제2	1점x6문항	6		
	문제3	1점x5문항	5		
	문제4	1점x11문항	11		
	문제5	1점x4문항	4		
	합계		31		

예상 점수를 계산하는 방법 : 청해 [   ]점÷31×60=[   ]점

모의 시험 제1회 언어 지식(문자·어휘, 문법)·독해

문제1 _____의 단어의 읽는 법으로 가장 올바른 것을 1·2·3·4 에서 하나 고르세요.

1 결혼식 사회를 맡습니다.

2 도로를 확장하기 위한 공사가 실시되었다.

3 부자가 되어도 행복해질 수 있다는 보증은 없다.

4 선생님 앞으로 짐을 보냈다.

5 그는 소극적인 사람이다.

문제2 _____의 단어를 한자로 쓸 때, 가장 올바른 것을 1·2·3·4 에서 하나 고르세요.

6 여름에 마시는 맥주는 각별하다.

7 그는 항상 반응이 둔하다.

8 여름 방학에는 학생들에게 숙제를 많이 부과할 생각이다.

9 강한 적과 싸운다.

10 하루도 쉬지 않고 강의에 출석한다.

문제3 ( )에 들어갈 가장 올바른 것을 1·2·3·4에서 하나 고르세요.

11 장관은 각 시설을 방문하며 다녔다.

12 아침과 밤의 기온 차가 심하다.

13 공부에 몰두하는 나날을 보내고 있다.

문제4 ( )에 들어갈 가장 올바른 것을 1·2·3·4에서 하나 고르세요.

14 이 광고는 겉보기에 상당한 임팩트가 있어서 거리에서도 눈에 띈다.

15 일에 열심이고 항상 긍정적인 그녀와 이야기하는 시간은 매우 의미가 있다.

16 나는 옛날부터 제멋대로인 성격이라 하기 싫은 일은 절대 하지 않는다.

17 이 상품은 소파뿐만 아니라 침대로서의 기능도 겸하고 있다.

18 제지망 대학에 떨어져 실망하고 있다.

19 냄비 안의 물이 증발해 텅 비어 버렸다.

20 파티에서는 얌전한 색 드레스를 입는 것이 바람직하다고 한다.

문제5 _____에 의미가 가장 가까운 것을 1·2·3·4에서 하나 고르세요.

21 나가노 선수는 기민한 움직임으로 상대의 볼을 빼앗았다.

22 긴 세월 싸워 온 중병을 극복했다.

23 몇 번이나 만났으니 적어도 이름 정도는 기억하면 좋겠다.

24 설문 조사 결과를 활용해 상품 개발을 진행한다.

25 돈이 없는 사람들을 돕기 위해 새로운 서비스를 개발했다.

문제6 다음 단어의 사용법으로 가장 올바른 것을 1·2·3·4에서 하나 고르세요.

26 개최

   2 내년에 도쿄에서 올림픽이 개최될 예정입니다.

27 행위

   3 전철 안에서 큰 소리로 말하는 것은 차량 안에 있는 사람들에게 민폐가 되는 행위이다.

28 어쩔 수 없다

   1 항상 시간을 잘 지키는 그녀가 지각을 하다니, 뭔가 어쩔 수 없는 이유가 있었을 것이다.

29 바로

   4 지진이 발생하면 바다에서 벗어나 바로 안전한 곳으로 대피하세요.

30 줄이다

   3 전자레인지를 잘 사용하면 요리에 들이는 수고를 줄일 수 있다.

문제7 다음 문장의 ( )에 들어갈 가장 올바른 것을 1·2·3·4 에서 하나 고르세요.

31 어릴 때는 병이 잦았지만 어른이 되고 나서는 감기에 걸린 적이 없다.

32 나가노 "내일 시험인데 전혀 공부 안 했어. 공부했어?"
   가토 "물론! 수험료를 낸 이상, 절대 떨어지고 싶지 않아."

33 대회 시작에 앞서 회장님의 인사말과 규칙 설명이 진행됩니다.

34 아이든 어른이든 그림책은 누구나 즐길 수 있는 것이다.

35 야마다 "이번 시험도 잘 못 봤어. 몸도 안 좋았고 앞자리 사람도 좀 시끄러워서 집중이 안 됐어."
   나카모토 "그렇게 변명만 하니까 언제까지고 합격 못 하는 거야."

36 이렇게 심각한 경영 상황이 계속된다면 직원들의 월급을 대폭 삭감하는 일이 있을 수도 있다.

37 독감에 걸리고 싶지 않다면 매일 손을 씻도록 할 것.

38 만약 차를 샀다고 하면 지금보다 편리해지겠지만, 주차장도 빌려야만 한다.

39 태풍인데도 어떻게 해서든 연구실에 오려고 하는 그만큼 연구에 열심인 사람은 없다.

40 야마다 "이 봉지 안의 옷, 전부 재활용하는 거야?"
   다나카 "응, 이사하니까 쓰지 않는 물건은 조금씩 정리해 버리려고."

41 선생님 "야마다 군이 지난주 놀이공원에 갔을 때 길을 잃은 아이랑 같이 엄마를 찾아 줬다면서요."

야마다 "네, 그때 힘들었어요."

42 그녀는 많은 영화에 출연했지만, 지금까지 그녀의 이름이 화제가 된 적은 없었다.

문제8 다음 문장의 ★ 에 들어갈 가장 올바른 것을 1·2·3·4에서 하나 고르세요.

43 이 반에서 만점을 받은 것은 반에서 가장 머리가 좋은 그를 제외하고는 나뿐이다.

44 아들 "마지막 시합인데 질 것 같아."

엄마 "만약 시합에서 진다고 해도 그건 그거대로 동료들과의 좋은 추억이 되니까 괜찮아."

45 새로운 바이러스에 관한 데이터를 보면 불과 몇 주 만에 국내뿐만 아니라 멀리 떨어진 세계 각국에까지 퍼진 것을 알 수 있다.

46 그 대학에 갈 수 있을지 없을지는 어찌 됐든 후회하지 않도록 열심히 공부할 생각이다.

47 어머니는 애완견 포치에게 밥을 주는 것을 잊어버렸던 모양이다. 어쩐지 뭔가 원하는 듯한 표정으로 계속 나를 보고 있었던 것이다.

문제9 다음 문장을 읽고, 문장 전체의 내용을 생각해서 48 부터 52 안에 들어갈 가장 올바른 것을 1·2·3·4에서 하나 고르세요.

와비사비(わびさび)

일본에서는 조용한 오래된 절 등에 갔을 때 '와비사비'를 느낀다고 하는 경우가 있습니다. 이것은 일본인이 느끼는 미의식 중 하나입니다만, 말로 설명하기는 좀처럼 쉽 48 지 않습니다.

먼저 '와비(わび)'라는 말은 약 600년 전 무로마치 시대에 생긴 것으로 알려져 있습니다. 이 무렵의 귀족이나 무사들 사이에서 행해지던 다과회는 비싸고 화려한 중국제 다도구를 사용하는 호화로운 것이었다고 합니다.

49 그런데 그런 호화로운 다과회를 부정하는 인물이 나타났습니다. 무라타 주코라는 인물입니다. 그는 일본의 다도구를 사용한 소박한 '와비차(わび茶)'를 만들어 냈습니다. 그의 사고에 50 이러한 것이 있습니다. "구름에 가려지지 않고 빛나는 달보다 구름 사이에 숨은 달이 더 깊이가 있다." 이 불완전함 속에 아름다움이 있다는 미의식이 '와비차' 중심에는 있었습니다.

그리고 시간이 흘러 현재의 다도를 만들어 낸 인물로 유명한 센노리큐가 나타납니다. 그는 주코의 사고방식을 다도구, 예절, 공간 모두에 표현했습니다. 다실에 장식하는 꽃꽂이는 '꽃이 들에 피어 있는 것처럼'이라는 51 사고를 바탕으로, 자연 그대로 피어 있는 것처럼 꽂는(주) 것을 추구했다고 합니다.

이 정신이 바로 불완전해도 자연스레 만들어진 것이 아름답다고 생각하는 '와비'인 것입니다.

그럼 '사비(さび)'에는 어떤 의미가 있을까요? 원래는 활기가 없어진, 시간이 지나 오래된 것이라는 의미가 있었다고 하는데, 나중에는 '사람이 없는 조용한 상태'라는 의미도 더해져 '사람이 없고 조용한, 오래된 상태'를 가리키게 되었습니다. 이 것은 역사적인 건물 등 오래된 것이기에 52 더욱 느낄 수 있는 좋은 점에 해당하는 것이 아닐까요?

일본의 '와비사비'라는 말은 일본인의 차분한 마음을 나타낸다고도 할 수 있습니다. 일본의 절에 갔을 때는 꼭 이 '와비사비'의 분위기를 느껴 보면 좋겠습니다.

(주) 生ける (꽃을) 꽂다 : 꽃병 등에 꽃을 장식하는 것

문제10 다음 (1)부터 (5)의 문장을 읽고 나서 물음에 대한 답으로 가장 올바른 것을 1·2·3·4에서 하나 고르세요.

(1)

실패는 나쁜 것이 아닙니다. 왜 실패했는지 다음에는 어떻게 해야 할지를 생각하는 것이 성공의 지름길이 되기도 하기 때문입니다. 반대로 말하면 원인이나 개선책을 생각하지 않으면 몇 번이고 다시 시도한들 실패로 끝나고 만다는 것입니다. 또한 무턱대고(주) 행동하는 사람도 마찬가지입니다. 아무 생각 없이 그저 일단 해 보는 것만으로는 실패하는 것은 물론이거니와 아무것도 얻을 수 없습니다.

(주) 闇雲に 무턱대고 : 아무 생각 없이

53 필자의 생각과 일치하는 것은 무엇인가?

1 자신만의 방법을 찾기 위해 노력해야 한다.

2 성공하려면 궁리해야 한다.

3 아무 생각 없이 행동하는 것이 성공으로 가는 지름길이다.

4 실패하면 몇 번이고 도전해야 한다.

(2)

다음은 어느 기업에 도착한 메시지다.

일본어의 숲 담당자님

처음 뵙겠습니다. 이 앱에 회원 등록을 한 사람입니다.

한 달에 980엔으로 동영상을 모두 볼 수 있는 서비스라고 했는데, 돈을 결제한 후에도 일부 동영상을 볼 수가 없어요. 그리고 오랜 시간 동영상을 계속 보고 있으면 갑자기 앱 화면이 어두워져 버릴 때도 있어요. 지난달까지만 해도 이런 일이 없었던 것 같아요. 뭔가 시스템에 문제가 있는 것은 아닐까요? 매우 편리한 서비스라서 앞으로도 계속 사용하고 싶은데,

이런 일이 계속될 것 같으면 해지하려고 생각하고 있습니다. 이러한 문제에 대해서 잘 대응해 주시면 감사하겠습니다. 잘 부탁합니다.

사토 유카

54 이 메시지에서 말하고 싶은 것은 무엇인가?

1 화면을 조금 더 밝게 해 주길 바란다.

2 해지하고 싶으니 해지 방법을 알려 주길 바란다.

3 문제가 많으므로 980엔을 돌려주길 바란다.

4 모든 동영상을 문제없이 볼 수 있도록 해 주길 바란다.

(3)

세상의 모든 부모가 다 좋은 어른인 것은 아닙니다. 내 아이가 건강하고 행복한 삶을 살기를 바라는 나머지, 아이의 자유로운 생각이나 행동을 제한해 버리는 경우가 있기 때문입니다. 누구나 자신의 아이가 잘 살기를 바랄 것입니다. 하지만 아이도 한 사람의 인간이고 당연히 각자의 생각이 있습니다. 그러니까 좋고 나쁨^(주1)을 부모의 척도^(주2)로 재고 아이를 부모의 뜻대로 만든다고 한들 아이가 그것을 행복하다고 느낀다고는 할 수 없습니다.

(주1) 善し悪し 좋고 나쁨 : 좋은 것과 나쁜 것
(주2) 尺度 척도 : 기준

55 아이가 그것을 행복하다고 느낀다고는 할 수 없다고 하는데, 왜인가?

1 아이가 무엇을 행복하다고 느끼는지는 부모라도 알 수 없기 때문에

2 아이도 잘 살고 싶다는 의사가 있기 때문에

3 부모를 따라야 한다는 생각에 아이가 힘들어하기 때문에

4 부모가 행동을 제한하면 아이는 강하게 반항하기 때문에

(4)

다음은 사내에 게시된 문서다.

7월 22일
각 과 담당자 여러분
총무과

건강 검진에 대해서

다음 달부터 건강 검진이 시작됩니다. 따라서 참가가 가능한 일정을 확인한 후, 다음 주말(30일)까지 각 과에서 정리해서 총무과로 연락해 주시기 바랍니다. 과에 따라 검진 내용이

다르므로 주의해 주시길 바랍니다.

또한 특별 건강 검진을 받으실 분은, 실시하는 병원이 멀기 때문에 회사 차량을 이용할 수 있습니다. 본인이 직접 병원으로 가실 분은 교통비를 신청하실 수 있습니다. 검진일 일주일 전까지 총무과로 이동 수단을 알려 주시길 바랍니다.

검진 결과는 검진일로부터 1주일 후에 나올 예정입니다.

이상

56 각 과의 담당자가 해야 할 일은 무엇인가?

1 각 과의 검진 받고 싶은 내용을 모아서 총무과에 알린다.

2 과의 멤버들에게 건강 검진에 갈 수 있는 날짜를 물어서 30일까지 총무과에 알린다.

3 특별 건강 검진을 받는 사람이 어떻게 회장까지 가는지 30일까지 물어서 총무과에 알린다.

4 검진 내용과 일정을 확인해서 검진 일주일 전까지 검진일을 총무과에 알린다.

(5)

인간에게는 욕구의 단계가 다섯 가지 있다고 한다. 생리적 욕구, 안전 욕구, 사회적 욕구, 인정 욕구, 자아실현 욕구이다. 경제적으로도 풍요로워진 일본에서는 먹고 싶다는 생리적 욕구는 충족된 사람이 많다. 또한 일상생활에서는 위험을 느끼는 일도 적을 것이다. 현대 일본 사회에서는 모두에게 인정받고 싶다거나 스스로가 되고 싶은 자신이 되고 싶다고 강하게 생각하는 사람이 많은 것 같다.

57 필자는 일본에서는 어떤 욕구를 가진 사람이 많다고 말하고 있는가?

1 싫은 일이나 위험한 일로부터 가능한 한 도망치고 싶은 사람

2 좋아하는 것을 마음껏 먹고 많이 자고 싶은 사람

3 사회로부터 좋은 평가를 받고 이상적인 자신이 되고 싶은 사람

4 자신이 갖고 있는 욕구를 모두 충족시키고 싶은 사람

문제11 다음 (1)부터 (3)의 문장을 읽고 나서 물음에 대한 답으로 가장 올바른 것을 1·2·3·4에서 하나 고르세요.

(1)

2000년대 초등학교 6학년 수학여행^(주1)에서는 '즉석카메라'라고 불리는 카메라를 하나만 가져가는 것이 허용됐다. 즉석카메라는 다 해서 27장을 찍을 수 있는 일회용 카메라로, 다 찍으면 사진관에 가서 사진 현상^(주2)을 맡긴다. 물론 디지털카메라처럼 화면을 보면서 사진을 찍는다거나 찍은 사진을 즉석에서 보고 필요 없는 것을 지울 수도 없다. 화질은 디지털카메라보다 나쁘다.

하지만 당시에는 전자기기가 아직 보급되지 않아서 자기 휴대전화를 갖고 있지 않았던 초등학생들은 학교 행사에 처음으로 '내 전용 카메라'를 들고 갈 수 있다는 것만으로도 특별한 기분이 들었다.

수학여행이 시작되자마자 초등학생들은 3일간의 수학여행에서 어떻게 즉석카메라를 '느낌 있게 잘' 27장을 다 찍을까 하는 분투^(주3)가 시작된다. 일찍 다 찍어 버리면 그 후의 추억을 찍을 수 없고, 3일 후에 남은 장수가 너무 많으면 다 찍을 때까지 사진을 현상할 수 없다. '즉석카메라'를 알맞게 잘 다 쓰고 싶다.

그리고 현재, 한 번의 셔터^(주4)를 소중히 여기는 마음도, 사진을 잘 찍었는지 확인할 수 없는 답답함^(주5)도, 사람들은 이제 완전히 잊어버렸다. 휴대전화로 아무런 제한 없이 대량으로 사진을 찍고 마음에 들지 않는 사진이 있으면 지울 수 있다는 것은 편리하고 쾌적하다. 하지만 제한이 있는 그 '불편함'에는 고민하고 궁리하는 재미가 있었던 것 같다. 한 장의 사진에 마음을 담았던 그 시절처럼 열심히 어떤 일에 몰입하는 것이 현대 사회에서는 없어진 것 같다.

(주1) 修学旅行 수학여행 : 학교에서 가는 여행
(주2) 現像 현상 : 여기서는 찍은 이미지를 인쇄하여 사진으로 만드는 것
(주3) せめぎあい 옥신각신, 분투 : 여기서는 선택지 중에서 어느 것을 고를지 망설이는 것
(주4) シャッター 셔터 : 여기서는 사진을 찍는 것
(주5) じれったさ 답답함 : 일이 잘 진행되지 않아 짜증이 나는 기분

58 특별한 기분이 들었다고 하는데, 당시 초등학생들이 그렇게 느낀 이유로 알맞은 것은 어느 것인가?

1 사진을 현상할 때까지 어떤 사진인지 알 수 없었기 때문에

2 당시의 즉석카메라는 최신 기술을 사용한 것이었기 때문에

3 사진을 찍으면 수학여행의 추억을 남길 수 있기 때문에

4 나만 사용하는 기계를 가질 수 있었기 때문에

59 필자는 수학여행에서 카메라를 어떻게 사용하는 것이 좋다고 말하고 있는가?

1 카메라 필름을 3일 동안 조절하면서 다 쓴다.

2 사진을 찍고 싶을 때 찍고, 남은 장수는 신경 쓰지 않는다.

3 가능한 한 일찍 다 사용하고, 현상한 사진을 누구보다 빨리 본다.

4 소중히 사진을 찍고, 찍을 수 있는 필름 장수가 남으면 나중에 조정한다.

60 필자는 즉석카메라로 인한 불편한 체험은 사람들에게 어떤 것을 느끼게 한다고 생각하고 있는가?

1 대량으로 찍을 수 있는 개방감과 사진 한 장의 고마움

2 제한이 있는 상태를 즐기는 마음과 그 후의 성취감

3 한 장 한 장의 사진을 소중하게 여기는 마음과 불편함으로 인해 느끼는 즐거움

4 잘 찍지 않아도 된다는 안도감과 카메라의 쾌적함

(2)

매미라는 곤충^(주1)을 아시나요? 매미의 큰 울음소리가 여기저기서 들려오면 '아, 또 이 계절이 왔구나'라고 느낍니다. 어디로 갈까 무엇을 할까 생각하는 사이에 여름은 한순간에 끝나 버리잖아요. 매미는 이런 짧은 여름을 상징하는 곤충입니다.

매미의 일생은 매우 짧습니다. 종류에 따라 다르지만, 매미는 성충^(주2)이 되고 나서 한 달 정도면 죽고 맙니다. 놀라운 것은 성충이 되고 나서 죽을 때까지의 짧은 기간이 아니라, 매미가 성충이 되기까지 걸리는 시간입니다. 매미는 성충이 될 때까지 5년에서 6년 정도 흙 속에서 생활합니다. 이것도 매미의 종류에 따라 다르지만, 길면 10년 이상을 땅속에서 보내는 것도 있습니다. 우리가 여름에 듣는 '맴맴' 하는 매미 울음소리를 듣기 위해서는 이렇게 오랜 세월이 필요한 것입니다.

그럼, 왜 매미는 저렇게 큰 소리로 우는 걸까요? 매미가 우는 것은 '구애 행동'의 하나입니다. 구애 행동이란 이성을 끌어당기기^(주3) 위한 동물의 행동입니다. 이 구애 행동을 하는 것은 수컷 매미뿐입니다. 즉 수컷 매미는 큰 소리로 "나 여기 있어"라고 암컷 매미들을 향해 외치고 있는 것입니다. 반대로 암컷 매미는 수컷 매미 소리에 모입니다. 매미는 귀가 없는 것처럼 보일 수 있지만, 확실히 소리를 느낄 수 있는 부분이 있습니다. 매미의 세계에서는 남성은 어필을 하고 기다리고 있을 뿐, 파트너^(주4)를 선택할 자격은 여성에게 있는 듯합니다.

매미의 생태를 알면 매미의 큰 울음소리에 "시끄러워"라고 화를 내는 일은 없어지지 않을까요? 매미들은 오랫동안 흙 속에서 지내다가 드디어 밖으로 나오게 됐구나 생각하다가도 한 달 정도면 죽고 맙니다. 자기 자손을 남기기 위해 한 달 사이에 죽을 각오로^(주5) 짝을 찾아야 하는 것입니다. 그렇게 큰 소리로 외치는 것도 당연하다는 생각이 듭니다.

(주1) 昆虫 곤충 : 벌레
(주2) 成虫 성충 : 다 큰 벌레
(주3) 異性を引きつける 이성을 끌어당기다 : 여기서는 수컷이 암컷에게 주목을 받는 것
(주4) パートナー 파트너 : 무언가를 함께 하는 상대. 여기서는 아이를 함께 만드는 상대
(주5) 死ぬ気で 죽을 각오로 : 죽을 생각으로, 그만큼 전력으로

---

61 이 글에 따르면 매미는 어떤 곤충인가?

1 약 6년간, 지상에서 큰 소리를 내고 계속 우는 곤충
2 성충이 되고 나서 한 달밖에 살 수 없는 곤충
3 10년 이상, 죽을 때까지 계속 땅속에서 생활하는 곤충
4 어떤 종류든 성충이 되기까지 10년 이상 걸리는 곤충

62 이 글에 따르면 매미의 구애 행동이란 어떤 것인가?

1 수컷 매미가 더 나은 파트너를 선택하기 위해 하는 것
2 수컷 매미가 큰 소리로 울면서 강함을 어필하기 위해 하는 것
3 암컷 매미가 파트너가 될 수컷의 매미를 모으기 위해 하는 것
4 수컷 매미가 암컷 매미에게 존재를 어필하기 위해서 하는 것

63 필자는 매미의 생태에 대해 어떻게 말하고 있는가?

1 그렇게 울음소리가 시끄럽다면 인간이 화를 내는 것은 당연하다.
2 땅속에서의 생활이 길기 때문에 바깥 세계로 나가자마자 죽어 버리는 것은 당연하다.
3 매미 울음소리는 시끄럽지만, 한 달밖에 살 수 없다고 한다면 어쩔 수 없다는 생각이 든다.
4 죽을지도 모르는 상황에서 필사적으로 우는 매미는 훌륭하다.

(3)

'좋은 수업'이란 공부에 대한 울렁증(공부를 못한다는 인식)을 갖지 않게 하는 수업을 말한다. 많은 교사가 공부를 잘하는 아이에게 관심을 쏟는다. 왜냐하면 공부를 잘하는 아이는 손이 가지(주1) 않기 때문에 수업을 순조롭게 진행할 수 있기 때문이다.

반면에 공부를 못하는 아이는 교사가 열심히 설명해도 듣지 않거나 숙제를 내 줘도 해 오지 않는다. 의욕이 없는 아이에게 페이스를 맞추는 것은 시간 낭비라고 생각하는 것이 보통일 것이다. 그래서 교사는 의욕이 없는 학생이 따라오지 않아도 계속 수업을 진행하기도 한다.

그러나 그것이 '좋은 수업'이라고 할 수는 없다. 왜냐하면 교사가 공부하지 않는 것을 용인하고 있기 때문이다. 누구나 처음에는 노력하려고 하지만, 문제가 어려워질수록 의욕이 사라지게 된다. 그럴 때 교사가 이를 용인(주2)하면 학급 전체의

사기(주3)가 떨어지게 된다. 그리고 수업에 참여하는 아이가 점점 줄어든다. 실제로 수업 진도를 따라가지 못해 도중에 공부를 포기하는 아이들이 많다고 한다. 하지만 그 아이들이 공부를 못 하는 것은 아니다. 문제를 빨리 풀었던 아이도 처음부터 바로 할 수 있었던 것이 아니라, 미리 학원에서 배웠기 때문에 학교에서 바로 잘했던 것뿐일지도 모른다. 교사가 그런 사실을 깨닫지 못하고 공부를 잘하는 아이의 페이스에 맞춰 수업을 진행한다면, 조금만 더 시간을 들이면 할 수 있었을 아이도 자기가 공부를 못한다고 착각해 버린다. 너무 쉽고 지루하다는 의견이 나와도 모두가 이해할 수 있을 때까지 기초를 탄탄하게 가르치는 것이 중요하다. 물론 무리하게 숙제를 시키거나 하는 것은 역효과다. 여기서 가장 중요한 것은 자기가 할 수 있다고 생각하게 만드는 것. 한 번 성공을 체험하면 그다음엔 스스로 공부하게 된다. 그 결과 점점 학급 내 학력 차가 줄어들게 되는 것이다.

무슨 일이든 처음이 중요(주4)하듯이 처음에 얼마나 공부에 대한 플러스적인 이미지를 가졌는지가 앞으로의 아이의 인생을 결정한다.

(주1) 手がかからない 손이 가지 않는다 : 도움이 필요 없다
(주2) 容認 용인 : 용서하고 인정하는 것
(주3) 士気 사기 : 의욕
(주4) 肝心 긴요 : 중요

---

64 그것이란 어떤 것인가?

1 공부를 잘하는 아이에게는 문제를 많이 풀게 하는 것
2 공부를 잘하는 아이의 페이스로 가르치는 것
3 공부를 못하는 아이에게는 어려운 숙제를 시키는 것
4 공부를 못하는 아이의 페이스로 수업을 진행하는 것

65 '좋은 수업'을 하기 위해 교사는 어떻게 해야 하는가?

1 의욕이 있는 아이에게 관심을 주며 계속 수업을 진행한다.
2 숙제를 많이 내고 공부에 대한 울렁증을 없앤다.
3 공부를 잘하는 아이에게도 의욕이 없는 아이에게도 페이스를 맞춘다.
4 모두가 할 수 있을 때까지 정성껏 가르치고 공부에 대한 자신감을 심어 준다.

66 필자의 생각과 일치하는 것은 무엇인가?

1 학교에서 수업을 잘 받을 수 있도록 학원에 다니는 것이 좋다.
2 교사가 밝은 분위기를 내면 학급 전체의 의욕이 올라간다.
3 공부에 대해 마이너스적인 인상을 주지 않는 것이 중요하다.
4 학생들에게 가치 있는 학습법을 가르쳐야 한다.

문제12 다음 A와 B 문장을 읽고 나서 물음에 대한 답으로 가장 올바른 것을 1·2·3·4에서 하나 고르세요.

A

데스크 워크^(주1)가 많은 사람은 특히 어깨 결림^(주2)으로 고민하고 있다. 장시간 같은 자세를 하고 있어서 어깨 결림이 생긴다. 그럴 때는 의식적으로 마음을 조금 편안하게 가지면 지금보다 어깨 결림이 나아질지도 모른다.

어깨 결림을 개선하기 위해서는 어깨 주변 근육을 부드럽게 하는 것이 중요하다. 근육은 뼈와 뼈 사이에 붙어 있어서 뼈 사이의 간격이 좁으면 근육이 쪼그라들고 어깨가 뭉치고 만다. 추울 때 몸이 움츠러드는 자세가 뼈와 뼈 사이가 좁은 자세다. 일하는 동안에 집중하고 있을 때나 긴장하고 있을 때는 이런 자세가 되기 쉽다. 자신이 마치 추울 때처럼 자세가 되었다고 느껴지면, 일단 손을 멈추고 따뜻한 방에서 편하게 쉰다는 느낌으로 천천히 깊은 호흡을 하면 좋다. 어깨를 툭 떨어뜨려 기분이 편안해지면 자연스럽게 뼈 사이가 벌어져 근육이 부드러워지고 어깨 결림 개선으로 이어진다.

(주1) デスクワーク 데스크 워크 : 책상에 앉아서 하는 일
(주2) 肩こり 어깨 결림 : 어깨 주위가 딱딱해져 무겁게 느껴지거나 피곤함을 느끼는 것

B

하루 종일 컴퓨터를 사용해 작업을 하면 어깨와 목이 딱딱하게 굳어 있지는 않습니까? 어깨 결림이 생기는 이유는 장시간 같은 자세로 있는 것이 원인입니다. 장시간 같은 자세로 있으면 어깨 주위의 피의 흐름이 나빠져 어깨 결림이 생기는 것입니다.

그럴 때는 혈액 순환^(주)을 좋게 하는 체조를 해 보는 것을 추천합니다. 등 위쪽, 어깨 아래에 있는 삼각형 모양의 뼈 '견갑골'을 움직이면 어깨 주위 근육이 잘 움직여 혈액 순환이 잘 되는 것으로 알려져 있습니다. 체조는 간단하며 오른손을 오른쪽 어깨에, 왼손을 왼쪽 어깨에 올리고 팔꿈치를 빙빙 돌립니다. 삐걱거리는 소리가 나는 것은 근육이 움직여 혈액 순환이 잘되고 있다는 증거입니다. 조금 피곤하면 이 체조를 해서 어깨 결림을 해소하도록 합시다.

(주) 血行 혈행 : 혈액의 흐름, 혈액 순환

---

67 어깨 결림으로 고민하는 사람들에 대하여 A와 B가 공통으로 원인이라고 지적하는 것은 무엇인가?

1 어깨 주위의 혈액 순환이 나빠지는 것

2 집중이나 긴장으로 자세가 나빠지는 것

3 오랜 시간 동안 같은 자세로 있는 것

4 무거운 머리를 지탱하고 있는 것

---

68 어깨 결림을 해소하기 위해 A와 B는 어떤 것을 하는 것이 좋다고 말하고 있는가?

1 A와 B 모두 마음을 편안하게 하고 깊게 호흡하면 좋다고 말하고 있다.

2 A와 B 모두 간단한 체조를 해서 근육을 움직이는 것이 좋다고 말하고 있다.

3 A는 마음을 편하게 하고 몸을 풀어 주면 좋다고 말하고, B는 피로를 느끼면 체조하는 것이 좋다고 말하고 있다.

4 A는 자세만 의식하는 것이 좋다고 말하고, B는 견갑골을 움직여 혈액 순환을 좋게 하면 좋다고 말하고 있다.

문제13 다음 문장을 읽고 나서 질문에 대한 답으로 가장 올바른 것을 1·2·3·4에서 하나 고르세요.

마라톤의 결승점까지 가는 길에는 오르막이 있는가 하면 내리막도 있습니다. 계속 달리다 보면 때로는 누군가에게 추월당해서 초조해지기도 하겠지요. 하지만 거기서 갑자기 속도를 높이면 나중에 고생할지도 모릅니다. 최악의 경우 완주하지 못할 수도 있습니다. 끝까지 달리려면 자신이 기분 좋은 속도를 유지하는 것이 중요합니다.

내가 취업 준비를 하던 당시에는 모두 똑같이 검은 정장에 검은 머리를 하고 면접을 보러 가는 것이 보통이었습니다. 겉모습에서 뭔가 눈에 띄는 점이 있으면 사회에 적응^(주1)하는 능력이 없다거나 일반적인 상식이 없다는 이유로 떨어지고 맙니다. 그럼에도 면접에서는 자신의 특징이나 강점 등 다른 사람에게는 없는 개성이 요구됩니다. 그 개성이라는 것이 무엇인지 몰라서, 다른 사람이 본 나는 어떨지 깊이 생각하게 되었습니다. 그러자 내가 매우 열등한 사람처럼 느껴져 나를 감추게 됐습니다. 인터넷에서 면접에 합격한 사람의 기사를 보고 그 내용을 바탕으로 입사 지원서^(주2)를 쓰기도 했습니다. 그런 식으로 속여도^(주3) 면접관에게는 간파되어^(주4) 버립니다. 면접에서 계속 떨어지면 어쩌나 걱정하고 있을 때, '남은 남, 나는 나'라고 아버지가 저에게 말해 줬습니다. 그때 비로소 다른 사람을 중심으로 나를 보고 있다는 것을 깨달았습니다.

그 뒤로 무엇을 할 때든 내 마음의 소리를 듣게 됐습니다. 취업 준비로 바빠서 취미인 액세서리 만들기도 하지 못했는데, 오랜만에 해 보니 너무나 즐거웠습니다. 그때 이것을 직업으로 삼고 싶다는 생각이 강하게 들었습니다. 처음에는 주변 친구들이 취업하는 와중에 나만 이러고 있으면 괜찮을까 생각도 들었지만 '남은 남, 나는 나'라는 마음으로 주변은 신경 쓰지 않고 우선 1년 동안 액세서리 만들기에 집중했습니다. 그러자 조금씩이지만 액세서리를 사 주는 사람이 늘어났습니다.

인생은 긴 마라톤과 같다고 생각했습니다. 타인에게는 타인의, 나에게는 나의 길과 목표가 있습니다. 하나같이 똑같은 인생이란 없습니다. 다른 사람보다 뒤처져 있어도 멈춰 있어도 괜찮습니다. 앞만 보고 있으면 언젠가는 앞으로 나아갈 수 있을 것입니다. 주변 사람이 아무리 빨라 보여도 자신의 페이스를 유지하는 것이 중요합니다.

(주1) 適応 적응 : 주변 환경에 맞추는 것
(주2) エントリーシート 엔트리 시트, 입사 지원서 : 취업 준비로 입사를 희망하는 회사에 내는 서류
(주3) ごまかす 속이다 : 거짓말을 해서 진실을 숨기는 것
(주4) 見抜く 간파하다 : 진실을 알다

69 마라톤에 대해 저자는 어떻게 말하고 있는가?

1 계속 달리고 있으면 뒤에서 추월 당해 초조해지기도 한다.

2 계속 달리다 보면 누군가를 쫓기도 한다.

3 계속 달리다 보면 반드시 결승점까지 완주할 수 있다.

4 계속 달리면 힘든 오르막길도 편하게 달릴 수 있게 된다.

70 필자는 왜 자기 마음의 소리를 듣게 되었는가?

1 다른 사람들에게 내가 어떻게 보일지에 대해서만 생각하고 있다는 것을 깨달았기 때문에

2 면접관에게 나의 진짜 모습을 숨기고 있던 것을 들켜 버렸기 때문에

3 사회에 적응하는 능력이나 일반적인 상식이 없었기 때문에

4 남에게는 없는 자신만의 특징과 강점을 찾아야 한다고 아버지가 말했기 때문에

71 이 글에서 필자가 가장 하고 싶은 말은 무엇인가?

1 정장이나 검은 머리가 아닌 개성을 나타낼 수 있는 옷차림과 머리색을 인정해야 한다.

2 주변 사람과 비교하지 말고 천천히 자신이 하고 싶은 일을 찾으면 된다.

3 주변 사람들과 상담하면서 자신에게 맞는 일을 결정해야 한다.

4 자신에게 부족한 능력을 인터넷에서 찾아보면 된다.

문제14 오른쪽 페이지는 지역구 센터 게시판의 공지입니다. 아래 물음에 대한 답으로 가장 올바른 것을 1·2·3·4에서 하나 고르세요.

72 박 씨는 모리 지역구의 여름 축제에 가게를 내려고 한다. 신청할 때 주의해야 할 점은 어느 것인가?

1 신청은 전화나 이메일로 한다.

2 축제 개최일 중 하루만 출점할 수 있다.

3 출점 장소는 축제 개최일 1주 전에 문의하여 묻는다.

4 신청이 많은 경우 추첨이 이루어진다.

73 증 씨는 7월 25일에 출점할 예정인데, 만약 폭우로 축제가 중지될 경우 중지된다는 연락이 오는 것은 언제까지인가?

1 7월 24일 7시까지

2 7월 24일 12시까지

3 7월 25일 7시까지

4 7월 25일 12시까지

모리 지역구 · 여름 축제 공지

올해도 이 계절이 돌아왔습니다!
출점을 희망하시는 분은 사전에 신청 부탁드립니다.

축제 개최 일시 : 7월 17일(토) 12시 ~ 20시
　　　　　　　　 7월 25일(일) 12시 ~ 20시
출점 신청 마감 : 6월 25일(금) | 7월 3일(토)
개최 장소 : 시청 광장
대상 : 모리 지역구에 거주하시는 분
출점 비용 : 내용에 따라 결정되므로 문의해 주세요.

【신청 방법】
다음 정보를 메일에 입력하여 여름 축제 운영 위원회 메일 주소로 보내 주세요. (마감일 23 : 59까지) 이름은 대표자 1명만 쓰셔도 괜찮습니다.

1. 출점 희망일
2. 이름
3. 전화번호
4. 사전 미팅 희망일

【주의】
• 여름 축제는 2회 개최됩니다만, 가능한 한 많은 분이 출점해 주셨으면 해서, 한 분당 하루만 진행하도록 하겠습니다. 이해해 주시고 잘 부탁드립니다.

• 출점을 희망하시는 분이 많은 경우에는 논의하여 결정하고자 합니다. 사전 미팅 희망일도 메일로 보내 주세요.

• 출점 장소는 늦어도 축제 개최일 2주 전까지 메일로 알려드립니다.

• 신청을 취소할 경우에는 메일로 연락을 주세요.

• 악천후나 사고로 인해 축제를 중지하거나 연기할 경우에는 당일 개시 5시간 전까지 전화로 연락드리겠습니다. 날씨가 나빠도 연락이 없는 경우에는 그대로 진행합니다. 중지되는 경우에만 연락드리겠습니다.

모리 지역구 · 여름 축제 운영 위원회
nihongonomori@ XXXXX

문제1 문제1에서는 먼저 질문을 들으세요. 그리고 나서 이야기를 듣고 문제지의 1부터 4 중에서 가장 올바른 것을 하나 고르세요.

예

음성

学校で先生が話しています。学生は、英会話の先生と昼食を食べたいとき、どのように申し込みますか。

男：ええと、英会話の先生と昼食を食べたい人は、必ず朝の10時までに申込書を出してください。

女：どこに出したらいいですか。

男：職員室の入り口の前に箱がありますので、そこに入れてください。それから、申込書には必ず名前を書いてくださいね。友達と一緒に参加したい場合は、一人一枚書いて出すようにしてください。

女：はい。

男：あと、先生たちのスケジュールは、食堂の前の掲示板に貼ってあります。毎週金曜日に貼り替えるので、そこで確認してくださいね。

女：毎日申し込んでもいいんですか。

男：もちろんいいですよ。

学生は、英会話の先生と昼食を食べたいとき、どのように申し込みますか。

1 先生にもうしこみしょを出す
2 友達と一緒にもうしこみしょを出す
3 もうしこみしょに名前を書いて箱に入れる
4 けいじばんに名前を書く

학교에서 선생님이 이야기하고 있습니다. 학생은 영어 회화 선생님과 점심 식사를 하고 싶을 때 어떻게 신청합니까?

남 : 음, 영어 회화 선생님과 점심 식사를 하고 싶은 사람은 반드시 아침 10시까지 신청서를 제출해 주세요.

여 : 어디에 내면 되나요?

남 : 직원실 입구 앞에 상자가 있으니까, 거기에 넣어 주세요. 그리고 신청서에는 반드시 이름을 써 주시고요. 친구와 함께 참가하고 싶은 경우에는 한 명당 한 장씩 써서 제출하도록 해 주세요.

여 : 네.

남 : 그리고 선생님들 일정은 식당 앞 게시판에 붙여 놓았습니다. 매주 금요일마다 변경되니 확인해 주십시오.

여 : 매일 신청해도 되나요?

남 : 물론, 됩니다.

학생은 영어 회화 선생님과 점심 식사를 하고 싶을 때 어떻게 신청합니까?

1 선생님께 신청서를 낸다
2 친구와 함께 신청서를 낸다
3 신청서에 이름을 써서 상자에 넣는다
4 게시판에 이름을 쓴다

1번

음성

会社で男の人と女の人が話しています。男の人はこのあと何をしますか。

男：お疲れ様です。

女：お疲れ様。そうだ、お願いしたいことがあるんだけど。

男：あ、それ今日の会議資料ですよね。毎月の報告会の。各部に配るんですか。

女：うん。でもその前に、数が足りないからもう少し印刷しないといけなくて、今からするところ。

男：お忙しそうですね。よかったら、後で僕が配りに行きますよ。

女：これは皆さんに取りに来てもらうことになっているから大丈夫だよ。あと、飲み物を買ってあるんだけど、会議が始まる前にそれぞれの席に置いておきたくて。数が多いから、一緒にやってくれない？

男：はい、わかりました。今日の会議も無事終わるといいですね。

女：うん、ありがとう。

男の人はこのあと何をしますか。

1 しりょうを各部にくばる
2 しりょうをもっといんさつする
3 飲み物を買ってくる
4 飲み物を机に置く

회사에서 남자와 여자가 이야기하고 있습니다. 남자는 이 다음에 무엇을 합니까?

남 : 수고 많으십니다.

여 : 수고 많아. 맞다. 부탁하고 싶은 게 있는데.

남 : 아, 그거 오늘 회의 자료죠? 매월 보고회 거요. 각 부에 돌리나요?

여 : 응. 하지만 그 전에 숫자가 부족해서 좀 더 인쇄해야 해서, 지금부터 하려던 참이야.

남 : 바쁘신 것 같네요. 괜찮으시면 이따가 제가 배부하러 가겠습니다.

여 : 그건 다들 받으러 오기로 되어 있으니까 괜찮아. 그리고 음료수를 사 놨는데 회의가 시작되기 전에 각자 자리에 올려놨으면 해서. 음료수 수가 많으니까 같이 해 주지 않을래?

남 : 네, 알겠습니다. 오늘 회의도 무사히 끝나면 좋겠네요.

여 : 그래, 고마워.

남자는 이 다음에 무엇을 합니까?

1 자료를 각 부에 돌린다
2 자료를 더 인쇄한다
3 음료수를 사 온다
4 <u>음료수를 책상에 놓는다</u>

2번

음성

学校で先生と女の学生が話しています。女の学生はこのあと、何をしなければなりませんか。

男：今、大丈夫？再来週の文化祭で、クラスでたこ焼き屋をやることになっていたよね。会計の担当って…。

女：はい、私です。計算間違っていましたか。

男：それは大丈夫なんだけど、少し予算を超えていて。それから職員会議でたこは管理が難しいから避けた方が良いんじゃないかってことになったんだ。

女：そうですか。

男：申し訳ないんだけど、もう一度クラスで何をやるか話し合ってもらいたいんだ。

女：はい。

男：私は今から他のクラスの授業があるから、委員長の伊藤くんに、この件についてクラスの皆と話し合って、決まったことを先生に報告するように伝えといてもらえると助かるよ。授業が終わったら職員室にいるから。

女：わかりました。

女の学生はこのあと、何をしなければなりませんか。

1 いいんちょうに伝言をする
2 計算まちがいを直す
3 他のクラスの授業に参加する
4 職員室に報告しに行く

학교에서 선생님과 여학생이 이야기하고 있습니다. 여학생은 이 다음에 무엇을 해야 합니까?

남 : 지금 괜찮니? 다음다음 주 문화제에서 우리 반이 다코야키 부스를 하기로 돼 있었지? 회계 담당은….

여 : 네, 저예요. 계산이 잘못됐나요?

남 : 그건 괜찮은데, 조금 예산을 넘어서 말이야. 그리고 교직원 회의에서 문어는 관리가 어려우니 피하는 편이 좋지 않겠느냐는 말이 나왔어.

여 : 그래요?

남 : 미안하지만, 다시 한 번 반에서 무엇을 할지 이야기를 나누었으면 좋겠어.

여 : 네.

남 : 나는 지금부터 다른 반 수업이 있으니까, 위원장인 이토 군에게 이 건에 대해 반 아이들과 다 같이 이야기를 나눠서 정해진 것을 선생님에게 보고해 달라고 전해 주면 고맙겠어. 수업이 끝나면 교무실에 있을 테니까.

여 : 알겠습니다.

여학생은 이 다음에 무엇을 해야 합니까?

1 <u>위원장에게 말을 전한다</u>
2 계산 잘못을 바로잡는다
3 다른 반 수업에 참가한다
4 교무실에 보고하러 간다

3번

음성

美容院で、美容師と男の人が話しています。美容師は男の人の髪型をどのように仕上げますか。

女：お客様、こんな髪型、お似合いだと思いますよ。

男：いいですね。それにします。ただ、髪の量が多いので、少し軽くしてもらえますか。

女：かしこまりました。では、全体的に毛の量を少なくしますね。

男：あの、この写真では前髪が長いんですが、目の上くらいまで短く切ってもらえますか。すぐ伸びてきて邪魔なんです。

女：あ、はい。

男：お願いします！あと、前に来たときは髪の色を明るくしてもらいましたが、暗めにしてもらいたいんです。

女：髪の色を暗くしても、一週間くらいでまた明るくなりますよ。髪も傷みますし。

男：うーん。あした面接だから、しょうがなくて。

女：わかりました。ではそうしますね。

美容師は男の人の髪型をどのように仕上げますか。

1　まえがみを切り　かみの色を暗くする
2　まえがみを切り　かみの色を明るくする
3　まえがみは切らず　かみの色を暗くする
4　まえがみは切らず　かみの色を明るくする

미용실에서 미용사와 남자가 이야기하고 있습니다. 미용사는 남자의 머리 모양을 어떻게 완성합니까?

여 : 손님, 이런 머리 모양이 잘 어울릴 것 같아요.

남 : 좋네요. 그걸로 할게요. 다만 머리숱이 많아서 조금 가볍게 해 주시겠어요?

여 : 알겠습니다. 그럼, 전체적으로 머리숱을 조금 적게 할게요.

남 : 저기, 이 사진에서는 앞머리가 긴데, 눈 위 정도까지 짧게 잘라 주시겠어요? 금방 자라서 방해가 돼요.

여 : 아, 네.

남 : 잘 부탁합니다! 전에 왔을 때는 머리 색깔을 밝게 해 주셨는데 어둡게 하고 싶어요.

여 : 머리 색깔을 어둡게 해도 일주일 정도 지나면 다시 밝아져요. 머리도 상하고.

남 : 음. 내일 면접이라서 어쩔 수 없어서요.

여 : 알겠습니다. 그럼 그렇게 할게요.

미용사는 남자의 머리 모양을 어떻게 완성합니까?

1　앞머리를 자르고 머리 색깔을 어둡게 한다
2　앞머리를 자르고 머리 색깔을 밝게 한다
3　앞머리는 자르지 않고 머리 색깔을 어둡게 한다
4　앞머리는 자르지 않고 머리 색깔을 밝게 한다

4번

음성

女の人がせっけんの紹介をしています。リラックスしたい人は、どのせっけんを選びますか。

女：自然のものだけで作った、香り付きのせっけんをご紹介します。こちらにご用意しているのは、青・緑・黄・赤の4色のせっけんです。色によって香りが違いますよ。青色は海をイメージしたさわやかな香りで、集中力を高めることができます。緑は森の香り、心を落ち着かせたいときに使ってください。黄色は元気が出るオレンジの香りです。やる気を出したいときにおすすめです。風邪を予防するには、お花の香りがする赤色のせっけんがぴったりです。

リラックスしたい人は、どのせっけんを選びますか。

1　青色のせっけん
2　みどりいろのせっけん
3　きいろのせっけん
4　赤色のせっけん

여자가 비누를 소개하고 있습니다. 긴장을 풀고 싶은 사람은 어떤 비누를 고릅니까?

여 : 천연 재료만으로 만든 향이 나는 비누를 소개합니다. 여기 준비된 것은 파랑·초록·노랑·빨강 4가지 색상의 비누입니다. 색깔에 따라 향기가 다릅니다. 파란색은 바다를 형상화한 상쾌한 향으로 집중력을 높일 수 있습니다. 초록색은 숲의 향기, 마음을 진정시키고 싶을 때 사용해 주세요. 노란색은 기운이 나는 오렌지 향입니다. 동기 부여를 하고 싶을 때 추천합니다. 감기를 예방하려면 꽃향기가 나는 빨간색 비누가 제격입니다.

긴장을 풀고 싶은 사람은 어떤 비누를 고릅니까?

1　파란색 비누
2　초록색 비누
3　노란색 비누
4　빨간색 비누

음성

女の人と男の人が話しています。男の人は、ダンス発表会の当日に何をしますか。

女：だいすけくん！来週の日曜日空いてる？ダンス発表会のスタッフが足りないの。

男：来週なら空いてるよ。スタッフって何をしたらいいの？

女：よかった。出演者とスタッフのお弁当をお弁当屋さんまで取りに行って、みんなに配ってほしいの。

男：それなら僕にもできそうだ。

女：あともう一つ、照明担当か案内担当をお願いしたいんだ。照明担当は、ダンスの曲に合わせてライトを動かして、案内担当は、お客さんを席やお手洗いに案内することになっているよ。

男：僕、声が大きいからそういうの得意だよ。

女：ありがとう。そしたら決まり。でも…お弁当担当だと、食べ終わった後の片付けもしなきゃいけないもんね。案内も同時にするのは難しいし…。やっぱりだいすけくんにはお弁当の担当じゃなくて、発表会の後の片付けをやってもらおうかな。発表会のあと時間ある？

男：うん。じゃ、その日は一日空けておくね。

女：ありがとう。

男の人は、ダンス発表会の当日に何をしますか。

ア　イ　ウ　エ

1 アウ
2 アエ
3 イウ
4 イエ

여자와 남자가 이야기하고 있습니다. 남자는 댄스 발표회 당일에 무엇을 합니까?

여 : 다이스케 군! 다음 주 일요일에 시간 있어? 댄스 발표회 스태프가 부족하거든.

남 : 다음 주면 시간 비어 있어. 스태프는 뭘 하면 돼?

여 : 다행이다. 출연자와 스태프의 도시락을 도시락 가게에 가지러 가서 모두에게 나눠 줬으면 좋겠어.

남 : 그거라면 나도 할 수 있을 것 같아.

여 : 한 가지 더, 조명 담당이나 안내 담당을 부탁하고 싶어. 조명 담당은 댄스곡에 맞춰 조명을 움직이고, 안내 담당은 손님을 좌석이나 화장실로 안내하면 돼.

남 : 나, 목소리가 커서 그런 거 잘해.

여 : 고마워. 그럼 정해졌네. 근데… 도시락 담당이면 다 먹은 뒤 정리도 해야 하는데, 안내도 동시에 하기는 어렵고…. 역시 다이스케 군은 도시락 담당 말고 발표회 후 정리를 해 주면 어떨까? 발표회 끝나고 시간 있어?

남 : 응. 그럼 그날은 하루 비워 둘게.

여 : 고마워.

남자는 댄스 발표회 당일에 무엇을 합니까?

1 아우
2 아에
3 이우
4 이에

문제2 문제2에서는 먼저 질문을 들으세요. 그 다음 문제지의 선택지를 읽으세요. 읽는 시간이 있습니다. 그러고 나서 이야기를 듣고 문제지의 1부터 4 중에서 가장 올바른 것을 하나 고르세요.

예

음성

大学で、男の人と女の人が話しています。女の人はどうして元気がないのですか。

男：どうしたの？なんか元気がないね。最近、課題が多くてあまり寝ていないんじゃない？

女：それはいつものことだから慣れたよ。最近アルバイトを始めたって話したと思うんだけど。

男：ああ、パン屋さんの。残ったパンが無料でもらえて嬉しいって言ってたよね。

女：でも店が人気すぎて忙しいから大変なんだよ。もう辞めようかな。

男：ああ、わかった。彼氏に会う時間が少なくなって嫌なんでしょ。

女：それは関係ないよ、毎日連絡してるし。ああ、アルバイトのことを考えてたら気分が悪くなっちゃう。

女の人はどうして元気がないのですか。

1 かだいが多くて寝ていないから
2 アルバイトがいそがしいから
3 かれしに会えないから
4 気分が悪いから

대학에서 남자와 여자가 이야기하고 있습니다. 여자는 왜 기운이 없습니까?

남 : 왜 그래? 뭔가 기운이 없네. 요즘 숙제가 많아서 잠을 많이 못 자는 거 아니야?

여 : 그건 늘 있는 일이니까 익숙해졌어. 최근에 아르바이트를 시작했다고 말했었지?

남 : 아, 빵집 말이지. 남은 빵을 공짜로 받을 수 있어서 좋다고 했잖아.

여 : 근데 가게가 너무 인기가 많아서 바빠서 힘들어. 이제 그만둘까봐.

남 : 아, 알겠다. 남자 친구 만날 시간이 적어져서 싫은 거지?

여 : 그건 상관없어. 매일 연락하고 있고, 아, 아르바이트 생각하니까 기분이 나빠져.

여자는 왜 기운이 없습니까?

1 숙제가 많아 잠을 못 자서
2 아르바이트가 바빠서
3 남자 친구를 못 만나서
4 기분이 나빠서

1번

음성

大学で、女の学生と男の学生が就職活動について話しています。男の学生は女の学生にどんな方法を勧めましたか。

女：もう就職活動の時期なのに、まだ自分がどんな企業へ行きたいかイメージできていないんだよね。大川くんはどう？

男：僕もだよ。でも、最近は気になる企業に応募して、応募者向けの説明会に参加してるよ。まずは色々な企業に応募してみたら？

女：なるほどね。インターネットには自分のことを分析してみるといいって書いてあったけど、どうやったらいいかもわからないし、とりあえずそうしてみようかな。

男：この前友達がいろんな企業の説明が聞ける合同説明会に参加してすごくよかったって言ってたから僕も行ったんだけど、企業があまりに多すぎて、どこから行けばいいかわからなくて。

女：そっか。これからやるべきことがわかった気がするよ。何かあったらまた情報を共有し合おうね。

男の学生は女の学生にどんな方法を勧めましたか。

1 色々な会社におうぼする
2 自分のことをぶんせきする
3 ごうどう説明会に参加する
4 きぎょうの情報をきょうゆうする

대학에서 여학생과 남학생이 취업 준비에 대해서 이야기하고 있습니다. 남학생은 여학생에게 어떤 방법을 추천했습니까?

여 : 벌써 취업 준비를 할 시기인데, 아직 내가 어떤 기업에 가고 싶은지를 잘 모르겠어. 오카와 군은 어때?

남 : 나도 그래. 근데 최근엔 궁금한 기업에 지원해서 지원자들 대상으로 하는 설명회에 참가하고 있어. 우선은 여러 기업에 지원해 보는 게 어때?

여 : 그게 좋겠다. 인터넷에는 자신에 대해 분석해 보면 좋다고 쓰여 있는데, 어떻게 하면 좋을지도 모르겠고, 일단 그렇게 해 볼까?

남 : 요전에 친구가 여러 기업 설명을 들을 수 있는 합동 설명회에 참가해서 너무 좋았다고 해서 나도 갔는데, 기업이 너무 많아서 어디부터 가야 할지 모르겠더라고.

여 : 그렇구나. 앞으로 해야 할 걸 알게 된 것 같아. 무슨 일이 생기면 또 정보를 공유하자.

남학생은 여학생에게 어떤 방법을 추천했습니까?

1 다양한 회사에 지원한다
2 자신에 대해 분석한다
3 합동 설명회에 참가한다
4 기업 정보를 공유한다

2번

学校で女の人と男の人が話しています。男の人は、何が一番大変だったと言っていますか。

女：タンさん、この前の写真コンクールの写真、すごくよかったです。確か、特別賞でしたよね。

男：僕も意外だったよ。

女：先生も、タンさんの作品、部屋に飾りたいって言っていましたよ。

男：うれしいなあ。先生には、撮影場所を探すのを手伝ってもらったんだよ。先生のおかげで場所は見つかったんだけど、その日は大雨でね。大雨だからいい写真がとれたっていうのもあるんだけど、カメラが濡れないようにきれいな写真を撮るのが何よりも大変だったんだ。もう、こんな写真撮れないよ。

女：そんなことないですよ。タンさんだったらもっといい写真が撮れますよ。新しいチャレンジをしていきましょう！

男：そうかな、ありがとう。

男の人は、何が一番大変だったと言っていますか。

1 写真コンクールでとくべつしょうをとったこと
2 さつえい場所をさがしたこと
3 雨の日に写真をとったこと
4 新しいチャレンジをしたこと

학교에서 여자와 남자가 이야기하고 있습니다. 남자는 무엇이 가장 힘들었다고 말하고 있습니까?

여 : 탄 씨, 지난번 사진 콩쿠르 때 사진 너무 좋았어요. 분명 특별상이었죠?

남 : 나도 뜻밖이었어.

여 : 선생님도 탄 씨의 작품을 방에 꾸미고 싶다고 하셨어요.

남 : 기분 좋네. 선생님께서 촬영 장소 찾는 것을 도와주셨어. 선생님 덕분에 장소는 찾았는데, 그날은 비가 많이 와서 말이야. 비가 많이 와서 좋은 사진을 찍을 수 있었던 것도 있는데, 카메라가 젖지 않도록 예쁜 사진을 찍는 게 무엇보다도 힘들었어. 이제 이런 사진 못 찍겠어.

여 : 그렇지 않아요. 탄 씨라면 더 좋은 사진을 찍을 수 있어요. 새로운 도전을 해 봐요!

남 : 그럴까, 고마워.

---

1 사진 콩쿠르에서 특별상을 받은 것
2 촬영 장소를 찾은 것
3 비가 오는 날에 사진을 찍은 것
4 새로운 도전을 한 것

3번

女の人と男の人が、新しくできた店について話しています。男の人はこの店のどんなところがいいと言っていますか。

女：最近できたJマート、もう行った？

男：ああ、あの新しい店ね！僕はオープンの日に行ったよ。

女：そうなんだね。

男：駅から遠くてちょっと行くのが面倒だったけど、たくさんいいものが売ってたよ。

女：へえ。どんなものが売ってるの？食べ物？

男：食べ物ももちろん売ってるよ。でも一番有名なのは、ペンやノートがすごくおしゃれで使いやすいってことかな。

女：え、文房具ってどれも同じじゃないの？

男：僕も最初はそう思ってたんだ。実際にノートを買ってみたんだけど、書きやすい紙で作られていて、デザインがいいから勉強のやる気が出るんだ。でももっとすごいのは、そんなに値段が高くないところなんだよ。

女：へえ、それは使ってみたいな。

男：それから、お店の隣にカフェもあるんだけど、そこのコーヒーがおいしくって。飲み物と一緒にお菓子も売っているんだけど、それはまあまあだったかな。

女：そうなんだ。私も早く行きたいな。

男の人はこの店のどんなところがいいと言っていますか。

1 行きやすい場所にあるところ
2 ふだん使っているぶんぼうぐが売っているところ
3 質がよいわりにねだんが安いところ
4 コーヒーとおかしがおいしいところ

여자와 남자가 새로 생긴 가게에 대해 이야기하고 있습니다.
남자는 이 가게의 어떤 점이 좋다고 말하고 있습니까?

여 : 최근에 생긴 J마트, 벌써 갔어?

남 : 아, 그 새 가게 말이구나! 나는 오픈하는 날에 갔었어.

여 : 그렇구나.

남 : 역에서 멀어서 조금 가기가 귀찮았는데, 좋은 물건을 많이 팔더라고.

여 : 와, 뭐 팔아? 먹을 거?

남 : 음식도 물론 팔고 있어. 근데 가장 유명한 건 펜이랑 노트가 광장히 세련되고 쓰기 편하다는 거야.

여 : 아. 문구는 다 똑같지 않아?

남 : 나도 처음에는 그렇게 생각했거든. 실제로 노트를 사 봤는데 쓰기 편한 종이로 만들어져 있고 디자인이 좋아서 공부할 의욕이 생기는 거야. 하지만 더 대단한 건 가격이 그렇게 비싸지 않다는 거지.

여 : 와, 그거 써 보고 싶다.

남 : 그리고 가게 옆에 카페도 있는데, 거기 커피가 맛있어. 음료와 같이 과자도 팔고 있는데 그건 그냥 그랬어.

여 : 그렇구나. 나도 빨리 가 보고 싶어.

남자는 이 가게의 어떤 점이 좋다고 말하고 있습니까?

1 가기 편한 장소에 있는 점
2 평소에 사용하고 있는 문구를 팔고 있는 점
3 질이 좋은 것에 비해 가격이 싼 점
4 커피와 과자가 맛있는 점

4번

음성

女の人と男の人が話しています。女の人は流行している病気について、ニュースでどんなことを聞いたと言っていますか。

女：夕方のニュースで最近流行っている病気について特集してたの。

男：最近流行っている病気って、ウイルスがうつるとかぜのように熱が出たり、せきが出たりするってやつ？

女：そう。若い人は軽い症状で済むって言うでしょ。実は、軽い症状はぎりぎり入院しなくてもいいっていうレベルなんだって。かぜの何倍もつらいらしいわ。

男：へえ。甘く考えていたよ。

女：自分が誰かにうつして、その人が重い症状になったらと思うともっとこわいわ。ウイルス対策はしっかりしないとね。

女の人は流行している病気について、ニュースでどんなことを聞いたと言っていますか。

1 なぜ　かぜのしょうじょうが出ないのか
2 どうやってこのウイルスが流行ったか
3 軽いしょうじょうとは　どのようなものか
4 どのようにウイルスたいさくをするか

여자와 남자가 이야기하고 있습니다. 여자는 유행하고 있는 질병에 대해 뉴스에서 어떤 것을 들었다고 말하고 있습니까?

여 : 저녁 뉴스에서 요즘 유행하는 질병에 대해서 특집을 했어.

남 : 요즘 유행하는 질병은 바이러스가 옮으면 감기처럼 열이 나거나 기침이 난다는 거야?

여 : 맞아. 젊은 사람들은 가벼운 증상으로 끝난다고 하잖아. 실은 가벼운 증상은 간신히 입원하지 않아도 되는 수준이래. 감기보다 몇 배는 더 아프대.

남 : 와, 내가 너무 쉽게 생각했네.

여 : 내가 누군가에게 전염시켜 그 사람이 심각한 증상을 보일 걸 생각하니 더 무섭다. 바이러스 대책은 확실히 해야 해.

여자는 유행하고 있는 질병에 대해 뉴스에서 어떤 것을 들었다고 말하고 있습니까?

1 왜 감기 증상이 나타나지 않는가
2 어떻게 이 바이러스가 유행했는가
3 가벼운 증상이란 어떤 것인가
4 어떻게 바이러스 대책을 하는가

음성

講演会で専門家が話しています。専門家は教育について、どのようにしていく必要があると言っていますか。

女：日本のビジネスの世界では、外国企業と取引をしたり、外国企業と共同で開発を行ったりと、国際化が進んできました。その一方で、教育は一昔前とあまり変わっていないようです。デジタル化が進んでいるにもかかわらず、海外の大学の講義を受けたり、一緒に研究を行ったりするなどの国際的な教育が取り入れられていません。教育はこれからの可能性を広げるものであり、ビジネスにおいて海外との関わりがある日本には必要な分野ですから、日本が今後世界から遅れないようにするためにはそれが必要だと思うのです。

専門家は教育について、どのようにしていく必要があると言っていますか。

1　こうぎをデジタル化する
2　こくさいてきなきょういくをする
3　ビジネスの授業を取り入れる
4　様々な分野について勉強させる

강연회에서 전문가가 이야기하고 있습니다. 전문가는 교육에 대하여 어떻게 해 나갈 필요가 있다고 말하고 있습니까?

여 : 일본의 비즈니스 세계에서는 외국 기업과 거래하거나 외국 기업과 공동으로 개발하는 등 국제화가 진행되어 왔습니다. 그런 한편으로 교육은 예전과 별로 달라진 것이 없는 것 같습니다. 디지털화가 진행되고 있음에도 불구하고 해외 대학의 강의를 듣거나 함께 연구를 진행하는 등과 같은 국제적인 교육이 도입되지 않고 있습니다. 교육은 앞으로의 가능성을 넓히는 것이며, 비즈니스에 있어 해외와의 관계가 있는 일본에는 필요한 분야이기 때문에, 일본이 향후 세계에서 뒤처지지 않기 위해서는 그것이 필요하다고 생각합니다.

전문가는 교육에 대하여 어떻게 해 나갈 필요가 있다고 말하고 있습니까?

1　강의를 디지털화한다
2　국제적인 교육을 한다
3　비즈니스 수업을 도입한다
4　다양한 분야에 대해 공부시킨다

음성

事故があった道路で、アナウンサーが話しています。事故の原因は何ですか。

女：こちらは、今朝交通事故が起きた道路です。道路には事故によって壊れた自動車と自転車の一部が落ちています。事故にあったのは通学中の高校生二人で、曲がってきた車とぶつかったため怪我をして、病院へ運ばれました。幸い、命に関わる怪我ではないようです。事故を見ていた人の話によると、自動車が信号を無視し、スピードを出して進んでいたとのことで、警察は自動車の運転手に責任があるとみて、調査を進めています。

事故の原因は何ですか。

1　自転車が信号をむししたこと
2　自動車が信号をむししたこと
3　自転車が早いスピードで走っていたこと
4　自動車がスピードをゆるめたこと

사고가 난 도로에서 아나운서가 이야기하고 있습니다. 사고의 원인은 무엇입니까?

여 : 이곳은 오늘 아침 교통사고가 난 도로입니다. 도로에는 사고로 인해 부서진 자동차와 자전거 일부가 떨어져 있습니다. 사고를 당한 것은 통학 중이던 고등학생 두 명으로, 돌아서 나오는 차와 부딪혀 부상을 입어 병원으로 옮겨졌습니다. 다행히 생명과 관련된 부상은 아닌 것 같습니다. 사고를 본 사람의 말에 의하면 자동차가 신호를 무시하고 속도를 내어 달렸다고 했으며, 경찰은 자동차 운전자에게 책임이 있다고 보고 조사를 진행하고 있습니다.

사고의 원인은 무엇입니까?

1　자전거가 신호를 무시한 것
2　자동차가 신호를 무시한 것
3　자전거가 빠른 스피드로 달렸던 것
4　자동차가 스피드를 늦춘 것

問題3 문제3에서는 문제지에 아무것도 인쇄되어 있지 않습니다. 이 문제는 전체적으로 어떤 내용인지를 묻는 문제입니다. 이야기 전에 질문은 없습니다. 먼저 이야기를 들으세요. 그러고 나서 질문과 선택지를 듣고 문제지의 1부터 4 중에서 가장 올바른 것을 하나 고르세요.

예

음성

テレビでアナウンサーが自宅で仕事をすることに関するインタビューの結果を話しています。

女：近年、多くの会社で自宅で仕事をするスタイルが取り入れられています。インターネットを使えば、同じ場所にいなくても簡単に情報を共有できる便利な時代になりました。しかし、今回のインタビューで「家に家族がいるので仕事に集中できない」「わからないことがあってもすぐに相談ができない」「人との関わりがなくなりストレスがたまる」などの意見があることがわかりました。

何について、インタビューしていますか。

1 家で仕事をする理由
2 家での働き方
3 家で仕事をすることの問題点
4 家で仕事をする良い点

텔레비전에서 아나운서가 집에서 일을 하는 것에 관한 인터뷰 결과를 이야기하고 있습니다.

여 : 요즘 회사에 가지 않고 집에서 일을 하는 방식을 많은 회사가 시행하고 있습니다. 인터넷을 사용하면 같은 장소에 있지 않아도 쉽게 정보를 전달할 수 있는 편리한 시대가 되었습니다. 하지만 이번 인터뷰에서 '집에 가족이 있어서 일에 집중이 안 된다', '모르는 것이 있어도 바로 상의를 할 수 없다', '사람과의 관계가 없어져 스트레스가 쌓인다' 등의 의견이 있는 것으로 나타났습니다.

무엇에 대해 인터뷰하고 있습니까?

1 집에서 일을 하는 이유
2 집에서 일하는 방식
3 <u>집에서 일하는 것의 문제점</u>
4 집에서 일을 하는 좋은 점

1번

음성

動物保護のイベントで、ある団体の女の人が話しています。

女：私は、動物を保護する活動を行っています。飼い主が飼えなくなってしまった動物を、一時的にあずかり、次の飼い主を探します。犬や猫はかわいくて、人のことを癒してくれます。しかし、生き物ですから、毎日運動をさせてあげないといけないですし、仕事に行っている間、長時間一匹だけにしておくとストレスがたまります。予想以上に大きく成長するかもしれないですし、病気になったら病院に連れて行かなければいけません。飼う前に、きちんとお世話できるのか、よく考えてみましょう。

女の人は、何について話していますか。

1 人々を癒す方法
2 動物を飼う大変さ
3 この活動をしている理由
4 動物を飼うために必要な能力

동물 보호 이벤트에서 어느 단체의 여자가 이야기하고 있습니다.

여 : 저는 동물을 보호하는 활동을 하고 있습니다. 주인이 기를 수 없게 된 동물을 일시적으로 맡아 다음 주인을 찾아 줍니다. 개나 고양이는 귀엽고 사람을 치유해 줍니다. 하지만 동물이기 때문에 매일 운동을 시켜야 하고 일하러 간 사이에 오랫동안 혼자 내버려두면 스트레스가 쌓입니다. 예상 이상으로 크게 성장할 수도 있고 병에 걸리면 병원에 데려가야 합니다. 키우기 전에 제대로 돌봐 줄 수 있는지 잘 생각해 봅시다.

여자는 무엇에 대해 이야기하고 있습니까?

1 사람들을 위로하는 방법
2 <u>동물을 기르는 어려움</u>
3 이 활동을 하고 있는 이유
4 동물을 키우기 위해 필요한 능력

음성

テレビで学生が話しています。

男：楽しかった大学生活も半分が過ぎ、もう3年生になってしまいました。こうなると、もう遊んでばかりもいられません。卒業後の将来の方向性について真面目に考えなければならないのです。私は、大学を出たら会社で働くのが普通のことだと思っていました。そのためにいろんな会社について調べたり、先輩に話を聞いたりしてきました。でも、周りの友達を見ていて、就職だけがゴールではないと最近思い始めました。私の周りには、興味のあることをもっと勉強するために大学院へ行く人や、海外へ留学する人、また自分で会社を立ち上げるという人もいます。しかし急いで決める必要もなく、働きながら自分のやりたいことを見つけるのも一つの方法だと私は思います。

学生は主に何について話していますか。

1 大学生活が残り少ないこと
2 真面目に就職活動をする方法
3 大学を出て就職する大切さ
4 卒業後にできることがたくさんあること

음성

テレビで書店の店員が話しています。

女：これまでは、書店というと紙の本を購入する場所というイメージしかなかったと思います。電子の本が登場し、紙の本の需要が減り、書店の利用者も減りました。それによって、書店は紙の本を購入する場所から紙の本を楽しむ場所に変化していったのです。書店内にカフェがあるところも増え、ソファー席でゆったりと紙の本が読めるようになりました。書店は紙の本ならではの味わいや素晴らしさを伝える場所として多くの人に親しまれています。

店員は何について話していますか。

1 書店が人に与える影響
2 書店が減っている理由
3 書店の店員がお勧めする本
4 書店の新しい役割

> **텔레비전에서 학생이 이야기하고 있습니다.**
>
> 남 : 즐거웠던 대학 생활도 절반이 지나고 벌써 3학년이 되어 버렸습니다. 이렇게 되면 더 이상 놀고만 있을 수가 없습니다. 졸업 후 미래의 방향에 대해 진지하게 생각해야 합니다. 저는 대학을 나오면 회사에서 일하는 것이 당연하다고 생각했습니다. 그래서 여러 회사에 대해 알아보기도 하고 선배의 이야기를 듣기도 했습니다. 하지만 주변 친구들을 보면서 취업만이 목표가 아니라는 생각이 최근에 들기 시작했습니다. 제 주변에는 관심 있는 것을 더 공부하기 위해 대학원에 가는 사람, 해외로 유학을 가는 사람, 또 직접 회사를 차리는 사람도 있습니다. 하지만 결정을 서두를 필요 없이 일하면서 내가 하고 싶은 일을 찾는 것도 하나의 방법이라고 저는 생각합니다.

학생은 주로 무엇에 대해 이야기하고 있습니까?

1 대학 생활이 얼마 남지 않은 것
2 성실하게 취업 준비를 하는 방법
3 대학을 나와 취직하는 중요성
4 졸업 후에 할 수 있는 것이 많이 있는 것

> **텔레비전에서 서점 직원이 이야기하고 있습니다.**
>
> 여 : 지금까지는 서점이라고 하면 종이책을 구입하는 장소라는 이미지밖에 없었던 것 같습니다. 전자책이 등장하면서 종이책 수요가 줄었고 서점 이용자도 줄었습니다. 그에 따라 서점은 종이책을 구입하는 장소에서 종이책을 즐기는 장소로 변화해 나갔습니다. 서점 내에 카페가 있는 곳도 많아져서 소파 자리에서 여유롭게 종이책을 읽을 수 있게 되었습니다. 서점은 종이책만의 맛과 멋을 전하는 장소로 많은 이들에게 친숙해지고 있습니다.

점원은 무엇에 대해 이야기하고 있습니까?

1 서점이 사람에게 주는 영향
2 서점이 줄고 있는 이유
3 서점의 직원이 추천하는 책
4 서점의 새로운 역할

음성

**ラジオで、アナウンサーが登山家にインタビューをして
います。**

女：今日は、登山家の大山奏さんにお話を伺います。ど
　うぞよろしくお願いいたします。大山さん、最近、
　登山を趣味にする人が増えているそうですね。

男：はい、今までは登山は危ないというイメージがあり
　ましたが、安全に楽に登れる山もあるのでいろんな
　ところに行って登山を楽しんでほしいですね。でも
　登山家としては、ただ登って終わるだけにしてほし
　くないなと思うんです。

女：どういうことですか。

男：私は昔から、山の変化をじっくり感じることが好き
　で、季節や時間帯によって山の雰囲気が変わるのが
　魅力的だと感じていました。最近は友達同士で喋り
　ながら登ったり、写真を撮ったりすることに夢中に
　なってしまう人がいますが、それじゃあ本当の山の
　良さは感じられないと思うんです。

女：なるほど。

男：美しい山の中で過ごす時間を、もっとじっくり味わ
　ってほしいです。

登山家が言いたいことは何ですか。

1　山の変化を楽しみながら登ってほしい
2　上まで登りきってほしい
3　会話しながら登山してほしい
4　山登りをすることに夢中になってほしい

라디오에서 아나운서가 등산가와 인터뷰하고 있습니다.

여 : 오늘은 등산가 오야마 소 씨의 이야기를 듣겠습니다. 잘
　　부탁드립니다. 오야마 씨, 요즘 등산을 취미로 하는 사람
　　이 늘고 있다고 들었습니다.

남 : 예, 지금까지는 등산이 위험하다는 이미지가 있었습니다
　　만, 안전하고 쉽게 오를 수 있는 산도 있으니까 여러 곳에
　　가서 등산을 즐기셨으면 합니다. 하지만 산악인으로서는
　　그냥 오르고 마는 것으로 끝나지 않으면 좋겠습니다.

여 : 그게 무슨 말이죠?

남 : 저는 옛날부터 산의 변화를 차분히 느끼는 것을 좋아했
　　고 계절과 시간대에 따라 산의 분위기가 바뀌는 것이 매
　　력적이라고 느꼈습니다. 최근에는 친구들끼리 수다를 떨
　　면서 올라가거나 사진을 찍거나 하는 것에만 열중하는
　　사람이 있는데, 그러면 진짜 산의 장점은 느낄 수 없다고
　　생각합니다.

여 : 그렇군요.

남 : 아름다운 산속에서 보내는 시간을 좀 더 차분히 맛보셨
　　으면 합니다.

등산가가 말하고 싶은 것은 무엇입니까?

1　산의 변화를 즐기면서 오르기를 바란다
2　위까지 다 올라가기를 바란다
3　대화하면서 등산하기를 바란다
4　등산을 하는 것에 열중하기를 바란다

음성

会社の会議で社長が話しています。

男：皆さま、今年も一年お疲れ様でした。みなさまの努
　力のおかげで、今年は会社の売り上げが前年度の
　二倍にもなり、企業としてますます成長した一年と
　なりました。来年からは新しい事業、特にIT技術を
　使った最新の電気製品やAIロボットの開発に力を入
　れていこうと張り切っている人も多いと思います。
　確かに新しい事業に早く取り組むことは大切です
　が、以前から休憩時間をもっと伸ばしてほしいとい
　う声が挙がっています。休む時間が少ないと、やる
　気や集中力が落ちてしまうので、社員の持ってい
　る本来の能力を発揮できるように会社での働き方
　の見直しが必要です。電気製品は先週新作が出ま
　したし、AIロボットの開発は今取り組んでいる企画
　が終わらないとできないと思います。社員ができる
　だけストレスを感じない職場を目指したいと思いま
　す。

社長が言いたいことはなんですか。

1　IT技術を使うべきだ
2　AIロボットを売るべきだ
3　もっと休む時間を増やすべきだ
4　新しい企画を考えるべきだ

회사 회의에서 사장님이 이야기하고 있습니다.

남 : 여러분, 올 한 해도 수고 많으셨습니다. 여러분의 노력 덕분에 올해는 회사 매출이 전년도의 두 배나 되고 기업으로서 더욱 성장한 한 해가 되었습니다. 내년부터는 새로운 사업, 특히 IT 기술을 사용한 최신 전자 제품과 AI 로봇 개발에 주력하고자 의욕을 보이는 사람도 많을 것입니다. 분명 새로운 사업에 빨리 임하는 것은 중요하지만, 이전부터 휴식 시간을 더 늘렸으면 한다는 목소리가 나오고 있습니다. 쉬는 시간이 적으면, 의욕이나 집중력이 떨어지기 때문에 직원이 가지고 있는 본래의 능력을 발휘할 수 있도록 회사에서 일하는 방식을 재검토할 필요가 있습니다. 전자 제품은 지난주에 신작이 나왔고, AI 로봇 개발은 지금 하는 기획이 끝나야 할 것 같습니다. 직원들이 가능한 한 스트레스를 받지 않는 직장을 목표로 하고 싶습니다.

사장님이 말하고 싶은 것은 무엇입니까?

1 IT 기술을 사용해야 한다

2 AI 로봇을 팔아야 한다

3 더욱 쉬는 시간을 늘려야 한다

4 새로운 기획을 생각해야 한다

문제4 문제4에서는 문제지에 아무것도 인쇄되어 있지 않습니다. 먼저 문장을 들으세요. 그러고 나서 그것에 대한 대답을 듣고 1부터 3 중에서 가장 올바른 것을 하나 고르세요.

예

女：午前中にこの資料まとめといってって言ったじゃん。

男：1 はい、部長のおかげです。
　　2 もうまとめてくれたんですね。
　　3 間に合わなくて、すみません。

여 : 오전 중에 이 자료 정리해 두라고 했잖아.

남 : 1 네, 부장님 덕분입니다.
　　2 벌써 정리해 주셨군요.
　　3 늦게 해서 죄송합니다.

1번

男：このカメラ、去年のイベントで使ったっきりなんだけど。

女：1 せっかく買ったので、もっと使いたいですよね。
　　2 本当にいつも使ってますよね。
　　3 一度も使ってないんですね。

남 : 이 카메라, 작년 이벤트에서 사용한 게 마지막인데.

여 : 1 기왕에 샀으니 더 사용하면 좋겠네요.
　　2 정말로 항상 사용하고 있죠?
　　3 한 번도 사용하지 않았죠?

2번

男：林さん、この映画、旅行に行ったつもりになれるのでおすすめですよ。

女：1 あ、旅行行ったんですね。どうでした？
　　2 旅行の気分が味わえるのはいいですね。
　　3 いつ旅行に行く予定なんですか。

남 : 하야시 씨, 이 영화, 여행 간 것 같은 느낌이 들어서 추천해요.

여 : 1 아, 여행 다녀오셨군요. 어땠어요?
　　2 여행의 기분을 느낄 수 있다니 좋네요.
　　3 언제 여행을 갈 예정이에요?

3번

女：ここの教室って、今日は使えないことになっているよね？

男：1 うん、昨日先生が言ってたよね。
　　2 うん、今日はこの教室を使おう。
　　3 あ、もう使えるようになったんだね。

여 : 여기 교실은 오늘은 쓸 수 없는 거지?

남 : 1 응, 어제 선생님이 말씀하셨어.
　　2 응, 오늘은 이 교실을 사용하자.
　　3 아, 이제 쓸 수 있게 되었구나.

4번

女：すみませんが、昨日の8時ごろはどこにおいでになりましたか。

男：1 はい、地下鉄を使って来ましたけど。
　　2 いえ、私は行っていないですよ。
　　3 あー、自宅にいましたけど。

여 : 실례지만, 어제 8시쯤에 어디에 계셨습니까?

남 : 1 네, 지하철을 타고 왔는데요.
　　2 아니요, 저는 가지 않았어요.
　　3 아, 집에 있었는데요.

5번

男：到着時間が変更になったから、至急お客様に電話して。

女：1　はい、明日でいいんですね。

　　2　あ、やらないことになったんですか。

　　3　はい、今すぐ電話します。

남：도착 시간이 변경됐으니 지금 바로 고객님께 전화해 줘.

여：1　네, 내일 하면 되죠?

　　2　아, 안 하기로 된 건가요?

　　3　네, 지금 바로 전화하겠습니다.

6번

女：明日の会議の資料、忘れないようにしてね。

男：1　わかった。メモしておくよ。

　　2　わかった。誰にも言わないよ。

　　3　もちろん、家に置いておくよ。

여：내일 회의 자료 잊지 말고 챙겨 줘.

남：1　알았어. 메모해 둘게.

　　2　알았어. 아무한테도 말 안 할게.

　　3　물론, 집에 놔 둘게.

7번

女：バス停に人がいないところを見ると、バスはもう行っちゃったんだね。

男：1　走ったのに間に合わなかったね。

　　2　ぎりぎり間に合ってよかったね。

　　3　ふう、まだバスは来てないみたいだね。

여：버스 정류장에 사람이 없는 걸 보니 버스는 이미 가 버린 거네.

남：1　뛰었는데 늦었네.

　　2　아슬아슬하게 도착해서 다행이야.

　　3　휴, 아직 버스는 안 왔나 보네.

8번

女：いやあ、明日プレゼンすることになって、飲み会どころではないよ。

男：1　あ、昨日行ったばかりなんだ。

　　2　よかった、参加できるんだね。

　　3　大変だね。手伝おうか。

여：아, 내일 프레젠테이션을 해야 해서 회식할 상황이 아니야.

남：1　아, 어제 막 갔다 왔어.

　　2　잘됐다, 참석할 수 있구나.

　　3　힘들겠다. 도와줄까?

9번

男：すみません、この資料メールで送っていただけませんか。昨日印刷し忘れてしまって。

女：1　あ、もうメールで送ってもらったよ。

　　2　印刷してくれたんだ。助かるよ。

　　3　うん、今送るからちょっと待ってね。

남：죄송합니다만, 이 자료를 메일로 보내 주시겠습니까? 어제 인쇄하는 걸 깜빡해서요.

여：1　아, 벌써 메일로 보내 왔어.

　　2　인쇄해 줬구나. 고마워.

　　3　응, 지금 보낼 테니까 잠깐 기다려.

10번

男：来月サークルで行く旅行、行く場所はともかく、まず参加する人数を確認しないといけないよね。

女：1　もう日にちが決まったんですね。

　　2　そうですね。みんなに連絡しましょう。

　　3　なるほど。じゃあ北海道にします？

남：다음 달 동아리에서 가는 여행, 가는 장소는 둘째 치고 우선 참가 인원수를 확인해야 돼.

여：1　벌써 날짜가 정해졌군요.

　　2　그러네요. 모두에게 연락합시다.

　　3　그렇군요. 그럼 홋카이도로 할까요?

11번

女：参加者がこの人数じゃ、今回のイベントは中止にせざるを得ないな。

男：1　残念ですが、仕方ないですね。

　　2　想像以上に人気ですね！

　　3　はい、計画通り準備を進めますね。

여：참가자가 이 정도면 이번 이벤트는 중지할 수밖에 없겠네.

남：1　안타깝지만 어쩔 수 없네요.

　　2　생각 이상으로 인기가 많네요!

　　3　네, 계획대로 준비를 진행할게요.

문제5 문제5에서는 장문의 이야기를 듣습니다. 이 문제에는 연습은 없습니다. 문제지에 메모를 해도 괜찮습니다.

1번, 2번

문제지에 아무것도 인쇄되어 있지 않습니다. 먼저 이야기를 들으세요. 그리고 나서 질문과 선택지를 듣고 1부터 4 중에서 가장 올바른 것을 하나 고르세요.

1번

음성

男の人と女の人が雑誌を見ながら話しています。

男：このレストランすごいよ。いくつかお店を出してるみたい。どれか行ってみない？

女：いいね。ちょうど今週はあなたの誕生日だから、お祝いしよう。

男：ありがとう。どこも良さそうだね、どれにしようか。

女：素敵な音楽を聴きながら食事ができて、洋食が食べられるところがいいな。あとは、駅から近いところ。お酒飲むから電車で行くでしょ？

男：もちろん！南店なら駅から徒歩3分って書いてあるよ。ピアノの演奏を聴きながら食事することができるんだって。料理は和食みたいだけど。あとは、同じ距離のところに東店もあるよ。そこはイタリア料理があるし、バイオリンの演奏を聴きながら食事を楽しむことができるんだって。

女：へえ。

男：それと、北店は駅から近いから歩いていけるよ。それにフランス料理もあるし、歌を聴きながら食事をすることもできるみたい。ここいいかもしれないね。

女：あ、この前友達が行ったって言ってたな。テレビに出てるような有名な歌手が来るんだってね。予約が取れないからお店に入るまで待つかもしれないね。

男：そうだね。あとは西店。和食も洋食もあって料理の種類が豊富なんだって。色々な楽器の演奏が楽しめるらしいよ。ここは駅から離れてるから、車で行かないといけないね。

女：うーん。やっぱり駅から近くて洋食が食べられるところがいいかな。音楽を聴きながら食事もしたいけど、お店で待つのは嫌だし。ここにしようか。

女の人はどの店に行きたいと言っていますか。

1 南店
2 東店
3 北店
4 西店

남자와 여자가 잡지를 보면서 이야기하고 있습니다.

남 : 이 레스토랑 대단해. 몇 군데 더 가게를 낸 것 같아. 어디든 가보지 않을래?

여 : 좋아. 마침 이번 주가 당신 생일이니까 축하하자.

남 : 고마워. 어디든 좋을 것 같은데 어떤 걸로 할까?

여 : 멋진 음악을 들으면서 식사할 수 있고, 양식을 먹을 수 있는 곳이 좋겠다. 그리고 역에서 가까운 곳. 술 마실 거니까 전철로 갈 거지?

남 : 물론! 미나미점이라면 역에서 도보로 3분이라고 쓰여 있어. 피아노 연주를 들으면서 식사할 수 있대. 요리는 일식 같은데. 그리고 비슷한 거리에 히가시점도 있어. 거기는 이탈리아 요리가 있고 바이올린 연주를 들으면서 식사를 즐길 수 있대.

여 : 우와.

남 : 그리고 기타점은 역에서 가까워서 걸어갈 수 있어. 게다가 프랑스 요리도 있고 노래를 들으면서 식사할 수도 있는 것 같아. 여기 괜찮겠다.

여 : 아, 저번에 친구가 갔다고 했어. 텔레비전에 나오는 유명한 가수가 온대. 예약이 안 되니까 가게에 들어갈 때까지 기다릴지도 모르겠다.

남 : 그러네. 그리고 니시점. 일식에 양식도 다 있고 음식 종류가 다양한대. 다양한 악기 연주를 즐길 수 있는 것 같아. 여기는 역에서 멀리 떨어져 있어서 차로 가야 해.

여 : 음. 역시 역에서 가깝고 양식을 먹을 수 있는 곳이 좋겠다. 음악을 들으면서 식사도 하고 싶지만, 가게에서 기다리기는 싫고, 여기로 할까?

여자는 어느 가게에 가고 싶다고 말하고 있습니까?

1 미나미점
2 히가시점
3 기타점
4 니시점

음성

テレビ局で、部下二人と課長が話しています。

男1: 課長、グエンさん、ちょっといいですか。今日の午後2時から課長とグエンさんと私の3人で、来月から始まる料理番組の会議をすることになっていましたよね。

男2: うん、その予定だけど。泉さん、どうしたの?

男1: あの、明日予定していたデパートの食品売場の取材が、出演者の都合で、今日になってしまいました。それで、今から大東京デパートに行かなければならないので、ちょっと2時までに戻るのは厳しいんです。3時前には会社に戻れると思うんですが。

男2: うーん、仕方ないな。新番組の会議は3時からにしましょう。

女: えっと、私3時半から別番組の会議がありまして。資料の準備もしないといけないので、その時間はちょっと。あ、明日休みなのって私だけですよね?明日会議するのはどうでしょうか。

男2: 申し訳ないが、明日静岡県で旅番組の撮影があってね。それと、仕事にまじめなのはいいけど、グエンさんも休日はしっかり休まないと。

女: はい…。そうなると、今日中に話し合わないと明後日の出演者との打ち合わせに間に合わないですね。泉さんの取材って、早めに切り上げられないんですか。

男1: 今のスケジュールでもぎりぎりなんです。むしろデパートに無理を言ってこの時間空けてもらったぐらいだから。

男2: じゃ、泉さんは戻り次第、打ち合わせに参加してもらうということで。とりあえず2時に私とグエンさんの二人で打ち合わせを始めよう。グエンさんが出ないといけない時間になっても終わっていなかったら、残りは私と泉くんの二人でやるよ。

女: わかりました。

男1: 打ち合わせの内容はしっかり記録して、明後日の出演者との打ち合わせでは全員ちゃんと対応できるようにしておきましょう。

男2: うん、じゃあこの流れでよろしく。

3人での打ち合わせの日時はどうなりましたか。

1 予定通りの時間に行う
2 予定していた時間の一時間後に行う
3 明日の同じ時間に延期する
4 明後日の同じ時間に延期する

방송국에서 부하 직원 두 명과 과장이 이야기하고 있습니다.

남1: 과장님, 구엔 씨, 잠깐 괜찮으세요? 오늘 오후 2시부터 과장님과 구엔 씨와 저 셋이 다음 달부터 시작되는 요리 프로그램 회의를 하기로 되어 있었죠.

남2: 응, 그럴 예정인데. 이즈미 씨, 무슨 일이야?

남1: 그게, 내일 예정이었던 백화점 식품 매장 취재가 출연자 사정으로 오늘로 돼 버려서요. 그래서 지금부터 대도쿄 백화점에 가야 해서, 2시까지는 돌아오기 어려워요. 3시 전에는 회사에 올 수 있을 것 같습니다.

남2: 음, 어쩔 수 없지. 새 프로그램 회의는 3시부터 합시다.

여: 아, 전 3시 반부터 다른 프로그램의 회의가 있어서요. 자료 준비도 해야 해서 그 시간은 좀 안 될 것 같아요. 아, 내일 쉬는 날인 거 저뿐이죠? 내일 회의하는 건 어떨까요?

남2: 미안하지만 내일 시즈오카현에서 여행 프로그램 촬영이 있어서. 그리고 성실히 일하는 건 좋지만, 구엔 씨도 휴일은 잘 쉬어야지.

여: 네…. 그러면 오늘 안에 이야기하지 않으면 모레 출연자와 하는 미팅에 늦겠네요. 이즈미 씨의 취재는 빨리 끝낼 수 없나요?

남1: 지금 스케줄도 빠듯해요. 오히려 백화점에 무리해서 이 시간을 비워 달라고 했을 정도라서요.

남2: 그럼 이즈미 씨는 돌아오는 대로 미팅에 참석하는 것으로 하자. 우선 2시에 나랑 구엔 씨 둘이 미팅을 시작하자. 구엔 씨가 나가야 할 시간이 되어도 끝나지 않으면 나머지는 나와 이즈미 군 둘이 할게.

여: 알겠습니다.

남1: 미팅 내용은 잘 기록해서 모레 출연자와 하는 미팅에는 모두 잘 대응할 수 있도록 합시다.

남2: 응, 그럼 이 흐름으로 잘 부탁해.

세 사람의 미팅 일시는 어떻게 되었습니까?

1 예정된 시간에 한다
2 예정된 시간 한 시간 후에 한다
3 내일 같은 시간으로 연기한다
4 모레 같은 시간으로 연기한다

3번

먼저 이야기를 들으세요. 그러고 나서 두 개의 질문을 듣고 각각 문제지의 1부터 4 중에서 가장 올바른 것을 하나 고르세요.

음성

ラジオでレポーターが、週末に行くのにおすすめの公園について話しています。

女1：今週末は気温が上がって、外にお出かけするにはちょうど良い天気となるでしょう。まず、川上公園は、川の横にある公園で、川遊びやバーベキューが楽しめます。2つ目は、山の方にある岩谷公園です。この公園では、芸術家が石を切って作った芸術的なすべり台やガラスのピラミッドがあり、非日常的で素敵な写真を撮ることができます。そして、ハート池公園は、外にコンサートができるステージがあり、週末は地域の音楽家たちがそこでコンサートを開くそうです。最後にご紹介するのは、海の近くにあるアスパラ公園です。夏には花火が見えるこの公園にはお花畑があり、一年を通して色々なお花を見ることができます。さらに夜にはきれいな景色も見られます。

男：今ラジオで言っていた公園で、今度写真を撮ってみたいんだ。

女2：へえ、いつもは自然を撮っているから、芸術家が作ったものを撮るのもいいね。

男：あー、その公園じゃなくて、海の近くで夜の景色を撮ってみたいんだよ。今週末は天気がいいからチャンスかもしれない。

女2：そっか、私は外で演奏を聴いてみたいんだよね。今週末じゃなくていいから、今度一緒に行こう。

男：外でずっと音楽を聴いたら、暑くて倒れちゃうよ。川で遊べるんだったら涼しそうでいいけどね。

女2：屋根があるから、そんなに暑くないと思うよ。

質問1　男の人はどの公園に行くつもりだと言っていますか。

1　川上公園
2　岩谷公園
3　ハート池公園
4　アスパラ公園

質問2　女の人はどの公園に行きたいと言っていますか。

1　川上公園
2　岩谷公園
3　ハート池公園
4　アスパラ公園

라디오에서 리포터가 주말에 가기 좋은 공원에 대해 이야기하고 있습니다.

여1 : 이번 주말에는 기온이 올라 밖에 나가기에 딱 좋은 날씨가 될 것입니다. 우선 가와카미 공원은 강 옆에 있는 공원으로 강에서 놀거나 바비큐를 즐길 수 있습니다. 두 번째는 산 쪽에 있는 이와타니 공원입니다. 이 공원에서는 예술가가 돌을 잘라 만든 예술적인 미끄럼틀과 유리로 된 피라미드가 있어 비일상적이고 멋진 사진을 찍을 수 있습니다. 그리고 하트 연못 공원은 야외에 콘서트를 할 수 있는 무대가 있어서 주말에는 지역 음악가들이 그곳에서 콘서트를 연다고 합니다. 마지막으로 소개해 드릴 곳은 바다 근처에 있는 아스파라 공원입니다. 여름에는 불꽃놀이를 볼 수 있는 이 공원에는 꽃밭이 있어 일년 내내 다양한 꽃을 볼 수 있습니다. 더욱이 밤에는 예쁜 야경도 볼 수 있습니다.

남 : 지금 라디오에서 말했던 공원에서 다음번에 사진을 찍어 보고 싶어.

여2 : 오, 평소에는 자연을 찍으니까, 예술가가 만든 것을 찍는 것도 좋겠다.

남 : 아, 그 공원 말고 바다 근처에서 야경을 찍어 보고 싶어. 이번 주말에는 날씨가 좋으니 기회일지도 몰라.

여2 : 그래? 나는 야외에서 연주를 들어보고 싶어. 이번 주말이 아니라도 되니까 다음에 같이 가자.

남 : 야외에서 계속 음악을 들으면 더워서 쓰러져. 강에서 놀 수 있으면 시원할 것 같아서 좋은데.

여2 : 지붕이 있으니까 그렇게 덥지는 않을 거야.

질문 1　남자는 어느 공원에 갈 생각이라고 말하고 있습니까?

1　가와카미 공원
2　이와타니 공원
3　하트 연못 공원
4　아스파라 공원

질문 2　여자는 어느 공원에 가고 싶다고 말하고 있습니까?

1　가와카미 공원
2　이와타니 공원
3　하트 연못 공원
4　아스파라 공원

모의 시험

제2회
정답 및 해석

모의 시험 제2회 정답표

언어 지식(문자·어휘)

문제1	1 ③	2 ②	3 ④	4 ①	5 ②
문제2	6 ③	7 ②	8 ③	9 ①	10 ②
문제3	11 ④	12 ①	13 ②		
문제4	14 ③	15 ①	16 ②	17 ③	18 ①	19 ③	20 ②
문제5	21 ④	22 ①	23 ②	24 ③	25 ①
문제6	26 ①	27 ③	28 ②	29 ③	30 ③

언어 지식(문법)

문제7	31 ④	32 ②	33 ①	34 ③	35 ②	36 ④
	37 ④	38 ③	39 ③	40 ①	41 ②	42 ①
문제8	43 ②(4123)		44 ③(3412)		45 ①(4321)	
	46 ③(3421)		47 ②(4231)			
문제9	48 ④	49 ①	50 ②	51 ③	52 ②	

독해

문제10	53 ②	54 ③	55 ③	56 ①	57 ④			
문제11	58 ②	59 ③	60 ③	61 ①	62 ③	63 ②	64 ①	65 ④	66 ②
문제12	67 ④	68 ④						
문제13	69 ④	70 ①	71 ④					
문제14	72 ④	73 ①						

청해

문제1	예 ③	1번 ②	2번 ③	3번 ②	4번 ②	5번 ③		
문제2	예 ②	1번 ④	2번 ②	3번 ④	4번 ②	5번 ③	6번 ②	
문제3	예 ③	1번 ②	2번 ②	3번 ②	4번 ①	5번 ③		
문제4	예 ③	1번 ③	2번 ③	3번 ①	4번 ①	5번 ③	6번 ①	7번 ②
	8번 ①	9번 ③	10번 ②	11번 ③				
문제5	1번 ①	2번 ①	3번 (질문1) ④		3번 (질문2) ③			

모의 시험 제2회 채점표

실제 시험은 상대 평가이기 때문에 본 채점표의 점수와 다를 수 있습니다.

	문제	배점	만점	정답 개수	점수
언어 지식 (문자 · 어휘)	문제1	1점 x 5문항	5		
	문제2	1점 x 5문항	5		
	문제3	1점 x 3문항	3		
	문제4	1점 x 7문항	7		
	문제5	1점 x 5문항	5		
	문제6	1점 x 5문항	5		
언어 지식 (문법)	문제7	1점 x 12문항	12		
	문제8	1점 x 5문항	5		
	문제9	1점 x 5문항	5		
합계			52		

예상 점수를 계산하는 방법 : 언어 지식(문자 · 어휘, 문법) [   ]점÷52×60=[   ]점

	문제	배점	만점	정답 개수	점수
독해	문제10	1점 x 5문항	5		
	문제11	1점 x 9문항	9		
	문제12	1점 x 2문항	2		
	문제13	1점 x 3문항	3		
	문제14	1점 x 2문항	2		
합계			21		

예상 점수를 계산하는 방법 : 독해 [   ]점÷21×60=[   ]점

	문제	배점	만점	정답 개수	점수
청해	문제1	1점x5문항	5		
	문제2	1점x6문항	6		
	문제3	1점x5문항	5		
	문제4	1점x11문항	11		
	문제5	1점x4문항	4		
합계			31		

예상 점수를 계산하는 방법 : 청해 [   ]점÷31×60=[   ]점

문제1 _____의 단어의 읽는 법으로 가장 올바른 것을 1·2·3·4에서 하나 고르세요.

1. 사장님이 기자의 질문에 응한다.
2. 요리를 추가로 주문한다.
3. 운전면허를 취득했다.
4. 오늘 하늘은 선명한 파란색이다.
5. 한 가지 주제에 대해 토론한다.

문제2 _____의 단어를 한자로 쓸 때, 가장 올바른 것을 1·2·3·4에서 하나 고르세요.

6. 잡은 금붕어를 강에 풀어 준다.
7. 아픈 사람을 간호하는 것이 일이다.
8. 회장 안으로의 입장을 제한한다.
9. 아이의 손을 꽉 잡는다.
10. 저금한 돈을 모두 병원에 기부했다.

문제3 ( )에 들어갈 가장 올바른 것을 1·2·3·4에서 하나 고르세요.

11. 신기획을 제안하기 위한 자료를 만든다.
12. 휴대전화를 떨어뜨려 버려서 화면 수리비로 만 엔이 들었다.
13. 연휴 기간이라 영화관에는 부모와 자녀 동반이 많다.

문제4 ( )에 들어갈 가장 올바른 것을 1·2·3·4에서 하나 고르세요.

14. 다이어트를 성공하고 싶다면 균형 잡힌 식사를 하는 것이 중요하다.
15. 새 회사에 들어가고 나서 정말 바빴는데, 드디어 휴식할 시간이 생겼다.
16. 남동생은 어머니에게 꾸지람을 듣고 하루 종일 풀이 죽어 있었다.
17. 그녀는 시험이 끝난 후에 더 공부했더라면 좋았을 것이라고 후회하고 있다.
18. 어머니에게서 전화가 왔는데 회의 중이라서, 끝나고 나서 다시 연락했다.
19. 도심은 월세가 비싸서 회사에서 조금 멀더라도 교외로 이사하는 것이 좋다.
20. 아무리 좋아한다고 생각해도 그는 둔감해서 내 마음을 알아차리지 못한다.

문제5 _____에 의미가 가장 가까운 것을 1·2·3·4에서 하나 고르세요.

21. 좋아하는 사람에게 고백할 때는 타이밍을 잘 생각해야 한다.
22. 상사가 나를 노려보는 것 같다.
23. 그녀의 머리색은 언제나 화려하다.
24. 늦잠 잔 바람에 어머니가 화를 내 버렸다.
25. 우리 어머니는 매우 덜렁대는 사람이다.

문제6 다음 단어의 사용법으로 가장 올바른 것을 1·2·3·4에서 하나 고르세요.

26. 중단
   1 비가 내리기 시작했기 때문에, 시합을 중단하고 잠시 상황을 지켜보기로 했다.
27. 분주하다
   3 6시부터 7시 사이는 손님이 많이 오기 때문에 가장 분주한 시간이다.
28. 일과
   2 아침에는 해가 뜨기 전에 일어나 개를 산책시키고 나서 커피를 마시는 것이 일과다.
29. 타당함
   3 이 성능이라면 싸지도 않고 비싸지도 않은 타당한 금액이라고 할 수 있을 것이다.
30. 다시 파악하다
   3 문제점을 올바르게 다시 파악하면 새로운 개선점이 보일 것이다.

문제7 다음 문장의 ( )에 들어갈 가장 올바른 것을 1·2·3·4에서 하나 고르세요.

31. 화제가 된 치즈 케이크를 사기 위해 한 시간이나 줄을 섰지만, 눈앞에서 다 팔려서 살 수가 없었다.
32. "그렇게 책상에 앉아 교과서를 펴고 있는 것만으로는 공부한 게 아니야."
33. 미술관에 가면 도대체 어떻게 만들었을까 싶은 작품이 많이 있다.
34. 시대의 변화에 따라 사람들의 근로 방식과 직업도 점점 변화하고 있다.
35. 점원 "그는 신입이지만 손님을 대하는 말투가 완벽하네요."
   점장 "그러게. 역시 호텔에서 일했던 만큼, 고객 대응에 대해 주의를 줄 부분이 전혀 없어."
36. "조금 전까지 그 자리에 앉아 있던 여자에 대해 뭔가 알고 계십니까?"
37. 우수상을 받을 수 있었던 것도 부모님과 친구, 그리고 선생님의 지지가 있었기 때문임에 틀림없습니다.
38. 그는 평소 화만 내지만 연인에게만 상냥하다.

39 이 시계는 비상시에 전기로 사용할 수 있<u>게 되어 있습니다</u>.

40 할머니 댁에 별로 가고 싶지 않다. 몸에 좋다고 해서 싫어하는 당근을 <u>먹게 할 것이 틀림없기</u> 때문이다.

41 그는 공부에 대해 너무 많이 생각해서 공부하는 꿈을 <u>꿔 버리게 되었다</u>.

42 1년 동안이나 집에 못 가게 될 거라면 가족들에게 더 맛있는 요리를 만들어 <u>줄 걸 그랬다</u>.

문제8 다음 문장의 ___★___ 에 들어갈 가장 올바른 것을 1·2·3·4에서 하나 고르세요.

43 유명 모델과 같은 화장품을 사용했<u>다고 해서</u> 미인이 될 수 있는 것은 아니라는 것을 알고 있지만, 무심코 사게 된다.

44 내가 좋아한다고 고백하자 이미 <u>진작에 내 마음을</u> 알고 있으면서도 그는 모르는 척했다.

45 친구가 전혀 없는 것은 아니지만 취미가 맞는 사람이 <u>이 반에는 없어서</u> 학교에 가도 즐겁지 않다.

46 일본에서는 <u>발매되지 않았던</u> 디자인의 가방이 한국에서는 발매된 것 같아서 다음 달에 한국에 출장을 가는 김에 사 오려고 한다.

47 앞으로 반년 뒤면 결혼식이다. 아름다운 드레스가 여러 벌 있는데 그중<u>에서</u> 그가 골라 준 것은 연분홍색 꽃무늬 드레스이다. 입어 보니 나에게 가장 잘 어울렸다.

문제9 다음 문장을 읽고, 문장 전체의 내용을 생각해서 48 부터 52 안에 들어갈 가장 올바른 것을 1·2·3·4에서 하나 고르세요.

눈 치우기

예전에 할머니가 살고 있는 홋카이도에서 눈 치우기라는 것을 한 적이 있습니다. 도쿄에서 태어나 눈을 별로 못 보고 자란 저는 눈을 치우는 것이 어떤 것인지 전혀 몰랐습니다. 눈을 치운다는 것은 쌓인 눈을 제거하는 작업을 말합니다. 홋카이도에서는 눈이 내릴 때마다 하는 것으로, 자기 집 주위뿐만 아니라 경우에 따라서는 주변까지 눈을 치우는 것도 도울 수 48 <u>있다고 합니다</u>.

눈을 치우는 것은 정말 힘이 많이 드는 일입니다. 그런 힘 쓰는 일을 눈이 내릴 때마다 해야 하는 홋카이도 사람들은 정말 힘들겠다고 생각했습니다. 49 <u>그럼</u>, 눈을 치우지 않으면 어떻게 될까요?

눈을 치우지 않으면 매우 위험합니다. 예를 들어, 눈을 치우지 않고 도로에 눈이 쌓인 채로 있다고 합시다. 그러면 햇빛에 눈이 조금씩 녹아서 물이 됩니다. 그대로 밤이 되어 기온이 내려가면 물이 굳어 얼음이 되어 50 <u>버린다는 것입니다</u>. 이것은 사고의 원인이 되어 매우 위험합니다. 또한 부드러워 보이는 눈이지만 지붕에 쌓이면 거대한 덩어리가 됩니다. 그게 얼음이 돼서 굳으면 어떨까요? 커다란 돌처럼 되어 버립니다. 그게 지붕에서 떨어지면 정말 위험합니다.

이러한 사고가 일어나지 않도록 눈이 오면 반드시 눈을 치워야 합니다. 내 집 앞 도로나 지붕 위는 물론이고 근처에 할아버지나 할머니가 있으면 그 집의 눈 치우기를 돕는 것은 당연하다고 합니다. 51 <u>이렇게 해서</u> 홋카이도 사람들은 눈과 매우 밀접하게 생활하고 있습니다.

이전에는 눈이 많이 내리는 지방은 즐거워 보여서 매우 부러웠습니다. 그렇지만 할머니 집에서 눈 치우기를 체험했을 때 눈과 함께 산다는 것은 정말 힘든 일이라는 52 <u>생각이 들었습니다</u>.

문제10 다음 (1)부터 (5)의 문장을 읽고 나서 물음에 대한 답으로 가장 올바른 것을 1·2·3·4에서 하나 고르세요.

(1)

뭔가 새로운 것을 하고 싶어서 회계 공부를 시작했다. 회계사가 될 예정이나 금융계 회사에 들어갈 생각도 없는데, 공부 자체가 즐거워져서 벌써 몇 달째 계속하고 있다. 그 이유는 옛날에 비해 공부 방법이 다양해졌기 때문이다. 예전에는 교과서와 노트를 사용해 정해진 시간에 정해진 장소에서 공부한다는 것이 상식이었다.

하지만 지금은 아니다. 휴대전화를 사용하여 언제 어디서나 공부할 수 있다. 유명한 선생님의 훌륭한 수업을 어디에 있든 저렴하게 들을 수 있는 것이다. 앱^(주) 종류도 다양해 게임 감각으로 재미있게 문제를 풀 수 있다. 회계 공부뿐 아니라 어학이나 수학, 역사 등 학생들에게 최고의 수업이 바로 손에 들어오는 시대다. 이런 시대에 태어난 학생들은 정말 축복 받은 것 같다.

(주) アプリ 앱 : 애플리케이션 소프트웨어의 약자. 이용자의 목적에 맞는 전용 소프트웨어.

53 필자의 학창 시절에는 공부란 어떤 것이었는가?

1 정해진 방법으로 하는 것
2 <u>공부할 수 있는 시간과 장소의 제한이 있는 것</u>
3 게임을 하듯 놀면서 하는 것
4 회계사나 금융계 회사에 들어가기 위해서 하는 것

(2)

다음은 어느 출판사가 홈페이지에 게재한 공지다.

MJ 출판 > 보고와 사과문

2022년 7월 22일

'일본어의 숲의 역사'에 관한 보고와 사과문

저희 회사의 출판물 '일본어의 숲의 역사'에 인쇄 오류가 있었습니다. 지난달 교토부의 한나리 서점(마루마루 백화점 5층)과 오사카부의 나니와 북(오사카역 개찰구 내부)에 납품한 50권에 인쇄 오류가 있는 것을 알게 되었습니다.

대단히 죄송합니다만, 지난달에 대상 서점에서 '일본어의 숲의 역사'를 구입하신 고객님이 계신다면 무료로 새것으로 송부해 드리오니 아래 메일 주소로 연락해 주시길 바랍니다.

또한 상기 서점에서는 교환을 하고 있지 않으므로 주의해 주시길 바랍니다.

MJ 출판 고객 창구

메일 주소 : morijapanbook@.XXX.XX

TEL : 008-002-0005

[54] 이 공지에서 가장 전하고 싶은 것은 무엇인가?

1 '일본어의 숲의 역사'에 인쇄 오류가 없는지 확인해 주었으면 한다.

2 '일본어의 숲의 역사'는 모두 무료로 교환하므로, 연락해 주기 바란다.

3 지난달 대상 서점에서 '일본어의 숲의 역사'를 산 분에게 무료로 책을 보내므로 연락해 주기 바란다.

4 대상 서점에서 '일본어의 숲의 역사'를 산 분은 무료로 책을 교환하므로 확인해 주기 바란다.

(3)

어릴 때 무언가를 통해 깊은 경험을 한 사람은 어른이 되어서도 그 경험이 계속 살아 있는 법입니다. 예를 들어 스포츠팀에 들어가 대회에서 우승했다거나 서예의 단(주)을 땄다거나 구체적인 결과가 없었더라도 무언가 한 가지 일에 몰두해서 열심히 노력한 경험입니다. 그러한 경험이 있는 사람은 강하다고 생각합니다.

그러한 경험은 어른이 되어 힘든 일이나 벽에 부딪히는 일이 있어도 나는 할 수 있다는 자신감이 되어 도전할 용기를 줍니다.

(주) 書道の段 서예의 단 : 서예에서 급수를 나타내는 자격증

[55] 필자에 따르면 힘든 일에 도전하기 위해서는 무엇이 필요한가?

1 어른이 되고 나서 몰두할 것을 찾은 경험

2 노력해서 나에 대해 다시 생각해 보는 경험

3 어릴 때 무언가에 열중해서 노력한 경험

4 어릴 때 벽에 부딪힌 경험

(4)

다음은 어느 동영상 서비스 회사로부터 받은 메일이다.

'영화의 숲' 회원 고객님께 드리는 안내

항상 영화의 숲을 이용해 주셔서 감사합니다.

회원분들은 지금까지 월 1,000엔(이용 개시일부터 1개월분)을 결제해 주셨습니다만, 내년 1월 1일부터 1년분을 한꺼번에 결제하실 수 있는 새로운 플랜이 시작됩니다.

연간 금액(12개월분)은 10,800엔으로, 1개월당 900엔으로 이용하실 수 있으므로 장기 계약의 경우 더 유리합니다.

고객님은 올해의 11월 10일부터 계약되어 있으며 1년치를 한꺼번에 결제하실 경우에 12월 결제 금액은 12월 10일부터 31일 금액인 500엔만 결제해 주세요.

동영상 서비스 '영화의 숲'

[56] 이 회원 고객은 올해 12월부터 내년 12월까지의 회비를 어떻게 결제하면 유리한가?

1 올해 12월분 500엔과 내년 1년분 10,800엔을 결제한다.

2 올해 12월분 500엔과 내년 1월분 900엔을 결제한다.

3 올해 12월분 500엔과 내년 1월분 1,000엔을 결제한다.

4 올해 12월분 500엔과 내년 1년분 12,000엔을 결제한다.

(5)

다양한 식품을 많은 선택지 중에서 고를 수 있는 현대 사회에서는 '식품 로스(주1)'가 사회 문제가 되고 있다. 물론 생활을 풍요롭고 편리하게 유지하기 위해 선택지가 많은 것은 좋은 일이지만, 선택지가 많다 보니 선택되지 않아 유통 기한이 지난 식품, 모양이나 색깔이 나쁜 채소 등은 대량으로 폐기(주2)되는 실정이다.

이는 소비자들이 질 좋은 식품을 지나치게 찾고 있는 것도 한 원인이라고 할 수 있을 것이다. 식품 로스의 악순환(주3)을 멈추기 위해서는 우선은 소비자 개인의 의식부터 바꿔야 하지 않을까?

(주1) 食品ロス 식품 로스 : 식품을 먹지 않고 버리는 것
(주2) 廃棄 폐기 : 버리는 것
(주3) 悪循環 악순환 : 서로 영향을 주며 점점 나빠지는 것

57 필자의 생각과 일치하는 것은 무엇인가?

1 식품의 색깔과 모양을 고집하는 것은 의식을 바꾸는 데 중요하다.

2 많은 선택지 중에서 식품을 고르는 것은 큰 문제다.

3 악순환을 멈추려면 더 질 좋은 음식을 찾아야 한다.

4 소비자가 사고방식을 바꾸는 것이 식품 로스를 줄이는 것으로 이어진다.

문제11 다음 (1)부터 (3)의 문장을 읽고 나서 물음에 대한 답으로 가장 올바른 것을 1·2·3·4에서 하나 고르세요.

(1)

다음은 자녀의 발달과 부모의 교육에 대해 서술한 글이다.

> 아이는 초등학생 정도의 나이가 되면 운동 능력이나 지식도 있어서 여러 가지에 도전해 보고 싶다고 생각하게 된다. 여러 가지 일에 관심을 가지고 해보는 것은 좋은 일이지만, 아동기(주1)의 아이는 아직 '해도 되는 일'과 '해서는 안 되는 일'을 잘 구별하지 못한다. 그래서 이 시기에 부모나 교사 등 가까운 어른들이 여러 가지 일의 선악(주2)에 대해 가르쳐야 한다. 그렇게 함으로써 아동기 아이는 점점 '사람으로서 해도 되는 것', '사람으로서 해서는 안 되는 것'의 구별이 생기게 되는 것이다.
>
> 사춘기(주3)는 어른과 같은 몸으로 변화하는 단계. 몸의 발달에 따라 마음도 어른에게 다가가려고 한다. 앞으로 사회에 나가는 데 있어서 '나의 존재 의의는 무엇인가', '내가 사는 목적은 무엇인가'와 같은 자신의 사고에 의식을 집중하게 된다. 이것을 아이덴티티의 확립이라고 한다. 아이덴티티가 확립되면 나중에 사회에 나와서 자신이 사회에서 어떤 역할을 하고 싶은지 알게 되고, 자신이 지금 무엇을 해야 하는지가 자연스레(주4) 명확해진다. 하지만 최근에는 아이덴티티를 확립하지 못하고 몸만 어른으로 성장하는 사람도 적지 않다고 한다. 그러면 어른이 되어서도 스스로 행동을 선택하지 못하거나 무력감(주5)에 빠지게 된다고 한다. 사춘기 부모는 미래에 아이가 혼자 살아갈 수 있도록 자신에 대해 생각할 시간을 줄 필요가 있다.

(주1) 児童期 아동기 : 초등학생 무렵
(주2) 善悪 선악 : 좋은 것과 나쁜 것
(주3) 思春期 사춘기 : 중학생 무렵
(주4) 自ずと 자연히 : 자연스럽게
(주5) 無力感に陥いる 무력감에 빠지다 : 자신에게는 능력이 없고 가치가 없다고 생각하는 마음

58 필자에 따르면 아동기 아이에게 여러 가지 일의 선악을 가르쳐야 할 필요가 있다는 것은 왜인가?

1 초등학교에서는 여러 가지 일의 선악에 대해 가르치지 않기 때문에

2 여러 가지 일의 선악을 제대로 판단할 수 없기 때문에

3 여러 가지 일에 관심을 가지면 좋은 어른이 될 수 있기 때문에

4 여러 가지 일에 도전하는 것은 사람으로서 해서는 안 되는 일이기 때문에

59 사춘기란 어떤 시기인가?

1 자신의 외모를 신경 쓰게 되는 시기

2 자신이 사는 목적에 대해 어른과 생각하는 시기

3 몸이 어른처럼 변화하는 동시에 마음도 성장하려는 시기

4 몸만 어른처럼 성장하는 시기

60 필자에 따르면 아이덴티티를 확립하지 못한 채 어른이 되면 어떻게 되는가?

1 어른이 돼서도 몸만 성장하게 된다.

2 어른이 돼서도 자신의 사고에 의식을 집중해야 한다.

3 어른이 돼서도 자신이 해야 할 일을 모르고 자신은 아무것도 할 수 없다고 느낀다.

4 자신이 지금 무엇을 해야 하는지 확실히 알게 된다.

(2)

> '눈물 나는 영화'는 '좋은 영화'일까? 확실히 사람들을 울린다는 것만으로 사람의 마음에 울림을 주는 감동적인 스토리라고 생각한다. 하지만 울긴 해도 '왠지 작위적'이라거나 '이건 관객을 울리려고 필사적이구나'라고 관객이 느끼게 되는 영화도 있다. ①그런 영화를 보고 나면 왠지 공허(주1)한 기분이 든다.
>
> 왜 공허감이 생기는가? 그 이유 중 하나는 비현실적이고 자신이 경험한 것과 겹치는 부분이 없다는 것도 있을 것이다. 현실적으로 그려진 스토리는 자신이 경험한 것을 객관적으로 볼 수 있다. 그러면 바로 이해할 수 있는 부분과 '모르겠다'고 의문을 품는 부분이 생기면서 영화에 빨려 들어간다.
>
> 그런 영화를 만났을 때는 몇 번을 봐도 질리지 않고 오히려 ②볼 때마다 맛이 더해진다. 재미있는 것은 10대 때 본 영화를 20대가 되어 다시 보면 느끼는 바가 전혀 다르다는 점이다. 그것은 그 영화를 통해 자기 자신의 지식, 인생 경험을 재검토하는 것으로 이어진다.
>
> 사회에 놓인 입장과 삶의 경험에 따라 보는 방식이 달라지는 영화는 좋은 영화라고 느낀다. 자신 속의 좋은 영화를 발견한 사람은 그 영화를 볼 때마다 자신에게 피드백(주2)을 얻고 다시 인생을 걸어간다. 그러니 '좋은 영화'는 사람마다 다 다를 것이다.
>
> 사람에 따라서는 '좋은 영화'가 비현실적인 이야기일 수도 있을 것이다. 하지만 그 사람 본인이 '좋은 영화'라고 느꼈다면 그것은 그 사람에게 있어 '현실적'이라고 생각한다.

(주1) 空虚 공허 : 아무것도 없는 것, 내용이 없는 것
(주2) 피드백 : 여기에서는 반성해야 할 점

61 ①그런 영화란 무엇인가?

1 작위적인 영화

2 현실적인 영화

3 이해할 수 있는 영화

4 눈물 나는 영화

62 ②볼 때마다 맛이 더해진다고 하는데, 왜 그렇게 생각되는가?

1 그 영화를 많이 보면 스토리가 기억에 남기 때문에

2 보면 볼수록 자기 자신의 지식이나 경험이 늘어나기 때문에

3 지금까지 자신이 해 온 경험에 따라 느끼는 것이 달라지기 때문에

4 그 영화에 질려도 재미있는 곳을 찾으려고 하기 때문에

63 필자에 따르면 '좋은 영화'란 어떤 영화인가?

1 누구의 경험과도 겹칠 것 같은 현실적인 영화

2 그 사람 본인의 성장에 따라 받아들이는 방식이 달라지는 영화

3 사람의 마음을 움직이는 감동적인 스토리로 눈물이 나는 영화

4 비현실적이어도 누구나 이해할 수 있고 인기 있는 영화

(3)

유학만 간다고 언어를 습득할 수 있는 것은 아니다. 실제로 유학을 다녀온 경험이 있는 나는 그것을 몸소[주1] 느꼈다. 아기나 어린아이라면 그 환경에 있는 것만으로 언어를 구사할 수 있을 것이다. 하지만 우리는 이미 어른이다. 스스로 필사적으로 언어를 습득하려는 자세가 없으면 쉽게 말할 수 있게 된다는 것은 있을 수 없는 일이다.

학창 시절 미국에 처음 유학 갔을 때 나는 '1년 정도 지나면 마음대로 영어를 할 수 있게 될 것이'라고 낙관적[주2]으로 생각했다. 공부는 주변 친구들만큼 했지만, 특별히 노력했다고는 할 수 없는 나날을 보내고 있었다. 1년 후에 역시 내 영어 실력은 그다지 늘지 않은 채 일본으로 귀국하게 되었다.

그런 쓰라린 경험으로부터 5년 뒤에 나는 다시 미국으로 가게 되었다. 해외 발령[주3]이 정해진 것이다. 내 영어 실력은 학생 때 그대로였지만 회사에서 명령이 내려와 거절할 수 없었기 때문에 미국에서의 생활이 시작되었다.

영어로 의사소통하는 것은 정말 힘들었다. 특히 회사에서는 실수가 용납되지 않기 때문에 정보를 정확하게 상대방에게 전달해야 한다. 그래서 나는 누구에게 무엇을 말하고 싶은지를 글자로 써서 그것을 몇 번이나 연습한 다음 회사에 가기로 했다. 이 과정을 반복하면서 나의 영어 실력은 단 3개월 만에 놀라울 정도로 향상되었다.

이 경험을 통해 역시 언어를 습득하는 데는 필사적으로 배워야겠다고 생각할 수 있는 환경에 있는 것이 중요하다는 것을 알게 되었다. 그리고 무엇보다도 '전하고 싶은 말이 있다'는 것이 중요하다. 전하고 싶은 마음이 강하면 강할수록 언어를 습득하는 데 걸리는 시간은 짧아질 것이다.

(주1) 身をもって 몸소 : 자기 몸으로, 직접
(주2) 楽観的 낙관적 : 일이 잘 진행될 것이라고 생각하고 걱정하지 않는 모습
(주3) 海外赴任 해외 부임 : 회사의 명령에 따라 해외에서 근무하는 것

64 유학만 간다고 언어를 습득할 수 있는 것이 아니라고 필자가 생각하는 것은 왜인가?

1 유학했다고 해도 적극적으로 공부에 임하지 않으면 언어를 습득할 수 없기 때문에

2 유학을 가기 위해서는 스스로 배우려는 자세가 필요하기 때문에

3 유학 간 곳의 환경에 맞추어 아기처럼 필요한 언어를 습득할 수 있기 때문에

4 유학 간 곳에 따라서는 침착하게 공부할 수 있는 환경이 아닐 가능성이 있기 때문에

65 필자의 영어 실력이 는 것은 왜인가?

1 미국에서 유학해서 1년 동안 주변 친구들과 똑같이 공부했기 때문에

2 해외 발령이 결정되어 일을 위해서 3개월간 미국에서 생활했기 때문에

3 실수해서 창피한 일을 겪고 싶지 않다는 마음으로 하루하루를 보내고 있었기 때문에

4 의사소통을 잘하기 위해 매일 준비해서 출근했기 때문에

66 필자에 따르면 언어를 습득하는 데 중요한 것은 무엇인가?

1 가능한 한 짧은 시간 안에 집중해서 언어를 습득하는 것

2 전하고 싶은 마음을 가지고 그것을 실현하기 위해 적극적으로 배우는 것

3 조금이라도 좋으니까 어쨌든 매일 그 언어를 접하는 것

4 등이 구부러지지 않도록 공부할 때 자세를 좋게 하는 것

문제12 다음 A와 B 문장을 읽고 나서 물음에 대한 답으로 가장 올바른 것을 1·2·3·4에서 하나 고르세요.

A

어떻게 하면 운동을 잘하게 될까? 원래 재능이 있는 사람만이 운동을 잘하는 것이라고 낙담할 건 없다. 운동선수를 인터뷰하면 자신이 선수가 될 수 있었던 것은 재능이 아니라 노력이라고 말하는 사람이 많다. 하지만 연습을 계속하면 반드시 잘할 수 있느냐고 물으면 꼭 그렇지는 않다.

그냥 평범하게 연습하는 것은 의미가 없다. 머릿속에 성공의 이미지가 있는 것이 중요하다. 그리고 어떤 때라도 그 이미지를 형태로 만들 수 있도록 몸에 기억시키는 연습을 하는 것이 중요하다. 그러기 위해서는 먼저 잘하는 사람의 플레이를 몇 번이고 보고, 플레이할 때 몸의 형태나 몸을 움직이는 타이밍(주)을 확실히 기억할 필요가 있다.

(주) タイミング 타이밍 : 어떤 일을 하기에 딱 좋은 때

B

스포츠를 하는 데 있어 중요한 것은 우선 기초 체력을 기르는 것이다. 어느 스포츠든 근력(주1)이나 지구력(주2) 등 기본적인 힘이 필요하다. 기초 체력을 기르면 각 스포츠에서 최대의 힘을 발휘할 수 있게 된다. 그러나 팀 스포츠에서는 그 이상으로 판단력이 필요하다. 지금 내가 움직여야 할지 그렇지 않은지, 누구에게 공을 줘야 할지. 주변 상황을 순식간에 보고 그 상황에 맞는 판단을 해야 한다. 시합에 강한 팀은 평소에도 팀으로 소통하며 여러 장면을 가정한 연습을 여러 번 하는 것 같다. 생각보다 먼저 몸이 움직일 때까지 연습하면 어느 경기에서도 움직임이 맞는 플레이를 할 수 있게 된다고 한다.

(주1) 筋力 근력 : 근육의 힘
(주2) 持久力 지구력 : 장시간 운동을 계속할 수 있는 힘

67 스포츠 실력이 늘지 않는 사람의 문제점으로 A와 B가 지목하는 부분은 무엇인가?

1 A는 능력이 없는 것이라고 말하고, B는 기초 체력이 붙어 있지 않은데 팀에서 연습만 해버리는 것이라고 말하고 있다.

2 A는 한번 연습하면 만족해 버리는 것이라고 말하고, B는 그 자리에 적합한 움직임을 하지 못하는 것이라고 말하고 있다.

3 A는 연습을 계속하지 않는 것이라고 말하고, B는 주위 사람의 움직임까지 생각하지 않는 것이라고 말하고 있다.

4 A는 잘된 자기 모습을 상상하지 않고 연습하는 것이라고 말하고, B는 자신의 움직임밖에 생각하지 않는 것이라고 말하고 있다.

68 스포츠를 잘하기 위해서 A와 B가 공통으로 필요하다고 말하는 것은 무엇인가?

1 의사소통을 하는 것

2 본보기가 되는 플레이를 반복해서 보는 것

3 기초 체력을 기르는 것

4 몸이 자연스럽게 움직일 때까지 연습하는 것

문제13 다음 문장을 읽고 나서 질문에 대한 답으로 가장 올바른 것을 1·2·3·4에서 하나 고르세요.

시대가 바뀌면서 사람들의 생활이나 가치관도 계속해서 많이 변했습니다. 그리고 세상에서 필요로 하는 일에도 큰 변화가 있었습니다. 시대가 변함에 따라 세상에서 사라진 직업이나, 반대로 새로 생긴 직업이 있습니다.

'엘리베이터 걸'은 시대의 흐름에 따라 사라져 버린 직업 중 하나입니다. '엘리베이터 걸'이라는 것은 백화점 등 상업시설에 있는 엘리베이터를 타고 고객을 안내하는 직업입니다. 여성이 많은 직업이었기 때문에 이런 이름이 붙여졌습니다. 옛날 엘리베이터는 지금처럼 누구나 쉽게 조종할 수 있는 것이 아니었습니다. 오르거나 내리거나 하는 데에도 특별한 조작이 필요했고 문을 자동으로 열고 닫을 수 없었기 때문에 그것도 엘리베이터 걸이 했었다고 합니다.

그러나 엘리베이터의 자동화가 진행되면서 엘리베이터 걸이라는 일은 필요 없게 되어 버렸습니다. 조작이 간단해지면서 ①손님이 직접 가고 싶은 곳으로 갈 수 있게 되었기 때문입니다. 이처럼 기술의 진보에 따라 사라진 일자리는 그 밖에도 많이 있습니다.

반대로 기술의 진보로 인해 새로 생긴 직업도 있습니다. '프로그래머'는 컴퓨터를 움직이게 하기 위한 프로그래밍 언어라는 것을 사용해서 다양한 시스템을 개발하는 직업입니다. 이 일은 컴퓨터라는 것이 탄생하지 않으면 생기지 못했을 직업입니다. 현재는 프로그래머로 일하는 사람이 많이 있지만, 컴퓨터나 인터넷이 보급되기 전의 시대에서는 ②전혀 상상할 수 없었던 일이라고 생각합니다.

시대와 함께 기술이 발전함에 따라 필요한 일도 변화합니다. 그리고 기술이 진보하는 속도는 점점 빨라지고 있습니다. 대부분의 일이 기계를 사용하여 자동으로 가능한 시대가 되었습니다. 이대로 기술이 진행되면 더 이상(주) 인간에게 남게 되는 일은 제로가 되는 것은 아닐까 하고 불안해하는 사람도 있습니다. 로봇에게 인간의 일을 모두 빼앗기지 않도록 뭔가 대책을 세워야 한다는 사람도 있지만, 저는 그럴 필요는 없다고 생각합니다. 아무것도 초조할 필요가 없습니다. 기계가 할 수 있는 것은 기계에 맡깁시다. 그로 인해 만들어진 자유로운 시간으로 소중한 사람과 소중한 시간을 보내면 됩니다.

(주) もはや 더 이상 : 이미

69 ①손님이 직접 가고 싶은 곳으로 갈 수 있게 되었다는 것은 어떤 것인가?

1 엘리베이터가 없어도 손님이 원하는 곳까지 스스로 갈 수 있게 되었다는 것

2 손님이 엘리베이터 사용법을 공부하여 스스로 움직일 수 있게 되었다는 것

3 엘리베이터 걸 덕분에 손님이 원하는 곳까지 갈 수 있게 되었다는 것

4 기술이 발전하면서 손님도 쉽게 엘리베이터를 움직일 수 있게 되었다는 것

70 ②전혀 상상할 수 없었던 일은 무엇 때문인가?

1 프로그래머는 예전에는 존재하지 않았던 것을 사용해서 일을 하기 때문에

2 프로그래머라는 직업을 가진 사람이 너무 적었기 때문에

3 웹사이트나 소프트웨어를 만드는 방법에 대해서 아무도 몰랐기 때문에

4 프로그래머라는 직업이 어떤 것인지 아무도 이해하지 못했기 때문에

71 이 글에서 필자가 가장 말하고 싶은 것은 무엇인가?

1 기계에 일을 빼앗겨 버리기 전에 새로운 지식이나 기술을 손에 넣는 노력을 해야 한다.

2 기술이 계속 진보하면 세상에 존재하는 일은 모두 로봇이 하게 될 것이다.

3 장래의 일을 걱정하고 있는 사람을 위해서 가능한 한 대책을 세워야 한다.

4 기계가 할 수 있는 일은 인간이 하지 않도록 하고 다른 일에 시간을 쓰는 것이 좋다.

문제14 오른쪽 페이지는 어느 산에 있는 스키장 이용 안내문입니다. 아래 물음에 대한 답으로 가장 올바른 것을 1·2·3·4에서 하나 고르세요.

72 돗카리 마을의 고등학교에 다니는 이 씨는 돗카리 마을 스키장의 특별 기간 이용권을 구입하려고 한다. 초보자 코스가 있는 스키장이 좋다. 이 씨의 희망에 맞는 스키장은 어느 곳이며 내야 하는 요금은 얼마인가?

1 B의 5,500엔 또는 C나 D의 7,000엔

2 D의 9,000엔 또는 E의 7,500엔

3 C 또는 D의 7,000엔

4 D의 7000엔 또는 E의 5,500엔

73 곡 씨는 2032년 2월 1일에 '돗카리 오하나·그랜드'를 이용했다. 2032년 4월 2일에도 같은 스키장을 이용하려면 어떻게 신청해야 하는가?

1 2월 15일부터 2월 29일 사이에 '돗카리 오하나·그랜드' 리프트권 매표소에 가서 신청서를 제출하고 신분증과 사용한 리프트권을 제시한다.

2 2월 15일부터 2월 29일 사이에 '돗카리 오하나·그랜드' 리프트권 매표소에 가서 신청서를 제출하고 신분증을 제시한다.

3 2월 15일부터 2월 29일 사이에 돗카리 호텔 옆 리프트권 매표소에 가서 신청서를 제출하고 신분증과 사용한 리프트권을 제시한다.

4 3월 1일부터 3월 30일 사이에 돗카리 호텔 옆 리프트권 매표소에 가서 신청서를 제출하고 신분증과 사용한 리프트권을 제시한다.

2031-2032 시즌 특별 기간 이용 요금

2032년 3월 30일자로 스키장 영업을 종료할 예정이었으나 2032년 4월 1일부터 2032년 4월 10일까지 특별히 돗카리 마을 스키장 영업을 연장하여 10일간 스키장 이용권을 판매합니다.

스키장	특별기간 이용 요금(10일간)				설비
	주민*분		주민*이외의 분		
	어른	중학생 이하 (15세 이하)	어른	중학생 이하 (15세 이하)	
A 돗카리 유나이티드	6,000엔	4,000엔	8,000엔	5,000엔	야간 있음 초보자 코스 없음
B 돗카리 SHISAMU 리조트	5,500엔	3,500엔	7,500엔	4,500엔	야간 있음 초보자 코스 없음
C 돗카리 국제 스키장	7,000엔	5,000엔	9,000엔	6,000엔	야간 있음 초보자 코스 없음
D 돗카리 오하나· 그랜드	7,000엔	5,000엔	9,000엔	5,000엔	야간 있음 초보자 코스 있음
E 마두산 스키장	5,500엔	3,500엔	7,500엔	4,500엔	야간 없음 초보자 코스 있음

※야간은 17 : 00부터 영업합니다. (조명이 켜집니다.)

※마을 주민은 다음 ① ~ ③ 중 하나에 해당하는 분입니다.

① 돗카리 마을에 거주하시는 분

② 돗카리 마을에 통근하시는 분

③ 돗카리 마을에 통학하시는 분

【신청 기간】

돗카리 마을 스키장을 이용한 적이 있으신 분 : 2032년 2월 15일부터 2월 29일까지

처음 이용하시는 분 : 2032년 3월 1일부터 3월 30일까지

【신청 창구】

A · B : 돗카리 호텔 옆 리프트권 매표소
      (접수 : 오전 8시 ~ 오후 7시까지)

C~E : 각 스키장 리프트권 매표소
      (접수 : 오전 7시 ~ 오후 6시까지)

【신청 방법】

• 지정된 신청 창구에서 신청 용지를 제출해 주세요. 제출 시에는 신분증을 제시해 주세요.

• 돗카리 마을 스키장을 이용한 적이 있는 분은 그때 사용한 리프트권을 제시해 주세요.

【지불】

현장에서 결제하시거나 3월 31일까지 지정된 금융 기관에서 이용 요금을 결제해 주세요.

돗카리 마을 스키장 운영위원회 리프트권 담당자
전화: 123-456-789

모의 시험 제2회 청해

문제1 문제1에서는 먼저 질문을 들으세요. 그러고 나서 이야기를 듣고 문제지의 1부터 4 중에서 가장 올바른 것을 하나 고르세요.

예

음성

学校で先生が話しています。学生は、英会話の先生と昼食を食べたいとき、どのように申し込みますか。

男：ええと、英会話の先生と昼食を食べたい人は、必ず朝の10時までに申込書を出してください。

女：どこに出したらいいですか。

男：職員室の入り口の前に箱がありますので、そこに入れてください。それから、申込書には必ず名前を書いてくださいね。友達と一緒に参加したい場合は、一人一枚書いて出すようにしてください。

女：はい。

男：あと、先生たちのスケジュールは、食堂の前の掲示板に貼ってあります。毎週金曜日に貼り替えるので、そこで確認してくださいね。

女：毎日申し込んでもいいんですか。

男：もちろんいいですよ。

学生は、英会話の先生と昼食を食べたいとき、どのように申し込みますか。

1　先生にもうしこみしょを出す
2　友達と一緒にもうしこみしょを出す
3　もうしこみしょに名前を書いて箱に入れる
4　けいじばんに名前を書く

학교에서 선생님이 이야기하고 있습니다. 학생은 영어 회화 선생님과 점심 식사를 하고 싶을 때 어떻게 신청합니까?

남 : 음, 영어 회화 선생님과 점심 식사를 하고 싶은 사람은 반드시 아침 10시까지 신청서를 제출해 주세요.

여 : 어디에 내면 되나요?

남 : 직원실 입구 앞에 상자가 있으니까, 거기에 넣어 주세요. 그리고 신청서에는 반드시 이름을 써 주시고요. 친구와 함께 참가하고 싶은 경우에는 한 명당 한 장씩 써서 제출하도록 해 주세요.

여 : 네.

남 : 그리고 선생님들 일정은 식당 앞 게시판에 붙여 놓았습니다. 매주 금요일마다 변경되니 확인해 주십시오.

여 : 매일 신청해도 되나요?

남 : 물론, 됩니다.

학생은 영어 회화 선생님과 점심 식사를 하고 싶을 때 어떻게 신청합니까?

1　선생님께 신청서를 낸다
2　친구와 함께 신청서를 낸다
3　신청서에 이름을 써서 상자에 넣는다
4　게시판에 이름을 쓴다

1번

음성

電話で女の人と服屋の店員が話しています。女の人はサイズが小さい服をどうしますか。

女：すみません。先日、そちらのお店の商品を友人からプレゼントでもらったんですが、着てみたらサイズが小さくて…。この服を近くにあるお店に持っていけば、大きいサイズのものと交換してもらえるんでしょうか。

男：交換の場合は本社とやり取りしていただくか、その商品を買ったお店に行っていただくことになります。

女：そうなんですね。友人からいただいたものなので、どこで購入したかわからないんですよね。週末に着たいんですが。

男：でしたら、商品の写真を撮って、本社にメールで送ってください。すぐに大きいサイズのものを送ります。新しい商品を受け取りましたら、今持っている商品を本社に郵送してください。

女：ありがとうございます。それなら間に合いそうです。

男：今後、交換したいものがある場合、お急ぎでないときは配達員が取りに行きますので交換する服を配達員に渡してください。

女：わかりました。

女の人はサイズが小さい服をどうしますか。

1　近くのお店に持っていく

2 本社に送る
3 買ったお店でこうかんする
4 はいたついんにわたす

전화로 여자와 옷 가게 점원이 이야기하고 있습니다. 여자는 사이즈가 작은 옷을 어떻게 합니까?

여 : 죄송합니다. 얼마 전에 그쪽 가게의 상품을 친구에게 선물로 받았는데요. 입어 보니 사이즈가 작아서…. 이 옷을 근처에 있는 가게에 가져가면 큰 사이즈로 교환 받을 수 있나요?

남 : 교환하실 경우에는 본사와 거래하시거나 그 상품을 구입한 가게로 가시면 됩니다.

여 : 그렇군요. 친구한테 받은 거라 어디서 샀는지 모르겠네요. 주말에 입고 싶은데.

남 : 그렇다면 상품 사진을 찍어서 본사에 메일로 보내 주세요. 곧바로 큰 사이즈를 보내 드리겠습니다. 새로운 상품을 받으시면 지금 갖고 계시는 상품을 본사로 발송해 주세요.

여 : 감사합니다. 그러면 시간에 맞출 수 있을 것 같아요.

남 : 앞으로 교환하고 싶은 것이 있을 경우 급하지 않을 때는 배달원이 찾으러 갈 테니 교환할 옷을 배달원에게 건네 주세요.

여 : 알겠습니다.

여자는 사이즈가 작은 옷을 어떻게 합니까?

1 근처 가게에 가지고 간다
2 본사로 보낸다
3 구입한 가게에서 교환한다
4 배달원에게 건넨다

2번

음성

クラスの集会で、保健室の先生が話しています。学生はこのあと、何に気を付けて生活しますか。

女：先週行った健康診断の結果を渡します。アンケートも書いてもらいましたが、みなさん健康的な食事をしていることを知り安心しました。前にもお話したように、毎日運動することは大切です。それを意識している人が多いのは良かったんですが、睡眠時間が足りていない人が思ったよりたくさんいました。

睡眠は日常生活にも影響が出ますので、自分の生活を見直してみましょう。そのほか、個人的に気を付けた方がいいところは、今からお渡しする健康カードに書いておきました。身長と体重は人それぞれなので、気にする必要はありませんよ。

学生はこのあと、何に気を付けて生活しますか。

1 健康的な食事をしているか
2 毎日運動をするようにしているか
3 十分なすいみん時間がとれているか
4 身長と体重のバランスはよいか

학급 집회에서 보건실 선생님이 이야기하고 있습니다. 학생은 이 다음에 무엇을 조심하며 생활합니까?

여 : 지난주에 실시한 건강 검진 결과를 전달하겠습니다. 설문지도 작성해 주셨는데 여러분 모두 건강한 식사를 하고 있다는 것을 알고 안심했습니다. 전에도 말씀드렸듯이 매일 운동하는 것은 중요합니다. 그것을 의식하고 있는 사람이 많은 것은 다행이지만, 수면 시간이 부족한 사람이 생각보다 많이 있었습니다. 수면은 일상생활에도 영향을 주기 때문에 본인 생활을 재검토해 보세요. 그 외에 개인적으로 주의해야 할 점은 지금부터 드리는 건강 카드에 적어 두었습니다. 키와 몸무게는 사람마다 다르므로 신경 쓸 필요는 없습니다.

학생들은 이 다음에 무엇을 조심하며 생활합니까?

1 건강한 식사를 하고 있는가?
2 매일 운동을 하려고 하고 있는가?
3 충분한 수면 시간을 취하고 있는가?
4 키와 몸무게의 균형은 좋은가?

3번

음성

大学のテニスサークルの男の学生と女の学生が話しています。男の学生はこのあとまず何をしますか。

女：4年生の先輩たち、もうすぐ卒業しちゃうね。本当に寂しい。特にお世話になった先輩に、何かプレゼントしようよ。

男：いいね。佐藤先輩と村上本先輩には本当にお世話になったから、二人には何かあげたいな。

女：だよね！でも何が欲しいかな。

男：びっくりさせたいから、何が欲しいか直接聞くのもなあ…。

女：先輩たち、最近趣味で動画を撮影して編集してるって言ってたよ。ちょっといいカメラとかどうかな。

男：昨日佐藤先輩に会ったけど、新しいカメラ買ったって言ってた。

女：うーん。そうだ！大山先輩に聞いてみようよ。佐藤先輩の彼氏だから、何か欲しいものがわかるかもしれない。

男：それいいね。今日ゼミで会う予定だから聞いておくよ！

女：うん！よろしくね。わかったら教えて。どこで売ってるか調べてみるよ。

男：ありがとう。決まったら僕が買うね。

男の学生はこのあとまず何をしますか。

1　カメラを買う
2　大山せんぱいと話す
3　プレゼントがある店をさがす
4　プレゼントを買いに行く

대학 테니스 동아리의 남학생과 여학생이 이야기하고 있습니다. 남학생은 이 다음에 먼저 무엇을 합니까?

여 : 4학년 선배들 이제 곧 졸업이네. 정말 쓸쓸하다. 특히 신세 진 선배한테 뭔가 선물하자.

남 : 좋아. 사토 선배랑 무라카미 모토 선배한테는 정말 신세를 많이 졌으니까 두 사람에게 뭔가 주고 싶어.

여 : 맞아! 하지만 뭘 갖고 싶어 할까?

남 : 깜짝 놀라게 해 주고 싶어서 뭘 갖고 싶은지 직접 물어보기도 그렇고….

여 : 선배들이 요즘 취미 삼아 동영상을 촬영하고 편집한다고 하던데. 좀 좋은 카메라 같은 게 어떨까?

남 : 어제 사토 선배를 만났는데 새 카메라를 샀다고 하더라.

여 : 음…. 그래! 오야마 선배한테 물어보자. 사토 선배 남자 친구니까 뭘 갖고 싶은지 알 수 있을지도 몰라.

남 : 그거 좋겠다. 오늘 세미나에서 만날 예정이니까 물어볼게.

여 : 응! 잘 부탁해. 알게 되면 알려 줘. 어디서 파는지 찾아볼게.

남 : 고마워. 정해지면 내가 살게.

남학생은 이 다음에 먼저 무엇을 합니까?

1　카메라를 산다
2　오야마 선배와 이야기한다
3　선물이 있는 가게를 찾는다
4　선물을 사러 간다

4번

음성

大学の事務室で男の学生と職員が話しています。男の学生はこのあとまず何をしますか。

男：4月からこの大学に通うのですが、学生証はここでもらえますか。

女：はい。まず学生証に貼る写真を撮ってください。それから、申請書を書いて、合格証明書と一緒に提出してください。

男：あの、写真はもう撮ったのですが、合格証明書がありません。合格証明書がもらえる留学生センターが工事で一週間休みなので、すぐには用意できないんです。

女：学生証を渡すには合格証明書が必ず必要なのですが。

男：来週には用意できると思います。

女：わかりました。では、今日は申請書を書いてから、写真を貼って出してください。合格証明書が用意できたら、学生証を取りに来てください。

男：はい。

男の学生はこのあとまず何をしますか。

1　写真をとる
2　しんせいしょを書く
3　合格しょうめいしょを用意する
4　がくせいしょうをもらいに行く

대학 사무실에서 남학생과 직원이 이야기하고 있습니다. 남학생은 이 다음에 먼저 무엇을 합니까?

남 : 4월부터 이 대학에 다니는데, 학생증은 여기서 받을 수 있나요?

여 : 네. 우선 학생증에 붙일 사진을 찍어 주세요. 그리고 신청서를 작성해서 합격 증명서와 함께 제출해 주세요.

남 : 저, 사진은 이미 찍었는데 합격 증명서가 없어요. 합격증 명서를 받을 수 있는 유학생 센터가 공사로 일주일간 쉬기 때문에 바로는 준비할 수가 없어요.

여 : 학생증을 전달하려면 합격 증명서가 꼭 필요한데요.

남 : 다음 주에는 준비할 수 있을 것 같아요.

여 : 알겠습니다. 그럼, 오늘은 신청서를 쓰고 사진을 붙여서 제출해 주세요. 합격 증명서가 준비되면 학생증을 받으러 오세요.

남 : 네.

남학생은 이 다음에 먼저 무엇을 합니까?

1 사진을 찍는다

2 신청서를 쓴다

3 합격 증명서를 준비한다

4 학생증을 받으러 간다

5번

음성

学校で、男の先生と女の学生が話しています。女の学生は明日の昼、まず何をしなければなりませんか。

男 : あ、斉藤さん。さっきバスケットボール部のコーチにも伝言を頼んだんですけど、明日空いてますか。

女 : 明日ですか。すみません、まだコーチに会えてなくて。

男 : 体育館で新入生の交流会を開くんですよ。それで、体育館に机を並べるんです。

女 : ああ、すみません。明日はクラブで会議があって…。

男 : あっ、そうじゃなくて。体育館の掃除をしてほしいんです。今日はまだ体育館を使用するので、明日の昼12時から13時の間にお願いします。

女 : ああ！私たちも交流会に参加するのかと思いました。

男 : それは、新入生だけなので大丈夫ですよ。明日の昼、できそうですか。無理なら他のクラブに任せます。

女 : はい、昼ならできます。

男 : ありがとうございます。あっ、ごみは体育館の前に置いておいてください。私が後で捨てておきますから。

女 : はい、わかりました。

女の学生は明日の昼、まず何をしなければなりませんか。

1 新入生の交流会に参加する

2 たいいくかんに机をならべる

3 たいいくかんをそうじする

4 ごみをたいいくかんの前に置く

학교에서 남자 선생님과 여학생이 이야기하고 있습니다. 여학생은 내일 낮에 먼저 무엇을 해야 합니까?

남 : 아, 사이토, 아까 농구부 코치에게도 메시지를 부탁했는데, 내일 시간 있어요?

여 : 내일이요? 죄송해요. 아직 코치님을 못 만나서.

남 : 체육관에서 신입생 교류회를 열거든요. 그래서 체육관에 책상을 죽 놓을 건데요.

여 : 아, 죄송합니다. 내일은 동아리에서 회의가 있어서….

남 : 아, 그게 아니라. 체육관 청소를 해 줬으면 해요. 오늘은 아직 체육관을 사용하니까 내일 낮 12시에서 13시 사이에 부탁할게요.

여 : 아! 저희도 교류회에 참가하는 줄 알았어요.

남 : 그건 신입생만 하니까 괜찮아요. 내일 낮에 가능할까요? 안 되면 다른 동아리에게 맡길게요.

여 : 네, 낮에는 가능합니다.

남 : 고마워요. 아, 쓰레기는 체육관 앞에 놔 두세요. 내가 나중에 버려 둘 테니까요.

여 : 네, 알겠습니다.

여학생은 내일 낮에 먼저 무엇을 해야 합니까?

1 신입생 교류회에 참가한다

2 체육관에 책상을 나란히 놓는다

3 체육관을 청소한다

4 쓰레기를 체육관 앞에 둔다

문제2 문제2에서는 먼저 질문을 들으세요. 그 다음 문제지의 선택지를 읽으세요. 읽는 시간이 있습니다. 그러고 나서 이야기를 듣고 문제지의 1부터 4 중에서 가장 올바른 것을 하나 고르세요.

예

음성

大学で、男の人と女の人が話しています。女の人はどうして元気がないのですか。

男：どうしたの？なんか元気がないね。最近、課題が多くてあまり寝ていないんじゃない？

女：それはいつものことだから慣れたよ。最近アルバイトを始めたって話したと思うんだけど。

男：ああ、パン屋さんの。残ったパンが無料でもらえて嬉しいって言ってたよね。

女：でも店が人気すぎて忙しいから大変なんだよ。もう辞めようかな。

男：ああ、わかった。彼氏に会う時間が少なくなって嫌なんでしょ。

女：それは関係ないよ、毎日連絡してるし。ああ、アルバイトのことを考えてたら気分が悪くなっちゃう。

女の人はどうして元気がないのですか。

1　かだいが多くて寝ていないから
2　アルバイトがいそがしいから
3　かれしに会えないから
4　気分が悪いから

대학에서 남자와 여자가 이야기하고 있습니다. 여자는 왜 기운이 없습니까?

남 : 왜 그래? 뭔가 기운이 없네. 요즘 숙제가 많아서 잠을 많이 못 자는 거 아니야?

여 : 그건 늘 있는 일이니까 익숙해졌어. 최근에 아르바이트를 시작했다고 말했었지?

남 : 아, 빵집 말이지. 남은 빵을 공짜로 받을 수 있어서 좋다고 했잖아.

여 : 근데 가게가 너무 인기가 많아서 바빠서 힘들어. 이제 그만둘까봐.

남 : 아, 알겠다. 남자 친구 만날 시간이 적어져서 싫은 거지?

여 : 그건 상관없어. 매일 연락하고 있고. 아, 아르바이트 생각하니까 기분이 나빠져.

여자는 왜 기운이 없습니까?

1　숙제가 많아 잠을 못 자서
2　아르바이트가 바빠서
3　남자 친구를 못 만나서
4　기분이 나빠서

1번

男の人と女の人が旅行について話しています。女の人は、この前行った旅行の場所を選んだ理由は何だと言っていますか。

男：田中さん、この前温泉旅行に行ったって言ってたよね。うちも来月家族で温泉旅行に行く予定なんだけど、田中さんが行ったところはどうだった？感想を聞かせてくれない？

女：そうだなあ、この前行ったところは家族で入れるお風呂もあったし、自然がきれいで疲れがとれたよ。うち、小さい子どもがいるから外に子どもが遊べる場所があるのも良かったかな。

男：そうなんだ！

女：そこは、料理がとにかく豪華でおいしいのが人気の理由みたいなんだけど、私は部屋からきれいな景色を見ることができるのがいいなと思ったんだ。

男：部屋から見える景色？

女：うん。部屋に大きな窓があって、そこから紅葉を楽しむことができるんだ。夜は近くの湖で花火が上がって、子どもたちも大喜びだったよ。

男：すごいね。家族で行ったら楽しそう。

女の人は、この前行った旅行の場所を選んだ理由は何だと言っていますか。

1　家族で入れるおふろがあるから
2　外に子どもが遊べる場所があるから
3　料理がごうかでおいしいから
4　大きな窓から見える景色がきれいだから

남자와 여자가 여행에 대해 이야기하고 있습니다. 여자는 지난번에 간 여행 장소를 고른 이유는 무엇이라고 말하고 있습니까?

남 : 다나카 씨, 요전에 온천 여행 갔다고 했지? 우리도 다음 달에 가족끼리 온천 여행을 갈 예정인데, 다나카 씨가 간 곳은 어땠어? 소감을 들려 줄래?

여 : 글쎄, 지난번에 갔던 데는 가족이 들어갈 수 있는 목욕탕도 있었고, 자연이 깨끗해서 피로가 풀렸어. 우리 집에 어린아이가 있어서 밖에 아이들이 놀 수 있는 곳이 있는 것도 좋았던 거 같아.

남 : 그렇구나!

여 : 거기는 요리가 무엇보다도 호화롭고 맛있는 것이 인기
    있는 이유 같지만, 나는 방에서 아름다운 경치를 볼 수
    있는 점이 좋았어.

남 : 방에서 보이는 경치?

여 : 응. 방에 큰 창문이 있어서 거기서 단풍을 즐길 수 있거
    든. 밤에는 근처 호수에서 불꽃놀이를 해서 아이들도 무
    척 즐거워했어.

남 : 대단하네. 가족끼리 가면 재미있을 것 같다.

여자는 지난번에 간 여행 장소를 고른 이유는 무엇이라고 말하고
있습니까?

1 가족이 들어갈 수 있는 목욕탕이 있어서

2 밖에 아이가 놀 수 있는 곳이 있어서

3 요리가 호화롭고 맛있어서

4 큰 창문에서 보이는 경치가 예뻐서

2번

음성

テレビでアナウンサーと女の人が今回の人気映画アン
ケートの結果について話しています。女の人は一位を
取ったアニメ映画の人気の理由は何だと言っていますか。

男 : 村上さん、今回の人気映画アンケートの結果につい
    てどう思われますか。

女 : 今までアニメ映画は、子ども向けのものとして人気
    がありましたが、「はっぱ君」という作品は映画アン
    ケートで一位を取りましたね。内容が素晴らしかっ
    たんですね。

男 : そうですね。同じ時期に公開されたもう一つのアニ
    メ映画はテレビで人気になったアニメでしたが、ア
    ンケートにはありませんでした。それはどう思われ
    ますか。

女 : 私は、大人にも子どもにも関心を持ってもらうこと
    が大切だと思います。アニメ映画というと子ども向
    けという印象が強いですからね。

男 : 確かにそうですね。

女 : これはどのアニメ映画にも言えることですが、アン
    ケートになかったアニメ映画は、どれも子どもに人
    気があるものでした。しかし一位を取ったアニメ映
    画は大人からの人気もすごかったんです。

男 : それが一位を取った理由ですね。

女 : そうだと思います。

女の人は一位を取ったアニメ映画の人気の理由は何だと言っ
ていますか。

1 子ども向けだったから

2 どの年代にも好かれる内容だったから

3 テレビで人気だったから

4 子どもが関心を持った映画だったから

텔레비전에서 아나운서와 여자가 이번 인기 영화 설문 조사
결과에 대해 이야기하고 있습니다. 여자는 1위를 한 애니메이
션 영화의 인기 이유가 무엇이라고 말하고 있습니까?

남 : 무라카미 씨, 이번 인기 영화 설문 조사 결과에 대해 어떻
    게 생각하십니까?

여 : 지금까지 애니메이션 영화는 어린이 대상으로 인기가 있
    었는데, '잎새군'이라는 작품은 영화 설문 조사에서 1위를
    차지했죠. 내용이 훌륭했어요.

남 : 그렇죠. 같은 시기에 개봉한 또 다른 애니메이션 영화는
    텔레비전에서 인기를 끈 애니메이션이었는데, 설문 조사
    에는 없었습니다. 어떻게 생각하십니까?

여 : 저는 어른들에게도 아이들에게도 관심을 받는 것이 중요
    하다고 생각합니다. 애니메이션 영화라고 하면 아이들을
    위한 영화라는 인상이 강하니까요.

남 : 확실히 그렇죠.

여 : 이것은 어느 애니메이션 영화라도 말할 수 있는 것입니다
    만, 설문 조사에 없었던 애니메이션 영화는 모두 아이들
    에게 인기가 있는 것이었습니다. 하지만 1위를 한 애니메
    이션 영화는 어른에게도 인기가 굉장했지요.

남 : 그게 1위를 차지한 이유군요.

여 : 그렇다고 생각합니다.

여자는 1위를 한 애니메이션 영화의 인기 이유가 무엇이라고 말하
고 있습니까?

1 어린이용이었기 때문에

2 어느 연령대나 좋아할 만한 내용이었기 때문에

3 텔레비전에서 인기가 많았기 때문에

4 아이가 관심을 가졌던 영화였기 때문에

3번

음성

会社で男の人と女の人が病気の予防について話してい
ます。女の人は自宅で今後何をする必要があると言っ
ていますか。

男：最近風邪を引きやすくなった気がして。健康に気を
　　つけないとなあと思っているんですよ。中本さんは
　　普段から健康に気をつけているんですか。
女：前まで、料理が苦手でコンビニの弁当ばかり食べて
　　いたんですが、最近は料理動画を見ながら自分で
　　料理を作るようになって、ちゃんと健康的な食事を
　　するようになりました。一人だとお酒も飲まないの
　　で、半年くらい飲んでないですね。
男：すごいですね。僕も頑張らないとなあ。
女：まあ、このくらいあたりまえにやっている人は多いん
　　でしょうけどね。お酒を飲まなくなってから、睡眠
　　不足も解消されたし、体の調子が良くなった気がし
　　ます。
男：へえ。僕は体をきたえるのが趣味なので、それだけ
　　は続いています。
女：すごいじゃないですか。私も家で軽い運動をするん
　　ですけど、気が向いたときしかできていないので、
　　毎日続けないといけないなと思っていたんですよ。
男：仕事するだけでも疲れちゃいますけど、汗をかくの
　　は気持ちがいいですよ。

女の人は自宅で今後何をする必要があると言っていますか。

1　けんこうてきな食事をする
2　おさけをたくさん飲まない
3　十分にすいみんをとる
4　運動を毎日する

会社에서 남자와 여자가 질병 예방에 대해 이야기하고 있습
니다. 여자는 집에서 앞으로 무엇을 할 필요가 있다고 말하고
있습니까?

남 : 요즘 감기에 잘 걸리는 것 같은 기분이 들어서, 건강에 신
　　경을 써야 할 것 같아요. 나카모토 씨는 평소에도 건강에
　　신경을 쓰고 있나요?
여 : 예전에는 요리를 잘 못해서 편의점 도시락만 먹었는데,
　　최근에는 요리 동영상을 보면서 직접 요리를 만들게 되
　　면서 건강한 식사를 하게 되었어요. 혼자 있으면 술도 안
　　마셔서, 반년 정도 안 마셨네요.
남 : 대단하네요. 저도 열심히 해야겠어요.
여 : 뭐, 이 정도는 당연하게 하는 사람이 많겠지만요. 술을 마
　　시지 않게 되면서 수면 부족도 해소되었고 몸 상태도 좋
　　아진 것 같아요.
남 : 와, 저는 몸을 단련하는 것이 취미라서 그것만은 계속하
　　고 있습니다.

여 : 대단하신데요? 저도 집에서 가벼운 운동을 하는데, 기분
　　이 내킬 때만 하다 보니 매일 해야겠다고 생각했거든요.
남 : 일만 하고 나면 피곤해지지만, 땀을 흘리는 건 기분이 좋
　　아요.

여자는 집에서 앞으로 무엇을 할 필요가 있다고 말하고 있습니까?

1　건강한 식사를 한다
2　술을 많이 마시지 않는다
3　충분하게 수면을 취한다
4　<u>운동을 매일 한다</u>

4번

음성

日本語学校で、学生が日本での生活についてスピーチ
しています。学生は電車に乗ったとき、どんなことに驚
いたと言っていますか。

男：私は毎日電車で学校に来ていますが、東京の電車
　　は朝も夜も座れないほど混んでいます。それは私の
　　国も同じなのですが、どんなに人が多くても電車の
　　中はとても静かなんです。みんな寝ているからだと
　　思ったのですが、周りを見てみると、友達同士で乗
　　っていても会話をしていない人がほとんどでした。
　　私の国では混んでいても、電車の中で大きな声で会
　　話するのは普通です。また私の国では、電車の中で
　　化粧する人が多いですが、日本でも何人か見たとき
　　は、どこの国も同じだなと思いました。

学生は電車に乗ったとき、どんなことに驚いたと言っていま
すか。

1　こんでいて　せきに座れないこと
2　電車の中がとてもしずかなこと
3　みんな寝ていること
4　けしょうをしている人が多いこと

일본어 학교에서 학생들이 일본에서의 생활에 대해 스피치하고 있습니다. 학생은 전철을 탔을 때 어떤 것에 놀랐다고 말하고 있습니까?

남 : 저는 매일 전철로 학교에 오고 있습니다만, 도쿄의 전철은 아침저녁으로 앉을 수 없을 정도로 혼잡합니다. 그건 우리나라도 마찬가지지만, 아무리 사람이 많아도 전철 안은 매우 조용합니다. 다들 자고 있어서 그런 줄 알았는데 주위를 둘러보니 친구끼리 타고 있어도 대화를 나누지 않는 사람들이 대부분이었습니다. 우리나라에서는 사람이 많아 붐벼도 전철 안에서 큰 소리로 대화하는 것이 보통입니다. 또한 우리나라에서는 전철 안에서 화장하는 사람이 많습니다만, 일본에서도 몇 명인가 봤을 때, 어느 나라든 똑같구나 하고 생각했습니다.

학생은 전철을 탔을 때 어떤 것에 놀랐다고 말하고 있습니까?

1 붐벼서 자리에 앉을 수 없는 것

2 전철 안이 매우 조용한 것

3 모두 자고 있는 것

4 화장을 하고 있는 사람이 많은 것

5번

음성

でんわ おんな ひと びよういん よやく
電話で女の人が美容院の予約をしようとしています。
おんな ひと びよういん い
女の人が美容院に行くのはいつですか。

女：もしもし、予約をしたいんですが。
男：はい、いつがよろしいですか。
女：できれば今日行きたいと思っているんですが。
男：今日は、もう空いてないんですよ。明後日はどうですか。
女：明後日は用事があるけど、午後なら。
男：午後だと、4時なら空いてますよ。えっと、4時でご予約しますか。
女：あ、やっぱり用事の前の方がいいかな。午前中にしてもらえますか。
男：はい、わかりました。

おんな ひと びよういん い
女の人が美容院に行くのはいつですか。

1 今日の午前中
2 今日の午後
3 あさっての午前中
4 あさっての午後

전화로 여자가 미용실 예약을 하려고 하고 있습니다. 여자가 미용실에 가는 것은 언제입니까?

여 : 여보세요, 예약하고 싶은데요.

남 : 네, 언제가 좋으세요?

여 : 가능하면 오늘 가고 싶어요.

남 : 오늘은 이미 비어 있는 시간이 없어서요. 모레는 어떠세요?

여 : 모레는 볼일이 있지만 오후라면 괜찮아요.

남 : 오후에는 4시라면 비어 있어요. 음, 4시로 예약하시겠습니까?

여 : 아, 역시 볼일 보기 전에 하는 게 좋으려나. 오전 중에 해 주실 수 있나요?

남 : 네, 알겠습니다.

여자가 미용실에 가는 것은 언제입니까?

1 오늘 오전 중

2 오늘 오후

3 모레 오전 중

4 모레 오후

6번

음성

おとこ ひと おんな ひと ひこうき よやく はな
男の人と女の人が飛行機の予約について話しています。
ふたり せき もう
す。二人はどの席を申し込もうとしていますか。

男：沖縄でのセミナーまであと一か月だし、そろそろ飛行機を予約しておいた方がいいよね。
女：そうだね。このサイトでどの席が空いているか見られるよ。
男：本当だ。ホテルに入れるのが、だいたい午後3時だから…。午前11時に東京を出る飛行機が良さそうだね。
女：うん。普通席が6,000円でリラックス席が8,000円みたいだね。私、飛行機ではゆっくりしたいから、リラックス席がいいな。
男：残念だけど、もう埋まっているみたい。8時の飛行機だと空いているみたいだよ。
女：でも、空港まで遠いからこの時間に出発は厳しそう。
男：そうだね。じゃあ11時の普通席を取っちゃおうよ。
女：いや、キャンセルする人もいるかもしれないから、席が空くのを一週間待ってみてもいいかな。

男：いいよ。一週間後は少し料金が高くなると思うけ
　　ど、それでもいい？

女：うん、いいよ。ありがとう。

二人はどの席を申し込もうとしていますか。

1　11時出発の普通席
2　11時出発のリラックス席
3　8時出発の普通席
4　8時出発のリラックス席

남자와 여자가 비행기 예약에 대해 이야기하고 있습니다. 두
사람은 어느 자리를 신청하려고 하고 있습니까?

남 : 오키나와에서 열리는 세미나가 앞으로 한 달 남았으니
　　슬슬 비행기를 예약해 두는 게 좋겠어.

여 : 그래. 이 사이트에서 어느 자리가 비어 있는지 볼 수 있어.

남 : 그렇네. 호텔에 들어갈 수 있는 게 대략 오후 3시니까…
　　오전 11시에 도쿄를 출발하는 비행기가 좋을 것 같네.

여 : 응. 일반석이 6,000엔이고 릴렉스석이 8,000엔인가 봐.
　　난 비행기에서는 편하게 있고 싶으니까 릴렉스석이 좋
　　겠어.

남 : 안타깝게도, 이미 자리가 꽉 찬 것 같네. 8시 비행기는 비
　　어 있는 것 같아.

여 : 하지만 공항까지 거리가 멀어서 이 시간에 출발하기는
　　힘들 것 같아.

남 : 그렇네. 그럼 11시에 일반석을 잡자.

여 : 아니, 취소하는 사람도 있을지 모르니까 자리가 비는 걸
　　일주일 기다려 봐도 될까?

남 : 좋아. 일주일 뒤에는 요금이 좀 비싸질 것 같은데, 그래도
　　괜찮아?

여 : 응. 괜찮아. 고마워.

두 사람은 어느 자리를 신청하려고 하고 있습니까?

1　11시 출발 일반석
2　11시 출발 릴렉스석
3　8시 출발 일반석
4　8시 출발 릴렉스석

문제3　문제3에서는 문제지에 아무것도 인쇄되어 있지 않습니다.
이 문제는 전체적으로 어떤 내용인지를 묻는 문제입니다.
이야기 전에 질문은 없습니다. 먼저 이야기를 들으세요. 그
러고 나서 질문과 선택지를 듣고 문제지의 1부터 4 중에서
가장 올바른 것을 하나 고르세요.

예

음성

テレビでアナウンサーが自宅で仕事をすることに関す
るインタビューの結果を話しています。

女：近年、多くの会社で自宅で仕事をするスタイルが取
　　り入れられています。インターネットを使えば、同じ
　　場所にいなくても簡単に情報を共有できる便利な時
　　代になりました。しかし、今回のインタビューで「家
　　に家族がいるので仕事に集中できない」「わからな
　　いことがあってもすぐに相談ができない」「人との
　　関わりがなくなりストレスがたまる」などの意見が
　　あることがわかりました。

何について、インタビューしていますか。

1　家で仕事をする理由
2　家での働き方
3　家で仕事をすることの問題点
4　家で仕事をする良い点

텔레비전에서 아나운서가 집에서 일을 하는 것에 관한 인터
뷰 결과를 이야기하고 있습니다.

여 : 요즘 회사에 가지 않고 집에서 일을 하는 방식을 많은 회
　　사가 시행하고 있습니다. 인터넷을 사용하면 같은 장소
　　에 있지 않아도 쉽게 정보를 전달할 수 있는 편리한 시대
　　가 되었습니다. 하지만 이번 인터뷰에서 '집에 가족이 있
　　어서 일에 집중이 안 된다', '모르는 것이 있어도 바로 상
　　의를 할 수 없다', '사람과의 관계가 없어져 스트레스가
　　쌓인다' 등의 의견이 있는 것으로 나타났습니다.

무엇에 대해 인터뷰하고 있습니까?

1　집에서 일을 하는 이유
2　집에서 일하는 방식
3　집에서 일하는 것의 문제점
4　집에서 일을 하는 좋은 점

1번

음성

街でアナウンサーが女の人にインタビューしています。

男：最近、料理の宅配サービスが流行っていますが、利
　　用したことはありますか。

女：ええ、ありますよ。使っている人はとても多いんじゃ
　　ないですか。外に出なくてもいいのは、とても便利
　　ですよね。だけど、私は料理をする時間がないとき
　　だけですね。スーパーでまとめて料理の材料を買っ
　　て、自分で作ったほうが安く済みますから。いくら
　　便利だとしても、毎日は使えないですね。

女の人はどのように思っていますか。

1　便利で、値段が魅力的だ
2　便利だが、値段は安くない
3　不便だが、値段が安い
4　不便で、値段も安くない

거리에서 아나운서가 여자를 인터뷰하고 있습니다.

남 : 요즘 요리 배달 서비스가 유행하고 있습니다만, 이용한
　　적이 있습니까?

여 : 네, 있죠. 이용하는 사람이 굉장히 많잖아요. 밖에 나가지
　　않아도 되는 건 굉장히 편리하죠. 하지만 저는 요리할 시
　　간이 없을 때만 이용해요. 슈퍼마켓에서 한꺼번에 요리
　　재료를 사서 직접 만드는 편이 저렴하니까요. 아무리 편
　　리하다고 해도 매일 이용할 수 없지요.

여자는 어떻게 생각하고 있습니까?

1　편리하고 가격이 매력적이다
2　편리하지만 가격은 저렴하지 않다
3　불편하지만 가격이 저렴하다
4　불편하고 가격도 저렴하지 않다

2번

음성

ラジオで女の人が話しています。

女：先日、和食器を作っている人と話をしたんですが、
　　手作業で作ることで、一つ一つの作品に思いを込め
　　ることができるそうです。和食器に関わらず、機械
　　で作られたものよりも職人が作るものには価値を感
　　じますよね。そういえば、先日母から荷物が届き、
　　開けてみると母の字で書かれた手紙も一緒に入って
　　いたんです。メールでやりとりはしていましたが、
　　手紙を読んだときに手で書いた文字だからこその温
　　かさを感じました。…これも同じことだったんです
　　ね。

女の人が言いたいことは何ですか。

1　機械で作った食器は質が悪い
2　手作りのものはすばらしい
3　食器作りはもっと早くなる
4　手紙を書くことの大切さ

라디오에서 여자가 이야기하고 있습니다.

여 : 얼마 전 일본 식기를 만들고 있는 사람과 대화했는데요,
　　수작업으로 만들면서 작품 하나하나에 마음을 담을 수
　　있다고 해요. 일본 식기가 아니더라도, 기계로 만들어진
　　것보다 장인이 만드는 것에는 가치가 느껴지지요. 그리고
　　보니 요전에 어머니가 보내신 짐을 열어 보니까 어머니
　　글씨로 적힌 편지도 함께 들어 있었습니다. 문자로 주고
　　받기는 했지만, 편지를 읽었을 때 손으로 쓴 글씨라서 따
　　뜻함을 느꼈습니다. …이것도 마찬가지였네요.

여자가 말하고 싶은 것은 무엇입니까?

1　기계로 만든 식기는 질이 나쁘다
2　손으로 만드는 것은 훌륭하다
3　식기 만들기는 더 빨라진다
4　편지를 쓰는 것의 소중함

3번

음성

女の人と男の人が、男の人が今住んでいる場所について話しています。

女：田中くんって、今のアパートに住んでもう5年くらい経った？

男：うん。もう少しで6年経つよ。家賃のわりに部屋も広いし、アパートの周りには自然がたくさんあって、家に帰るとすごく落ち着くからこれからも引っ越さないと思うな。

女：そうなんだ。

男：ただ、駅から遠い場所にあるから、引っ越す前は色々悩んだんだけどね。住んでからわかったんだけど、家の周りが本当に静かなんだ。駅の近くに住んでいたときは通勤が楽だったけど、夜も電車の音や車の音が聞こえてきて、よく眠れなかったんだよね。今は、朝も駅まで歩けば運動になるし、僕にとっては不便ではないよ。

男の人は今住んでいるアパートについてどう言っていますか。

1　駅から近くて通勤が楽だから満足だ
2　駅から遠いが夜は静かだから満足だ
3　駅から近いので夜はうるさいという不満がある
4　駅から遠いので通勤しづらいという不満がある

남자는 지금 살고 있는 아파트에 대해 어떻게 말하고 있습니까?

1　역에서 가깝고 출퇴근이 편해서 만족한다
2　역에서 멀지만 밤에는 조용하니까 만족한다
3　역에서 가까워서 밤에는 시끄럽다는 불만이 있다
4　역에서 멀어서 출퇴근하기 힘들다는 불만이 있다

4번

음성

テレビでアナウンサーが話しています。

女：夏の野菜は、他の季節に比べて鮮やかな色の野菜が採れますよね。この野菜たち、実は仲間がいるって知っていましたか。夏の野菜といえば真っ赤なトマトですよね。実はトマトはなすやじゃがいもの仲間に分けられます。色も形も違うのに不思議ですよね。そして、きれいな緑色のきゅうり。これはかぼちゃと同じ仲間なんです。それから、すいかは果物だと思われることが多いのですが、実は野菜できゅうりの仲間なんですよ。

この話のテーマは何ですか。

1　野菜の種類分け
2　夏にとれる野菜の紹介
3　果物と野菜の違い
4　野菜の色分け

여자와 남자가, 남자가 지금 살고 있는 곳에 대해 이야기하고 있습니다.

여 : 다나카 군은 지금 있는 아파트에 산 지 벌써 5년 정도 됐어?

남 : 응. 조금 있으면 6년 돼. 월세에 비해 방도 넓고 아파트 주변에는 자연이 많이 있어서 집에 가면 굉장히 안정되니까, 앞으로도 이사 안 갈 것 같아.

여 : 그렇구나.

남 : 다만, 역에서 먼 곳에 있어서 이사하기 전에는 여러 가지로 고민했었어. 살면서 알게 됐는데, 집 주변이 정말 조용해. 역 근처에 살았을 때는 출퇴근은 편했는데, 밤에도 전철 소리나 차 소리가 들려서 잠을 잘 못 잤어. 지금은 아침에도 역까지 걸어가면 운동이 되고, 나로서는 불편하지 않아.

텔레비전에서 아나운서가 이야기하고 있습니다.

여 : 여름 채소는 다른 계절에 비해 색깔이 선명한 채소가 나오죠? 이 채소들, 실은 같은 부류가 있다는 것을 알고 계셨나요? 여름 채소라고 하면 새빨간 토마토죠. 사실 토마토는 가지와 감자의 한 종류로 분류됩니다. 색깔도 모양도 다른데 신기하죠. 그리고 예쁜 초록색 오이. 이건 호박과 같은 부류예요. 그리고 수박은 과일이라고 생각하는 경우가 많은데, 실은 채소이며 오이와 같은 부류랍니다.

이 이야기의 주제는 무엇입니까?

1　채소의 종류 구분
2　여름에 나는 채소 소개
3　과일과 채소의 차이
4　채소의 색깔 구분

5번

음성

講演会で医者が話しています。

男：和食は、手間はかかりますが栄養がバランス良くとれる素晴らしい食事スタイルです。今では日本の伝統料理として、世界で高く評価されています。しかし、洋食の手軽さから、若者を中心に和食を食べない人が増えてしまいました。すると、日本では洋食の食べ過ぎによって病気にかかる人が増えました。なぜなら、日本に住む人と、アメリカやヨーロッパに住む人では体の性質が違うからです。同じ食事を取っていても日本人は脂肪がつきやすい性質を持っているので、本来脂肪が少ない和食を食べるべきなのです。今の日本の食文化を見直すべきではないでしょうか。

医者は何について話していますか。

1 日本人が洋食を好む理由
2 洋食を食べるメリット
3 日本人に和食が合っている理由
4 和食が世界に与える影響

강연회에서 의사가 이야기하고 있습니다.

남 : 일식은 손이 많이 가지만 영향을 균형 있게 섭취할 수 있는 훌륭한 식사 스타일입니다. 지금은 일본의 전통 요리로서 세계에서 높이 평가 받고 있습니다. 그러나 양식의 간편함 때문에 젊은이들을 중심으로 일식을 먹지 않는 사람이 늘어나 버렸습니다. 그러자 일본에서는 서양 음식을 많이 먹어서 병에 걸리는 사람이 늘었습니다. 왜냐하면 일본에 사는 사람과 미국이나 유럽에 사는 사람은 몸의 성질이 다르기 때문입니다. 같은 식사를 해도 일본인은 지방이 붙기 쉬운 성질을 가지고 있으므로, 본래 지방이 적은 일식을 먹어야 합니다. 지금 일본의 식문화를 다시 살펴봐야 하지 않을까요?

의사는 무엇에 대해 이야기하고 있습니까?

1 일본인이 양식을 좋아하는 이유
2 양식을 먹는 장점
3 일본인에게 일식이 맞는 이유
4 일식이 세계에 끼치는 영향

문제4 문제4에서는 문제지에 아무것도 인쇄되어 있지 않습니다. 먼저 문장을 들으세요. 그리고 나서 그것에 대한 대답을 듣고 1부터 3 중에서 가장 올바른 것을 하나 고르세요.

예

女：午前中にこの資料まとめといてって言ったじゃん。

男：1 はい、部長のおかげです。
2 もうまとめてくれたんですね。
3 間に合わなくて、すみません。

여 : 오전 중에 이 자료 정리해 두라고 했잖아.

남 : 1 네, 부장님 덕분입니다.
2 벌써 정리해 주셨군요.
3 늦게 해서 죄송합니다.

1번

女：そのようなご質問には、お答えしかねます。

男：1 はい、よろしくおねがいします。
2 答えていただけてうれしいです。
3 そうですか。わかりました。

여 : 그런 질문에는 대답할 수 없습니다.

남 : 1 네, 잘 부탁드립니다.
2 답변을 주셔서 기쁩니다.
3 그렇습니까? 알겠습니다.

2번

女：最近できたあのおすし屋さん、なかなかの味だったよ。

男：1 そうなんだ。行くのやめようかな。
2 えー、楽しみにしてたのになあ。
3 本当？明日行ってみるね。

여 : 최근에 생긴 그 초밥집, 꽤 맛이 있었어.

남 : 1 그렇구나. 가는 거 그만둘까.
2 아, 기대하고 있었는데.
3 정말? 내일 가 봐야겠다.

3번
男：隣に引っ越してきた方のお名前、ご存知ですか。

女：1 はい。昨日少しお話しましたよ。
　　2 へえ、知らなかったです。
　　3 実は、そうなんですよ。

남 : 옆집에 이사 오신 분 성함, 알고 계십니까?
여 : **1 네, 어제 잠깐 얘기했어요.**
　　2 아, 몰랐어요.
　　3 사실은 그렇거든요.

4번
男：その新しいパソコン、使いやすい？

女：1 前のより、かなりいいですよ。
　　2 はい、今使っています。
　　3 思ったよりは安かったです。

남 : 그 새 컴퓨터, 사용하기 편해?
여 : **1 전에 쓰던 것보다 꽤 좋아요.**
　　2 네, 지금 쓰고 있어요.
　　3 생각보다 저렴했어요.

5번
女：村上さん、カラオケ大会で優勝しただけあって、やっぱり歌がうまいなあ。

男：1 次こそ、絶対に優勝したいです。
　　2 いえいえ、優勝なんてできないですよ。
　　3 うれしいです。ありがとうございます。

여 : 무라카미 씨, 노래방 대회에서 우승한 만큼 역시 노래를 잘하네.
남 : 1 다음에야말로 꼭 우승하고 싶습니다.
　　2 아니에요, 우승 같은 건 못 해요.
　　3 기뻐요, 감사합니다.

6번
女：佐藤さん、体調悪そうじゃない？彼女、病気がちだからなあ。

男：1 たしかに。よく学校休んでるもんね。
　　2 うん、心配してくれてありがとう。
　　3 病気になりにくいなんて、いいなあ。

여 : 사토 씨, 몸이 안 좋은 것 같지 않아? 그녀는 잔병이 많아서 말이야.
남 : **1 확실히, 학교를 자주 쉬긴 해.**
　　2 응, 걱정해 줘서 고마워.
　　3 병에 잘 안 걸린다니, 좋겠다.

7번
男：中本さんでなければ、その量の仕事を一日で終わらせるなんて絶対むりですよ。

女：1 うーん、あの中本さんでも難しいか。
　　2 そうだよね。彼女、本当に仕事ができるからね。
　　3 それ、一日で終わらなかったんですか。

남 : 나카모토 씨가 아니면 그 많은 양의 일을 하루에 끝내는 건 절대 무리예요.
여 : 1 음, 나카모토 씨라도 힘들려나?
　　2 맞아, 그녀는 정말 일을 잘하니까.
　　3 그거 하루 만에 끝나지 않았나요?

8번
男：最近犬を飼い始めたんだけど、もうかわいくてたまらないんだよ。

女：1 そうなんだ。よかったね。
　　2 そんなにうるさいんだ。
　　3 そっか。それは残念だね。

남 : 최근에 개를 키우기 시작했는데, 너무 귀여워 죽겠어.
여 : **1 그렇구나, 잘됐다.**
　　2 그렇게 시끄럽구나.
　　3 그래? 그거 유감이네.

9번
女：まだ勉強を始めたばかりなんだから、試験に落ちたくらいで悲しむことはないですよ。

男：1 はい、悲しいことってあまりないですよね。
　　2 勉強ばかりしても、合格できないですよね。
　　3 そうですね。もっと頑張ります。

여 : 아직 공부를 시작한 지 얼마 안 됐으니까, 시험에 떨어졌다고 해서 슬퍼할 필요는 없어요.
남 : 1 네, 슬픈 일은 별로 없지요.
　　2 공부만 해서는 합격할 수 없겠죠?

3 그렇죠. 더 열심히 하겠습니다.

10번

女：次の日本語能力試験受けようと思ってるんだけど、ダットくんも受けるつもり？

男：1 うん、受けなかったよ。
　　2 うーん、でもお金がかかるからなあ。
　　3 うん。受けたらしいよ。

여：다음 일본어능력시험을 보려고 하는데, 다트 군도 볼 생각이야?

남：1 응, 안 봤어.

　　2 음, 근데 돈이 드니까.

　　3 응, 본 것 같아.

11번

男：やっぱり海を見ると泳ぎたくなるなあ。ああ、水着買っておけばよかった。

女：1 じゃあ、水着を着て泳ごうか。
　　2 ここにいるから、泳いできていいよ。
　　3 次は絶対に水着を持って来ようね。

남：역시 바다를 보면 헤엄치고 싶어지네. 아, 수영복을 사 둘걸.

여：1 그럼 수영복 입고 수영할까?

　　2 여기 있을 테니까 수영하고 와도 돼.

　　3 다음에는 꼭 수영복을 가지고 오자.

문제5 문제5에서는 장문의 이야기를 듣습니다. 이 문제에는 연습은 없습니다. 문제지에 메모를 해도 괜찮습니다.

1번, 2번

문제지에 아무것도 인쇄되어 있지 않습니다. 먼저 이야기를 들으세요. 그러고 나서 질문과 선택지를 듣고 1부터 4 중에서 가장 올바른 것을 하나 고르세요.

1번

음성

男の学生と女の学生が話しています。

男：伊藤さんって、ホテルでアルバイトをしているよね。

女：うん。

男：僕今やっているチラシ配りのアルバイトを辞めて、何か新しいことがしたいんだ。将来外国で働きたいから、英語力が身に付くアルバイトがいいなと思っているんだけど、何がいいと思う？お金も貯めたいから、最低でも一日5時間は働けて、家から自転車で行けるところがいいんだよね。

女：それなら、私のアルバイト先はどう？外国人のお客様も多いし、研修もしっかりしているから正しい英語が身に付くはず。それか、出版社で翻訳の仕事を手伝うのもいいかも。

男：人と関わるのが好きだから、ホテルでの接客は僕に向いているかも。翻訳の仕事も勉強しながらできて魅力的だけど、ずっと座っているのはちょっと苦手なんだよね。

女：どちらも一日5時間以上働けると思うよ。でも、私の働いているホテルは隣の町だから、村上くんの家からは少し離れているかな。

男：隣の町じゃ一時間はかかるな。そこまで遠いと、自転車では通えないな。

女：そっか。あ、コンビニなら村上くんの家の近くにもあるよね。あそこのコンビニなら外国人のスタッフも多くていいんじゃない？その上の階にある学習教室で英語を教えるのも良さそう。

男：たしかに、外国人と働けるのはいいなあ。

女：うん。でも、仕事では日本語を使うから、あまり勉強にならないかな。学習教室の先生のほうは、英語が使えるし時給がいいみたいだけど、私の妹もそこの学習教室に通ってて、最近生徒が少ないから一日一時間しか授業がないって言ってたよ。

男：そうなんだ。それならやっぱり多少遠くてもバスで行けばいいし、長い時間働けて、外国人と直接関われる仕事に応募してみるよ。いろいろ教えてくれてありがとう。

男の学生はどのアルバイトを選びましたか。

1　ホテル
2　出版社
3　コンビニ
4　学習教室

남학생과 여학생이 이야기하고 있습니다.

남 : 이토 씨는 호텔에서 아르바이트를 하고 있지?

여 : 응.

남 : 난 지금 하고 있는 전단지 나눠 주는 아르바이트를 그만 두고 뭔가 새로운 것을 하고 싶어. 장래에 외국에서 일하고 싶으니까, 영어 실력을 키우는 아르바이트가 좋겠는데, 뭐가 좋을까? 돈도 모으고 싶으니까 적어도 하루 5시간은 일할 수 있고 집에서 자전거로 갈 수 있는 곳이 좋겠어.

여 : 그러면 내가 하는 아르바이트 자리는 어때? 외국인 손님도 많고 연수도 제대로 하니까 올바른 영어를 익힐 수 있을 거야. 아니면 출판사에서 번역 일을 돕는 것도 좋을지도.

남 : 사람들과 어울리는 걸 좋아하니까 호텔에서 하는 접객이 나한테 맞을지도 몰라. 번역 일도 공부하면서 할 수 있어서 매력적이지만 계속 앉아 있는 건 좀 잘 못하거든.

여 : 둘 다 하루에 5시간 이상 일할 수 있을 거야. 하지만 내가 일하는 호텔은 옆 동네라서 무라카미 군네 집에서는 조금 떨어져 텐데.

남 : 옆 동네면 한 시간은 걸리네. 그렇게 멀면 자전거로는 못 다니겠네.

여 : 그렇구나. 아, 편의점이라면 무라카미 군 집 근처에도 있잖아. 거기 편의점이면 외국인 스태프도 많아서 괜찮지 않을까? 그 위층에 있는 학원에서 영어를 가르치는 것도 좋을 것 같아.

남 : 확실히 외국인하고 같이 일할 수 있는 건 좋겠다.

여 : 응. 하지만 일할 때는 일본어를 쓰니까 별로 공부가 안 되려나. 학원 선생님 쪽은 영어를 쓸 수 있고 시급도 좋은 것 같은데, 내 여동생도 거기 학원에 다니고 있는데. 요즘 학생이 적어서 하루에 한 시간밖에 수업이 없다고 하더라고.

남 : 그렇구나. 그렇다면 역시 조금 멀어도 버스로 가면 되니까 오랜 시간 일할 수 있고 외국인하고 직접 관련된 일에 지원해 볼게. 여러 가지 가르쳐 줘서 고마워.

남학생은 어느 아르바이트를 골랐습니까?

1 호텔

2 출판사

3 편의점

4 학원

음성

キッチン用品の会社で、部長と社員二人が話しています。

男1：この包丁、すごく軽くて使いやすいのになかなか売れないんですよね。お店に来たお客さんに興味を持ってもらって、買ってもらえる方法はないですか。

男2：私もこの包丁家で使ってるんですけど、軽くて切りやすいから本当に便利なんですよね。私が使ってみた感想を、商品の横に書いて置いておくのはどうでしょう。

男1：実際に使った人の意見を書いておくのは、効果がありそうですね。簡単だから、今日からでもできそう。

女：もっとお店の真ん中に商品を置いてアピールするのはどうでしょうやっぱりまずはお客様に見て触ってもらわないと、興味を持ってもらえないので。

男1：うーん、今は新商品の鍋を店の真ん中に置いておきたいからなあ。

男2：店の前で呼び込みをするのはどうですか。大きな声で、包丁の良さをお客様に伝えるんです。

男1：それもいいですね。でも、そういうのあまり好きじゃないお客さんもいると思うな。

女：じゃあ、思い切って値下げをするのはどうですか。他の商品よりも目立つとは思います。

男1：値段を変えるのは難しいな。うん、まずはすぐにできて効果がありそうなものから試してみましょう。

包丁がもっと売れるように、何をすることにしましたか。

1 社員が使った感想を商品の横に書いておく
2 商品をもっと真ん中のほうに置く
3 店の前で包丁の良さを伝える
4 包丁の値段を下げる

주방 용품 회사에서 부장과 사원 두 명이 이야기하고 있습니다.

남1 : 이 식칼, 굉장히 가볍고 사용하기도 편한데 좀처럼 안 팔리네요. 가게에 온 손님들이 흥미를 갖고 구매할 수 있는 방법은 없을까요?

남2 : 저도 이 식칼을 집에서 사용하고 있는데 가볍고 잘 잘려서 정말 편리해요. 제가 사용해 본 소감을 상품 옆에 써 놓는 건 어떨까요?

남1: 실제로 사용한 사람의 의견을 적어 두는 것은 효과가 있을 것 같네요. 간단하니까 오늘부터라도 할 수 있을 것 같고요.

여: 가게 한복판에 상품을 좀 더 진열해서 어필하는 것은 어떨까요? 역시 고객이 먼저 보고 만져 보지 않으면 흥미를 갖지 않을 테니까요.

남1: 음, 지금은 신상품인 냄비를 가게 한가운데에 두고 싶어서.

남2: 가게 앞에서 홍보하는 것은 어떨까요? 큰 소리로 식칼의 좋은 점을 손님에게 전하는 거예요.

남1: 그것도 좋겠지만, 그런 걸 별로 좋아하지 않는 손님도 있을 것 같은데.

여: 그럼, 과감하게 가격을 내리는 건 어떨까요? 다른 상품보다 눈에 띌 것 같아요.

남1: 가격을 바꾸는 건 어려워. 음, 우선은 빨리 할 수 있고 효과가 있을 것 같은 것부터 시도해 봅시다.

식칼을 더 많이 팔기 위해서 무엇을 하기로 했습니까?

1 직원이 사용한 소감을 상품 옆에 적어 둔다
2 상품을 더 가운데 쪽에 놓는다
3 가게 앞에서 식칼의 좋은 점을 전한다
4 식칼의 가격을 내린다

3번

먼저 이야기를 들으세요. 그러고 나서 두 개의 질문을 듣고 각각 문제지의 1부터 4 중에서 가장 올바른 것을 하나 고르세요.

음성

テレビで職業体験の紹介を聞いて、女の人と男の人が話しています。

女1：明日オープン予定のお仕事ランドでは、4つのエリアで様々な仕事を体験することができます。街エリアでは、警察官や消防士の仕事を体験できます。犯人をつかまえたり、消防車に乗って火事の現場に行ったりしましょう。レストランエリアでは、料理人となって働くことができます。実際に料理を作って食べたり、作った料理を販売することもできますよ。次は、国のお仕事エリア。政治家になったつもりで、自分で一から憲法を作りましょう。最後は研究室エリアです。ここでは白衣を着て、新しい薬を作るための研究を行います。チケットはエリアごとに販売しています。ぜひ家族みんなでお越しください。

女2：明日友達の子どもと一緒にお仕事ランドに行くんだ。薬の研究ができるエリアに行くつもり。

男：そうなんだ。いいなあ、楽しそう！

女2：その子は消防士になるのが夢だって言ってたから、それが体験できるエリアに行きたかったんだけど、やっぱり人気でチケットが売り切れててさ。

男：そうなんだ。自分で国のルールを作ったり、好きな料理を作ったりするのもすごくおもしろそう！来週、隣に住んでいる小学生を連れて行こうかな。一緒に行く？

女2：いいね。料理も良さそうだけど、小学生なら自分がリーダーだったらどんな国にしたいかを考える方が楽しめるかも。

男：確かに！そっちにしよう。チケットは買っておくね。

質問1　女の人は友達の子どもとどのエリアへ行く予定ですか。

1　街エリア
2　レストランエリア
3　国のお仕事エリア
4　研究室エリア

質問2　二人は小学生とどのエリアへ行く予定ですか。

1　街エリア
2　レストランエリア
3　国のお仕事エリア
4　研究室エリア

텔레비전에서 직업 체험 소개를 듣고 여자와 남자가 이야기하고 있습니다.

여1: 내일 오픈 예정인 업무랜드에서는 네 가지 구역에서 다양한 일을 체험할 수 있습니다. 거리 구역에서는 경찰관과 소방관의 일을 체험할 수 있습니다. 범인을 잡거나 소방차를 타고 화재 현장에 갑시다. 레스토랑 구역에서는 요리사가 되어 일할 수 있습니다. 실제로 요리를 만들어 먹거나 만든 요리를 판매할 수도 있습니다. 다음은 나라의 업무 구역. 정치인이 되었다고 생각하고 직접 처음부터 헌법을 만들어 봅시다. 마지막은 연구실 구역입니다. 여기서는 흰색 가운을 입고 새로운 약을 만들기 위해 연구를 합니다. 티켓은 구역별로 판매하고 있습니다. 꼭 가족 모두 함께 와 주세요.

여2 : 내일 친구의 아이와 함께 업무랜드에 갈 거야. 약을 연구할 수 있는 구역에 갈 생각이야.

남 : 그렇구나. 좋겠네. 재미있겠다!

여2 : 그 아이는 소방관이 되는 것이 꿈이라고 해서 그걸 체험할 수 있는 구역에 가고 싶었는데, 역시 인기가 많아서 티켓이 매진됐어.

남 : 그렇구나. 직접 나라의 규칙을 만들거나 좋아하는 요리를 만드는 것도 굉장히 재미있을 것 같네! 다음 주에 옆집에 사는 초등학생을 데려갈까? 같이 갈래?

여2 : 좋아. 요리도 좋을 것 같지만, 초등학생이라면 자기가 리더라면 어떤 나라로 만들고 싶은지 생각하는 게 더 재미있을지도 몰라.

남 : 맞아! 그쪽으로 하자. 티켓은 사 둘게.

질문1 여자는 친구의 아이와 어느 구역에 갈 예정입니까?

1 거리 구역

2 레스토랑 구역

3 나라의 업무 구역

4 연구실 구역

질문2 두 사람은 초등학생과 어느 구역에 갈 예정입니까?

1 거리 구역

2 레스토랑 구역

3 나라의 업무 구역

4 연구실 구역

한 권으로 끝내는
JLPT N2 단기 합격 코스

✚ JLPT 최신 기출 경향 완벽 반영
✚ 단 한 권으로 JLPT N2 완벽 대비
✚ 26일 단기 합격 학습 플랜 제공
✚ 실전 모의 시험 2회분 수록
✚ 단어 암기용 앱 무료 다운로드 제공
✚ MP3 무료 다운로드 제공(www.nexusbook.com)